교육과 민주주의

교육감 파울로 프레이리의 교육개혁 실험

교육과 민주주의

교육감 파울로 프레이리의 교육개혁 실험

초판 1쇄 인쇄 2022년 5월 17일
초판 1쇄 발행 2022년 5월 28일

지은이 필라르 오카디즈, 피아 윙, 카를로스 토레스
옮긴이 유성상
펴낸이 김승희
펴낸곳 도서출판 살림터

기획 정광일
편집 송승호, 조현주
북디자인 꼬리별

인쇄·제본 (주)신화프린팅
종이 (주)명동지류

주소 서울시 양천구 목동동로 293 2215-1호
전화 02-3141-6553
팩스 02-3141-6555
출판등록 2008년 3월 18일 제313-1990-12호
이메일 gwang80@hanmail.net
블로그 http://blog.naver.com/dkffk1020

ISBN 979-11-5930-226-8 93370

• 가격은 뒤표지에 있습니다.
• 잘못된 책은 바꾸어 드립니다.

교육과 민주주의

교육감 파울로 프레이리의 교육개혁 실험

필라르 오카디즈·피아 웡·카를로스 토레스 지음
유성상 옮김

살림터

파울로 프레이리를 추모하며

이 책은 연구를 시작하고 장장 7년 만에 빛을 보게 되었다. 이 긴 시간 동안 줄곧 연구가 계속되지는 않았지만, 대부분의 시간을 우리 세 명은 이 연구에서 눈을 돌려 초점을 흩트린 적이 없었다. 이 책은 파울로 프레이리Paulo Reglus Neves Freire, 1921~1997에게 보내는 헌사다. 그가 보여 준 용기, 인간성, 그리고 그의 사상이 지닌 시간을 뛰어넘는 무한성과 시대적 적합성에 보내는 헌사다. 이런 그의 사상은 이 연구가 결코 지루하지도, 그렇다고 무미건조하지도, 너무 과한 부담도 아니면서 오히려 즐거움, 영감, 새로운 발견의 기쁨을 계속 갖게 하는 원천이었다. 이 책은 애초 프레이리가 상파울루시 교육감으로 재직하면서 보여 준 교육개혁을 비판적이면서도 우호적으로 분석하고 평가하기 위해 기획되었다. 그런데 1997년 5월 파울로 프레이리의 갑작스러운 사망 소식을 접하고 그가 보여 주었던 급진적인 교육개혁이 어떠했는지에 대해서 더 많은 사람에게 알려야 할 필요성이 그 어느 때보다 중요해졌다. 따라서 이 책은 세 명의 연구자가 학술 연구물로 세상에 내놓는 것이지만, 동시에 이 책을 통해 우리는 자기 사상을 구체화하고, 그 사상이 나고 자란 땅의 수없이 많은 아동·청소년의 삶에 영향을 미친 보기 드문 기회를 누린 혁명적 사상가를 기리고자 한다. 우리는 이 한 권의 책에 담긴 글을 파울로 프레이리에게 바친다. 더불어 파울로 프레이리에게 영감을 얻어 가난한 노동계층 아이들과 그들의 지역사회에 봉사하는 데 헌신하면서 행복한 학교, 민주적인 학교를 만드는 데 끈기 있게 애써 온 수백 명의 상파울루시 교육가들에게 이 책을 바친다. 상파울루시 교육개혁 한가운데서 자기 소임을 다했던 프레이리, 그리고 수많은 교육가와 함께 이 연구를 수행할 수 있었던 것은 우리 연구자가 누린 최고의 명예이자 특권이었다. 사회정의와 형평성을 위해 이들이 보여 준 헌신, 용기, 정치적 입장, 일상적 투쟁은 평등한 권리, 품격 있는 정의로운 사회를 향해 싸워 가는 우리의 노력을 일신우일신 할 수 있도록 북돋아 주었다.

차례

감사의 글

피아 웡Pia Lindquist Wong

내가 지역사회개발 분야에서 교육 분야로 "경력을 전환"한 지 벌써 10년이 다 되었다. 나는 당시 사회변혁에 헌신하는 일과 이제 막 싹트기 시작한 교육적 관심을 통합하는 데 파울로 프레이리와 그가 쓴 『페다고지』의 교육적 관점에 큰 도움을 받았다. 『페다고지』는 교육의 과정에 대해 내가 생각해 오던 방식을 크게 변화시켰다. 인터 프로젝트 또한 교육의 과정이 지닌 숨겨진 아름다움과 해방적 특질에 대한 내 생각을 바꿔 놓았다. 나는 프레이리와 많은 브라질 교육가들에게 평생 잊을 수 없는 빚을 졌고, 이들에게 형식 교육, 즉, 학교교육이 즐겁고 변혁적인 행동이 될 수 있다는 점을 배웠다.

흔들림 없는 지지와 응원을 보낸 일군의 사람들이 없었다면 이 책은 결코 완성되지 못했을 것이다. 우선 이들이 누군지 밝히고 싶다. 오카디즈Pilar O'Cadiz와 토레스Carlos Alberto Torres와 이 연구를 함께한 것은 정말 대단한 경험이었다. 이 둘로부터 정말 형언할 수 없을 정도로 많은 것을 배웠다 이 책을 함께 쓰는 동안 이들은 기꺼이 자신의 전문성과 뛰어난 통찰력을 나눠 주었다. 이들이 보여 준 인내, 품위, 멋진 유머 감각 때문에 7년이라는 시간이 빠르게 지나갔다. 이 책에서 그랬던 것처럼 앞으로도 즐겁고 의미 있는 협동작업을 할 수 있기를 간절히 바란다. 또한 이 책이 마무리되는 데 스탠퍼드대학교Stanford University의 네트워크가 정말 중요한 도움이 되었다. 특히 카노이Martin Carnoy 교수와의 인연이 큰 도움이 되었는데, 그는 내 은사님이자 함께 작업한 토레스의 대학원 지도교수였다. 내가 박사과정을 막 시작하던 시기에 나는 그를 통해 파울로 프레이리를 알게 되었다. 이후 이어진 대학원 과정에서 그에게 지적인 지도를 받았다. 이 책의 첫머리에서 특별히 감사의 마음을 전해야 할 브라질 교육가가 있다. 안토니오 구베아Antonio Fernando Gouvêa, 소위 위대한 구베아Grande Gouvêa라고 불리는 인물이다. 그가 그럴 만한 이유가 있다고 생각했을지는 모르지만, 그는 자기 학교에 와서 셀 수 없이 많은 질문을 쏟아 내고 모든 회의 석상에 나타나는가 하면 교실 수업에 들어와서는 학생과 교사들을 상대로 면담을 해대는 북미 여성을 대단한 인내심을 갖고 대해 주었다. 인터 프로젝트에 대해 그가 이해한 것, 상파울루시에서 전개되던 교육개혁 이행과정에 투입된 그의 모든 통찰은 전부 이 책에 담겼다. 그와의 우애가 값으로 환산할 수 없는 것처럼 그의 지도는 빛을 발했다.

덧붙여 내 친구가 되어 준 렉시와 달트로 부부Lexie & Daltro Morandini 에게 가슴 가득한 고마움을 전한다. 나는 이들의 집에서 장장 8개월을 머물면서 환대를 받았는데, 이들의 지칠 줄 모르는 유머와 관용적인 태도를 평생 잊을 수 없을 것이다.

마지막으로 언제나 기꺼이, 그리고 아낌없이 사랑을 베풀어 주는 가족에게 감사의 마음을 전한다. 내 남편 브루스 그리젠벡Bruce Griesenbeck은 이 책에 등장하는 모든 이야기에 관심을 보이며 호기심 어린 눈으로, 동시에 지지하고 응원하는 마음으로 인내하며 귀 기울여 주었다. 8개월 동안이나 떨어져 있는 걸 감당하면서 말이다. 마사지로 뭉친 등 근육을 풀어 주고, 밤늦은 시간의 연구회의, 식사 준비와 빨래, 여기에 국제전화비까지 군말 없이 감당해 준 것에 어떻게 제대로 감사할 수 있겠는가? 부모님(Yen Lu Wong과 Herbert Shore)은 연구자로서 내가 걷는 길에 늘 등불이 되었다. 지적이면서 마음을 어루만져 주는 이들의 지지와 응원은 내 삶을 언제나 특별하게 여길 수 있게 해 주었다. 무엇보다 내 아들 라일리Riley Hui Griesenbeck에게 고마운 마음을 전한다. 라일리가 있어 내 세계는 세상에 대한 신비로움과 감사함으로 가득할 수 있었다. 어리지만 늘 호기심 가득하고 천진난만한 웃음을 잃지 않는 라일리 덕분에 (프레이리의 표현대로 하자면) "좀 덜 추하고, 좀 덜 폭력적이며, 좀 덜 비인간적" 세상을 만들어 가도록 이전보다 더 마음을 다잡아 일할 수 있게 되었다. 이 책과 이 책을 통해 얻을 수 있는 이해가 이런 세상을 만드는 일에 한 발 더 다가설 수 있게 하기를 간절히 바란다.

감사의 글

필라르 오카디즈Pilar O'Cadiz

이 책이 나오기까지 연구를 수행하면서 운 좋게도 나는 정말 많은 헌신적인 상파울루 교육가들을 만날 수 있었다. 대번에 나를 대경실색케 할 만한 일들이 쉼 없이 벌어지는 상황에서도 이들은 창의적이고 열성적이며 끈기 있게 일했다. 자신들의 교실에, 그리고 자기 집에 들어와 생활을 공유할 수 있도록 해 준 이들에게 맘 깊숙이 감사의 마음을 전한다. 이들은 내 연구에 대한 관심을 잃지 않았고 놀라운 통찰력과 존경스러운 우애를 끝까지 보여 주었다. 이 연구에 참여하고 기여한 모든 브라질 교사들에게 감사한 마음을 전하는 것이야 당연하겠지만, 특별히 다음의 교사들을 호명해 감사의 인사를 전하고 싶다. 구베아Gouvea, 마리아 두카르무Maria do Carmo, 프란시스카Francisca, 플라비우Flavio, 소니아Sonia, 로사Rosa, 카롤리나Carolina, 마를레네Marlene, 낸시Nanci, 엘자Elza. "감사합니다Obrigada(포르투갈어)"

도니와 미리엄Doni & Miriam Atunes, 로게리오와 리아나Rogerio & Liana Belda, 아디마 아이스Adima Aith 가족, 루시아나 샤우이Luciana Chaui, 클라우디오 코치뉴Claudio Coutinho, 마르키오 아이스Marcio Aith, 마리아 두카르무 멘돈사Maria do Carmo Mendonça 가족, 베라와 마르코Vera & Marco Madeiro, 에바네치 칼다스Evanete Caldas, 조제와 줄레이드Jose & Zuleide Bezerra. 이들은 내게 머물러 쉴 수 있는 공간을 제공해 주었는데, 내가

친구라고 부를 수 있는 이분들의 도움이 없었다면 수개월에 걸친 내 현장 연구를 제대로 할 수 없었을 것이다.

여기에 덧붙여 모아시르 가도티Moacir Gadotti, 마리우 세르지우 코르텔라Mário Sergio Cortella, 마리우 돌네 캄푸스Mário D'Olne Campos, 아나 마리아 사울Ana Maria Saúl, 마르타 페르남부쿠Marta Pernambuco 등 여러 브라질 학자들이 제공해 준 멋진 기회를 상기하지 않을 수 없다. 이들은 특별히 PT가 집권한 상파울루시 교육청에서 지도적인 역할을 하며 우리 연구에 대해 많은 이야기를 나누었다. 그리고 우리 연구가 진행되는 와중에 여러 방면으로 도움을 준 조제 카를로스 세베 봉 메이히 Jose Carlos Sebe Bom Meihy(상파울루대학교 교수), 오스왈두 움베르토 체시오Oswaldo Humberto Cheschio(상파울루대학교 교수), 넬리 스트룀키스트Nelly Stromquist(University of Southern California 교수)에게 감사의 말을 전한다.

UCLA 교육정보대학원의 콘셉시온 발라데스Concepcion Valadez 교수와 피터 맥라렌Peter McLaren 교수, 그리고 사회학과의 에드워드 텔레스 Edward Telles 교수는 이 연구에 정말 귀한 조언과 함께 지지를 보여 주었다. 대단히 감사하다. 무엇보다 카를로스 아우베르투 토레스Carlos Alberto Torres 교수의 배려와 한없는 지도에 특별히 감사드린다. 피아 린퀴스트 웡Pia Linquist Wong이 이 연구를 수행하는 지난 수년 동안 지치지 않고 협력과 진정한 우애를 보여 준 것에 말할 수 없이 고맙게 생각한다.

연구를 적극적으로 지원해 주었던 동료들, 구스타부 피시먼Gustavo Fischman, 레이철 채프먼Rachel Chapmen, 카르멘 나바Carmen Nava에게 감사하게 생각한다. 더불어 책의 편집과 윤문을 담당했던 디아나 산체타 Diana Sancetta에게도 감사의 인사를 드린다.

코바동가 오카디즈Covadonga O'Cadiz와 하비에르 고메즈 세라노Javier Gomez Serrano 이 두 명이 없었다면 이 책이 절대 세상 구경을 할 수 없

었을 것이다. 내가 현장 연구를 한다고 꽤 오래 집을 떠나 있고, 또 연구
결과를 정리한다고 컴퓨터 앞에서 떠나지 못하고 있을 때 내 사랑하는
아이들, 로만Roman, 마야우엘Mayahuel, 칼라Cala를 사랑과 정성을 다해
돌봐 주었다. 아무런 대가 없이 사랑을 베풀고 지지해 준 이들에게 평생
의 고마운 마음을 전한다. 무엇보다 내 아버지Sergio O'Cadiz에게 감사한
다. 아버지는 예술가로서의 특별한 재능을 물려주었고, 라틴아메리카 전
통에 따른 풍부한 문화와 역사적 유산을 사랑할 수 있도록 열정을 전
해 주었다.

보일초등학교Boyle Heights Elementary Institute, BHEI의 모든 구성원들,
학생, 학부모, 교사("교사지도자")들에게 경의를 표한다. 내가 이 연구에
몰두해 작업과 저작에 몰입해 있는 동안 이들은 역동적이고 문화적이
며 대화적인 교육적 관계를 실천하는 일이 얼마나 도전적이고 또 즐거
운 일인지 항상 깨닫게 해 주었다. 비판적 학습을 통해 공동체를 만들
어 가는 일은 일견 위험하기도 하지만 이를 향한 이들의 열정은 이 책이
어떠해야 하는지를 이끄는 생각거리 이상의 영감을 불러일으켰다. 내 박
사학위 논문을 끝내기까지 이 학교에서 일할 수 있도록 도와주고 지지
해 준 모든 이들, 특히 케니 로저스Kenny Rogers와 BHEI의 이사진들이
내게 베푼 깊은 인내심과 너른 아량에 감사하다.

UCLA의 라틴아메리카연구소, 국제연구지원센터International Studies and
Overseas Program, ISOP, 교육정보대학원은 감사하게도 우리 연구에 꼭 필
요한 재정 지원을 해 주었다.

마지막으로, 파울로 프레이리가 삶, 배움, 앎에 관한 비판적이면서 유
토피아적인 전망이라는 철학적 토대를 제공해 준 것에 대해 평생 잊을
수 없는 감사의 마음을 전한다. 그러고 보니 내가 『페다고지』를 처음 읽
은 게 17년 전이었다. 이 책이 마무리되기 1년 전 우리 집 막내인 딸 칼
라가 자폐아 진단을 받았는데, 프레이리의 교육적 사상을 통해 딸아이

와 어떻게 배우고 또 가르쳐야 하는지에 대해 새로운 방법을 찾아갈 수 있는 힘을 얻게 되었다.

이런 환경에 맞닥뜨린 상황에서 프레이리는 아주 분명히 우리 존재와 이 세계에서의 우리 행동 사이에 영구적인 갈등이 있음을 잘 짚어 주었다. 아마 그는 이렇게 말할 것이다. 지식은 고정되어 껍질에 싸여 있다거나 특정 시간대에 냉동된 채 전해지는 어떤 것, 혹은 누군가 소유하고 또 다른 누군가는 갖지 못한 것, 혹은 무비판적으로 거부되거나 혹은 수용되는 어떤 것이 아니다. 지식은 이 세계에 존재하는 모든 이들이 함께 만들어 가는 것이다. 지식은 힘이고 지식은 해방이다. 우리는 지식을 마음(두뇌의 신경계가 만들어 내는 구성체)으로도 알게 되지만, 우리의 몸, 우리의 감각, 우리의 영혼으로, 그리고 앞서 온 선조들의 역사에 토대해 미래를 그리는 우리의 상상력을 동원해 지식을 알아 나가기 때문이다.

감사의 글

카를로스 토레스Carlos Alberto Torres

우리 연구자들은 깊은 우애, 그리고 지적인 자극을 서로 주고받으며 이 책을 완성할 수 있었다. 그러나 이 책이 발간될 수 있었던 것은 내가 정말 많은 것을 알게 된 피아 윙과 필라르 오카디즈가 완성한 박사학위 논문을 통해서였고, 이 책의 초고 격인 "세 개의 목소리a tres voces"라는 제목의 원고를 작성한 이들의 열정적인 작업 덕분이었다. 어떤 지식인의 삶을 보더라도, 계속되는 현장 방문 일정, 끝없는 현장 자료 수집, 고단한 문헌 검토, 주제에 대한 숙고와 토론을 둘러싼 복잡한 여정을 계속해 가며 당대에 가장 합당한 질문이 무엇이고 이에 어떻게 답할 것인지 애쓰게 된다. 여기에 (프레이리가 끈질기게 주장했던 바처럼) 연구 결과를 마무리하는 오랜 글쓰기에는 육체적 고통과 맘의 괴로움이 따른다. 물론 동시에 환희의 해방감을 동반한다. 사실 이런 과정은 함께 사는 가족에게 엄청난 부담을 안기는 일이다. 민감하고 탐구적인 태도를 지녔으며, 문학적인 표현으로 영감을 불러일으키는가 하면 늘 미소와 사랑으로, 그리고 인내심을 갖고 대해 준 마리아 크리스티나 폰스Maria Cirstina Pons에게 고마운 마음을 전한다. 이 글에 다 담을 수 없는 그녀의 지지와 가르침 덕분에 일에 몰두할 수 있었다. 더불어 내 세 아이들, 카를로스Carlos, 파블로Pablo, 라우라Laura에게 고마움을 전한다.

우리 모두는 파울로 프레이리에게 큰 빛을 졌다. 그는 거의 20여 년에 걸친 대화와 프락시스의 동반자로 어느 누구와도 비교할 수 없는 스승maestro이자 친구, 그리고 삶의 멘토였다. 그는 우리 안에 함께 있었다. 그 '스승'이 살아 있는 신화로 우리 안에서 잠들었다. 프레이리는 자기 안의 모순과 싸웠고, 자신이 만든 우화로 가르쳤다. 그는 웃음기 가득한 얼굴에 흰 수염과 잔바람에 머리카락 날리는 대머리 노인네 모습으로 각인되어 있는데, 무엇과도 바꿀 수 없는 아름다운 모습이 아닐 수 없다. 우리 모두 당신, 파울로 프레이리를 그리워한다.

이 감사의 글에서 모아시르 가도티를 빼놓을 수 없다. 그가 보여 준 우애와 영감에 감사한 마음을 전한다. 가도티, 프레이리와 함께 우리 셋은 상상의 나래를 펼쳤고 우리가 이루어 낼 수 있는 유토피아를 찾아다녔다. 프레이리의 요청에 따라 가도티와 나, 그리고 몇몇 친구들은 1991년 상파울루시에 프레이리연구소Paulo Freire Institute를 설립했다. 연구소 문을 열고 활동할 수 있게 된 것은 가도티가 보여 준 영감, 지도력, 열심, 형언할 수 없는 책임감의 결과였다. 프레이리연구소는 실제 연구소 공간을 두고 상파울루시뿐만 아니라 브라질 사회의 문화와 교육적 삶에 영향을 미치는 활동을 전개하고 있다. 가도티와의 대화를 통해 철학과 교육에 대해 정말 많은 것을 배웠지만 그는 특별히 내게 "상상하지 않으면 망한다"는 잠언서의 교훈을 되새기게 해 주었다. 이 지면을 빌려, 상파울루시 교육청의 프레이리 교육감 비서실장으로서 이 책에서 비판적으로 분석한 엄청난 일에 대해 책임을 지고 일했던 가도티를 상상하는 사람이라 부르고 싶다. 그에게 우정과 감사, 존경의 마음을 바친다.

이 연구는 1988~1995년 사이에 다양한 기관의 연구비 지원과 줄리 톰프슨Julie Thompson을 비롯한 대학원생들의 도움으로 수행될 수 있었다. 스펜서재단기금National Academy of Education Spencer Fellowship, 1990-1992, 앨버타대학교 교육학과 기금Department of Educational Foundation at the University of Alberta, UCLA 교육정보대학원 연구기금Graduate School of Education and Information Studies, UCLA, UCLA 평의원회 연구기금Senate Research Committee, UCLA, UCLA 라틴아메리카센터Latin American Center, UCLA, 국제연구지원센터International Studies and Overseas Program, ISOP/UCLA의 연구비 지원에 정말 감사하게 생각한다. 흥미로운 것은 내가 1989년 상파울루교육청의 프레이리 교육감 자문위원 중 한 사람으로 참여하면서 이 연구가 시작되었다. 특별히 이 책 제3장의 "Paulo Freire as Secretary of Education in the Municipality of São Paulo"는 1994년 5월 발간된 〈Comparative Education Review(CER)〉(38(2))의 내용 중 일부로서 학술지의 승인하에 포함되었다. 이 자리를 빌려 CER에 감사를 드린다.

제1장

"억눌린 자들을 위한 페다고지"에서 "희망의 페다고지"로

도입

이 책은 1989~1991년 사이에 파울로 프레이리가 브라질 상파울루시의 교육감으로 재직하면서 수행했던 교육정책의 사상과 실행에 대해 비판적으로 검토하고 분석한 것이다. PT가 지방선거에서 승리한 1989년 이후, 상파울루시 교육청MSE은 프레이리 리더십하의 PTPartido dos Trabalhadores, 노동자당의 민주적 사회주의 이데올로기와 목표를 투영한 교육개혁을 이행했다.

우리는 이론과 프락시스에 초점을 맞춰 국가the state와 사회운동 사이의 관련성을 논의할 것이고, 동시에 교사와 교육과정개혁 사이의 관련성에 대해 논의할 것이다. 따라서 이 책을 통해 라틴아메리카 주요 도시에서 벌어지고 있는 야심 차고 매력적인 정치와 교육이 어떻게 교차하는지 전체적으로 검토할 수 있을 것이다.

이 책은 다학제적 프로젝트 혹은 인터 프로젝트Inter Project에 초점을 두고 있다. 인터 프로젝트는 PT와 상파울루시 교육청이 수행한 다른 개혁 의제들과 함께 교육청이 기울인 (교육혁신의) 노력을 보여 주는 것으로, 교육과정, 수업, 교사훈련 등에 미치는 광범위한 효과를 위해 교육과정을 재정립하도록 지원한다는Movement for the Reorientation of the

Curriculum, MRC, 이하 교육과정재정립운동 정책 목표를 내세웠다. 이런 교육과정 개혁을 위한 프로그램은 다학제성, 생성적 주제, 비판적 의식, 교육 민주화 등 프레이리 사상의 핵심적 개념을 토대로 만들어졌다.

이 연구가 브라질 상파울루시의 특정한 교육개혁 경험에 관한 것이기는 하지만, 이들의 정치적 정당성, 기획 및 교육과정 구성, 교수법은 일부 수정되어 다양한 지역, 국가, 국제적 맥락에 적용될 수 있을 것이다. 당시 파울로 프레이리는 해방을 위한 교육과 비판교육학 분야 지식인으로 전 세계적인 유명세를 탔기 때문에, 상파울루시의 교육개혁은 (이 교육개혁 과정에) 프레이리가 직접 개입했다는 사실로 인해 전 세계인의 관심 대상이 되었다. 그의 명성과 혁명적 교육사상이 이미 전 세계로 확산되었지만, 1989년에야 고국인 브라질의 공립 초등학교 상황에서 자신의 사상을 폭넓게 실천할 기회가 그에게 주어졌다.

이 책은 정치가 무엇보다 중요하다거나 혹은 특정 개인을 우상화하는 우를 범하지 않고, 학생과 교사가 교육과정 변화 및 학교 거버넌스 민주화 과정에 어떻게 참여했는지 이해하고 분석하는 데 집중할 것이다. 여기에 더해 상파울루시 학교와 지역사회가 프레이리의 급진적 교육개혁에 참여하면서, 정치의식이 이들 지역사회에서 어떻게 부상해 왔는지 드러낼 수 있을 것으로 기대한다.

연구의 정당성

우리는 왜 상파울루시의 교육개혁을 연구했는가? 하필이면 왜 교사와 교육과정에 초점을 맞추고 있는가? 20세기 말 라틴아메리카에는 사회주의 정당이 수행했던 나름 성공적이라고 할 만한 교육개혁 모델은 거의 없다 해도 과언이 아니다. 이 시기는 라틴아메리카가 국가 통치 및 사회적 기구에 신자유주의적 개혁 모델을 대대적으로 도입, 실행했다. 이런 상황에서, 프레이리의 교육개혁 실험은 단순히 즉흥적이라거나 조악한 실용주의에 따라 만들어진 게 아니었다. 그의 교육개혁 실험은 다양한 차원이 중첩되어 있는 것으로, 정치적이고 교육적인 사상을 이행하는 과정의 결과였다. 따라서 우리는 이 실험이 지닌 이론적 풍부함과 이로 인한 새로운 지식을 충분히 들어 볼 만한 이야깃거리라고 생각한다. 교사와 사회운동가들이 상파울루시의 교육체제와 도심 학교들의 교육 비전을 새롭게 만드는 데 활동가로 참여했다. 이들은 오늘도 상파울루시와 브라질의 다양한 지역에서 프레이리 사상에 근거한 교육 프로그램을 수행하고 있다. 따라서 이 책은 현대 브라질 교육개혁 운동의 사회사에 관한 보고이기도 하다. 지금의 브라질 교육개혁 운동은 브라질과 전 세계 여러 곳에서 교육정책과 기획을 위한 대안적 모델을 개발하는 데 중요한 시사점을 계속 제공하고 있다.

교육개혁을 막아서는 문제

상파울루시의 공교육 변화에 맞서는 험난한 도전과제는 전혀 새롭지 않다. 우리는 상파울루시에서 프레이리가 이끄는 교육청이 맞닥뜨린 것과 대체로 비슷한 문제들을 로스앤젤레스니 보스턴, 시카고, 뉴욕처럼 거대하고 볼품없는 미국의 도심에서도 볼 수 있다. 과밀 학급이라든가 황폐화된 학교시설, 점차 줄어드는 공공 자원, 과로에 시달리면서도 제대로 대우받지 못하는 교사, 경제적 파탄과 사회적 폭력이 만연한 지역사회 등. 게다가 지역교육에 대한 지역의 통제 전통을 이어 오는 미국의 교육 분권화 특징은 브라질의 교육 분권화 성격과 비교해 볼 만하다. 역사적으로 미국에서 유지해 온 초중등학교에 대한 지역 및 주정부의 통제 전통은 상파울루시에서의 교육개혁 경험을 미국의 상황과 비교해 훨씬 더 적절하게 논쟁해 볼 만한 주제가 되도록 한다.

정부가 공교육 개선을 위해 무엇을 할 수 있는지는 학교와 교육대학 전반에 반향을 불러일으킨 질문이자, 교육정책 수립에 관심 있는 관료 회의실에서 계속 논의되어 온 문제 제기였다. 그리고 정부의 정책수립위원회에서 논의된 의제이기도 하다. 그러나 이보다 더 중요한 것은, 공교육에 대한 정부의 역할이 어떠해야 하는가라는 논제는 좀 더 나은 교육과 자녀들을 위한 희망찬 미래를 위해 사투를 벌이는 일반 시민들의 가정에서 주고받는 이야기의 핵심 주제였다. 따라서 공교육의 목적과 효율성을 개선하려는 시도에 끈질긴 노력과 창조적 상상력이 필요했다. 이런 점에서 인터 프로젝트에 통합되었던 상파울루시의 경험은 신선한 관점을 제공해 주었다. 인터 프로젝트는 긍정적인 변화를 위한 혁신적인 제안들과 구체적인 방법을 할 때 교육정책 수립에 관한 이론적 논의를 발전시켰으며, 동시에 상상력과 희망으로 가득한 학교에서 배움이 가능한지 실험에 착수하게 했다.

프레이리는 늘 이렇게 주장했다. 자신과 같은 비판적 교육실천가들은 단지 기술자가 아니라 예술가이며 지식인이라고 말이다. 비판적 교육실천가 또한 인간이라고 말이다. 교사는 아끼고, 사랑하는 사람이다. 그리고 교사 삶의 주요 동력은 아동, 청소년, 성인을 교육하는 데 헌신하는 것이다. 바로 여기서 교육가들의 노력이 시작된다는 점을 프레이리는 잘 알고 있었다. 교사됨의 이런 '유토피아적' 기원은 학교교육을 둘러싼 모순적인 현상과 전체주의적 국가체제에서 교육 관료를 통해 정치경제적 개입이 자행되는 현실 속에서 교사들의 숨을 틀어막고 짓누르게 된다.

그러기 쉽지 않지만, 교사는 대체적으로 활발하고 기꺼운 마음으로 실험에 참여하려 한다. 이런 교사들이 제대로 된 리더십 및 비전과 만나게 된다면 학교에서 교육적 상상력을 펼치고 사회적 현실을 변화시키는 새로운 지평을 만들려 할 것이고, 또 그렇게 할 수 있다. 몇몇 사례들을 보면, 교사는 자신이 속해 있고, 혹은 그렇게 느끼는 특정한 학교 시스템에서 스스로 상정해 두었던 한계를 넘어설 수 있었다. 파울로 프레이리는 다양한 글, 강연, 대화 책에서 교사에 대한 이런 근본적 신뢰와 신념에 토대해 이데올로기가 학교교육의 사회적 재생산에서 중핵적 역할을 한다고 주장한다. 특별히 교사는 구조, 정당성, 규범, 상징, 일상적 일에서 자신의 위치를 끊임없이 협상하는 행위 주체다. 교사라는 개념은 민주주의라든가 "좋은 삶"이라는 개념과 마찬가지로 사회적으로 구성된다.

브라질 PT는 이런 관점을 기본으로 삼아 교육정책에 교사를 참여시키고 정책 수립 과정에서 중요한 변화를 달성하고자 했다. 이 변화는 프레이리가 이끄는 교육청이 인간해방의 과정과 복잡하게 얽혀 연결되었음을 확인하는 것으로, 단지 학교에서의 기술적이고 법적인, 윤리적인, 혹은 단편적인 정치적 개선의 문제가 아니었다. 이런 개혁의 목표를 실현하기 위해 PT가 집권한 상파울루시 교육청은 공립학교를 위해 완전히 새로운 비전을 제시했다. 이 비전은 PT 내의 몇몇 교육가들이 "민중적 공립학교Escola Pública Popular"라고 부른 것이었다. 따라서 이 책은 일종의 유토피아적 교육 프로젝트가 어떻게 수행되는지 세밀히 조사 분석할 것이고, 이들의 영향력과 효과성에 대해 평가할 것이다. 여러분이 충분히 예상할 수 있듯이, 이처럼 광범위한 사회적 실험에서는 계획에 따라 모든 일이 순조롭게 진행되지 않았다. 이런 교육개혁 실험에 대해 엄청나게 정치적이고 논리적인 방해가 있었음에도 불구하고, 프레이리와 교육청 직원, 학교 교사들이 가까스로 만들어 낸 성취는 상당했다.

이 책의 또 다른 목적이 있다면, 브라질과 라틴아메리카에서 '해방', '대화', '집단 조직', '사회운동' 등 어쩔 수 없이 정치적 행동을 함의하는 개념들에 토대한 사회적 투쟁의 역사적 전통이 교육연구에서 사회주의 및 비판이론의 전통과 어떻게 연결되고 있는지 그 방식을 탐색하는 것이다. 따라서 이 책의 두 번째 목표는 교육개혁의 경험을 특정한 측면에서 논의하는 것이다. 우리는 이 일이 단순히 특정한 맥락에만 해당되는 이야기가 아니라 전 지구적인 차원에서 논의할 만한 함의점을 갖는다고 본다.

무엇이 PT가 집권한 상파울루시의 프레이리가 이끈 교육청[1] 프로젝트를 매력적이고 흥미롭게 만들었을까? 아마도 국가와 사회운동 사이의 협력관계를 통해 공공정책의 모순을 극복하려고 했기 때문이리라. 교육청은 문해교육을 지원하는 정책적 노력을 통해 사회운동과 협력하려는 대담한 도전을 시도했다. 더불어 "교육과정재정립운동MRC"을 개시하는 것으로 학교 내에서 사회운동을 창출해 내려고도 시도했다. 이 교육과정개혁 프로젝트는 정치적으로 교사를 참여시켜 교육적 성찰과 행동에 나서게 하려는 것으로 알려졌으며, 이때 개혁의 기본 구상은 교육을 해방적 프락시스로 본 프레이리 본인의 사상에 따른 것이었다.

그런데 다른 교육개혁과 마찬가지로 이런 이상적인 개념과 담대한 목표는 교육개혁이 작동할 때만 가치로운 것이 될 수 있다. 상파울루시에서 PT의 교육개혁과 관련해 이루어진 연구는 거의 없었다. 그러다 보니 정말 손에 꼽을 만한 연구자들만이 결론적으로 상파울루시에서의 교육개혁에 따른 변화가 기존 교육의 질적 수준을 향상시켰다고 증명할 수 있었다.

우리는 장장 7년 동안 이 하나의 교육개혁 실험을 연구 대상으로 삼

---

1. (옮긴이 주) PT가 집권한 상파울루시 교육청, MSE, PT administration, Secretariat를 교육청으로 통일해 쓸 것이다. 1989~1992년의 상파울루시 교육청에는 프레이리와 다른 한 명의 교육감이 있었지만, 이 둘은 공히 PT의 정책과 정치적 의제에 따른 교육개혁을 실행한 사람들로, '교육청'으로 통일해 사용해도 문제가 없다고 판단했다. 단, 교육청으로 하는 경우 두 명의 교육감이 지휘하던 시기를 통칭하는 것이며, 프레이리가 지휘하던 시기의 경우에는 특정하게 '프레이리 리더십하의 교육청'이란 표현으로 등장하고 있다.

아 조사해 왔다. 이 프로젝트에 대한 열광적인 호기심과 이 경험이 지닌 담대함에 감탄하는 마음을 담아서, 그리고 교육개혁의 목적에 연대하는 태도로 말이다. 하지만 우리는 이 경험에 대해 비판적 시각을 유지하려고 무척 애썼다. 이 책은 우리가 학술적 노동에 애정을 듬뿍 담아 연구한 결과로 탄생했다. 이 책을 통해 우리는 급진적 교육개혁 과정에서 무엇이 작동했고 또 무엇이 개선될 수 있을 것인지에 관해 활자화된 풍부한 증거를 제시해 준다고 믿는다. 이 과정에서 우리는 상파울루시의 교육개혁을 위한 프로젝트에서 중요한 성공이 무엇이었고, 또 실패한 것은 무엇이었는지 짚어 갈 것이다.

이 책 전체에 걸쳐 우리는 독자들이 PT가 집권한 상파울루시 교육청 교육개혁에서의 이론적 의미와 실천적 적용 모두를 온전히 이해하도록 도울 것이다. 또한 이런저런 방식으로 여러 차원에 걸쳐 원래의 정책이 수정되어 수행되었을 때 어느 정도로 효과적이었는지에 대해서도 다룰 것이다.

우선, 교실에서의 실천과 변화 수준에서 우리는 교육개혁이 비판적이고 활발한 시민을 만들어 내고 있는지 질문했다. 따라서 우리는 내용의 문제, 즉 이 개혁이 진행되는 과정에서 어떤 지식이 생산되고 분배되었는지의 이슈를 검토했다.

둘째, 교사에 맞춰진 초점은 실제 개혁 과정을 분석할 때 변함이 없어야 한다. 새로운 정책 방향이 교직의 이론적 지식을 증진시켰는가? 교사는 동료 교사들과 대화와 교류 협력이 증진하는 경험을 했는가? 이때 교사는 관료적 역동성과 전체주의적 행정 체제에 통합해서 생기는 고립감을 극복하는 경험을 했는가? 교사는 학생과 동료 교사를 다른 방식, 즉 좀 더 우호적인 방식으로 보게 되었는가?

셋째, 우리는 이 연구를 통해 상파울루시의 학교 거버넌스에 대해 더욱 많은 것을 알게 되었다. 이 과정에서 우리는 국가와 사회운동 간의 협력을 위해 상파울루시 PT 정부가 취하는 혁신적인 접근이 충분히 생산적이었는지 검토했다. 프레이리가 이끄는 교육청의 정책은 분명히 자본주의 국가가 교육운동 및 사회운동과 관련짓는 방식을 변화시키려는 의도로 출발했다. 일부 교육청 인사들은 교육정책이 과거 전체주의적 정부의 유산을 완전히 일소한다는 각오로 추진되어야 한다고 주장했다. 효과적인 의사결정, 학부모, 학생, 교사의 공공 정책 수립 과정 참여 제고, 교원단체와의 더 나은 관계 설정, 거버넌스 혁신을 위한 "학교위원회" 등의 새로운 대안 제시, 시스템의 총체적 민주화 등은 새로운 사회주의 정부가 실현되기를 바라며 설정한 목표들이었다. 이 책에서는 이렇게 설정된 목표들이 궁극적으로 달성되었는지 그렇지 않았는지도 살펴볼 것이다.

넷째, 프레이리의 교육개혁 실험이 이루어지는 동안 상파울루시 학교에서 교수학습이 실제 향상되었는지 그렇지 않았는지에 대해 진지하게 질문해 볼 필요가 있다. 우리 연구자들은 학교 시스템 개혁을 위해 상파울루시 교육청이 내놓은 정책의 효율성, 성공, 실패를 평가하는 데 질적 방법론을 택했다. 질적 평가는 주로 현장 연구, 교실 및 행정 여건에 대한 직접 관찰, 민족지적 면담, 교사 대상 설문조사로 수행되었다. 물론 관련 주제에 대한 선행연구, 교육청에서 생산한 문서 및 교육개혁에 시의적절하게 생산된 교사 관련 자료들을 수집 분석했다. 이 연구가 광범위한 공립학교 개혁의 성공과 실패를 평가한다는 목적을 지니고 있기에, 실제 배움을 향상시키는 데 시스템이 효율적으로 작동했는지에 관한 정보 또한 중요하게 고려해 조사했다.

다섯째, 우리는 (교육개혁 추진이) 얼마나 적법한 절차를 거쳤는지의 문제에 관심을 기울였다. 공교육과 공교육의 사회적인 역할의 특성에 대해 의식이 높아지는 것이 정치적 변화의 과정에 좀 더 정당한 근거를 제공해 주었는지 평가하는 것이 중요하다. 예를 들어, '학교는 사회적 관심과 계급적 이해관계를 위한 전장으로 기능하는가'와 같은 질문에 어떻게 대응했는지 살펴보았다. 특히 이 연구의 대상인 상파울루시 교육청처럼 정치적 변화가 특정한 리더십에 의해 추동되었다고 한다면 더욱 그렇다. 마찬가지로 우리는 이렇게 특징적인 프레이리 방식의, 그리고 사회주의적 정책 변화(일반 시민들의 관심과 이해관계를 우선순위에 두고 학교교육에 대중 참여를 더 촉진하도록 하는 일들의 중요성을 강조함)가 인식되기는 했는지, 이에 따른 결과로서 나름의 성과가 있었는지, 무엇보다 중요하게 이에 대해 상파울루시의 시민들이 대체로 호의적인 태도를 보였는지 궁금했다. 따라서 중요한 다섯 번째 질문은 이렇다. 새로운 정책은 상파울루시의 교육에 대한 이미지를 제고했는가?

여기에 더해, 우리는 상파울루시의 학교교육이 거친 개혁을 추진해나갈 때 사회계급에 따른 차별이 존재한다는 특수성을 참작할 것이다. 모든 학부모는 당연히 자녀들의 복리에 대해 신경 쓴다. 그러나 브라질의 학부모가 국가 정책에 관심을 보이며 개입하는 방식은 다양하다. 이는 다른 나라에서도 크게 다르지 않은데, 즉 경제적, 정치적, 문화적 자원이 어떠하냐에 달려 있다. 이런 이유로, 우리는 브라질에서 대체로 민중 계층의 생활상을 반영한다고 보이는 학교를 선택해 연구를 진행했다. 즉, 우리 연구에서는 노동계층 및 하층 혹은 중하층의 학부모와 학생, 그리고 이들을 가르치는 교사가 연구 대상이었다. 연구 결과에 따르면, 브라질처럼 문화적이고 경제적으로 분절된 국가에서 중산층 및 상류층 가정은 자녀를 사립학교에 보낸다. 따라서 이들은 공교육에 관여할 일이 없으며, 혹 있다고 하더라도 거의 개입하지 않는다. 이런 측면을 고려해 보면, 브라질의 공교육은 가난한 사람들을 위한 것이다. 이 시스템은 건드릴 수 없는 관료제, 자원의 유용, 공익보다 사익이 우세하게 작용하는 것으로, 마치 철제 우리에 갇힌 악몽과도 같은 시스템이다.[1]

브라질 맥락

우리의 역사는 장장 500년에 가까운 기간 동안 문화, 정치적으로 예속당했다. 그러나 이 땅에는 교육에 관심 갖기를 거부해 온 정치인 "부류"가 있다. 오랜 독재의 슬픈 유산은 문화적이고 경제적인 가능성을 황폐화시켰다. 이곳에, 늘 제대로 드러나 보이지 않지만 우리가 학교라고 부르는 장소가 있다. 이곳은 너무도 자주 절망감에 압도되어 널리 보급되지 못했다. 역사 속에서 우리는 외지인들의 이익, 혹은 대다수의 노동자에게 단순히 낯선 이익을 특권적으로 편취해 온 주류 계급을 볼 수 있다. 요약해 보자면, 이런 종말론적인 상황에 처한 우리에게는 선택할 수 있는 두 가지의 길만이 남겨져 있다. 서둘러 항복하느냐 아니면 끈질기게 다시 시작할 것이냐, 이 두 가지 선택지. 혹은 절망감에 찌든 자기패배주의냐, 아니면 낯설지만 명백한 희망의 작은 단서냐의 두 가지 길 말이다. (우리는 여기서 희망을 선택한다.) 이 희망은 전 세계적으로 지진에서 살아남은 자들의 심장을 압도해 따라잡을 것이라고 이야기된다.[2]

현대 브라질 사회의 학자들은 국가의 공교육 체제가 얼마나 비참한지 지적하기 바쁘다. 이들은 사적 영역과 공적 영역 사이에 존재하는 불평등, 제한된 공적 자원의 불공정한 분배 문제를 빠지지 않고 거론한다. 여기에 가장 가난한 사람들의 교육적 요구라고 할 수 있는 초등교육의 부족 문제가 포함된다. 연방정부의 재정 지원이 주로 부유한 계층에게 이득이 되는 고등교육에 유리하도록 변화해 왔기 때문이다. 정치 경제적 특성의 다양한 요인 외에도, 브라질은 라틴아메리카에서 초기 산업화 단계에 있는 다른 국가(예를 들어 아르헨티나, 멕시코 등)에 비해 공교육 체제를 구축하는 데 상당히 뒤처져 있다.[3]

문제의 근원은 역사적으로 결정적인 두 가지 요인에 있다. 첫째, 브라질의 제국주의 유산. 그 결과 식민지/제국주의 정권이나 제1공화국에서 광범위한 교육정책이 시행되지 않았다. 예외적으로 예수회 선교사들에 의해 제한적이지만 존경할 만한 교육적 노력이 이루어지기는 했다. 둘째, 노예제를 옹호하는 정권의 연장 및 독재. 브라질에서 공식적으로 노예해방이 선언된 것은 상당히 늦은 1883년이었다. 그러나 1988년이 될 때까지도 비문해자들에게 선거할 기회를 부여하지 않았는데, 과거 노예의 후손들은 대체로 이 권리를 빼앗긴 채 행사하지 못하고 있었다. 노예제에 의존하는 시스템과 이런 역사적 뿌리에 연관된 대규모 농장(플랜테이션) 구조는 교육받은 노동력을 길러 내야 한다는 요구를 최소 수준으로 유지시켰다. 루소브라질리안luso-brazilian[2] 제국의 귀족 계층의 특권과 인구 대부분을 차지하는 노동력(예를 들어 노예 등)에게 강제된 제한적 권리를 비교해 볼 수 있으리라. 그런데 1824년 제정된 브라질 첫 헌법에는 모든 시민에게 기초교육을 무상으로 제공하겠다는 조항이 포함되어 있다. 하지만 이후 100년이 지나 모든 국민에게 보편적 초등교육을 조직하려는 엄중한 노력이 기울여지기까지 헌법에 명문화된 약속은 지켜지지 않았다.

결과적으로 우리 연구가 수행된 20세기 말에도 브라질은 정규 학교교육을 받지 못하는 7~14세 아동의 수가 400만 명에 달했다. 그리고 브라질에서 1학년에 입학한 아동의 23%가 학교교육을 받은 첫해에 유급되어 다시 1학년에 머무르며, 공립학교의 형편없는 학습자료 상황, 부족한 교사 준비, 낮은 수준의 교육으로 인해 결국 학교를 중도 탈락하게 된다. 따라서 '학교 이탈'로 불리는 현상이 나타나고 있는데, 이는 브라

---

2. (옮긴이 주) Luso-Brazilian, 이 말은 브라질 문화와 포르투갈 문화가 혼합되어 있는 상황이나 그런 유형의 사람을 가리킨다. Luso라는 말은 포르투갈을 의미하는데, 특별히 로마제국 시기 포르투갈의 이름이었던 Lusitania에서 기원한다(참조 www.encyclopedia.com〉humanitie〉luso-brazilian).

질의 교육 실패를 보여 주는 가장 두드러진 증거가 아닐 수 없다. 그 수
도 적지 않다. 1학년의 15%, 5학년의 19%가 학교를 떠나고 있고, 8년간
의 초등학교 교육을 함께 시작한 아동의 단 32%만이 정해진 8년 기간
에 초등학교 교육을 마친다.[5] 플랭크Plank가 주장하고 있듯, "여전히 학
교 등록률은 상당히 낮다. 1990년, 교육문화부Ministry of Education and
Culture, MEC의 자료에 따르면, 15~19세 청소년의 단 16% 정도만이 중등
학교에 등록해 있다. 그리고 이들 중 초등학교 8학년을 마치고 후기중등
학교에 진학하는 학생은 단 5%에 불과하다."[6]

"억눌린 자들을 위한 페다고지"에서 "희망의 페다고지"로

비판적이고 해방적인 교육의 전제조건을 진지하게 받아들이고 있는
해방적 교육 패러다임은 "가능성의 언어"를 기본 신조로 채택해 실천한
다. 헨리 지루Henry Giroux의 수많은 글에서[7] 이 "가능성의 언어"를 채택
하는 것이 얼마나 중요한지를 살펴볼 수 있다. 더불어, 이 언어는 브라
질 사회에 대해 참담하다고 고발하는 디모라이스Regis de Morais의 글 마
지막 부분에 조용히 등장한다. 이런 유토피아적 양상은 브라질의 진보
주의적 교육사상의 핵심을 형성하고 파울로 프레이리의 철학적 전제가
되고 있다. 그는 『희망의 페다고지Pedagogy of Hope』에서 『억눌린 자들을
위한 페다고지Pedagogy of the Oppressed』라는 발달과정 중의 책을 써 내
려가던 자신의 역사를 되짚고 있다.[8]

"억눌린 자들을 위한 페다고지"에서 "희망의 페다고지"로 이동하
는 것은 디모라이스의 주장에서 지침이 되는 원칙이다. "소란스럽고

오해로 가득한 세기에는 우리를 믿는 것이 처음에는 고통스럽지만 그래도 꼭 필요한 일이다. 우리는 반드시 유토피아에서 점심 식사와 만찬을 열 것이다. 앞선 철학자들이 상기시켜 주듯 유토피아의 가장 훌륭한 점은 유토피아 없이 살 수 있다고 믿게 되는 일일 것이다.[9]

브라질에서 프레이리가 추방되어 있던 16년(1964~1980년) 동안 그의 교육 철학이 여전히 살아 있도록 지켜 준 것은 진실성과 이상주의였다. 이는 학습자의 의식화를 목표로 하는 무수한 교육 프로젝트에 영향을 주면서 전 지구적인 호응을 얻었다. 그러나 이 진실성과 이상주의는 20세기의 마지막 10년 동안 그때까지 경험해 보지 못한 가장 큰 도전에 직면하게 되었다. 프레이리의 유토피아적 이상주의가, 1990년대 상파울루시 교외 학교의 맥락에서 아동을 교육하는 일의 관료화, 제도화, 구체적 조건이라는 현실 상황을 마주하게 된 것이다. 1980년대 브라질에서 비판적인 교육사상 접근의 발달에 참여해 온 개인들, 특히 상파울루대학교the University of São Paulo, 상파울루가톨릭대학교the Pontifical Catholic University of São Paulo, 캄피나스대학교the University of Campinas에 재직하는 진보적 학자들은 '지금이' 자신들의 진보적 교육개혁안들을 실천에 옮길 수 있는 절호의 기회라고 생각했다. 파울로 프레이리를 상파울루시 교육감에 임명함으로써 말이다. 이 점에서, 아동의 학교교육에 프레이리의 교육 사상을 적용하게 된 상파울루시에서의 교육개혁 과정은 비판적 교육이론과 해방적 교육 프로그램에 관한 성찰적이고 분석적인 평가를 위한 특별한 기회가 되었다. 경제적, 정치적으로 불꽃 튀는 모순과 다양한 사회문화적 복잡성으로 점철된 사회 환경 속에서 이러한 교육 프로그램들이 수행되었기 때문이다.

우리 연구의 질문은 분명했다. 위에서 개괄했듯이 우리 연구 질문은,

프레이리가 지휘하는 교육청이 4년의 교육감 재직 기간 동안 실현하겠다고 선언한 교육개혁안의 교육적이고 정치적인 문제들을 이해하도록 해 주었다. 그러나 연구의 전체 구조를 디자인해 나가면서 우리는, 자본주의 브라질 한복판인 상파울루시에서 민주적 사회주의 정당에 의해 수행된 급진적 교육개혁 과정을 이해하게 해 줄 이론적 분석틀을 찾아야 했다. 엄청나게 큰 도전거리였다.

이론적 분석틀

간단히 말해, 이 연구의 분석틀은 신마르크스주의neo-Marxism, 후기구조주의post-structuralism, 후기자유주의post-liberalism 이론을 활용하게 될 것이다. 이 이론들은 문화정치학과 정치경제학을 엄중하게 다루고 있기 때문이다.[10] 이 분석은 PT가 집권한 상파울루시 교육청의 프레이리 팀 내에서 비판이론과 비판교육학의 역할을 강조함으로써 사회문화적 재생산 이론의 맥락에서 사회변혁의 과정을 틀 짓게 될 것이다.

비판적 후기근대성post-modernism 이론으로부터의 통찰이 우리 연구의 이론적 구성에 한 부분을 차지하고 있다. 겉으로 보기에 서로 모순되는 입장에 있는 듯하지만, 후기근대성 이론은 브라질 사회 분석에 중요한 역할을 담당하고 있으며 학생, 교사, 지역사회가 어떤 존재인지를 밝혀 주는 개념화에서 학교교육의 역할을 참작하게 해 준다. 이 연구에서는 후기근대성의 핵심 주장이 타당한지 그렇지 않은지를 밝히려 시도한다기보다는, 역설적으로 정치적 행위자가 탄생하는 장면을 이해하는 데 초점이 맞추어질 것이다. 따라서 상파울루시에서 벌어지는 (브라질 방식의) 정치와 교육 사이의 교차에 대해 논의하는 것이 이 연구가 당면한 중요한 이론적 딜레마가 된다. 이와 동시에 우리 연구자들은 민주적 사회주의가 자유 민주주의에 구속된 채 (물론 이를 넘어서려 노력하면서) 작동한다는 점을 기억해야만 했다. 따라서 이 책의 제목인『교육과 민주주의Education and Democracy』는 듀이의 유명한 책인『민주주의와 교육 Democracy and Education』의 제목을 뒤바꾼 것이 되었다. 물론 그보다 더 많은 것이 이 책에 있다.

교육의 정치사회학은 특정한 상황을 구체적으로 분석할 수 있는 틀을 제공함으로써 우리 연구에도 큰 도움을 줬다. 우리는 이 연구를 수행하기 위해 방법론적인 다원주의를 자주 찾아 도움을 청했다. 이 때문에 연구를 수행하는 데 원래 주어진 시간보다 더 오랜 시간이 걸렸다. 앞에서 언급한 바와 같이 우리 방법론은 내러티브 분석, 민족지학, 엘리트, 정부 관료, 교사, 학생, 학교 주변 마을 사람들과의 체계적이고 구조화된 면담을 포함한다. 문헌 검토, 사료 분석, 교실관찰 및 질문지에 따른 비참여관찰 등도 수행되었다.

방법론적 도구에 대해 나름대로 충분히 설명되었다고 생각하기는 하지만, 눈앞에서 벌어지는 일을 지켜보는 우리의 열정 때문에 (연구가 갖춰야 할) 객관성이란 개념에 대해 생각해 보지 않을 수 없다. (우리가 보기에 쓸모없다고 생각되지만) 전통적인 연구 전략이 조언하고 있듯, 우리는 (눈앞에서 벌어지는 교육개혁) 과정의 가장자리에 서 있다고 느끼지 않았다. 굳이 이를 거부하지도 않았다. 사실, 우리는 브라질 사람들의 정치적 열정과 상상력에 완전히 소비되었다고 느끼는 경우가 많았고, 실증주의적 민족지 연구자나 학자들의 거리두기를 넘어선 모든 부류의 대화에 관여하고 있음을 알게 되었다. 이런 상황에 대해 독자 여러분께 사과할 생각은 추호도 없다. 오히려 그 반대다. 이런 우리의 관여가 우리 연구를 좀 더 흥미롭게 만들었고 브라질 동료들에게 좀 더 유용하게 되었다고 생각한다. 뿐만 아니라 이것이 이 연구를 통한 우리의 학습 과정을 좀 더 경험적으로, 실제 삶에 가깝도록, 그리고 다양한 측면을 가질 수 있게 해 주었다.

마지막으로, 우리는 특정한 텍스트에서 늘 뭔가의 기원과 발달의 이름을 찾아내 이름 붙이고자 하는 사람들을 위해 위에서 전개한 것처럼 이 연구의 이론적 관점을 제시했다. 그러나 교수학습 과정에 대한 우리의 인식이 구조주의 철학에 가까운 관점에 토대해 있다는 점을 강조하고 싶다. 따라서 우리는 이 연구가 듀이John Dewey의 진보적 민주주의 교육 이상과 프레이리의 혁명적이고 유토피아적인 억눌린 자들을 위한 페다고지의 비판적 프래그머티즘critical pragmatism에 매우 우호적이라고 생각한다. 여기에 더해 우리는 후기자유주의적 관점에 기인하는 하버마스 Jürgen Habermas의 공헌을 관련지어 활용했다.[11]

여기서 구성주의는, 특히 교육의 담론적 실천에 초점을 맞추는 방식으로 다문화주의multiculturalism와 후기식민주의post-colonialism적 분석의 맥락에서 이해될 수 있다. 따라서 우리는 이 연구에서의 우리 관점을 페미니즘 지식생산이론의 핵심 주장에 맞추고 있다. 즉, 페미니즘 지식생산이론은, 사실-가치 사이의 구분을 분명히 하는 것이 어렵다는 점을 받아들이거나 교육에서의 가치중립성 개념을 거부하는 인식론에 관심을 갖는다.[3] 이와 같은 정도로 중요한 입장이 있는데, 과학이 합리적 사회 구성의 원리를 정당화함으로써, 그리고 제도의 진화적 조성을 강조하는 적법성을 정당화함으로써 정체성을 형성한다는 개념이다. 이 점에서 우리는 하딩Sandra Harding의 견해와 일치한다. 하딩은 이러한 정체성에 관한 과학적 논쟁이 없다는 전제에 의문을 제기하고 다인종, 다중 언어, 다문화적인 사회가 용광로라는 주류 개념에 도전한다. 그 어떤 것도 진실과 관련 없는 것은 없다.[12]

후기식민주의적 담론을 통합하려고 할 때, 구성주의는 교육을 포함한

---

3. (옮긴이 주) 원저에는 "지지하는"으로 되어 있지만, 맥락상 그 반대를 의미한다고 보아 수정함.

몇몇 영역에서 과학적 방법을 통한 민주적 분석에 독특한 관점을 제공해 준다. 구성주의는 일종의 인식론적 접근으로서 인터 프로젝트의 기본 원리, 즉 프레이리 사상에서 가져온 생성적 주제라는 개념에 동의한다. 이 개념은, 인터 프로젝트가 학교에서 민중 지식의 타당성에 방법론적인 접근을 취하는 데, 그리고 교육과정에서 보편적 지식을 다학제적으로 조직하는 데 핵심적이었다. 결국, 생성적 주제는 인터 프로젝트가 우리 연구에 적합한 연구 대상이 되도록 해 준다. 이 책에서 생성적 주제라는 개념이 핵심이 되는 이론적 주장이기 때문에, 우리는 이 개념에 대해 좀 더 자세하게 설명할 것이다.

인터 프로젝트를 만들어 내는 데 학습과 인지적 발달에 관한 여러 교육적, 심리사회적, 구성주의적 이론이 참고되었다. 하지만 제5장에서 분석되고 있듯, 주제 탐색을 위한 프레이리 교육청의 방법론적 토대는 페레이로Emilia Ferreiro와 비고츠키Lev Vygotsky의 연구들이었다.[13] 이는 일종의 방법론으로, 특정한 사람들에게 가장 중요한 생성적 주제 혹은 상황을 발견해 내기 위해 학교공동체의 사회문화적 실재를 집합적으로 탐색하라고 요구한다. 학습자가 실제 대면하는 삶의 상황, 문제, 관심사에 기초한 생성적 주제는 지역에 적절하게 부합하는 교육과정을 구성하는 데에서 벽돌처럼 쓰인다. 이러한 교육과정은 동시에 지역사회의 실재를 넓은 범주의 개인과 지역, 그리고 사회적 문제(예를 들어 학교에서의 또래 그룹 관계, 대중교통, 폭력, 공공 안전, 상파울루 같은 산업 대도시에 만연한 대기, 수질 오염 등)로 연결 짓게 해 준다.

따라서 인터 프로젝트는 기획, 이행, 평가 과정 전체에 걸쳐 문제삼기, 대화와 성찰적 프락시스라는 프레이리의 방법론적 전략을 온전히 채택하고 있다. 대체로 비형식교육 상황에서 수행되어 왔던 민중교육 전통의 비판적이고 이론적인 교의를 상파울루시 교육 시스템의 거대 관료주의적 체계와 환경에 적용해 보려는 이런 담대한 시도는 큰 도전에 직면했다. 이론과 행위 사이의 간극, 즉 행위자들의 이론적이고 철학적인 세계와 새로운 교육청의 매일의 실천적, 행정적, 교육적, 정치적 활동이 서로 맞닿지 않고 이들 간에 불일치한 상황이 이어졌다. 그런데 기존의 사회운동과 협력하여 성인을 대상으로 한 문해교육을 촉진하면서, 교육과정의 방향을 재설정하는 일, 시 소속 학교의 행정체계를 민주화하려는 일, 학교에 제공되는 교육의 질적 수준을 제고하는 일에 대한 요구가 직접적인 책무가 되면서 이런 간극은 훨씬 더 커졌다.

그러므로 우리가 채택한 구성주의적 접근은 연구 설계에 적절해 보였다. 뿐만 아니라 우리는 눈앞에서 벌어지는 상황을 보면서, 급진적이고 민주적인 교육개혁의 매혹적인 시도 이후 후속 연구를 단계적으로 수행해야 했다. (교육개혁의) 전체 과정이 보여 주는 이런 풍부함을 단일한 이 연구 프로젝트가 총체적이고 짜임새 있게, 그리고 역동적으로 잡아 낼 수는 없었지만, 이 책의 구성은 이런 경험의 핵심적 차원을 잘 보여 주려고 했다.

이 책의 구성

지금 이 도입 부분이 우리 연구의 제대로 된 특색을 잘 보여 주고 연구문제의 복잡성에 대해 일종의 통찰을 제공해 주었기를 바란다. 제2장과 제3장에서는 브라질과 라틴아메리카 교육을 구조조정과 신자유주의라는 이중 조건의 맥락에 놓고 역사적이고 정치적인 분석을 보여 줄 것이다. 이 점에서 우리는 1980~1990년 시기 가장 중요한 경험에 대해 논의하고 이 과정에서 발생하는 갈등과 모순에 대한 사전 평가를 제공할 것이다. 물론 성공적인 부분에 대해서도 다룰 것이다. 특별히 제2장에서는 서문으로 라틴아메리카에서의 교육, 국가, 사회변화 간의 역사적이고 현대적인 관계성을 다룰 것이다. 제3장에서는 프레이리가 이끄는 교육청이 민중적 공교육 모델을 만들어 내기 위해 어떤 노력을 기울였는지 논의하되, 제4장에서 발전되는 일반적인 논쟁 양상을 제공할 것이다. 제4장에서는 주요한 행정적이고 구조적인 개혁을 개괄할 것이고, 더불어 인터 프로젝트에서 교사의 가르침을 지원하는 교육과정의 방향 재정립을 위한 정책 의제를 다룰 것이다. 우리는 제5장에서 인터 프로젝트에 초점을 맞춰 아주 구체적으로 논의할 것이다. 인터 프로젝트의 목표, 방법, 교육과정 설계, 성과 등이 기술될 것이다. 제6장에서는 상파울루시의 4개 학교에서 수행한 심층적 사례 연구를 통해 교육개혁의 경험을 민족지학적 방법으로 설명할 것이다. 이 장에서는 교사들의 삶과 함께, PT가 집권한 상파울루시 교육청의 유토피아적 정치-교육 프로젝트 측면에서 상파울루시의 교육개혁과 교육과정 변화에 대한 교사들의 견해, 갈망, 기대 사항에 초점을 맞출 것이다. 마지막으로 제7장에서는 희망의 페다고지, 사회운동, 교육개혁에 관해 지속되는 대화를 위한 결론적 논의가 이루어질 것이다. 이 책은 처음으로 광범위하고 급진적인 방향으로 실천된 교육개혁 과정을 평가할 것이다. 이를 위해 다중적 이론의 관점을 통해 정밀한 경험적 분석을 수행했다. 더불어 교사의 관점을 통해 이들에게 영향을 받는 교실과 학교에 대해 평가할 것이다.

■ 주석

1. David N. Plank, *The Means of Our Salvation: Public Education in Brazil, 1930-1995* (Boulder, CO: Westview Press, 1996).
2. Regis de Morais, *Educação em tempos obscuros* (São Paulo: Autores Associados-Cortez Editores, 1991), p. 58.
3. David Plank, "Public Purpose and Private Interest in Brazilian Education", *New Education 2* (1990), pp. 83-89. For an expanded argument, see David Plank, *The Means of Our Salvation*, Op. Cit., chapters 1 and 4.
4. Raymundo Moniz de Aragào, *A Instrucào Pública no Brasil* (Rio de Janeiro: Instituto de Documentação, Editora da Fundação Getulio Vargas, 1985), pp. 1-30.
5. 1988 Inep statistics cited in *Almanaque Abril* (São Paulo, Brazil, 1994), p. 79, 좀 더 상세한 통계자료 확인을 위해서는 Plank, Op. Cit., (pp. 29-62)를 볼 것.
6. David Plank, Op. Cit., p. 87.
7. Henry Giroux, *Schooling and the Struggle/or Public Life: Critical Pedagogy in the Modern Age* (Minneapolis: University of Minnesota Press, 1988).
8. Paulo Freire, *Pedagogia da Esperança. Um reencontro com a Pedagogia do Oprimido* (Rio de Janeiro: Paz e Terra, 1992).
9. Regis de Morais, *Educação em tempos obscuros* (São Paulo: Autores Associados and Cortez Editores, 1991), p. 58.
10. 이를 위한 이론적 분석은 다음을 참조할 것. Raymond A. Morrow and Carlos A. Torres, *Social Theory and Education, A Critique of Theories of Social and Cultural Reproduction* (New York: State University of New York Press), 1995.
11. 이를 위한 이론적 개념틀은 다음 자료를 확인할 것. Raymond Morrow and Carlos Alberto Torres *Critical Theory and Education: Freire, Habermas and the Dialogical Subject* (Alberta and Los Angeles), manuscript
12. Harding, Sandra, *The Science Question in Feminism*. Ithaca: Cornell University Press, 1986.
13. 이 방법론을 위한 이론적 논의는 다음을 참조할 것. Moacir Gadotti and Carlos Alberto Torres, eds., *Educação popular: Utopia latinoamericana (ensaios)* (São Paulo, Cortez Editora-Editora da Universidade de São Paulo, 1994); Moacir Gadotti and Carlos Alberto Torres, eds., *Educación popular: Crisis y perspectivas.* (Buenos Aires, Miño y Davila editor, 1993); Carlos Alberto Torres and Guillermo González Rivera, eds., *Sociología*

de la educación: Corrientes contemporáneas. Third edition, with a new introduction (Buenos Aires, Miño y Davila, 1994); Carlos Alberto Torres, ed., *Paulo Freire: Educación y concientización* (Salamanca, Spain: Sígüeme Publishers, 1980); Carlos Alberto Torres, ed., *Paulo Freire en América Latina* (Mexico: Editorial Gernika, 1980); Carlos Alberto Torres, ed., *La praxis educativa de Paulo Freire* (Mexico: Editorial Gernika, 1978, 5th edition, 1987); Carlos Alberto Torres, ed., *Entrevistas con Paulo Freire* (Mexico: Editorial Gernika, 1978, 4th edition, 1986).

제2장

연구 배경:
브라질의 정치, 정책, 교육

국가, 공교육의 정치적 행위자

라틴아메리카의 특징은 국가와 조직화된 노동 사이의 갈등과 협력이 어떠했는지를 통해 확인해 볼 수 있다. 콜리어와 콜리어Collier & Collier 는 조합주의corporatism의 도입을 20세기 라틴아메리카 자본주의와 이 지역 정치의 두드러진 특징으로 꼽는다.[1] 조합주의는 수직적인 방식으로 사회를 통합하고 있는 일련의 구조를 끌어들이는데, 따라서 대체로 국가가 조직하고 관리하는 노동운동의 합법화와 제도화로 이끈다.

라틴아메리카에서 국가는 자신의 역할을 경제 발전과 교육 팽창으로 규정한다. 역사적으로 라틴아메리카 국가들은 재분배론자들의 정책 수단으로 국가 경제의 발전에 적극적으로 개입해 왔다. 1850~1930년 사이에 라틴아메리카의 지배적인 국가 모델은 지방 농지 소유자 혹은 소수 독재자들에 의해 통제되는 자유주의국가였다.[2] 국가는 이런 형태를 띠고 지배를 공고히 해 왔으며, 상대적으로 정치적인 안정을 이어 왔고, 소수 독재자는 탄탄한 통치 체제를 유지할 수 있었다. 이들은 어떤 때는 국가에 직접적인 통제 방식을 취하고, 또 어떤 때는 의회와 주요 정당에 의한 통치 형식을 취하기도 했다. 통제장치를 장악하기 위해 때때로 부정선거나 공개적인 탄압을 자행하기도 했다.[3]

라틴아메리카에서 공교육은 정치 시스템의 합법성을 만들어 주는 역할과 함께 각 국가의 통합과 근대화를 실현하는 역할을 했다.[4] 이 지역에서 공교육 체제는 모두, 국가와 시민성의 토대를 설립하려는 자유주의국가 프로젝트의 일환으로 발달해 왔다. 훈육된 시민을 만들어 내는 데 공교육의 역할과 기능, 교사의 역할, 사명, 이념, 훈련, 교육과정과 학교지식의 지배적인 개념, 이 모두는 자유주의국가를 뒷받침하는 주류 철학이 제공했다. 궁극적으로 대중적인 학교교육은 자유주의적 민주주의의 선행조건인 듯 여겨졌다. 이런 조건에서 교육 팽창이 이루어졌고 공교육에 대한 투자가 확대되었다.[5]

1960년대 초 산업화 시기, 라틴아메리카에서 이루어진 교육 팽창은 전 세계적으로 가장 높은 성장률을 보였다.[6] 1960~1970년 사이에 고등교육과 중등교육의 성장 지표는 각각 247.9%와 258.3%였다. 그러나 초등 기초교육의 성장은 167.6%에 그쳤고, 비문해율은 라틴아메리카 거의 모든 국가에서 대동소이한 수준으로 남아 있었다.[7] 1970년대 말에 이루어진 한 연구에 따르면, 교육 발전의 이런 패턴이 근본적으로 지속되고 있었다.[8] 쉴펠바인Ernesto Schielfelbein은 라틴아메리카가 지난 40년 동안 상당한 수준으로 민주주의를 증진시켜 왔다고 하면서, 이를 가능하게 한 다섯 가지 요인을 제시하였다. (1) 학령기 아동 대부분에게 교육 기회를 확대한 것, (2) 학교교육 기간을 늘린 것, (3) 학교 입학 연령을 적절하게 만든 것, (4) 더 많은 취약계층 아동에게 유아교육을 제공한 것, (5) 최소한의 투입 재원을 확대하고 계급 차별을 일소한 것.[9]

그러나 공교육의 팽창이 이루어졌다는 이전 시기의 성취와는 대조적으로, 지난 20여 년 동안 라틴아메리카 지역에서 학교교육의 양적, 질적 수준은 오히려 퇴조했다.[10] 라이머는 이 지역 국가들의 교육부가 국제적으로 강요된 구조조정 정책에 의해 부과된 압박하에 교육 지출을 감소하기 위해 형평성과 효율성을 포기해야 했다고 주장한다. 이러한 예산 감축으로 인해 초등교육이 부당하게 영향받았으며 교수학습 자료, 학교 시설을 위해 가용한 자원이 제한되었고, 결국 학생 등록률의 감소로 이어졌다.[11]

경제, 사회, 정치적 배경: 현대 라틴아메리카의 위기, 긴축재정, 구조조정

라틴아메리카에서 1980년대는 소위 "잃어버린 10년"으로 불린다.[12] 이 지역에서 높은 인플레이션, 하이퍼인플레이션 등 이전에 한 번도 경험해 보지 못했던 경기침체가 있었던 때가 바로 이 시기였다. 1973년과 1982년에 있었던 석유 파동은 1980년대 금융위기와 더불어 라틴아메리카 지역을 경제적 공황 상태에 머무르게 했다. 국제금리가 상승하면서, 라틴아메리카 국가들은 채무를 제때 이행하기 어렵게 되었다. IMF, World Bank 등의 국제금융기관들은 라틴아메리카 각국 정부에 채무 이행의 어려움과 예산 적자의 균형을 맞추기 위해 구조조정 정책을 채택하라고 압박했다.

이렇게 재정 안정화와 구조조정을 앞세운 개혁 모델은 정말 많은 정책 권고가 따르는데, 예를 들어 정부 지출 감축, 수출 증진을 위한 자국 화폐의 평가절하, 수입관세 인하, 공공 및 민간 저축 증대 등이 포함된다. 이러한 모델의 핵심적 목표라면, 엄청난 정도의 국가 영역 축소, 노동임금 및 상품가격의 자유화, 수출 증대를 위해 산업 및 농산물 생산 체제로의 전환 등이었다. 이러한 정책 묶음의 궁극적 목적은 단기적으로는 재정 적자 폭을 줄이고 공공 지출을 감소시키는 것, 엄청난 수준으로 인플레이션을 감소시키는 것, 환율 폭과 관세율을 낮추는 것이었지만, 좀 더 중기적인 차원에서 구조조정은 성장의 엔진으로 수출에 의

존하도록 만들었다. 어느 정도 수출이 이루어지는가에 따라 구조조정과 이어지는 경제 안정화 정책은 무역을 자유화하고, 물품 가격 구조를 바로잡고, "보호주의" 정책을 포기하도록 하며, 결과적으로 라틴아메리카 경제에서 시장의 법칙을 촉진하게 할 것이었다.[13]

이러한 경제체제의 구조적 변화는 정치 구조가 재-민주화되는 맥락에서 발생했다. 라틴아메리카 사회는 전통적으로 정치적 독재가 오래 이어져 왔다. 교육을 포함한 많은 다양한 정책 영역들은 이런 독재 체제에 어느 정도 붙잡혀 있는 상황이었다. 역사적 아이러니라면, 1980년대 민주주의로의 회귀와 재-민주화라는 전체적 프로젝트는 앞서 말한 특이한 경제적 압박 때문에 힘을 얻게 되었다.

경제적 세계화 경향의 확산, 정치경제적 여건의 황폐화, 특히 아르헨티나와 브라질 같은 국가에서 발생한 하이퍼인플레이션, 신자유주의적 정부의 확산, 라틴아메리카 좌파의 정치적 붕괴, 1980년대 중미 지역(예를 들어 니카라과, 엘살바도르, 과테말라)에서 사회주의 혁명의 실패, 사회주의 경제체제의 붕괴 등은 구조조정 정책이 이 지역 전체에 걸쳐 완전히 이행되도록 하는 데 "적절한 여건"을 만들어 주었다. 과거 통치 체제에서 포퓰리즘 지도자들을 경험하고 노동조합의 힘을 경험했음에도 불구하고 말이다.

경제적 안정화는 라틴아메리카의 금융/채무 위기, 재정적자 위기, 산업적 경기침체, 인플레이션(하이퍼인플레이션 포함)에 대응하기 위한 수단이었다. 그러나 이 일이 발생한 것은 분배적 갈등(노동계층, 노부, 일부 중산계층 포함)에서 핵심적인 사회적 행위자들이 공공 지출의 삭감에 도전할 능력을 의도적으로, 혹은 어쩔 수 없이 포기하게 된 이후였다. 따라서 하층 영역(특별히 무역노동조합)의 프로그램과 구조조정의 시기가 겹치면서 결국 붕괴해 버린 엘리트층의 경제적, 정치적 선호 사이에 교착상태가 이어졌다.[14]

이 위기와 안정화 정책의 사회적 결과가 어느 정도였는지에 대해서는 여전히 논쟁이 이어지고 있다. 그러나 정말 많은 국제연구들이 지적하고 있듯, 라틴아메리카의 전체적인 복지 수준은 여러 측면에서 20년 전에 비해 분명히 악화되었다.[15] 예를 들어 라틴아메리카경제위원회Econoic Commissione of Latin America, ECLA에 따르면, 1990년 중남미 인구의 대략 44%에 해당하는 인구(당시 1억 8,300만 명)가 빈곤선 이하의 삶을 살고 있었다. 이는 1970년대 빈곤선 이하의 삶을 사는 인구가 1억 1,200만 명이었던 상황에 비해 많이 증가한 것이다. ECLA는 이런 곤궁함이 증가한 것은 "평균 임금이 엄청나게 줄어들었기 때문으로, 중남미 인구의 물적 생활 수준이 현격히 뒷걸음질쳐 왔다"라고 보고하고 있다.[16] 이와 유사한 분석은 미주정책대화Inter-American Dialogue에서 발간한 보고서에서도 발견할 수 있다.[17]

자본 안정화와 구조조정 프로그램은 경제적이고 재정적인 위기와 이로 인한 사회 정치적 결과를 제시하기 위한 방편으로 등장했고, 다양한 이념적 지향을 띠는 정권들은 일반적이고 심각한 위기를 조장하면서 여러 가지 다른 이름의 자본 안정화 및 구조조정 프로그램을 만들어 정책에 반영했다. 국가의 개혁은 사회의 개입주의적 역할을 감소시켰으며 민영화 추진과 복지정책의 감축을 통해 라틴아메리카 사회에서 시장이 지닌 힘의 법칙을 키워 주었다. 물론 이러한 개혁은 국가의 정당성에, 그리고 이 지역 공교육의 역할에 일종의 함의를 지닌다.

브라질 교육의 민주화: 초기 운동

교육 기회를 공평하게 만들려는 노력은 브라질 공교육 역사에서 다양한 시기에 등장했다. 그러나 공교육 체제를 만들려는 초기 단계가 시작된 것은 1차 세계대전이 끝난 이후였다. 이 시기 브라질은 심한 구조적 변화를 겪었다. 1차 세계대전 동안 추진된 수입대체산업으로 도시로의 인구 유입이 증가했고, 결과적으로 도시 중심의 중산층이 증가하고 노동계층 인구가 확대되었다. (이렇게 인구가 많아진 도시를 중심으로) 순차적으로 학교교육에 대한 요구가 커졌다. 변화하는 사회적 양상은 진화해 가는 브라질의 근대적 사회 체계와 더불어 새로운 교육 비전을 만들어 낼 것을 요구하게 되었다.

이런 변화 상황에서 1920~1930년대 새교육운동Escola Nova Movement 은 교육 비전을 내세운 가장 두드러진 움직임이었다. 새교육운동은 이 시기 산업화와 도시화의 사회경제적 추세 속에서 성장했다. 도심의 신흥 자유주의적 엘리트 계층은 북미의 교육적 진보주의와 실용주의에 영향을 받아 브라질 사회의 근대화를 옹호하는 새교육운동을 만들어 냈다. 이를 통해 국가의 의무로 보편, 무상, 보통(비종교적) 학교교육을 실현하고자 했다. 1932년에 내세운 〈새교육 개척자들의 선언Manifesto dos Pioneiros da Educação Nova〉에서, 새교육운동주의자Escola Novistas들은 공교육의 기회를 확대하는 것뿐만 아니라, 브라질 교육에서 과거 종교적 체제와 귀족사회에서 물려받은 재앙과도 같은 교육 관행 및 내용을 없애도록 하는 다양한 교육 혁신을 주장했다. 이로써 학교에서의 교육을 지역사회의 경제적이고 사회적인 현실과 연계해 더욱 적합하고 활발한 교육 프로그램(예를 들어 "ensino ativo")을 만들고자 했다.[18] 게다가 새교육운동주의자들은 공교육의 비전을 브라질을 위한 근대화와 민주주의를 실현하려는 최우선 목표로 설정했다. 이런 목표는 공립학교 교육과정에 직업훈련과 시민성 함양을 포함해 교육하는 방향으로 전개되었다.[19]

1930년 브라질의 첫 연방 교육부장관으로 임명된 캄푸스Francisco Campos는 광범위한 교육개혁의 선봉장으로, 1934년 헌법을 통해 보편적 학교교육을 약속했다. 여기에 더해, 1934년 헌법은 정부의 구체적인 정책과 재정 지원 면에서 교육팽창의 문제를 처음으로 직접 언급했다. "(1934년 헌법은) 이전의 헌법과 비교해 진전된 내용을 담고 있는 것으로, 노동조합에 의해 도출된 지침에 근거해 교육 시스템의 조직 윤곽을 계획해 냈고, 학교교육을 민주화하려 노력하면서 이런 방안을 이행할 수 있는 수단을 만들어 냈다." 1934년 헌법은 이런 방안을 위한 교육재정 지원을 위해, 연방정부와 지방정부가 세수(세금수입)의 10%를, 주도와 연방 수도의 경우 세수의 최소 20%를 의무적으로 할당하게 했다.[20]

포퓰리즘 지도자인 바르가스Getulio Vargas 대통령 치하의 신국가 Estado Novo, 1937~1945 정권의 시작과 함께, 새교육운동주의자들에 의해 진전된 많은 것들이 사라졌다. 1937년도 헌법은, 당시 미나스 게라이스 Minas Gerais 휘하의 내무부장관이었던 캄푸스가 주도해 초안이 작성되었는데, 이 헌법은 새교육운동주의자들의 원칙을 적극 지지했다. 이 헌법은 교육 분야에서 사적 자유를 내세운 의제를 가장 중요하다고 선언했다.[21] 게다가 엘리트 계층을 위한 중등학교를 특정하고는, 사회경제적으로 하급 계층을 위해서는 직업예비교육이라든가 직업교육 정도만으로 충분하다고 보았다. 헬레너Helenir가 지적하듯, "1937년도 헌법은 … 이런 방안들을 통해 브라질 교육의 반민주주의적인 정신과 이중적 성격을 강화하는 방향으로 작동하게 되었다."[22]

결과적으로 브라질의 1934년과 1937년 헌법에 의해 수립된 공교육 체제를 위한 법적 기초에 따라, 공적인 것과 사적인 것 사이의 분리가 생겨났다. 이러한 분리로 인해, 인구 대다수가 초등 수준의 공교육에 접근할 기회가 제한되었고, 사립학교 교육 및 중등교육 이후 특권적 지위를 갖는 공립 고등교육기관에 입학할 수 있는 소수의 엘리트에게 질 높고 확대된 교육 권한을 부여해 주었다. 따라서 비록 늦게 시작하기는 했지만, 브라질 공교육 옹호자들은 사적 교육 영역의 배경이 되는 강력한 이해집단과 계속 투쟁을 벌여야만 했다. 소수 엘리트는 교회와 중산층,

상류층들로 이들을 위한 사립학교 교육과 고등교육에 계속되는 국가 지원을 통해 혜택을 받고 있었다. 이런 보수적인 반대 세력들은 (교육에서) 두 개의 원칙을 강하게 고수하고 있었다. (1) 종교 교과를 공립학교에서 가르쳐야 한다는 것, (2) 자녀의 교육을 부모가 선택할 권한은 침해받을 수 없는 고유한 것으로, 국가가 사립학교와 종교계 학교교육을 지원해야 할 책임이 있다는 것. 이런 보수적인 입장에 반대한다는 점에서 자유주의 및 좌파 진영의 공교육을 옹호하는 사람들은 오랫동안 힘든 싸움을 이어 왔다. 공교육의 목적에 관해 강하게 붙박여 있는 엘리트적 관점에 맞서, 그리고 인구 대다수를 차지하는 사람들의 교육적 요구를 국가가 나서 실현할 책임이 있다는 점을 내세우며 말이다. 최근 PT는 민중 계층을 위한 양질의 교육을 제공하려는 이 투쟁의 최전선에서 선봉장 역할을 담당해 왔다.

라틴아메리카의 정치와 교육: 파울로 프레이리와 민중교육

억눌린 자들만이 자신들의 현재와 완전히 다른 미래를 생각해 낼 수 있다. 단, 자신들이 지배받고 있는 계층이라는 의식에 도달해야 한다. 지배하는 집단으로서 억압자들은, 억압자로서 자신들의 현재를 지켜 내려 하는 한 미래를 생각해 낼 수 없다. 이런 방식으로, 억눌린 자들의 미래가 혁명적인 사회변혁을 구성하는 가운데, 이들의 해방은 혁명적 사회변혁 없이 입증되지 않는다. 억압자들의 미래는 사회의 단순한 근대화로 이루어지는데, 이는 이들의 계층 지배성을 계속 유지하도록 기능한다.[23]

라틴아메리카에서 민중교육 모델은 1960년대 초반에 발전시킨 프레이리의 『억눌린 자들을 위한 페다고지』에서 시작한다. 민중교육 모델은 19세기 스페인에서 시작되어 스페인 내전1936~1939 때까지 진화해 온 노동자 계급 교육의 전통과 연결되며 나중에 라틴아메리카에서 공교육의 자유주의적 프로젝트로 이어졌다. 민중교육과 공교육(무상, 의무, 세속보통교육)은 몇몇 지점에서 동시에 일어났다. 1960년대 프레이리의 경험은 공교육의 경험과 모두를 위한 교육의 의미를 해체하고 다시 만들어 내도록 했다.

브라질 교육가들의 상상력은 이렇게 같은 시기 라틴아메리카 대륙 전체를 휩쓴 혁명적 열정의 일반적 조류를 타고 깨어났다. 제2차 바티칸 공회Vatican II와 이에 상대하는 민중교육이 이런 급진적 시기의 한가운데 있었다. 제2차 바티칸 공회는, 해방신학으로 구현된 진보적인 사회 의제에 가톨릭교회가 공식적으로 문을 열 것을 주문했다. 브라질에서는, 파울로 프레이리가 유토피아적 선봉장이 되어 이끌었던 민중문화운동Movement for Popular Culture, MCP이 절호의 기회를 얻게 되었다. 이 시기 라틴아메리카 전체에 걸쳐 등장했던 다른 대항헤게모니적 민중교육 경험과 마찬가지로, 민중문화운동은 변혁적 교육 프락시스를 통해, 수세기에 걸친 오랜 억압의 속박에서 브라질 민중(토착 원주민, 흑인 노예, 착취당한 유럽인의 후손들)의 비판적 의식을 흔들어 깨우고자 했다. 따라서 1960년대 초기의 민중교육운동은, 학교교육을 받지 못했던 사람들과 짐자 커시는 도심의 빈민가로 떠밀려 오거나 황량한 농촌에 고립된 사람들에게 문해교육을 하는 것뿐만 아니라, 이들에게 억압적인 현실을 변혁할 지식으로 무장하게 하려는 정치적이고 교육적인 명령으로 등장하였다.

프레이리의 민중교육은 가난한 사람들의 생활 여건과 그들의 두드러진 문제(예를 들어 실업, 영양 부족, 형편없는 건강 상태 등)에 대한 정치

사회적 분석에서 등장했고, 이들이 자신들의 삶의 조건에 대해 개인적이자 집단적인 의식을 갖도록 여러 시도가 이뤄졌다. 이런 이론적이고 실천적인 교육 모델에는 몇몇 핵심적인 특징이 있다. 교육적 실천은 (선행 경험이라고 이해되는) 이전의 집단적이고 개인적인 경험에서 도출되었고, 개인주의적인 접근보다는 그룹 활동을 강조했다. 이런 프로젝트가 제공하는 교육의 개념은, 가난한 사람들에게 주입하려는 구체적인 기술(예를 들어 읽고 쓰는 능력이나 기초적인 셈) 혹은 능력과 관련되었고, (교육에 참여하는 사람들에게) 자긍심, 자존감, 자기 확신, 자립 등을 불러일으키려 했다. 이런 민중교육 프로젝트는 정부에 의해 주도될 수 있는데, 예를 들어 콜롬비아나 도미니카공화국처럼 통합적인 농촌개발과 관련된 프로젝트와 협력하거나 니카라과처럼 민중교육조합과 함께 수행될 수 있다. 그리고 이런 민중교육 프로젝트는 아동뿐만 아니라 성인들을 향한 활동으로 지도될 수 있다.[24]

따라서 의식화는 하나의 목표이고 지식은 투쟁의 수단이 된다. 지방의 사회공동체 임파워먼트는 민중교육에서 가장 중심이 되는 관심사였다. 그리고 이를 위한 핵심 전략은 사회운동과 새로운 국가통치 체제 형식 사이에 연결고리를 확대해 나가는 것이었다. 1980~1990년 사이 공교육 체제에서의 경험을 돌아볼 때, 민중교육 모델은 신자유주의가 팽배한 시대에 양질의 교육이 계속 공급될 수 있도록 하면서, 공교육을 열정적으로 수호하고 확장해 나가도록 사력을 다해 왔다.

프레이리가 교육감으로 있던 상파울루시 교육청의 교육개혁 경험은 민중교육이 사회주의적 방향성을 어떻게 발전시킬 수 있었는지를 보여주는 좋은 사례다.[25]

프레이리, PT, 상파울루시 교육개혁

1992년 10월, PT 소속 시장인 루이자 에룬디나 드소자Luiza Erundina de Sousa와, 바로 전 교육감 파울로 프레이리1989~1991, 프레이리를 이어 교육감이 된 마리우 세르지오 코르텔라Mário Sergio Cortella, 1991~1992가 상파울루시 정부의 공식 조직인 Diario Oficial do Municipio de São Paulo에 모여, "상파울루시 양질의 공교육을 다 함께 건설하려는 사람"에게 전하는 서한에 공동 서명했다. 상파울루시의 교육가라 불릴 수 있는 이들은 이 서한에서, PT가 상파울루시 교육청을 처음으로 장악하게 된 1989년 2월 프레이리 교육감이 최초로 발표한 성명문의 일부 내용을 되새겼다.

> 우리가 사람들을 학교에 오게 하는 이유는, 이들이 수업을 듣고, 이들의 요구 조건을 받기 위함이다. 이들이 처방, 위협, 비난, 처벌 등을 당하는 것이 아니라 집합적으로 지식의 구성에 참여하도록 하기 위함이다. 이렇게 구성된 지식은 순전한 경험적 지식을 넘어서는 것으로, 새롭게 구성된 지식은 이러한 지식이 왜 필요한지를 설명해 주고, 이 지식을 투쟁의 수단으로 바꿔 준다. 이를 통해 사람들이 자기 역사의 주인공으로 변혁해 가도록 해 준다. 문화와 교육의 창조 과정에 민중들이 참여하는 것은 단지 엘리트만이 능력 있고 사회의 요구와 관심이 무엇인지 알고 있다는 전통을 깨뜨리게 한다. 학교는 민중문화를 계발하고, 지역사회에 봉사하며, 문화를 소비하는 곳이 아니라 이를 창조해 내는 중심이 되어야 한다.[26]

이 서한에는 PT 정부가 집권하던 4년 동안의 상파울루시 교육개혁을 위한 프로젝트에 어떤 절망과 성공이 있었는지 되짚어 보는 내용도 포함되어 있다. 691개의 학교가 있는 상파울루시에 65개의 새로운 학교를 신설하고 178개의 학교를 개축한 것, 14만 5,000명의 유아들에게 교육 기회를 확대해 제공한 것, 성인 및 청소년 31만 2,000명에게 문해교육을 제공한 것 등. 에룬디나, 프레이리, 코르텔라는 이 서한에서 상파울루시 PT 정부의 주요한 성취 중 하나에 대해 특별히 언급하고 있다. 지자체 교원관련법령Estatuto do Magisterio라는 새로운 시 법안을 통과시킨 것. 이 법안은 교사의 급여를 보호하고 교사의 지위를 전문가로 승격시키는 내용을 담고 있다. 마지막으로 이 서한에 서명한 세 명의 인사들은 참여적인 기획과 행정을 통해 학교의 자율성을 촉진시키기 위한 노력을 기울여야 한다고 주장했다. 상파울루시의 교육계획은 "기술관료와 전문가들만이 판치는 영역으로 두어서는 안 된다. 제대로 된 교육계획을 위해 다양한 사회적 집단의 필요와 우선적인 요구를 보다 분명하고 진취적으로 만들어 가야 하며, 이때 권력의 영역으로서 시 정부의 한계를 분명히 해야 한다. 이를 위해서는 학교를 보다 자율적인 공간이 되도록 해 시민성을 길러 내고 확인하는 훌륭한 수단이 되도록 해야" 하는데, 이 일은 지역 학교의 자율성을 높이는 과정을 통해서 가능하다고 이들은 주장했다.[27]

이 세 명의 인사들은 다음과 같은 주장으로 이 서한을 마무리하고 있다. "이러한 과정은 한 치의 오류도 없었던 과정은 아니지만, (이들이 믿기에, 이러한 실수는) 독립적으로 발생할 수 없는 것들로, 이는 공교육의 가치를 중시하려는 정치적 지형 내에서 이해될 수 있는 것들이다."

상파울루시 교육감으로서 프레이리가 담당했던 역할은 그의 리더십하에서 PT에 의해 추진된 교육개혁에서 상당히 중요한 의미를 지닌다. 그가 비판적인 접근을 통한 민중교육의 궤적에서 이를 주장한 사람이기 때문이다. 민중적 공립학교라는 개념은 브라질에서 민중교육운동이 등장한 이후 30년 가까이에 걸쳐 수립된 것으로, 프레이리가 1950년대 말

교육 장면에 처음 등장한 것과 역사적으로, 또 이론적으로 관련 있다. (이러한 관련성은 제3장에서 좀 더 자세하게 살펴볼 것이다.) 우리는 이 책에서 브라질 학교교육에 관한 현재의 진보주의적 교육 사상과 좌파 정치지형이 어떠한 발전을 거쳐 왔는지 보여 줄 것이다. 여기서 한 개인으로서의 프레이리와 정당으로서의 PT는, PT의 4년 임기에 걸쳐 상파울루시 학교에서 이루어진 교육개혁 프로젝트의 특수한 성격에 서로 다르게 기여했다. 각자의 역할을 수행하는 방식으로 말이다.

상파울루시 교육개혁의 내용에는 진보적 교육운동의 경험으로부터 진화해 온 두 가지 구상이 있다. 인터 프로젝트the Interdisciplinary Projects, Inter-Project와 성인문해운동the Literacy Movement for Adults and Youths, MOVA. 이 두 가지 구상은 수십 년 동안 발전해 온 것으로, PT의 지난 10년에 걸친 사회 민주적 정치지형 내에서 성숙해진 것들이다. 뿐만 아니라, 이 두 구상은 민중교육운동에서 유래된 요소들이 합성된 형태를 보였다. 따라서 이 둘은 일종의 결혼을 통해 만들어진 것과 같은데, 새로운 민주주의 사회를 위한 집단적 의식을 구성해 내기 위한 비판교육학과 정치적 활동의 결합이었다. 이런 방식으로, 이 교육개혁의 모든 수준(교육청 기획실 담당관에서부터 지역 학교의 교사들에 이르기까지)에서 만나게 된 많은 교육가는, 교육 행동의 계획을 시행하라는 관료적 명령, 즉 더 큰 세력에 의해 동기 부여된 듯했다. 독재 체제로부터 민주주의로의 이행이라는 역사적 순간을 실현하는 데 참여한 사람들은 한 명 한 명의 개인들이었다. 다양한 측면에서 급진적 교육개혁이고 불리게 되는 이들의 교육개혁안은, 교육 실천과 정치적 투쟁을 이어 가는 지속적이고 통합된 과정의 부분이자, 브라질의 민주적 삶의 미래를 위한 투쟁을 향해 뻗어 가는 가지와도 같았다. 브라질 사회의 억압적인 과두정치 세력들을 물리치려는 수십 년 동안의 노력을 근본적인 동력으로 삼아서 말이다.

PT는 브라질에서 폭넓은 정치적 좌파 세력들로 구성되어 있었다. PT의 지배체제에서 이루어진 교육개혁에서 상파울루시의 경험이 내세웠던 의도와 그로 인한 결과를 이해하려면, PT의 역사적 형성 과정과 브라질 정치의 장에 PT가 등장한 이래 전개되어 온 이들의 대중적 기반, 지적 리더십, 사회주의적 이상을 이해해야 한다.

PTPartido dos Trabalhadores는 공식적으로 1970년대 말 브라질 정치의 장면에 처음 등장했다. 이들의 등장은 1964년 쿠데타로 정권을 잡은 브라질 군부 정권에게 저항하는 세력을 규합한 조직 형성의 신호였다. 관료주의적 독재 정권은 궁극적으로 이 민주화운동에 굴복하게 되는데, PT는 이 민주화운동에서 핵심적 역할을 담당했다. 그리고 PT는 야당을 대표해 1985년 최초의 (간접적인) 연방 대통령선거를 이끌었다. 정말 다양한 노동조합 지도자, 노동자, 지식인, 좌파 활동가가 모인 연합체가 1979년 1월 정당을 만드는 일을 논의하고자 모였다. 이들은 같은 해 5월 1일 비공식적인 문서인 「노동자당강령Carta de Princípios do PT」을 발간하는데, 이 문서에 담긴 초기 정치적 의제에는, "모두에게 무상으로 제공되는 공교육과 전 인구에게 모든 수준의 학교 입학을 보증하는 내용을 포함한 학교교육의 민주화" 내용이 포함되어 있었다.[28] PT는 공식적으로 1980년 2월 10일에 설립되었다. 이때 발표된 정당의 강령Manfesto에도 모든 수준의 공교육을 보편화하겠다는 정당의 헌신적 입장이 표명되었다. PT는 정당 강령의 실행계획Plano de Ação 아래 이런 교육체제가 "노동자들의 요구를 향한 것"이어야 함을 강조했다.[29] 가도티Gadotti와 페레이라Pereira에 따르면, "이런 방식으로, 브라질에서의 첫 '대중' 정당이 노동자들의 의지 덕분에 '아래로부터' 탄생하게 되었다. PT는 브라질 정치사에서 아래로부터 등장한 첫 정당"이었다.[30]

정당이 발족한 이래 대략 15년 정도가 지난 시점에, PT는 당원이 70만 명, 진성당원이 12만 명에 이르렀으며 지방기초단체장이 2,304명, 지방자치단체장 선출에 따른 지방자치정부가 53개, 연방하원의원이 77명, 연방상원의원이 1명, 연방공무직이 36명, 지방의회의원이 1,400명에 이르렀다.[31] 오늘날(이 책이 쓰인 시기) PT에는 다섯 가지의 주요 정치적 경향이 존재한다. 좌파(Opção Esquerda, 정당 대표인 팔상Rui Falção을 포함하는 민주적 사회주의자 계열, 전체 당원의 32%를 차지), 통합투쟁파(Unidade e Luta, Lula의 사회주의 계열로, 전체 당원의 30%를 차지), PT투쟁파(Na Luta PT, 좀 더 급진적인 트로츠키 사회주의 계열로, 진성 당원의 22% 차지), 급진민주파(Democracia Radical, 전체 당원의 10% 정도로 온건중도파 계열), 독립파(Independentes, 전 당원의 5% 정도로 특별한 정파에 소속되지 않음, 상원의원인 수플리시Eduardo Suplicy 등).[32]

군부정권이 들어선 이후 지난 20여 년 동안 등장했던 많은 정당 중 PT가 보이는 특수성은 힘에 있다. PT는 브라질 정치에서 독특한 조직이다. PT에는 투쟁적인 당원들이 있고, 정기적인 모임이 있으며, 지방과 지역, 국가 수준에서 작동하는 영속적으로 기능하는 구조가 있다. 2,304개의 지방기초자치단체에 나뉘어 활동하는 60만 명 이상의 전투적 당원들이 있는데, 이들의 지역 조직은 잘 알려져 있다. 대부분의 다른 정당은 이렇게 실제 작동하는 조직이나 호전적인 당원이 거의 없으며 오로지 선거 때만 기능한다. 이런 전투적인 당원들에게, PT는 자신이 소속된 정당 이상의 의미를 지닌다. PT는 일종의 생활 방식이며, 만남의 장소이고, 일종의 문화다. PT는 많은 활동가가 인정하고 있듯 "파티 정당"이다.[33]

이념적 지향이란 측면에서 정당의 지도적 지식인들은, 사회주의가 새로운 사회주의적 비전을 재구축하기 위한 논쟁에서 패배해 왔고, 따라서 최근 붕괴한 동유럽과 소련의 공산주의적인 관료적 독재 정권을 떠받쳐 주던 "과학적 사회주의"에서 벗어나야 한다는 생각에 단호히 반대한다. 정당은 다양한 배경을 지닌 당원들의 철학적이고 이데올로기적인 다원성을 허용한다. 이런 다양한 구성은, 모든 범주의 노동자들(산업노동자, 농업노동자, 도심 및 지방 노동자, 독립 노동자, 은행원 혹은 교사와 같은 화이트칼라 전문직 노동자 등)과 소규모 자산가가 포함되며, (비정규 대학교수에서부터 학생운동가들에 이르는) 마르크스주의 지식인, 노동자 단체, 다양한 사회운동에 참여하는 중산층 등이 포함된다. 결과적으로, 정당의 주요한 정치적 프로젝트는 부르주아 자본주의 국가를 바로 깨부수는 것이 아니라, "민중적 민주정부Popular Democratic Government"를 수립하는 것이었다. 이를 위해, 기존의 자본주의적 사회 형성과 쇠퇴해 버린 반민주적 사회주의 모델을 대체하고 실행 가능한 대안을 찾았다.[34] 한 당원은 PT에 팽배한 비-교조주의적 정신을 되돌아보면서 이렇게 주장한다.

> PT는 세속적인 정당이자, 이 세상의 모든 관점에 열려 있는 개방적인 정당이어야 합니다. PT는 사회주의적 유토피아의 재건이라는 광범위한 과정을 거치면서 각자의 관점이 자신의 옳음을 증명하고 서로가 서로를 만들어 낼 수 있어야 합니다. 저는 마르크스주의자입니다. 하지만 제 주변에 마르크스주의자가 아닌 사람들이 더불어 있기를 바랍니다. 보비오Norberto Bobbio의 말처럼, 이는 아마도 좋은 마르크스주의자가 되기 위해서는 마르크스주의자가 되는 것만으로 충분하지 않기 때문입니다.[35]

PT는 실질적으로 다양한 마르크스주의 계열의 개인과 그룹들을 아우르고 있을 뿐만 아니라, 마르크스주의가 아닌 다른 이데올로기를 추종하거나 자신들이 특정한 정치철학을 신봉한다고 하는 호전적인 개인 혹은 풀뿌리 운동을 위한 공간을 만들어 주었다. 이를 통해 PT는 현대 브라질 사회의 구체적인 문제(예를 들어 문해교육운동, 이웃권리그룹, 보건, 생태, 여성운동 및 인종 이슈 등)에 대해 선구적인 입장을 가질 수 있었다. 이런 측면에서, PT는 "노동자와 가난한 자들이 자신의 목소리로 말하고 자신의 이름으로 말할 수 있는 권리를 위해 투쟁"하겠다는 신조를 내세웠다. 계급투쟁이라는 마르크스주의 개념에 터한 이런 폭넓은 의제들은 PT가 필수적으로 브라질에서 시민성과 민주주의에 대해 새로운 개념으로 나가도록 했다.

『브라질 PT와 민주화*The Workers' Party and Democratization in Brazil*』[1992] 라는 책의 저자인 케크Margaret E. Keck는, PT의 핵심적인 역할이 정치적 참여의 범위를 재규정하고 브라질 민주주의의 재활성화에 기여했다고 주장한다.

> 1980년 이래, PT는 브라질 정치에 수백 명의 정치 신인들을 불러 들였다. 책임감 있고 자신의 일에 책임을 짊어질 줄 아는 정치적 지도자를 기대하는 새로운 유권자들을 만들어 낸 것이다. PT는, 정치에 참여하는 능력이 사회적 지위 혹은 특정한 교육에서 오는 것이 아니라, 매일의 일상적 경험에서 온다고 주장해 왔다. 이런 PT는 특히 새로운 세대에 큰 파급효과를 가져왔다. PT를 가장 강력하게 지원하는 세력은 젊은 층으로, PT는 정치가 어떠해야 하는지에 대해 급진적으로 변화된 비전에 익숙해지도록 하는 데 핵심적인 역할을 하고 있다.[36]

따라서 교육은 민주적인 사회주의 사회를 건설하고, 이에 필요한 비판적이고 의식화된 활발한 시민을 발달시켜 가는 데 강력하고도 꼭 필요한 수단으로 보였다. 결과적으로, 양질의 공교육을 향한 투쟁은 PT와 연결된 민중 그룹들이 최근 PT가 집권한 지방자치단체에서 정책적 노력의 주요 영역을 자극하고 구성하는 데 최전선이 되었다.

상파울루시의 노동운동에서 시작해 점차 제도화되고 종합적이며 광범위한 전국 정당이 되어 온 PT의 진화 양상이 보여 주듯, PT의 주요한 역할은 군부독재 정권이 몰락한 이후 브라질의 처음 두 번의 대통령 선거에서 제 역할을 담당하는 것이었다. 실제로, PT는 대통령직선제를 요구해 온 1983년 "지금 당장 직접선거를Direitas Já"이라는 캠페인을 통해 전국적인 운동을 이끌었다. 이 정치적 리더십의 결과로 PT는 전국적인 정치적 지원을 받을 수 있을 만큼 확장되었다. PT의 통솔력 강한 지도자로 노동자 출신인 룰라Luís Inácio Lula da Silva는 PT 설립 초기에 이미 지도자 위치에 오른 인물이었다. PT는 당시 상파울루시 산업벨트의 금속노동자들을 조직하려는 노력을 기울이고 있었다. 노련한 정치인이자 노동계 지도자였던 룰라는 1989년과 1994년 대통령 선거에 출마했다. 첫 번째 대선에서는 콜로르 데 멜로Fernando Collor de Mello에게 아주 근소한 차이로 낙선했다. 콜로르 데 멜로는 브라질 북동부 알라고아스주Alagoas State 귀족 집안의 아들로 제멋대로 행동하는 인물이었다. 나중에 밝혀지지만, 그는 부패로 점철된 불명예를 안게 된다. 브라질의 보수적 엘리트들은 사회주의 대통령이 당선되는 상황에 공포심을 느꼈고, 따라서 콜로르의 선거 캠페인에 후원을 아끼지 않았다. 레데 글로보Rede Globo라는 브라질 최대의 텔레비전 방송국은 룰라의 인간성을 깎아내리기 위한 캠페인을 강렬하게 벌였고, 결국 콜로르가 유권자의 49%를 얻어 43%를 획득한 룰라에게 승리했다. 4년 뒤, 선거가 치러지는 1994년 10월을 6개월 앞둔 시점의 여론조사에서 룰라는 상대 후보인 카르도주Fernando Henrique Cardoso(브라질 사회민주당의 저명한 사회학자)에게 무려 22%나 앞선 상황이었다. 그러나 실제 치러진 선거에서는 단지 27%의 표를 얻어, 카르도주와의 표차가 27%에 이르렀다.[37]

이 두 번의 전국 선거에서 PT는 패배했지만, 그럼에도 불구하고 주별 선거와 지방선거에서 대단한 승리를 거두었다. 1988년, 가장 중요한 승리가 바로 상파울루시 시장 선거에서의 승리였다.[38] 상파울루시는 전국에서 가장 크고 경제적으로 가장 강력한 지방자치단체였다. 상파울루시의 인구는 900만 명(1991년 기준 9,626,894명)이 넘었으며 한 해 예산이 1991년 회계연도 기준 40억 달러에 가까웠다.[39] 에룬디나 드소자 Luiza Erundina de Souza[1]가 시장으로 들어선 상파울루시 PT 정부는 이 어마어마하게 큰 도시의 교육 현실의 변화에 큰 영향을 끼쳤다. 프레이리 개인의 탁월함과 그가 PT와 맺고 있는 연관성 때문에, 시정부에서 그를 교육감으로 선택한 것은 적절했다. 상파울루시 PT 정부의 4년 (1989~1992)[40] 임기 중 초기 프레이리 리더십하의 PT의 교육적 노력은 다음 세 가지 원칙에 근거해 있었다. 참여, 분권화, 자율성.[41] 이 원칙들은 민중적 공립학교를 수립하겠다는 PT의 목표를 향해 작동되었다. PT 시정부 비서는 민중적 공립학교를 다음과 같이 정의하고 있다.

> 이 학교는 모든 사람이 다닐 수 있을 뿐만 아니라, 모두가 참여해 만들어 가는 학교이다. 이 학교는 인구 대다수의 민중적 이익에 관심을 두게 될 것이며, 따라서 헌신과 연대에 기초해 계급의식을 형성하며 새로운 양질의 교육을 목표로 한 학교라고 할 수 있다. 교사 이외에도 민중적 공립학교의 모든 행위 주체들은 적극적이고 역동적인 역할을 남당하며, 새로운 형태의 배움과 참여, 가르침, 노동, 놀이, 축하를 실험하게 될 것이다.[42]

이렇게 새롭게 만들어지는 공립학교의 비전을 성취하는 일은 어렵다.

---

1. (옮긴이 주) 프레이리 고향인 브라질 북동부의 가난한 지역 출신 여성으로, 농촌에서 이주한 대다수 상파울루시 노동계층을 기반으로 등장했다.

이 어려운 일을 시작하기 위해 프레이리를 수장으로 한 교육청은 처음부터 다음의 네 가지 활동 영역을 개념화했다.

1. 상파울루시 학교들에서 다양한 프로그램과 교육과정의 변화를 통해 양질의 교육을 진흥하기 위한 구체적인 교육개혁을 만들어 갈 것이다. 여기에는 3 사이클체제cycle system로의 학년 수준 재조정, 새로운 평가 방법의 도입, 기술적 정교함을 갖추기 위한 평가와 연구 수행, 교사의 전문성 향상을 위한 연수 및 급여를 위한 재원 확충, 인터 프로젝트와 함께 교육과정재정립운동 수행, 기타 다른 많은 교육 프로그램들이 포함된다.
2. 상파울루시 지자체 학교 행정의 민주화 과정을 진척시키는 일은 구성원 참여 확대 및 시스템의 사회적 통제를 통해 일어날 것이다. 이때, 기존의 학교위원회를 진실되고 체계적으로 운영하기 위해 우리가 제시했던 바대로 제도적 소통 채널과 의사결정의 참여적 방법을 만들어야 한다.
3. 청소년과 성인들의 교육을 위한 사회운동을 증진시키는 것MOVA은, 도시 전체적으로 성인문해교육을 해 온 기존의 사회운동에 대한 기술적인 지원과 재정적인 지원을 통해 성취할 수 있다.[13]
4. 학교교육의 접근성을 민주화하는 일은 새로운 학교를 신설하고 기존 시설의 개축 및 확장을 통해 가능할 것이다. 기본적인 인프라를 마련하는 일은 학생들의 적절한 학습성취에 필수적이다.

PT가 이끄는 지자체 정부는 교육정책에 노력을 기울이면서, 기존의 거창한 캠페인을 벌이는 정치적 전통, 고립된 교육적 실험주의, 공교육의 복잡한 문제에 대한 판에 박힌 해법과 단절하려 했다. 교육정책을 만드는 일은 (앞에서 이미 설명한 것처럼) 다방면에 걸친 것으로, "무엇보다,

결코 무시할 수 없는 보수주의 진영의 정치적 저항에 직면해 [교육청이 주장하듯] 끈질긴 기질을 보여 주는 것"이었다.[14]

교육청은 학교에서 엄중한 제도적 변화와 교육과정의 변화를 위한 교육개혁을 실현하는 데 교사를 가장 핵심적인 행위 주체라고 보았다. 따라서 교사훈련은 PT 교육청이 가장 큰 관심을 보인 분야였다. 교육청은 교사의 발전과 변혁을 지원하는 핵심적 방법으로 교사학습공동체를 만들었다. 교사훈련에 초점을 둔 이 교육청의 성격은 다음과 같이 설명된다.

> 교사훈련은 교사를 새로운 혁명적 방법으로 훈련하는 문제가 아니다. 교사훈련은 일종의 교육적 유행이나 교수법 실험에서 명백히 구분되어야 한다. 교사훈련은, 교사들이 인내심을 가지고 자신들의 가르침에 대해 지속적으로 성찰하고 상호 간 경험의 교환을 통해 대안적인 접근을 발견해 내게 하며, 개념적으로 복잡한 교육사상가들의 지원을 마음껏 누릴 수 있도록 하고, 교사의 지식 수준을 점차 향상시켜 교사훈련을 특권적인 교사훈련 형식으로 격상시키는 일이다. 교육청은 이런 일련의 기대 사항들이 실현되도록 물적 조건을 갖추는 등 좀 더 많은 노력을 할 것이다. 이런 맥락에서의 교수법 혁신과 교육과정 변화만이 적절하고 또 효과적일 것이다. 왜냐하면 교사는 이러한 변화의 주요 행위 주체로, 훈련의 대상이 아니라 지식을 생산하고 성교화하는 주체이기 때문이다.[15]

요약하자면, 프레이리가 이끄는 상파울루시 교육청에서 시작된 교육정책은 (라틴아메리카의 민중교육의 경험을 포함한) 프레이리의 변혁적인 교육 철학과 PT의 정치 의제가 바탕이 된 사회주의적 신조가 담긴 것으로, 인구 대다수를 차지하는 공립학교 고객인 노동계층의 이익을 위해 공교육을 향상시키겠다는 목적을 내세웠다. 여기서 PT의 교육 비전은 가난하고 억눌린 사람들의 교육에 비형식적 접근과 형식적 접근을 함께 취하고 있다. 이는 폭력적이고 억압적인 군부정권에 대항해 1970년대 번성하기 시작한 노동조합과 풀뿌리 운동이 PT의 기원이라는 점에서 그리 놀랄 만한 일은 아니다.[46] 상파울루시 정부는 형식적인 초등학교의 교육과정개혁 프로그램을 형성하는 데 프레이리가 기여한 비형식적이고 대안적인 교육 방법을 채택했다. 비판적 의식을 높이는 방식, 즉 의식화를 통해 성인들에게 문해력을 가르치는 접근을 학교교육에 접목하려 했다. 인터 프로젝트는 교육청의 교육과정재정립운동의 일환으로 구상되었다. 이 내용은 이 책에서 초점을 맞추고 있는 내용이기도 하다. 하지만 다음 장에서는 우선 이론적인 토대에 대해 좀 더 광범위한 관점을 제공할 것이다. 우리는 이론적 관점을 통해 PT의 민주적 사회주의 국가가 내세우는 정책 및 특징에 대해 분석할 것이다.

후기: 신자유주의 프로젝트

이 후기는 위의 논의에 이어, 파울로 프레이리의 리더십하에 상파울루시 공립학교에 나타나게 된 브라질의 진보적 교육 정치학 및 민주적 사회주의 교육개혁이 실행되는 과정에서 민중 국가Popular State의 역할이 어떠했는지를 검토하려는 것이다. 이 점에서, 좌파의 이런 교육개혁적 움직임에 신자유주의자들의 대응이 어떠했는지 살펴보는 것은 흥미로울 것이다. 이는 PT의 교육개혁 프로젝트와 특별한 관련성을 갖는데, 1992년 상파울루시 지방선거에서 승리한 PDS 정부가 지자체 학교들에 "총체적 질 관리Controle da Qualidade Total, CQT"라고 명명된 프로젝트를 도입했다는 사실 때문에 그렇다. CQT 제안은 산업체를 위한 일본형 관리 모델에 근거한 것으로, 북미의 데밍Edwards Deming과[2] 글래서William Glasser의[3] 아이디어에 근거하고 있다.[47]

CQT는, 바로 전의 상파울루시 PT 정부의 정책적 노력에 비해 훨씬 낮은 수준의 기세와 조직으로 제시된 정책이었다. 하지만 정책 방향상 PDS 정부의 교육혁신 의제라는 점은 분명했다. 따라서 인터 프로젝트의 중요성을 강조하고 PT의 정치적이고 교육적인 원칙에 동의하는 지자체 학교 시스템의 교육가들은 CQT를 상당한 모욕으로 받아들였고, 결사반대했다. 1994년 6월 열린 제5차 지방학교교육 전문교육자연합SINPEEM 연례회의5th Annual Congress of the SINPEEM, Sindicato dos Professionais de Educação no Ensino Municipal에서 CQT에 반대하는 입장이 얼마나 힘을 얻고 있는지 확인할 수 있었다. "도대체 (교육의) 무슨 질을 말하는 것인가?Que Qaulidade é Essa?"(교육의) 총체적 질이 보장되는 학교라는 신자유주의적 제안과 브라질에서 진보적 세력이 내세운 민중적 공립학교라는 개념 사이의 긴장은 전국적으로 퍼져 나갔다. 그리고 이 긴장 상황은 PT와 공립학교를 정치화된 공간으로, 즉 국가 인민들에게 더 호의적인 태도를 보이는 정치의 장으로 전환하는 데 반대하는 신자유주의적 정당들 사이의 당파적 갈등으로 이어졌다.

브라질 신자유주의자들은 이데올로기적으로 국가의 공립학교 교육을 향상시키기 위한 자신들의 입장을 그 시기 북반구(예를 들어 미국)에서 등장한 신보수주의자들의 학교교육에 대한 비판과 연결시켰다. 즉, 북미의 신보수주의자들은 교육과정의 질이 점차 낮아지는 문제, 광범위한 경제의 구조적 변화(예를 들어 산업재구조화, 세계화 등), 교육위기에 제대로 대처하지 못하는 교사들의 무능을 교육체제에 대한 비판으로 지적

2. (옮긴이 주) 1950년대 일본인과 공동으로 데밍경영방법(the Deming Admini-strative Method)을 개발한 인물.
3. (옮긴이 주) 질 관리를 위한 데밍의 경영관리 제안을 미국 학교의 좀 더 효율적이고 효과적인 조직에 적용한 인물.

했다.

북반구의 선진국에서는 최근 수십 년 동안 이행되어 온 자유주의자들의 교육정책이 실패했다며 이에 대항해 보수주의가 다시 부상했다. 이와 동시에, 남반구의 개발도상국들(예를 들어 라틴아메리카의 국가들)에서는 신자유주의자들이 득세하며 학교 행정과 교육과정 계획에 좀 더 효율적인 방법을 채택해 공교육이 직면한 문제를 해결해야 한다고 목소리를 높였다. 이 점을 좀 더 명료화해 보자. 라틴아메리카 지역의 정치사를 보면, 자유주의라는 용어는 자유시장을 신봉하고 사회조직 및 서비스 공급에서 정부의 역할을 제한한다는 전통적 자유주의 신조와 아주 밀착된 의미를 지니고 있다. 20세기 들어 라틴아메리카는 기업주의, 포퓰리즘, 독재적 관료주의로 점철돼 온 것으로 특징지어지는데, 이 지역의 우파는 이들의 유산을 이어받으면서도 권력 형태를 새롭게 바꾸려고 애썼다. 그 한 가지 측면이 바로 공공정책 담론에서 "신자유주의적" 추세라는 용어를 분명하게 표현하는 것이었다. 간단히 말해 신자유주의적 프로젝트는, 사회에서 학대받고 불우한 사람들에게 국가 차원의 공적 지원을 제공하지 않으려는 노력이었다. 그렇지 않아도 사회경제적인 계층의 구분이 너무도 분명한 사회에서 말이다. 이에 반해 적은 수의 중산층, 심지어 일부의 상류층은 따로 구분되어 보호받는 구역에서 특권과 집중된 부를 누릴 수 있게 된다.

타데우 다 실바Tomaz Tadeu da Silva는 비판적 교육 관점에 토대해 브라질의 '새로운' 신자유주의 정책에 대해 다음과 같이 논평하고 있다. 그는 이들이 향상하려는 교육개혁 의제를 가리키면서, "소위 교육에서 총체적 질 관리Gestão da Qualidade Total, GQT는, 제도화된 교육을 신자유주의 전략에 따른 산업적 필요에 맞추거나 교육을 시장 논리에 따라 조직하도록 강요한다. 뿐만 아니라, 이들의 목표는 교육의 내부 활동, 즉 미리 계획해 놓은 교수학습 과정에 따라 학교와 교실에서의 활동을 재조직하는 것임을 분명히 하고 있다".[48] 타데우 다 실바는 이런 프로젝트가 처방적인 정책(예를 들어 모든 수준의 학교를 민영화한다거나 직장을 위해 학생을 훈련시킴으로써 산업적 요구에 따라 교육을 맞추는 일)이라는 측면뿐만 아니라 깊은 이데올로기적 반향을 지닌 것으로 보고 있다. 즉, 학교에 폭넓게 이행된 신자유주의 프로젝트는 "학생들이 자유주의 이념이 지닌 기본 원리를 받아들이도록 준비시키는 것"이었다.[49] 그는 교육에서 신보수주의와 신자유주의 프로젝트가 지닌 근본적인 목표를 새삼 확인시켜 주었다. 북반구와 남반구에서 이들은 각각 다음과 같은 중심적 목표를 제시하고 있다. "(…) 자본주의라는 사회적 제도를 정당화하는 범주를 넘어서는 그 어떤 경제, 정치, 사회적인 것도 생각조차 하지 못하게 하는 공간을 창출해 내는 것."[50] 계속해서 그는 이렇게 지적했다. "우리가 사회적 공간이라고 생각하는 범주를 이들이 재개념화하는 과정에서 사회적이고 정치적인 이슈가 공적 도덕성으로, 개인의 행동으로, 그리고 사회적 지원으로 재해석된다는 점을 잘 알아야 한다. … 이런 재개념화 과정을 통해, 사회 정치적 이슈에 대한 해결책이 사회적, 정치적, 공적 영역에서 벗어나 개인주의적 영역에 한정되어 논의되게 된다."[51]

이런 맥락에서 열린 1994년 SINPEEM 회의에서 역사학자 안토누치 Antonieta Antonucci가 비판을 담아 연설한 내용을 참고할 필요가 있다. 그녀는 상파울루시를 위한 PDS 지방정부의 CQT 모델을 비판하면서 다음과 같은 질문을 제기했다. "이 CQT는 도대체 누구를 위한 것인가?A quem serve esta qualidade total?"[52] 그녀는 연설에서 1920년대 이래 브라질 근대성 담론을 주도했던 테일러리즘Taylorism의 역사적 근원을 되짚으면서, CQT 프로젝트를 이전 정부의 조직적 노력에 모욕을 주려는 것으로 규정했다. 좀 더 민주적이고 참여적인 방식으로 지자체 학교에서 근무하는 교사들의 여건을 개선하려던 PT 정부의 교육개혁 성과를 없애고자 말이다. 안토누치는, 'CQT'가 공격적으로 교사들을 동원해 산업과 자본주의의 이익을 위해 '노동자들을 주조'하도록 하는 데 (단지) "참여라는 (수사적) 망상을 끌어들이고 있다"라고 주장했다. CQT는 기술적 합리성 이론과 결합된 학교개혁의 "사명"을 수행한다는 메시아적 언어를 끌어들였다. 보다 효과적이고 효율적으로 능력 있는 노동자를 만들어 내야 한다면서. CQT는 교육적 노력을 기울이며 '질서', '도덕성', '윤리'라는 측면에 초점을 맞춤으로써 학교교육의 비판적이고 사회적인 이슈들을 피하도록 했고, 교육적 변화와 더 넓은 사회구조의 변혁을 위한 교육개혁 의제를 좌절시키고자 했다. 따라서 PT 교육개혁 프로젝트에서 핵심적인 역할을 담당했던 행위자들은 CQT 프로젝트와 같이 학교교육 맥락에 시장 모델을 들여오는 데 대항해 다음과 같은 논쟁을 전개했다.

> 대학은, 문제해결에 한계가 있을 수밖에 없고 전문가에게만 문제해결을 맡기는 기술적 지원 모델을 교육 분야에 심었다. 이런 상황에서 소위 전문가들이 자문한다는 것은 지식 전달(혹은 상업화)로 역사가 시작하고 그 역사가 끝나는 시점에 지식이 만들어진다는 것을 의미한다. 기술전문가와 고객 사이의 관련성, 즉 제공되는 서비스와 노동 계약의 관계에서 구체적인 요구를 충족시키기 위해 체계적인 지식이 매개된다는 점을 상기해 보라. 이러한 모델은 산업, 상업, 산업적 관리 시스템과 시장의 역동성을 형성하는 다양한 부분에 기술적인 지원을 하는 방식으로 기능한다. 그런데 학교교육이 "상품"이고, 교육이 "시장"이라면서 기술 지원으로 문제를 해결하려 한다. 이런 기술전문가적 모델은 재검토되어야 한다.[53]

이전 NAE의 인터 프로젝트 팀원으로 상파울루시 PT 정부 이후 다시 대학교수로 돌아간 사람의 이야기를 들어 보자. "신자유주의적 프로젝트는 인터 프로젝트의 비전과 정반대입니다. 인터 프로젝트는 학생들에게 세계에 대한 비판적인 정치의식을 고양하도록 하고, 변혁적인 실재를 창조해 내며, 이 변혁의 과정에서 주체가 되게 한다는 목표를 내세웠습니다"(1994년 면담).[54]

이어지는 장에서는, 인터 프로젝트가 어떻게 이런 급진적인 목표를 실현하고자 했는지에 대해 기술할 것이다. 이를 통해 인터 프로젝트의 이론적이고 실천적인 사항을 상세하게 이해하도록 도울 것이다.

1. Ruth Berins Collier and David Collier, *Shaping the Political Arena. Critical junctures, the labor Movement, and Regime Dynamics in Latin America* (Princeton, New Jersey, Princeton University Press, 1991), See also Carlos Alberto Torres and Adriana Puiggrós, "The State and Public Education in Latin America", Introduction to the special issue on Latin America of the *Comparative Education Review*, Vol. 39, No. 1, February 1995, pp. 1-27.
2. Atilio A. Boron, *The Formation and Crisis of the Oligarchical State in Argentina, 1880-1930* (Ph.D. dissertation, Harvard University, 1976).
3. Ruth Collier and David Collier, Op. Cit.
4. Adriana Puiggrós, *Sujetos, disciplina y curriculum en los orígenes del sistema educativo argentino* (Buenos Aires: Galerna, 1990). 세계체제론에 대한 다른 방식의 이론적 설명은 다음을 참조할 것. 특히 제도주의자들의 이론적 관점에 관한 것이 도움이 될 것임. 예를 들어, John Boli and Francisco O. Ramirez, "Compulsory Schooling in the Western Cultural Context", in Robert F. Arnove, Philip G. Altbach, and Gall P. Kelly (Eds.), *Emergent Issues in Education. Comparative Perspectives* (New York: SUNY Press, 1992), pp. 25-38. See also Carlos Alberto Torres and Adriana Puiggrós, "The State and Public Education in Latin America", *Comparative Education Review*, Vol. 39, No. 1, February 1995.
5. Adriana Puiggrós, *Democracia y autoritarismo en la pedagogía argentina y latinoamericana* (Buenos Aires: Galerna, 1986); Adriana Puiggrós et aL, *Escuela, democracia y orden 1916-1943* (Buenos Aires: Galerna, 1992).
6. UNESCO. *Evolutión reciente de la educacíon en América Latina*, (Santiago de Chile: UNESCO, 1974, mimeographed, pp. 167; 227.
7. UNESCO, Conferencia de ministros de educacíon y ministros encargados de ciencia y tecnología en relación con el desarrollo de América Latina y el Caribe. Venezuela, December 6-15, Caracas, Venezuela (Caracas: UNESCO, 1971, mimeographed).
8. UNESCO/CEPAL/PNUD, *Desarrollo y Educación en América Latina: Síntesis General* (Buenos Aires: Proyecto DEALC, 4 vols., 1981).
9. Ernesto Schiefelbein, *Financing Education for Democracy in Latin América* (Síntiago de Chile: Unesco-OREALC, January 1991, mimeographed), p. 4.
10. Beatrice Avalos, "Moving Where? Educational Issues in Latin American Contexts", *International Journal of Educational Development,* 1986;

Marlaine E. Lockheed and Adriaan Verspoor, *Improving Primary Education in Developing Countries: A Review of Policy Options* (Washington, DC: World Bank and Oxford University Press, 1991).

11. Fernando Reimers, "The Impact of Economic Stabilization and Adjustment on Education in Latin America", *Comparative Education Review*, Vol. 35, May 1991, pp. 325-338.

12. 물론 이 지역의 소득분배 불평등 및 GNP의 감소에도 불구하고, 경제성장을 위한 소위 "잃어버린 시기에 라틴아메리카 기득권층의 여러 영역은 대단한 번성기였다. 특히 특정 경제 관련 영역은 재정 성과급과 특수한 형태의 보호주의를 바탕으로 큰 이득을 누리고 있었다. 즉, "잃어버린 10년"이라고 하지만 모든 이에게 힘든 시기였다고 말할 수 없으며, 기득권층의 일부 분열로 인해 기득권적 특혜를 잃고 가난해지는 상황이 있기는 했지만, 다른 기득권 분파에게는 오히려 큰 금전적 기회가 되었다. 따라서 라틴아메리카 사회는 이전보다 더욱 불평등한 사회가 되어 빈곤이 급증했다는 사실이 다수의 인구학, 인문지리학적 연구에서 나타난다. 다음 문헌을 참조할 것. Atilio A. Boron and Carlos Alberto Torres, "Pobreza, Educación y Ciudadanía", paper presented to the Conference on Educación y Desigualdad Social en América Latina, Toluca, México, Colegio Mexiquense, October 26, 1994.

13. Sergio Bitar, "Neo-Conservatism versus Neo-Structuralism in Latin America", *CEPAL Review*, 34, 1988, p, 45.

14. Raúl Laban and Federico Sturzenegger, *Fiscal Conservatism as a Response to the Debt Crisis* (Los Angeles and Santiago de Chile, manuscript, 1992).

15. 예를 들어, 다음 문헌을 찾아볼 것. United Nations Development Program, *Mitigación de la pobreza y desarrollo social* (Montevideo, Uruguay: UNDP project RLA/92/009/1/01/31, 1992, mimeographed). United Nations Development Program, Desarrollo Humano y Gobernabilidad (Montevideo, Uruguay: UNDP project RLA/92/030/I/01/31, 1992, mimeographed).

16. Gert Rosenthal, "Latin America and Caribbean Development in the 1980s and the Outlook for the Future", *CEPAL Review*, 39, 1989, p, 1.

17. The Aspen Institute, *Convergence and Community: The Americas in 1993, A Report of the Inter-American Dialogue* (Washington: The Inter-American Dialogue of the Aspen Institute, 1992).

18. Raimundo Moniz de Aragão, *A instrução pública no Brasil* (Rio de Janeiro: Editora da Fundação Getulio Vargas, 1985), p, 35.

19. 브라질 공립학교의 발전에 민족주의가 어떤 영향을 끼쳤는지에 관한 훌륭한 분석을 다음 문헌에서 검토할 수 있을 것임. Carmen Nava, "Patria, Patriotism and National Identity in Brazil: 1937-1974" (Ph.D. dissertation, University of

California, Los Angeles, 1995).

20. Suano Helenir, "A Educação nas Constituiçoes Brasileiras", in *Escola Brasileira: Temas e Estudos*, coord. Roseli Fischmann (São Paulo: Atlas, 1987), p, 176.

21. Ibid., p. 178.

22. Ibid., pp. 178-179.

23. Paulo Freire, "La misión educativa de las iglesias en América Latina", *Contacto*, IX/5, Mexico, 1972, p, 32 [Our translation].

24. Carlos Alberto Torres, *The Politics of Nonformal Education in Latin America* (New York: Praeger, 1990).

25. Maria del Pilar O'Cadiz and Carlos Alberto Torres, "Literacy, Social Movements, and Class Consciousness: Paths from Freire and the São Paulo Experience", *Antropology and Education Quarterly*, 25(3), September 1994, pp. 208-225.

26. SME-SP, *Cadernos de formação N^a 1—Um Primeiro Olhar sobre o Projeto, 3ª Série—Ação Pedagógica da Escola pela via da interdisciplinari dade* (February 1990), p. 15.

27. *Diáio Oficial do Município de São Paulo* (October 15, 1992).

28. Moacir Gadotti and Otaviano Pereira, *Pra que PT: Origem, Projeto e Consolidação do Partido dos Trabalhadores* (São Paulo: Cortez, 1989), p. 41.

29. Ibid., p. 61.

30. Moacir Gadotti and Otaviano Pereira, *Pra que PT: Origem, projeto e consolidação do Partido dos Trabalhadores* (São Paulo: Cortez, 1989), p. 31.

31. "O PT brilha e tanibém mete medo", *Veja* (June 15, 1994), pp. 38-47.

32. Ibid., p, 41.

33. Sue Branford and Bernardo Kucinkski, *Brazil: Carnival of the Oppressed* (London: Latin American Bureau, 1995), p. 12.

34. O PT e Marxismo, *Cadernos de Teoria & Debate* (São Paulo: Partido dos Trabalhadores, 1991),

35. Tarso Genero (vice mayor of Porto-Alegre), cited in Ibid., p. 45.

36. Margaret E. Keck, "Brazil's Workers' Party: Socialism as Radical Democracy", in *Fighting for the Soul of Brazil*, eds., Kevin Danaher and Michael Shellenberger (New York: Monthly Review Press), p. 241.

37. 카스텔(Manuel Castells)은 카르도주(Cardoso)가 대통령 선거에서 룰라(Lula)를 누르고 당선된 상황을 다음과 같이 묘사했다. "카르도주가 대선에서 승리한 것은 역사의 아이러니가 아닐 수 없다. 과거에도 그리고 지금도 좌파의 지식인이라 할 수 있는 그가 브라질 중도 세력과 우파 세력으로부터 지지를 받아 대

통령이 되었으니 말이다. 위대한 노동자로 전 세계로부터 존경받는 전설적인 인물 룰라가 대통령이 되지 못하도록 하기 위해서 말이다. 카르도주 그조차도 룰라를 존경해 마지않았잖은가?"(포르투갈어 원문) "Las paradojas de la historia han hecho que Cardoso, un intelectual de izquierda ayer y hoy, llegue a la presidencia apoyado por el centro y la derecha brasileñas, para cerrar el paso al legendario Lula, un gran dirigente obrero, respetable y respetado por todo el mundo, Cardoso incluido." "El intelectual presidente", *El País* (Madrid, November 14, 1994), p. 15.

38. 1988년 전국 지자체 선거에서 PT는 지자체 36곳에서 단체장에 당선되었다. 상파울루시는 그중 하나였다.

39. Fundação Instituto Brasileiro de Geografia e Estatística (IBGE) cited in *Almanaque Abril* (São Paulo Brasil, 1994), p. 79.

40. 파울로 프레이리가 상파울루시 교육청의 교육감 임기를 시작한 것은 1989년 1월이었지만, 1991년 5월 그는 교육감을 사직하고, 그의 행정담당 선임국장이었던 코르텔라(Mário Sergio Cortella)가 그를 대신해 교육감에 임명되었다. 그렇기는 하지만, 상파울루시 교육청이 PT 집권 시기 시행했던 교육개혁을 위해 초기 2년간 프레이리의 재직은 상당한 영향을 끼쳤다. 프레이리가 저술한 『교육과 도시(*Educação na Cidade*)』(1991)는 교육청을 떠나던 시기 프레이리의 연설을 이렇게 정리했다. "Manifesto á maneira de quem, saindo fica"(한 사람이 자리를 떠나지만 그의 선언은 그대로 남아 있다). 그는 PT 정부와 상파울루시 공립학교 교사들과의 연대를 이어 가겠다고 했다. "비록 지자체 공립학교를 대표하는 인물이 바뀌지만, 그는 더 홍겹고 더 책임감 강하며 민주적인 태도의 사람으로 나는 교육의 정치학을 만들어 가는 데 계속 여러분과 함께 일할 것이다."

41. SME-SP, *Balanço Geral da SME: Projeção Tricnal* (December 1992), p. 14.

42. Gadotti and Pereira, Op. Cit., p, 192.

43. 성인문해교육 프로그램에 대한 PT 교육청의 정책에 대해서는 다음 참조. O'Cadiz and Torres, "Literacy, Social Movements, and Class Consciousness", Op. Cit.

44. Bittar Jorge, org., "A Educação que o PT Faz", *O Modo Petista de Governar. Cadernos de Teoria & Debate* (São Paulo; Partido dos Trabalhadores, 1992), pp. 56-57.

45. Ibid., p. 62.

46. Gadotti and Pereira, Op. Cit., p. 191.

47. Cosete Ramos, *Exelência na Educação: A Escolo de Qualidade Total* (Rio de Janeiro: Quality Mark, 1992). 브라질 공립학교에서 적극적으로 CQT 를 도입하자고 주장한 사람은 라모스(Cosete Ramos)로 당시 그가 발간한 책을 통해 확인할 수 있다. 그는 이 책에서 CQT를 브라질 연방 교육부의 질과 생산성 향상을 위한 중앙위원회 임무로 삼아야 한다고 했다. 다음 자료도 참조 바람.

William Glasser, *Control Theory in the Classroom* (New York: Perennial Library, Harper and Row Publishers, 1986); *The Quality School—Managing students without coercion* (New York: Perennial Library, New York Harper and Row Publishers, 1990).

48. Tomaz Tadeu da Silva "A "NOVA" direita e as transformações na pedagogia da política e na politica da pedagogia", *Paixão de Aprender*, No. 7 (Porto Alegre: Municipal Secretary of Education, June 1994), p. 41.

49. Ibid. p. 32.

50. Ibid. p. 33.

51. Ibid. p. 33.

52. 안토누치(Antonucci)의 주장에 대한 다음 설명은 1994년 SINPEEM 총회에 참석했던 오카디즈(O'Cadiz)가 작성한 참여관찰노트에서 발췌, 정리한 것이다.

53. Adilson Odiar Citelli, Lígia Chiappini, Nidia Nacib Pontuschka, "Proposta de Ação", in Pontuschka org., *Ousadia no Diálogo: Interdisciplinaridade na escola pública* (São Paulo: Loyola, 1993), p. 220.

54. Interview, Marco Antonio Gouvêa, February 1994.

제3장

관계의 재개념화:
국가, 교육, 사회운동

사회운동으로서의 교육: 상파울루시의 경험

상파울루시 PT 정부가 착수한 새로운 교육정책을 둘러싼 논쟁에는 정말 중요한 질문거리들이 많다. 어떤 국가가 건설되어야만 하는가? 민주적 사회주의 프로젝트에서 우리는 어떤 민주주의를 요구하는가? 민중적 공교육에서는 궁극적으로 어떤 교육이 등장해야 하는가? 사회운동이 공적 영역에 흡수되거나 자율성을 훼손당하지 않으면서 공적 영역과 사회운동 사이에 균형 잡힌 관계를 수립할 수 있겠는가? 공적 영역과 사회운동의 역동적 관계가 긴장, 모호함, 불확실성으로 규정된다면, 참여적이고 장기적인 교육정책을 계획하고 실행하는 데 이 둘 사이의 합의를 어떻게 만들어 낼 수 있겠는가? 이와 반대로, 국가는 자율적이고 독립적인 사회운동의 발전을 위한 자극(예를 들어 학교 내 교육과정재정립운동 등)을 제공해 줄 수 있을까?

이 장에서는 개혁주의 국가 교육정책, 사회변화, 사회운동의 역할 사이의 관계를 다루고자 한다. 브라질에서 PT와 프레이리에 의해 발전해 온 정책은 사회적 민주주의 이념이라기보다는 여전히 민주적 사회주의와 반자본주의적 특성을 갖는다고 볼 수 있다. 그러나 PT를 아주 단일한 이념적 성격을 지닌 정당으로 보는 것은 적절하지 않다. 오히려 그

반대인데, 앞서 언급한 바와 같이, PT 내에는 5개의 서로 다른 이념적 계열이 공존하고 있으며, 15개의 분파가 있다. 이 각각의 분파들은 서로 다른 정치적 지향점을 갖고 있는데, 교육정책에 관한 논쟁에서 이들의 지향이 서로 어떻게 다른지 확인해 볼 수 있을 정도다. 게다가 브라질의 국가 정치지형은 복잡하다. 특별히 연방, 주, 지자체 정부의 역할이 서로 다르다는 점을 고려해 볼 때 더 그렇다. 이 장에서는 특히 지방기초단체와 지방자치단체 수준에 초점을 맞출 것이다. 이들은 브라질과 다른 남미 사회에서 정치적 민주화 과정을 이루어 가는 데 핵심적인 역할을 담당하고 있다. 소련이 붕괴하고 동유럽 국가들이 급격히 변화하면서 국가의 정치·경제계획이 실패했다는 관점이 일반적으로 수용되고 있다. 이런 상황에서 사회주의 정책에 대해 이야기하는 것이 시대착오적인 듯 보일지 모르겠다. 사회주의를 논하는 것이 다소 시대착오적이라 들린다면, 국가가 교육정책을 형성하는 데 일차적인 행위자로 기능한다는 문제 또한 난해하기 이를 데 없다. 특히 라틴아메리카의 각 국가가 교육분권화와 교육 서비스의 민영화 정책을 강력하게 밀어붙이면서도, 구조조정 기조에 따라 시장에서 국가의 역할을 감소시킨다는 관점에서 보면 더 그렇다.

마지막으로, 사회운동이 기여하는 바(이들의 목표, 작동양식, 정치적 정당성 등)를 고려해 볼 때, 민주적인 정책 형성 과정은 점점 더 복잡해진다. 그러나 PT의 교육개혁 정책은 연구할수록 더 주목하게 되는데, 연구 분석을 통해 다양한 교훈과 함의를 얻게 된다. 교육개혁의 최근 사례로 주목받는 PT의 이런 정책에 이목을 잡아끌게 만드는 것은 정확히 끈질김과 상상력이다. 따라서 이 장에서는, 프레이리가 교육감으로 떠맡게 되는 국가 형성과 발전의 기본적인 전제와 논리적 근거를 살펴볼 것이다. 특별히 교육과정에서 사회운동과 국가정책 사이의 관련성에 강조점을 두고 검토가 이루어질 것이다.

교육, 민주주의 국가, 사회운동: 개념적 기반

국가와 교육 이론

비판이론에 토대한 역사구조적 관점에서, 1989~1992년 상파울루시와 민주적 사회주의 정부에 대해 다음의 주요한 두 가지 질문이 제기될 수 있다. 첫째, 국가이론은 지방기초단체 및 지방자치 정부에 의한 교육정책 형성을 어느 정도로 설명할 수 있는가? 둘째, 지방자치단체 정부가 지닌 계급적 특성은 선출된 민주적 사회주의 정부에 의해 추진된 교육정책에 어느 정도로 스며들 수 있는가?

정치학에서 유행하게 된 국가의 개념은 여기서 두 가지 방식으로 쓰인다. 우선, 국가는 수십 년 동안 "무국가" 틀 내에서 작동했던 자유주의적이고 다중주의적인 정치적 접근에 대항하는 것으로 쓰인다. 다른 하나는, 국가는 정책을 형성하는 행위자 중 하나로 정책 형성 과정에서의 역할을 강조하기 위해 사용된다. 이런 관점에서 보자면 국가는 목적을 지니고 상대적으로 독립적인 행위자이면서 더불어 공공정책이 협상되고 논쟁이 이루어지는 영역이다.

이 연구에서, 우리는 국가를 가장 추상적인 수준에서 지배 협정과 자기규제 행정체제로 간주하자고 제안한다. 이와 관련해 오페Claus Offe, 풀러Bruce Fuller, 카노이Martin Carnoy, 레빈Henry Levin 등이 제기하고 있는 국가에 관한 몇몇 이론들을 살펴보고자 한다.

독일 정치학자인 오페는 국가가 조직하는 통치 체제는 선택적이고 사건을 만들어 내는 지배 체제, 즉 일종의 분류과정이라고 주장한다.[2] 오페는 국가를 제도적 기구, 관료적 조직, 그리고 사회생활의 "공적" 영역과 "사적" 영역을 구성하는 형식적이고 비형식적인 규범과 법률이라고 본다. 오페의 분석에서, 모든 자본주의 국가에서 이루어지는 정책 결정에는 현저히 계급적 특징이 나타난다. 이때 가장 중심에 놓이는 초점은 다양한 엘리트 상호 간의 관계라든가 의사결정 과정 자체가 아니다. 국가의 계급적 특징은 정책결정자, 국가 관리자, 관료, 혹은 지배계급의 사회적 기원에 있는 것이 아니라, 국가 기구 자체의 구조 내부에 있다. 공공정책에 필수적인 선택의 문제 때문이다. 이 선택의 문제는 "제도화된 정치체제에 이미 만들어져 있"다.[5]

오페는 (내각, 의회, 정당 내에 있는) 국가 행위자들은 지속해서 자신이 딜레마에 직면해 있음을 알아챈다고 주장한다. 이 딜레마는, "법적이고 정치적으로 공인된 많은 요구와 보증이 자본주의 경제의 예산, 재정, 노동시장 정책이 지닌 긴급상황과 역량에 중재되지 않은 채 남아 있는" 상황을 의미한다.[4] 오페에게서는, 정책을 형성하는 과정에서 국가의 역할은 대개 주제, 시기, 방법을 결정하는 정도로 한정된다. 즉, 구체적인 성과보다 사회적 권력의 과정을 위한 제도적 준거틀을 세우는 데에서 국가의 역할이 드러난다. 이렇게 함으로써, 국가라는 행위자는 사회문제를 다루는 데 전략적인 계산 혹은 정당화된 전략을 생산해 낸다. 이런 전략의 사례로는, 문제해결 전략에서 치료보다는 예방에 의존한다거나, 조건부보다는 최종의 정책 프로그램의 조직, 제도화된 지원, 어떤 영역에서는 재-민영화 등이 있다. 구조적 선택의 문제는 복지정책의 모순을 다룰 때 국가의 정당화 전략에서 선언된다.

다양한 학자들이 오페의 연구를 분석하고 해석해 왔다. 풀러가 그중 한 명인데, 그는 오페의 이론을 몇몇 선택된 제삼세계 국가를 분석하는 데 적용했다. 오페의 주장에 대해서 풀러는, 국가가 다양한 사회계층과 집단 사이의 갈등을 완전히 독립적으로 중재한다는 것을 전제한다고 해석한다. 이런 해석에 따르면, 국가는 특정한 엘리트에 의해 일관되게 통제될 수 있다거나 누구나 쉽게 차지해 얻을 수 있는 구조가 아니다. 오페의 구조적 분석이 국가-사회 관련성에 대한 비판이론, 신마르크스주의, 신베버주의 분석에 토대하고 있는 반면, 풀러의 접근은 자신의 "학교교육 신호이론"과 제도주의 이론에 의해 예시되듯, 이런 분석을 국가의 자유주의적이고 다원주의적인 분석으로 전용한다. 예를 들어, (풀러에 따르면) 조직되지 않은 자본주의의 모순을 염두에 둘 때, 오페의 국가 행위(물자 할당, 행정업무, 상징적 표현 등)는 자본의 사적 축적을 증진하고 결과적으로 정치 시스템을 정당화해야만 하는 자본주의 국가 맥락 내에서 일어난다. 따라서 풀러의 관점에서 국가는 이익 혹은 상호의존성이 뒤섞인 것에 반응하도록 기획된 제도다. 그러나 그의 최종 분석에서, 국가는 물적 자본과 기술 노하우를 획득해야만 하는데, 존속해 나가기 위해 요구되는 정당성과 조직적 효능감을 위해 싸우기 때문이다. 따라서 (개발도상국에서) 국가의 허약함과 국가가 직면하는 모순들은, 특히 세계 경제의 세계화라는 맥락에서 국가 자율성을 갉아먹는 외적이고 내적인 세력보다 다른 근대적 제도와 경쟁하는 유약한 국가와 더 큰 관련성이 있다. 이와 유사하게, (민주적 시스템의 통치 불가능성을 포함해) 국가 지배의 무능함은 지역사회에 갈등하는 신호를 보내면서 발생한다. 따라서 풀러의 분석은 실제 비조직화된 자본주의 태생적 모순(예를 들어, 계급, 젠더, 인종, 분배적이고 도덕적인 무수한 갈등 등)을 소홀히 다루고 있다. 더욱이, 상징적이고 물질적인 재원과 서비스의 분배를 두고 싸우는 정치적 연합체를 이동하게 하는 데 어떤 함의가 있는지는 다루고 있지 않다.[5]

　지금까지의 국가이론에서 연방정부, 주정부, 지자체 간의 통치 체제 및 교육정책에 대해 이론화된 경우가 많지 않지만, 민주적 사회주의 프로그램과 상파울루시 PT 정부의 민중적 특성은 민주주의 국가와 조직 형태에 대해 이중적인 특징을 보여 준다. 한편으로, 국가는 국가 전체를 공식적으로 대표한다고 보는 입장이다. 이는 베버Max Weber가 국가를 권력의 독점체로 볼 뿐만 아니라, 서비스와 공동체의 이익을 교환하는 장으로 본 이유와 같다. 그렇지만, 오페의 이런 베버식 개념은 형식적인 지배 행위의 권한에 의지하지만 이런 권력의 독점이 누구에 의해서 혹은 누구에 대항해 취해지는 것인지에 대해서는 아무런 정보를 제공하지 못한다고 보았다.[6]

다른 한편으로, 국가는 민족적이고 사회정치적인 프로젝트의 투쟁이 이루어지는 장이 된다. 브라질 사회학자인 카르도주는, "국가는 사회계급 간 혹은 지배계급의 분열에서 존재하는 지배 체제의 기본적인 부분이자, 종속 계층에 대한 지배를 보증하는 규범으로 이해되어야 한다"라고 주장한다.[7] 국가는 지배 협정으로, 대중 지배를 대표한다고 가정하는 법적 정당성을 지닌 행위자로, 그리고 민주적 규칙을 강제하는 정치적 권한으로 이 일을 수행한다. 즉, 일종의 정치적 대표성과 정치적 참여 시스템으로서 민주주의는 궁극적으로 주체성과 규칙이 권력, 젠더, 인종, 부의 효과로 축소되지 않는 공간이다.[8]

민주적 국가의 역할을 명확히 하기 위해 우리는 방법으로서의 민주주의와 실천으로서의 민주주의를 구분해야 한다. 방법으로서의 민주주의는 주로 정치적 대의체로 주기적인 투표 절차, 자유선거, 정부 통제에서 자유로운 입법 및 사법 시스템, 이 시스템 내에서 견제와 균형의 개념, 집단의 권리에 앞서는 개인의 권리를 앞세우는 것, 언론과 표현의 자유 등을 포함한다. 실천으로서의 민주주의는 공적 사안에 대한 인민들의 정치적 참여에 관련된 것이다. 여기에는 (혈연 혹은 관료제 등의 규제 장치보다) 인민의 권력을 강조하는 것, 모든 시민의 권리를 동등하게 보호하는 것, 특별히 미국 헌법에서의 평등주의 정치철학 등이 포함된다.[9] 여기에 더해, 실천으로서의 민주주의는 개인 간의 상호작용에서 권력의 이동을 시사한다. (가족에서 비착취적인 젠더 관계를 실현하는 등의) 미시적인 수준에서뿐만 아니라, (사회, 경제적 교환 체계에서 젠더 형평성을 추구하는 것 등의) 거시적인 수준에 이르기까지.

민주주의 이론에 대해서 생각해 보면, 국가의 개념은 규범적이고 정치적인 새로운 차원을 얻게 된다. 이것이 기울지 않은 활동장을 제공하는 보편적이고, 합리적이며 일관된 법규를 떠받치고 있다. 동시에, 민주적 국가는 공공정책을 사용해 일반 의지에서 특수한 개인의 이익을 분리해 냄으로써 근대적 시민성을 창출하려 한다.[10] 민주적 국가이론에 대해 비판적 관점을 취하는 카노이와 레빈은 공공정책이, 국가의 무대에서 시합을 벌이는 기본적이고 사회적인 갈등의 결과라고 주장한다. 계급 갈등과 사회운동의 결과로 생겨난 공공정책 생산에 관한 이들의 연구에서, 발전된 자본주의 국가는 사회적 투쟁의 장이 된다. 카노이와 레빈은 교육 변혁을 이해하기 위해 노동과정의 변화와 이 두 과정이 상호 어떻게 조건 짓고 있는지 이해해야 한다고 주장한다. 이런 접근에 있어 교육 변화는 자본주의 생산에서 소득과 사회권력의 불평등에서 기인하는 보다 큰 사회적 갈등의 부분으로 인지된다.[11] 발전된 자본주의 사회와 종속적인 자본주의 국가인 브라질 사이에 문화적이고 경제적인 차이가 있기는 하지만, 카노이와 레빈의 접근을 통해 우리 연구의 분석에 필요한 유용한 시작점을 확인할 수 있다.

따라서 국가를 정치적 지배를 담당하는 정부 체제로 이해하게 되면, 국가는 한 사회에서 정치적 권한의 총체라고 이해될 수 있다. 작동하는 수준(국가, 시도, 지방 등)이 다양함에도 불구하고 말이다.[12] 자본주의 구성과 재생산으로 향하는 정책에서 민주적 국가는 상품 생산 체제를 다양한 위협으로부터 보호하고 변화를 견인한다. 동시에, 민주적 국가는 개인주의적 자본주의와 기업 집단 사이의 분파적이고 단기적인 요구 혹은 논쟁을 극복하도록 한다.

그런데 국가는 민주주의의 역동성을 반영한다. 기본적인 인권이 민주적 국가에 의해 제정되고 강제되는 법률로 보호된다. 많은 민주주의에서, 공적 영역은 시민권을 발전시키려는 시도로 소수 계층과 여성들을 고용하는 주요 원천이 되었다. 건강, 복지, 교육 정책은 특별히 시민의 민주적 열망을 만족시키기 위한 노력에서 민감한 영역이다. 따라서 민주적 국가는 복지정책, 진보적 법률 집행, 소수 계층 및 여성의 고용 등을 통해 평등주의와 형평성의 이상을 진전시켰다.[13] 브라질 맥락에서, 민주적 목표를 추구하려는 주요 형태는 풀뿌리 조직, 사회운동, PT와 같은 정당들로, 광범위한 풀뿌리 조직들의 지원을 받았다. 사회운동에 의해 촉진된 이런 새로운 교육정책이 정치적으로 타당하고 작동할 만한지, 기술적으로 능력 있는 것인지, 윤리적으로 건전한 것인지가 이후에 논의될 것이다.[14]

국가, 교육, 사회운동

우리는 상파울루시에서의 풀뿌리 조직, 사회운동, 교육정책 간의 관련성을 검토하는 과정에서, 국가를 한편으로는 상대적으로 독립적인 행위자이자 다른 한편으로는 공공정책 형성을 위한 쟁송지대로 특징화했다. 우선, 몇몇 개념을 좀 더 분명하게 명료화해야 할 필요가 있다. 풀뿌리 조직은 종종 라틴아메리카에서 사적인 지역기반조직으로 정의되는데, 이들은 직업 창출, 교육, 보건, 생산적인 소기업 지원을 통해 민주적 리더십과 향상된 경제적 기회를 제공하는 방식으로 작동한다.[15] 다른 지역에서 이와 유사한 유형의 조직은 비정부민간기구NGOs일 것이다. NGOs는 정부의 통제로부터 자율성을 보장받는 것으로 정의되는 게 일반적인데, 보통 "자체의 주요 재원을 가지고 이사회 혹은 임원회에 의해 운영되며, 상식적인 복지를 제공하는 활동을 유지하거나 지원하도록 설립된 비영리기구"를 가리킨다.[16] NGOs는 라틴아메리카에서 풀뿌리 조직이기도 하고 혹은 그렇지 않기도 하다.

사회운동은 권력에서 일련의 변화를 추동해 내려는 집합적인 노력을 가리킨다. 프랑스 사회학자인 튜렌Alan Touraine에 따르면, 사회운동은 방어적 집단행동으로 특징지어지는 갈등적 행동 유형을 이용한다. 예를 들어, 실업, 주택 부족, 보건이나 교육 시설 부족 상황을 개선하려는 풀뿌리 조직과 NGOs의 노력은 집단적이고 방어적인 행동으로 쉽게 분류될 수 있다. 이에 더해 튜렌은 두 번째 형태의 갈등에 대해 논의하는데, 이 형태의 갈등은 의사결정을 변화시키고 사회 투쟁으로 변하게 된다. 만약 그룹이 문화적 행동, 윤리적 가치, 과학, 혹은 생산에서 권력의 사회적 관계를 변화시키려 한다면, 이 그룹들을 가리켜 사회운동이라고 분류할 수 있다.[17] 따라서 페미니즘, 생태환경, 평화, 반핵운동 등은 현대 미국 사회에서 사회운동의 사례라고 할 수 있다.

라틴아메리카와 브라질에서 사회운동은 기독교기초공동체Christian Base Communities, 이웃협회neighborhood associates, 페미니즘운동, 생태환경협회 등을 포함한다.[18] 우리가 정치를 권력 투쟁으로 이해한다면, 이러한 사회운동을 오로지 정치적 용어로만 해석해서는 안 된다. 이러한 사회운동은 집단 정체성과 공동의 공간을 형성하는 데 중심에 서서 문화적이고 도덕적인 실천을 대변해 주기 때문이다. 이들은 정치적 이익을 대변하는 전통적 제도로부터 점차 자율성을 키워 가면서 특정한 요구와 구체적인 사회적 관계를 일으킨다. 또 다른 사회운동옹호 이론가인 라클라우Ernesto Laclau가 주장하듯, 이렇게 전개되는 이유는 개인이 더 이상 생산수단과 생산관계의 관계에서 정체성을 배타적으로 결정하지 않을 뿐만 아니라, 소비자, 특정 이웃의 거주자, 교회나 젠더 활동단체의 멤버, 정치체제의 참가자이기 때문이다.[19]

사실, 사회운동은 풀뿌리 조직과 공동체 조직, NGOs, 정당, 노동조합, 교회 조직, 혹은 지식인, 예술가 및 기타 개인의 동맹으로 발생하게 된다. 신사회운동이 사회생활의 점증하는 관료화, 상품화, 문화적 대중화에 도전해 왔기 때문에, 이들은 "좀 더 개방적이고 다원적인 민주주의 형태를 표현한 것"이다. 이들은 "넓은 범위의 사회적 투쟁의 장을 통해 집단적이고 참여적인 가치와 실천을 확산"시키려고 노력한다.[20]

브라질에서 NGOs와 사회운동 혹은 민중운동의 다양성과 그 수는 가히 인상적이다. 가도티Moacir Gadotti와 동료들은 연구를 통해 공교육을 위해 활동하는 91개의 NGOs를 조사했고, 민중교육을 증진하기 위한 목적으로 활동하는 89개의 단체를 연구했다.[21] 가도티의 연구보고에 의하면, 브라질종교연구소Superior Institute of Religious Studies의 연구자들이 1,041개의 NGOs를 확인, 조사했다고 밝히고 있다. 그중 556개의 단체가 173개 도시에서 민중운동 활동을 하고 있고, 251개 단체가 여성운동에 관련된 활동을, 234개 단체가 브라질 흑인 운동에 관련된 활동을 벌이고 있다. 가도티는 이 연구에서 확인되지 않은 NGOs들이 생태운동, 어부, 실업자, 종교 공동체, 원주민운동 분야에 더 있다고 주장한다.

사회운동의 프락시스는 잠재적으로 프레이리를 따르는 "의식화" 접근이 어떤 모습인지를 보여 주는 풍부한 토대가 되었다. 사회운동은 통상적으로 조직의 토대역량과 불만 사항을 고려해 인민의 지식 기반과 예비 투쟁을 만들어 간다. 이런 사회운동은 지역사회를 위한 프로그램보다는 지역사회와 함께, 지역사회로부터의 프로그램을 만들도록 한다. 비판적 관점에서 의식화 접근은 혼합된 평가를 받고 있다. 린드Agneta Lind와 존스턴Anton Johnston에 따르면, "프레이리는 문해 활동가들에게 비판적 성찰과 영감의 중요한 원천이 되고 있다. 그는 문해교육에 교화적이고 엘리트적인 접근을 일관되게 비판하면서 무엇보다 학습자들과의 경험을 강조해 왔다. 즉, 문해교육은 학습자들이 배우면서 동시에 자신의 배움이 된다는 점 말이다. 그러나 의식화 접근은 전체 문해교육 전략에 충분한 지침을 제공해 주지 않는다. 이 이론 속에는 무엇을 어떻게 적용하라는 것이 없다. 특히 대규모의 정부 프로그램에서는 더욱 그렇다".[22]

이런 비평은 상파울루시 정책결정자로 프레이리가 맞닥뜨렸던 경험의 맥락에서 평가될 수 있다. 문해교육과 전체 교육정책이 억눌린 자들을 위한 페다고지와 대규모 정부 프로그램이 관련된 정책 형성에 기초해 있기 때문이다. 그러나 상파울루시에서 사회운동과 지자체 정부 간의 협력관계가 생겼고, 이 협력관계를 통해 사회운동의 활동가들과 정부의 재정적이고 기술적인 자원을 연결할 수 있게 되었다. 역동적인 민중적 공립학교 모델을 만들겠다는 목표를 내세운 정책 사례에서 볼 수 있듯, 상파울루시 지자체 정부는 인터 프로젝트, 교사학습공동체grupos de formação, 학교위원회를 통해 교사와 학교공동체의 조직화를 꾀했고, 궁극적으로 교육행정의 민주화, 접근성 향상, 학교교육의 질 개선 등의 주제를 중심으로 지자체 학교 내에 개혁운동의 동력을 창출해 내겠다는 의지를 내세웠다. 우리는, 이어지는 장(제4장, 제5장, 제6장, 인터 프로젝트에 대해 이론적인 기초와 실천적인 함의에 대해 자세하게 논의할 것이다)에서, 이 후자의 복잡성과, 학교 내 사회운동을 촉진하기 위해 내세웠던 대담한 정치적 프로젝트를 깊이 탐구할 것이다. 단, 이 장에서는 이전의 MOVA 사례에 초점을 맞추고자 한다.

지자체 정부의 계급적 특성과 관료적 행동에 대한 질문은 국가와 사회운동을 연결하려고 애쓰는 민주적이고 진보적인 교육가들을 계속해 괴롭혔다. 프레이리의 동료였던 가도티는 "사회운동 진영이 진보적인 지자체 정부를 상대할 경우 사회운동 단체들은 전술적으로는 정부 내에, 전략적으로는 정부 바깥에 있는 이중적인 태도를 취하게 된다"고 했다. 다른 말로 하면, 민중교육 혹은 사회정책 개발에 참여하려 싸우는 사회운동 단체들은 항상 한 발은 정부 내에, 다른 한 발은 정부 바깥에 두고 있다.[23] 상파울루시에서 지자체 정부의 특성과 성격에 관련한 이러한 사회운동 진영의 입장을 염두에 둔다면, 지자체 정부와 사회운동 단체 모두를 위한 정책 방향의 일반적인 행동계획 또는 지침을 마련할 수 있겠는가? 만약 가능하다면, 어떤 행동계획을 만들 수 있겠는가? 나중에 또 언급하겠지만, 상파울루시 PT 정부가 약속한 바대로 지자체 정부는 학교의 제도적 틀 속에서 사회운동을 촉진하도록 하는 여건을 창출해 낼 수 있겠는가?

상파울루시 교육감, 프레이리: 역사적 배경

위에서 이야기했듯, 상파울루시에서의 교육정책은 국가의 재생산 기능과 더 큰 민주주의를 위한 투쟁 장소로서의 국가 사이에서 발생하는 긴장을 잘 보여 주고 있다.

1989년 1월 드소자가 상파울루시 시장으로 당선된 이후 1991년 5월 27일까지 프레이리가 교육감직을 맡게 되었다. 교육감을 그만둔 프레이리는 대학으로 돌아가 강의와 저술 활동에 매진했다. 하지만 프레이리와 함께 일했던 정책팀은 계속해서 정책형성 업무를 맡았다. 상파울루가톨릭대학교 교수(철학 및 신학)로 프레이리 교육청 관료를 대표했던 코르텔라가 1992년 12월까지 프레이리를 이어 교육감직을 맡았다.[24] 프레이리가 교육감직을 시작하면서, 프레이리와 그의 팀은 지자체 교육에 엄청난 변화를 불러올 정책을 수행했다. 여기에는 종합적인 K-8(초중등) 교육과정개혁, 교사·교장·학부모·교육청 관료들이 참여하는 학교위원회를 통한 새로운 학교 행정 모델, NGOs와 사회운동 단체들과 협력해 참여적 계획과 프로그램을 수행하는 문해교육(MOVA-상파울루) 운동 개시 등이 포함된다.

교육행정은 상파울루시에서 중요한 업무다. 상파울루시의 인구는 거의 천만 명(960만 명)에 이르는데, 전 세계에서 가장 큰 지자체 중 하나다.[25] 상파울루시는 전 세계 10대 경제대국에 속하는 브라질의 금융 중심지이기도 하다.[26] 지자체의 예산은 27억 5,000만 달러(1989), 36억 달러(1990), 38억 9,000만 달러(1991), 30억 달러(1992), 55억 달러(1993)로, 브라질 내에서도 연방정부, 상파울루주 정부에 이어 세 번째로 많은 예산을 집행한다. 프레이리는 교육감으로 지자체 내 691개의 학교, 71만 명의 학생, 3만 9,614명의 교육 관련 직원(교사, 행정직, 기타 직원 등)을 관장하게 되는데, 교직원 수는 상파울루시 지자체 내 전체 공무원의 30%에 해당한다.

자본주의 국가인 브라질의 금융 및 산업 중심지를 통치하는 사회주의 정부를 분석하려면 이런저런 이론적 문제에 부딪힐 수밖에 없다. 더욱이 파울로 프레이리라는 인물로 덧칠해진 새로운 교육정책은 독특한 사회 투쟁 및 의식화 관점을 제공해 준다.[27] 프레이리는 소위 학문 세계에서 잘 알려진 인물이었다. 더욱이 그는 성인 교육 분야에서 자신의 이론을 경험적 실천에 독특하게 결합한 인물이다. 따라서 1960년대 그가 경험한 문해교육의 결과로 나타난 강력한 효과로 유명세를 타게 되었고, 그의 저작들은 문해교육을 위한 일종의 방법적 기술을 넘어 전 세계적으로 비판교육학의 디딤돌이 되었다.

프레이리의 일에 세간의 관심이 모인 것은 브라질 북동부 지역에서 문해교육을 진행한 그의 초기 경험을 문서화해 낸 저서들 때문이었다. 그의 교육적 작업은 풀뿌리 교육운동Movimento de Educação & Base, 민중문화 센터, 브라질 기초공동체 운동과 관련되어 있었다.[28] 프레이리는 굴라르Joao Goulart가 이끄는 포퓰리즘 정부에 의해 1963년 전국민중문화위원회National Commission of Popular Culture의 위원장이자 전국문해교육계획National Plan of Literacy Training의 코디네이터로 임명되었다. 이후 그는 브라질 시민성의 특성을 규정하는 데 강한 파급력을 가져왔다.[29] 프레이리는 페르남부쿠Pernambuco에 위치한 헤시피대학교University of Recife 성인문화교육부서Cultural Extension Service의 첫 책임자(1961~1964년)가 되었다. 그는 당시 가톨릭 좌파와 깊이 연계되어 있었고 그의 사상은 라틴아메리카 해방신학에 영감을 불어넣었다.[30]

프레이리는 기니비사우Guinea-Bissau, 상투메프린시페São Tomé and

Príncipe, 니카라과Nicaragua 등 브라질 바깥의 신생독립국에서 벌어진 중요한 문해교육 캠페인에도 관여했다. 그의 책은 세계 여러 곳에서 벌어지는 교육혁신에 중요한 원천을 제공해 주는 것으로 받아들여졌다. 발전된 산업사회에서 해방적 페다고지의 역할에 관한 그의 새로운 분석은 논쟁을 이끄는 중요한 주제였고 교육적으로 다양한 생각거리를 제공해 주었다.[31]

그런데 도대체 무엇이 프레이리의 교육정치철학을 현재적이고 또 보편적이게 만들고 있는가? 예를 들어, 프레이리와 프레이리가 제안하고 있는 "생성 주제" 등의 개념이 30여 년이 넘도록 비판교육학의 교육적 논쟁에서 중심을 차지하고 있는 상황에서 보듯이 말이다. 프레이리가 주장하고 있듯, 인간 상호작용은 계급, 인종, 혹은 젠더와 같은 이유로 생기는 이런저런 특정한 억압에 종속되어 있다. 이로써 사람들은 억압의 희생자가 되거나 혹은 억압하는 사람이 된다. 프레이리는 계급 착취, 인종차별, 성차별이 가장 눈에 잘 띄는 형태의 지배와 억압이라고 지적했다. 하지만 이 외에도 종교적 신념이나 정치적 소속 등으로 인한 종속과 억압 또한 잘 인식하고 있었다.[32]

프레이리는 파농Franz Fanon이나 프롬Erich Fromm 등과 같은 정신치료 및 정신분석가들의 저작에서 영향을 받은 억압의 심리학에서 시작해, 『억눌린 자들을 위한 페다고지』를 발전시켰다. 그의 목표는 인간 조건을 향상시키기 위해 교육을 이용하는 것이었다. 이때 교육은 억압의 효과에 대항하고 그가 "인간의 인식론적 사명"이라고 여겼던 것에 궁극적으로 기여하는 것이다.

프레이리의 『억눌린 자들을 위한 페다고지』[33]는 현상학, 실존주의, 기독교 인간관, 인본주의적 마르크스주의, 헤겔 변증법 등을 포함하는 무수한 현대 철학적 사상에 영향을 받은 것으로, 지배와 억압의 관계를 극복하는 방법으로 대화와 궁극적인 의식화, 즉 비판적 의식의 고양을 주창하고 있다.[34] 따라서 사회적 참여, 의식화, 임파워먼트를 위한 교육의 개념은 프레이리의 교육정치철학에서 핵심을 차지한다. 1980년 브라질로 돌아왔을 때 PT에 가입하고 가장 잘 알려진 지식인이자 교육자로 부상하리라는 것은 누구나 예측할 수 있는 일이었다. 그러나 이후 프레이리가 관여하게 되는 일련의 일은 그의 지난 경력과 성취와는 상당히 다른 측면이 있었다. 즉, 프레이리가 이 책의 사례를 통해 보여 준 일들은, 비형식적인 여건에서 성인과 대규모로 추진했던 과거의 노력과는 현저히 다른 면모를 보였다. 프레이리 교육청에 체화된 새로운 교육 모델은 모든 교과 영역의 공립 초등학교 교육, 비형식교육, 문해교육을 다루는 지자체 정부 정책의 맥락에서 일어났다.

다음에서는, 초등학교 교육과정개혁 및 통치 체제 개혁을 위한 구상과 상파울루시 성인 및 청소년 문해능력을 향상하려는 PT의 노력에서 볼 수 있듯이, 새로운 양질의 공교육을 창출해 내려는 PT의 의제가 어떤 개념적 토대에 근거하고 있는지 논의할 것이다.

균형 잡기: 지자체 정부의 정책 결징과 "민중적 공교육"

이미 앞의 이론적 관점을 다루는 부분에서 우리는 지자체 정부에게 PT의 사회주의적이고 민주적인 이데올로기와 목표를 반영한다는 것의 의미와 도진과세에 대해 다루었다. 여기서는, 프레이리 임기 동안의 교육청(이후 '프레이리 교육청')이 계급적 이익, 국가의 자율성, 사회운동의 독립성, 이 세 가지 요소를 어떻게 역동적이고 생산적인 방식으로 통합하려고 했는지, 이런 통합에서 직면한 근본적인 도전과제를 교육청이 어떻게 이해했는지, 이를 해결하기 위해 어떤 질문을 던졌는지에 대해 간단히 논의하고자 한다.

프레이리 교육청이 전개한 교육개혁 전체 프로그램은 민중적 공교육이라는 개념에 토대하고 있다. 원래 라틴아메리카에서는 자유주의 정부시기, 특별히 19세기의 마지막 30년 동안에 착안된 공교육 모델을 개념화할 때 '민중교육'popular education(예를 들어 "인민들의 교육")이란 개념이 사용되었다. 『억눌린 자들을 위한 페다고지』에서 그리고 있는 프레이리는 이 혁명적 작업을 통해 가난한 사람들의 삶의 조건을 정치 사회적으로 분석하고는, 민중교육의 원래적 개념을 억압받는 자들이 개인적일 뿐만 아니라 집단적으로 비판적 의식과 행동의 과정에 참여하도록 하는 개념으로 바꾸었다.[35]

브라질에서 벌어지고 있는 민중적 공교육에 관한 논쟁은 교육 기회의 형평성에 심각한 문제가 있다는 점을 인정하면서 촉발되었다. 여기에는 학교접근성이라든가, 졸업률의 격차, 학교 간 질적 수준의 차이가 현격히 드러나는 현상이 포함된다. 예를 들어, 10세 이상의 브라질 청소년 인구 8,800만 명 중 25.5%는 거의 비문해자에 가깝다.[36] 1980년에 실시된 전국인구센서스에 따르면, 7~14세 아동 인구 2,300만 명 중 33%(760만 명)는 학교에 다녀 본 적이 없으며, 학교를 다니는 아동 중 27.6%(630만 명)는 연령에 따른 학년 수준보다 낮은 학년에 다니고 있었다. 평균적으로 브라질 사람의 46.3%에 해당하는 인구는 학교교육 이수 기간이 2년보다 짧았는데, 기능문해 수준을 고려해 보면 너무 낮은 수치가 아닐 수 없다. 한편 5세 이상 브라질 인구의 75%는 학교교육 연한이 4년 미만인 것으로 조사되었다. (제1장에서 살펴본 것처럼) 플랭크Plank가 주장하듯 학교에서 아동의 교육 기회는 제한되는데, 1학년의 15%, 5학년의 19%가 학교를 중간에 그만두고 떠나며, 함께 입학한 학생의 32%만이 8년간의 초등학교 교육을 마치고 졸업한다.

압박으로 다가오는 경제적 문제, 빈곤, 불평등으로 교육적 긴장은 악화되어 왔다. 경제학자인 하구아리베Helio Jaguaribe의 연구에 따르면, 경제적 활동 인구의 64.7%가 빈곤선 아래(예를 들어, 최저임금의 두 배 혹은 그보다 낮은 임금을 받는 정도)에서 살고 있다.[37] 미주정책대화Inter-American Dialogue[1]가 잘 지적하고 있듯, 빈곤과 제도화된 불평등은 라틴 아메리카 전체에 걸쳐 해결할 수 없을 정도로 복잡하게 얽혀 있다. "에콰도르, 페루, 브라질에서 가장 부유한 20% 가구가 가장 가난한 20% 가구의 30배의 소득을 얻고 있다."[38]

프레이리가 상파울루 학교 건물의 물리적 조건이 지자체 교육 자체의 질보다 나쁘다고 주장했던 데는 이런 맥락이 있었다. 수백 개의 교실이 완전히 파손되어 책걸상을 도저히 사용할 수 없었다.[39] 프레이리 교육감 임기 1년이 지난 시점에 실시한 평가에서 문제가 얼마나 심각한 정도인지 확인할 수 있다. 교육감 임기를 시작하는 시점에 총 691개의 지자체 학교 중 654개의 학교가 물리적으로 열악한 상황에 있었으며 그 중 400개의 학교는 그 정도가 아주 심각했다. 3만 5,000개의 학생 책걸상이 부족한 상황이었고, 시급히 보수해야 할 학교 건물에 대해 제대로 손을 쓰지 못했다. 교육청의 재원 부족으로 수리에 필요한 자금을 지불하지 못했기 때문이다. 임기가 시작하고 11개월 동안, 공적 자금은 26개 학교를 수리하는 데 쓰였으며 20개 학교에서 건물 개축이 이루어졌다. 이전 교육청에서 짓기 시작한 10개의 신설 학교 건물이 완성되었으며 9개의 신설 학교가 건축되고 있었다. 여기에 더해 500명분의 책걸상이 제공되었고 6,274명분의 책걸상이 수리되었다.[40]

브라질 교육체제에서는 능력별 반 편성과 초등학교와 중등학교의 평행적 시스템이 뿌리 깊게 용인되는 상황인데, 이 체제가 브라질의 교육

---

1. (옮긴이 주) 미주정책대화(Inter-American Dialogue). 1982년도에 설립되어 주로 서구의 외교정책을 둘러싼 이슈를 연구하는 미국의 싱크탱크다. 본부는 워싱턴 DC에 위치하고 있으며, "라틴아메리카 및 카리브해 지역의 민주적 정치체제, 번역, 사회적 형평성을 증진하도록 한다"는 사명을 내걸고 있다. https://www.thedialogue.org/ 참조.

불평등을 고착화시키고 있다. 간혹 국가로부터 재정 지원을 받는 호화로운 사립학교가 있는데, 이 학교들은 중산층 유권자에게 큰 혜택이 돌아갈 뿐이다. 이에 반해 가난한 노동계층의 아이들을 위한 공교육 체제도 있다.[41] 민중적 공교육을 옹호하는 사람들은 공적 서비스를 민영화하려는 정책들을 엄중히 비판한다. 이들은 공교육의 질이 낮아져 사람들의 불만이 많아질 것이고, 이런 공교육의 불안을 기회 삼아 이익을 얻으려는 많은 교육 기업가들이 생겨난다고 주장한다. 이러한 맥락에서 노동계층과 농부들은 두 가지 선택지와 마주하게 된다. 공교육을 비도덕적이라고 매도하는 대열에 합류하든지, 아니면 아예 학교교육에서 벗어나든지.[42]

『모두를 위한 학교Uma só escola para todos』라는 책에서, 가도티는 '민중적 학교' 혹은 '공적 민중학교'를 통합하는 개념에 대해 브라질의 급진적인 학자들 사이에 있었던 논쟁을 정리해 보여 준다. 그는 이 논쟁의 시작이 프레이리의 작업과 다른 몇몇 특출난 지식인들에게서 비롯되었다고 본다. 대표적인 지식인으로는 페르난데스Florestan Fernandes, 반데르레이Luis Eduardo Wanderley, 샤우이Marilena Chaui가 포함되는데, 이들은 PT와 관련된 인물들이다.[43] 이와 유사하게, 민중적 공교육의 개념은 몇몇 "민주적" 지자체 정부(캄피나스Campinas, 디아데마Diadema, 포르투알레그리Porto Alegre, 히우그란지두술Rio Grande do Sul, 산투스Santos, 상파울루São Paulo에서 전개되었던 PT의 제안과 관련되어 있다.

제도화된 인종차별, 기울어진 규율 체계, 적합성이 떨어지는 교육 내용으로 인해 노동계층 출신 청소년과 아동이 학교 시스템에서 튕겨 나갔다. 민중적 공교육 혹은 민중적 공립학교 시스템은 학교교육 접근 기회와 졸업률의 형평성을 높임, 학교 중도 탈락 방지 및 구조적이고 조직적인 학교 일상의 생활 개선 등을 목표로 하고 있다. 민중 계층 출신의 아동은 학교의 제도화된 문화적 자본을 어색해하고, 이를 자신들의 문화적 경험과 다투는 것이라고 인식한다. 프랑스 사회학자인 부르디외 Pierre Bourdieu가 주장하듯, 모든 인간 활동은 특정한 "아비투스"에 기반한 문화자본의 축적과 연관되어 있다. 아비투스라는 개념은 내재화되고 영속적인 신념, 의미의 체제로, 가족 및 친밀한 환경, 공동체와의 개인적인 상호작용에서 만들어진 것이다. 다양한 사회활동과 역할은 서로 다른 문화자본을 만들어 낸다. 이때 문화적 자본은 위계적으로 계급 및 (브라질의 경우) 인종적 구분에 따라 명확히 설명된다. 분명한 것은, 이 문화자본 개념은 엘리트 교육과 가장 잘 연결된다.[44]

따라서 민중적 공교육을 옹호하는 사람들은 양질의 교육을 위해 엄청난 개선이 필요하다고 믿는다. 노동계층 출신 아동들은 자신들의 문화자본을 정당하게 평가하도록 배워야 하고, 자신의 아비투스에 기초한 학습 전략이 제공되어야 한다. 지금은 노동계층 아동들이 지배집단과 중산층의 문화자본과 아비투스에 지속해서 적응해야만 한다. 학교는 노동계층 학생들의 필요와 요구에 따라 학교에서 제공하는 교수학습 내용과 방법을 맞춰야 한다. 실제 노동계층 출신의 많은 학생이 전일제, 혹은 파트타임으로 일한다는 상황을 염두에 둬야 한다.

더 나아가, 민중저 공교육은 브라질의 교육과 헤게모니를 연결하는 개념이다. 민중적 공교육을 옹호하는 사람들은 공교육의 낮은 수준과 독재정치를 비난한다. 이들은 교육개혁을 민중 세력, 즉, 지역사회단체와 사회운동 세력에 의한 교육계획과 정책 수행을 통제하기 위한 교육으로 연결한다. 이는 민수적인 학교, 민중적 공교육의 또 다른 핵심적 특징이다. 이들은 민주적 통제 혹은 의견 개진이 빠진 기술전문가적 계획과 기술적이고 전문적 식견이란 개념을 강하게 비판하며, 학생, 학부모, 사회운동 단체, 교사, 교장, 정부 교육 관료들로부터의 의견과 함께 학교 운영의 기획, 경영, 통제에 자율성을 부여해야 한다고 요구한다.

따라서 브라질 사회에서 학교교육의 역할을 둘러싸고 벌어지는 고도의 정치화된 개념을 진전시킴으로써 PT가 집권한 상파울루시 교육청은 공립학교가 민중 계층에 의한 사회변혁의 도구가 될 수 있는 가능성을 찾아냈다. 민중적 공교육이 그것이었다. 교육감인 프레이리는 이 개념을 다음과 같이 설명하고 있다.

> 민중적 공교육Popular Public School은 모두에게 학교교육의 기회를 동등하게 제공해 줄 뿐만 아니라 모두가 참여해 함께 만들어 가도록 한다. 교육의 장에서 대다수의 이익인 민중적 이해를 진실되게 부르짖는 것이다. 따라서 민중적 공교육은 헌신, 연대의 자세에 토대해 새로운 질적 수준을 갖춘 학교로 거듭나 사회적이고 민주적인 양심을 형성한다. … 첫 번째 단계는 구태의연한 옛 학교를 극복해 내고, 민중적 관점으로부터 새로운 대안을 탐구, 교육적 성찰, 실험의 장소로 바꾸어 가는 것이다.[45]

프레이리의 관점에서, 민중적 공교육의 목표는 교육을 사회적 해방의 역사적 프로젝트로 연결하는 것이다. 교육 실천은 지식론과 연결되어야 한다. 결과적으로, 교육은 단순한 지식 전달이라거나 사회의 문화적 관습이기보다는 앎의 행동이 된다. 지식과 권력은 서로 긴밀하게 관련되어 있어서, 학교교육에서 문화적 전통과 실천은, 예를 들어 지배 관계를 감춘다고 의심받는다. 따라서 노동계층이 지식을 비판적으로 습득한다는 말의 의미는 임의적이고 전제적인 문화에 비판을 가한다는 것을 의미한다.

여기서 "전제적인 문화"란 말은 학교 지식과 학교가 불평등한 문화자본을 어떻게 생산, 분배하는지를 가리키는 것으로 쓰인다. 그러나 현재의 분석에서, 이 말은 분석적인 표현이라기보다는 기술적인 표현이라고 보아야 한다. "전제적 문화"라는 개념은 신교육사회학의 산물로, 내용이

임의적이고 전제적인 각자의 문화를 가진 계층을 가리킨다. 계급 관계가 불평등하기 때문에, 지배계급은 학교교육과정에 자신의 문화자본(지적, 도덕적, 미학적 인식을 포함해 특정한 문화적 유산, 언어, 사유 방식을 반영하는 의미의 시스템)을 부과하는 방식으로 "상징적 폭력"을 행사하게 된다. 좀 다른 이론적 관점에서 나오기는 했지만, 이와 유사하게 하버마스Jürgen Habermas는 "부르주아 문화"가 가족과 학교에서 사회화를 통해 전달된다고 주장한다. 이 부르주아 문화는 진보적 개인주의 원칙에 토대해 성취와 교환 가치로 향한다. 교육과정에 문제가 많고 학교 지식이 인간의 이해관계를 반영한다는 진술은 곧 문화재생산 이론의 핵심적 주장이다. 그러나 이러한 이론적 모델에 너무 과하게 의존하는 것은 위험하다.[46] 특별히, 하버마스에 따르면 현대 자본주의 사회에서 사회변화 과정이 부르주아 문화를 구성하는 핵심 원칙을 변혁시킨다고 할 때, 이런 과한 의존은 더욱 위험하다. 즉, 우리는 이를 통해 "전제적인 문화"의 개념에 문제가 많다는 것을 알게 되었다. 예를 들어, 부르주아 문화와 정당한 교환이라는 이데올로기 개념은 자유주의적 자본주의 시스템의 정당성을 더 이상 설명해 주지 못한다. 형식교육과 직업적 성공 간의 연관성을 설명한다는 확신성이 낮아지면서 성취 이데올로기가 도전받기 때문이다. 혹은 임금노동자의 사회생활에서 배제되기는 하지만 자본주의 지배에 종속된 사회단체의 성장으로 인해 교환 가치를 향한 방향 설정이 허물어지기 때문이다.[47]

본질적으로, 프레이리의 제안은 해방을 위한 교육이다.

억눌린 자들의 해방 과정에서 교육이 이들의 의식적이고 창조적인 성찰과 행동을 보증해 준다고 할 때, 교육은 해방한다. 이들의 헤게모니를 가정하면 사람들에게는 양질의 교육이 필요하다. 이들에게는 소수 특권층에게만 제한적으로 접근이 허용되는 도구, 지식 습득, 방법, 기술이 필요하다. 즉, 이는 체계적이고 비판적인 읽기, 쓰기, 수학, 과학적이고 기술적인 원리의 습득을 의미한다. 여기에 더해, 지식을 습득, 생산, 확산하는 방법의 습득이 필요하다. 연구, 토론, 논쟁 및 표현, 소통, 예술을 위한 정말 다양한 방법을 활용하는 것 말이다.[48]

요약하자면, 민중적 공교육 개념은 공공 서비스를 점차 민영화해야할 필요가 있다는 주장에 도전한다. 대신 (공공 서비스의 민영화 대신) 공교육에, 접근성 개선에, 교육의 질 개선(예를 들어 학교 접근성의 민주화)에 좀 더 많이 투자하라고 주장한다. 이와 동시에, 학교는 민중 계층 출신 아동과 청소년의 교육적이고 사회적인 필요에 효과적으로 대응해야 한다. 마지막으로, 이 프로젝트는 공교육을 민중운동과 연결 지으면서 교육자원, 교육계획, 정책 이행의 민주적 통제(예를 들어, 학교경영의 민주화)를 강조한다. 이는 독재적이라거나 전문가적 기술주의에 반대된다. 민중적 공교육은 교육과정개혁을 향한 주요 운동, 새로운 학교 거버넌스 형태, 문해교육 프로그램을 포함한다. 바로 다음에서 이에 대해 간단히 소개하고, 이후 제5장과 제6장에서 자세하게 논의할 것이다.

교육과정재정립운동

민중적 공교육의 핵심적 특징은 교육을 자유의 실천으로 본다는 점이다. 따라서 상파울루시에서 교육과정개혁은 해방적인 교육 패러다임과 실천을 창출해 내기 위한 교육청의 전략에서 핵심을 차지한다. 패러다임 관점에서, 학교는 비판적 지식 재구성과 사회비판으로서의 장일 뿐만 아니라 민중문화를 생산해 내는 센터여야만 한다.[49]

인터 프로젝트가 주요한 동력으로 작용했던 교육과정개혁운동은 다음과 같은 원리에 토대하고 있다.

(1) 교육과정개혁운동은 참여에 기반한 집단적 구성이어야 한다.
(2) 교육과정개혁운동은 본질적으로 각 학교의 자율성을 존중하면서 다양한 경험을 반영해야 한다.
(3) 교육과정개혁은 행동-성찰-새로운 행동으로 이어지는 교육과정의 프락시스적 방법론을 통해 이론과 실천의 관련성을 강조해야 한다.
(4) 교육과정개혁은 실천 중인 교육과정에 대한 비판적인 분석을 통해 지속적인 교사훈련의 모델을 포함해야 한다.

교육과정개혁의 방법론은 집단적으로 개발되는 행동-성찰-새로운 행동의 과정으로 시작한다. 이런 과정은 교사, 학생, 학부모, 학교위원회 위원, 지자체 교육청 및 학교, 대학 소속의 교육전문가들이 다학제적 접근을 취하고 사회운동에 헌신하는 방식으로 나타나게 된다.[50] (프레이리가 원래 제안했던 방법과 관련된) 3단계 방법론은 교육과정의 이 과정에서 다음과 같이 개념화된다.

(1) 문제삼기. 여기에는 현행 교육과정에 대한 비판 및 이를 변화시키기 위한 혁신적 방안에 대한 논의 등이 포함된다.
(2) 조직. 여기에는 학교에서 논의되는 질문 및 1단계 문제삼기에서 발견한 결과에 대한 대응으로서의 체계화가 포함된다.
(3) 계획과 이행. 생성적 주제 논의를 통한 새로운 학제적 교육과정의 이행이 여기에 해당된다.

교육과정개혁은 교육 관리자 및 교사가 학생들의 의견을 귀담아듣는 방법을 배우는 것으로 시작한다. 학제적 접근을 사용하면서 교육가는 교사의 지식 및 학생의 지식에서 중심이 되는 가장 중요한 생성적 주제를 도출해 내야 한다. 예를 들어, 상파울루시의 페루스 지역에 위치한 학교에서 프로젝트가 진행되는 첫 학기 동안 선택된 생성적 주제는 '주택'이었다. 이 주제를 가지고 체육에서 수학에 이르기까지 모든 과목에 걸쳐 수업이 진행될 수 있다. 두 번째 학기에는 '교통'을 주제로 선정했다.[51]

교육과정개혁 프로그램은 1990년 10개 학교에서 시범적으로 시작되었다. 교육지원청Nuclei of Educational Action, NAE에서 한 학교씩을 선정했다. 바로 이듬해 추가로 100개 학교(시범학교 1개에 협력학교 10개씩)에 확대, 시행되었다. 1992년 말, 프로젝트는 대략 100개 학교로 확대되어 점차 학교 시스템 전체로 확산될 것으로 기대되었다. 동시에 다른 교육 프로그램이 1989년 시작되었다. 교사학습공동체Grupos de Formação, 교실 정보화 프로젝트Projeto Gênese, 청소년 폭력 예방 프로그램Projeto Não Violencia 등. 예를 들어 교사학습공동체는, 교사의 교수학습 실제에 대해 논의하는 정기적 모임을 통해 교사훈련을 진작하고, 교사들을 많은 교육전문가들과의 논의에 참가하게 하거나 이들에게 이론적이고 철학적인 글을 읽을 기회를 제공했다.

그렇다고 PT가 집권한 상파울루시 교육청에 의해 시작된 급진적 개혁 과정에 아무런 갈등이나 모순이 없었던 것은 아니다. 프레이리는 학교장과의 대화를 다음과 같이 술회했다. 교장의 태도를 논의한 몇 장면 이후, 그 교장은 매우 화가 나 감정적으로 소리쳤다. "네, 네, 네, 저는 독재적입니다. 그런데 저는 이대로 계속 그럴 거예요." 그러자 프레이리는 그에게 이렇게 말했다. "보세요. 저는 당신이 독재적이라는 점을 잘 알아요. 제가 요구하는 것은, 이 정부 체제에서 덜 독재적으로 바뀌기를 시작하시라는 겁니다. 그렇지만 저는 민주주의 취향에 대해 당신에게 이래라저래라 할 수는 없습니다."[52] 그 교장은 계속 교장으로 일했다.

거버넌스 개혁: 학교위원회

각 부서의 책임자들이 학교 단위의 학교위원회와 함께 상파울루시 교육청을 운영한다. 40개의 학교위원회마다 대표단을 선정해 각 교육지원청NAE 내의 상위 학교위원회에 참석하도록 한다. 각 NAE의 코디네이터들은 중급단위 그룹Intermediate Collegiate에서 모임을 갖고 이 그룹의 대표단들은 중앙단위 조직Central Collegiate에 참여한다. 여기에는 교육감, 각 영역 담당 관료, NAE 코디네이터 대표단Coordinator of Coordinadora dos Núcleos de Ação Educativa, (교육과정개혁을 관장하는) 기술지원팀장, 행정지원 담당관, 교육감 기술지원 및 기획보좌관 등이 포함된다.

프레이리는 이 학교위원회가 과거 지자체 정부에서 만들어진 제도이긴 하지만 제대로 실행된 적은 한 번도 없었다고 설명한다. 그리고 그 특징을 다음과 같이 소개한다.

학교위원회는 일종의 권력을 대표합니다. 즉, 학교위원회는 권력을 갖고 있습니다. 이 권력은 학교의 운영 책임자가 가진 권력 혹은 학교 교장의 권력만을 의미하지 않죠. 교사, 학부모 대표, 학교 직원, 학생 등이 학교위원회를 구성합니다. 예를 들어, 저는 계속해서 사람들을 받아들여 학교 내에서 일하도록 합니다. 각종 문서에 서명하는 사람은 저지만 승인은 위원회로부터 나옵니다. 일할 사람을 결정하는 것은 제가 아닌 거예요. 학교위원회는 학교를 민주화하고 권력을 분산시키게 하는 아주 엄중한 시도라고 할 수 있습니다.[53]

지자체 교원규정estatuto do magisterio municipal 초안에서는 학교위원회가 민주적으로 기능할 수 있도록, 교장, 교감, 교수법 코디네이터를[2] 각 학교공동체에서 선출하라고 제안한다. 해당 직책에 적합한 자격을 보유한 사람들은 해당 직급에 재선출되어 2년간 더 일할 수 있다.[54] 하지만 두 번째 임기가 끝나면 이들은 같은 직급에 출마할 수 없다. 적어도 2년이 경과하기 전까지. 실제로, 이런 제안은 학교관리자들이 4년마다 교실로 돌아가 가르쳐야 한다는 점을 전제한다. 이 제안에 따르면, 학교의 모든 학부모와 10세 이상의 학생, 학교 직원(청소부, 시설관리인, 수위 등 포함), 교원은 학교의 관리자를 선출하는 선거에서 투표할 수 있다. 학부모와 학생의 투표는 전체의 절반에 해당하는 50%의 비중을 차지하며, 학교 직원 및 교원의 투표가 다른 절반, 전체의 50% 비중을 차지한다. 임기가 끝나기 전에 학교의 교직원을 학교위원회에서 사직시키려면 학교공동체의 유권자 중 50% 이상의 서명이 담긴 청원서를 제출해야 한다.

교원노조원, 교사, 학교관리자가 참여한 긴 논쟁의 결과, 이 교원규정 초안은 압도적으로 거부되었다. 특히 이 세 그룹은 학교관리자를 선출직으로 한다는 의견에 강력하게 반대했다. 이들은 교사에게 주 교육 시스템과 지자체 교육 시스템 양쪽 모두에서 일하게 하려는 조항에도 반대했다. 교사는 이 두 시스템 중 한 곳에서만 전일제로 고용될 수 있다. 교원노조의 관심사가 가장 많이 반영된 새로운 규정이 만들어지고, 마침내 1992년 6월 26일 상파울루시 법령 11.229로 포고되었다.[55]

프레이리는 자신의 첫 제안이 완전히 패배했다는 것을 잘 알았다. 그러나 그의 패배는 "우리가 정치적으로 실수했다는 것을 의미하는 것이

---

2. (옮긴이 주) coordenador pedagógico(CP). 영어로는 pedagogical coordinator. 교수법 코디네이터는 교사와 함께 교사들의 교수학습을 감독, 지도, 평가함으로써 교실에서의 교수학습의 질을 담보하도록 역할을 하는 사람으로 2년 단위 선출직으로 기능한다. 미국에서는 교사 중에서 이 일을 담당하도록 지정하는 경우도 있다. 한국의 경우 2008년 시범으로, 2010년부터 본격 시행된 수석교사제가 상당히 유사한 제도라 할 수 있다.

아니라, 지자체 교육체제가 정치적으로 후퇴했다는 것"[56]을 의미했다. 프레이리는 브라질 조합주의가 자신의 규정 초안을 좌절시켰다고 생각했다.[57]

문해교육운동(MOVA-상파울루): 문화적 정치로서의 문해교육

"MOVA-상파울루"라고 알려진 문해교육운동에는 사회운동과 국가 사이의 관계가 지니는 딜레마가 분명히 있다. 도시 내 조직된 문해운동을 조장하는 차원에서 상파울루시 정부가 기존 사회운동과 협력한다는 초기 구상이 1989년 10월 교육청에 의해 발표되었다. 프레이리가 막 교육감으로 임명된 직후였다. MOVA는 이듬해 1월 6만 명의 성인/청소년의 문해능력을 향상시키겠다는 목표를 내세우고 착수되었다. 결과적으로 MOVA의 구조는 민주적 민중정부와 상파울루시에서 토지소유권, 주택, 건강, 교육 등의 이슈에 관심을 기울이는 정말 많은 사회운동 단체들 간의 합의에서 성장했다.

이런 독특한 협정을 고려해 볼 때, MOVA와 지자체 정부(예를 들어 상파울루시 교육청) 사이의 관계가 지니는 특징을 탐색하는 것이 중요하다. MOVA에서 교육청과 협력한 사회운동 지도자들과의 몇몇 인터뷰에서 민중 투쟁의 도구로 교육의 역사적 과정이 강조된다. "사회운동과 국가(특별히 상파울루시 교육청)와의 관계가 상파울루시 PT 정부하에서 어떻게 수행되었다고 생각하는가"라고 질문받자, 이들은 다음과 같은 답변을 내놓았다.

"우리가 마지막으로 이렇게 아름다운 일에 참여해 본 게 언젠가요?"

"드소자 시장의 정부는 다수의 민중을 향한 정부입니다. 시장은 여기서(상파울루시의 가난한 변두리 지역) 이미 그 일을 해 오고 있었어요. 이 정부가 우리 운동에 공간을 열어 준 거예요."

"MOVA 운동은 파울로 프레이리의 사상에 기초해 만들어진 거예요. MOBRAL이나 성인야학Suplência 같은 과거의 경험은 MOVA의 수준에 미치지 못해요. MOVA는 우리 현실에 기초해 움직입니다. 우리 지역사회의 본모습을 잘 탐색하면서 말이죠. … MOVA는 우리의 권리를 우리 것으로 만드는 것입니다. 단지 우리에게 주어진 기회만을 의미하지 않습니다."

"상파울루시 PT 정부 아래, 도시의 대다수 사람이 처음으로 새로운 경험을 하게 되었습니다. 적대적인 문제가 있음에도 불구하고 (지자체 정부와 사회운동) 모두 제대로 일을 하기 위해 정말 애써 왔습니다."[58]

(향후 지자체 정부의 정치지형이 바뀔 가능성을 염두에 두고)[59] MOVA와 브라질 사회운동의 미래에 대해 질문했을 때, 한 MOVA 활동가는 이렇게 주장했다. "사람들이 있는 한, (사회) 운동은 있겠죠."[60] 이 간단한 답변에서, PT 조직의 풀뿌리 운동이 지닌 근본적 특성을 확인해 볼 수 있다. 갈등의 시간이 있기는 하겠지만, 상파울루시 PT가 실현했던 정부와 사회운동 간의 유기적인 관계를 예상해 볼 수 있다.
　여전히 소위 민중지향적인 지자체 정부와 사회운동 단체들 간의 생산적이고 상호 만족스러운 관계를 유지하는 일은 쉽지 않았다. 사회운동

측에서는 자신들의 참여로 인해, 사회운동이 협력하고 있는 활동(성인 교육이나 학교교육 분야)에 정부의 재정 지원이 방해받지 않아야 한다고 주장했다. 사회운동에서, 도전과제는 받아들이지 않으면서 정부와 협력 관계를 형성하는 것이다. 이로써 수준 높은 조직과 사회적 실천을 실현 하면서도 자신들의 정치적이고 교육적인 자율성을 지키려 했다. 이런 딜 레마는, 성인교육에서 공공 분야와 사회운동 간의 협력관계를 논의하기 위해 1990년 상파울루에서 개최된 포럼에서 잘 표현되고 있다.

> 상파울루시 정부에서 성인교육을 증진하려는 민중단체들에게 제 공하는 물적, 교육적 지원은 두 가지 기본 조건 아래 이루어져야 한다. 첫째, 이 지원 때문에 공공기관인 지자체 정부가 양질의 성인 교육 프로그램 제공을 철회해서는 안 된다. 둘째, 민중 단체에 대한 지원은 이 단체들의 고유한 정치적이고 교육적인 자율성을 존중하 고 보호한다는 조건에서 이루어져야 한다. … 지자체와 민중운동 간의 관계 양상이 객관적으로 민중운동의 제도화 체계 및 자율성 의 상실을 가져올지, 혹은 정부에 의해 흡수되는 방식이 될 것인지 에 대해서는 여전히 의문이다. 시간이 흐르고 실천적 경험이 쌓여 가면 이 문제들이 해결될지, 그렇지 않을지는 앞으로도 큰 논쟁거 리다."[61]

공공 분야와 사회운동 사이의 이런 절합은 상파울루시에서 이루어 진 문해교육과 교육정책의 근본적인 원리를 대변해 준다. 프레이리는 이 들 간의 관련성에 대해 기술하면서 "교육청은 (사회) 운동을 흡수하기 원치 않지만, 그렇다고 아무 조건 없이 재정을 지원하기 또한 바라지 않 는"다고 주장했다. 여기에 더해, 그는 "이런 관계에서 생겨나는 긴장 상 황이 두렵지는 않습니다. 단, 우리는 갈등을 해소하는 방법을 함께 배우기를 원합니다. 우리는 다원주의를 존중하지만 우리의 정책 의제 또한 분명하게 갖고 있어요. 만약 (사회)운동 진영이 우리 교육 모델을 받아들이지 않는다면, 이를 계약위반으로 여길 것입니다"라고 말했다.[62]

이런 정부-사회운동 간의 일반적인 맥락 내에서, MOVA의 조직 구조에 대한 분석은 교육청과의 관계가 지닌 다양한 영역에 영향을 미치는 요인을 확인하는 데 중요한 시사점을 제공해 준다. 원칙적으로, MOVA는 "MOVA 포럼MOVA Forum"이라고 불리는 기구가 조정하는 운동 연맹체로, 이 포럼은 평균적으로 18~24세의 50여 명의 지도자로 구성되어 있다. 이들은 대개 저소득계층 및 중산층 대학생들로 일부는 기독교기초공동체와, 다른 일부는 전통적인 가톨릭 단체와 관련이 있었다.

교육청 내에서 MOVA를 조정하는 핵심 팀에는 교육가, 관리자, 사회학자, 언론인 등이 포함되어 있으며, 교육감에게 직접 보고하는 일반적인 코디네이터도 있다. 사회운동 단체들과 지자체 정부 내 개인의 갈등과 긴장 때문에, 5명의 개인이 이 코디네이터 지위를 맡게 되었다. 이 부서는 교육청과 포럼 사이를 중계하는 역할을 담당하기 위해 만들어졌다.

MOVA가 1990년 2월, 320개의 문해교실 혹은 문해교육지원센터 núcleos de alfabetização에서 시작될 당시 49개의 사회운동 단체가 교육청과 MOVA 운영 협정을 체결했다. 교육청은 MOVA가 이루어지는 각 교실 혹은 센터에는 20~30명의 문해 수강생(MOVA 전체적으로는 6,400~9,600명)을 수용하고, 같은 해 말까지 문해교실을 1,200개로까지 확대하겠다는 목표를 내세웠었다. 이 수치에 도달했는지 그렇지 않은지를 평가하는 것은 어렵다. 한 가지 분명한 것은 많은 문해교육 수강생들이 중간에 그만두었다는 점이다. 예를 들어, 1990년 5월 MOVA에 등록한 학생 수는 1만 2,000명이었는데, 그중 9,000여 명이 문해교육 프로그램을 종결한 것으로 예측되었다. 프레이리가 1991년 5월 교육감직에서 물러날 때까지 MOVA는 640개의 문해교실에 2만 9,000명의 학생이 있었다. 1년 뒤인 1992년 7월, MOVA에 등록한 학생 수는 1만 8,329명으로, 교육청과 MOVA 협력 협정에 서명을 체결한 78개 사회운동 단체에서 활약하고 있는 887명의 문해교육 강사, 130명의 자문관이 이들의 문해교육을 담당했다.

[표 3-1] 상파울루시 교사(전일제, 파트타임) 급여 및 주간 및 야간 교수 시간(1992년 8월 기준)

		교사 유형					
		도심 (1)	중간지대 (2)	(1)/(2) %	변두리	(2)/(3) %	(1)/(3) %
A	전일제(낮 근무)	2,110.366 (406.19)	2,743.475 (528.04)	30.0	3,165.548 (609.28)	15.4	50.0
	전일제(밤 근무)	1,1160.701 (223.40)	1,477.256 (284.33)	27.3	1,688.292 (324.95)	14.3	45.4
	전일제(낮 근무)/ 전일제 (밤근무)	45.0	46.1		46.7		
B	전일제(밤 근무)	2,743.475 (528.04)	3,376.585 (649.90)	23.1	3,798.658 (731.14)	12.5	38.5
	파트타임(밤 근무)	1,477.255 (284.33)	1,793.810 (345.26)	21.4	2,004.847 (385.87)	11.8	36.0
	전일제(밤 근무)/ 파트타임(밤 근무) %	46.1	46.9		47.2		
	전일제(낮 근무)/ 전일제(밤 근무) %	30.0	23.1		20.0		
	파트타임(낮 근무)/ 파트타임(밤 근무) %	27.3	21.4		18.7		

출처: Prefeitura do Municipio de São Paulo, Secretaria Municipal de Educacao, Assessoria Financeira, unpublished data, August 1992.

설명. 해당 연도 미화 계산액은 괄호 안에 표시되어 있음. 전일제 교사는 주 30시간을 담당하는 초임 교사(EM-04A) 기준. 파트타임 교사는 대학 졸업 학력을 가진 사람으로 주 20시간 담당하는 초임 교사(EM-041) 기준. 도심지역(1)은 모두가 선호하는 지역으로 안정적이고 안전함. 변두리(3)는 가난한 지역으로 판자촌 등에 근접한 지역으로 안전문제가 늘 염려되는 곳임.

조정담당부서는 30시간짜리 문해교육 워크숍을 조직해 문해교육 강사를 길러 냈다. "문해교육 강사" 혹은 "문해교육 감독관"으로 불리는 교사들은 사회운동 단체에서 선정되었으며 해당 단체에서 문해교육에 참여할 학생들을 모집했다. 교육청의 핵심 책무는 문해교실 혹은 센터에서 문해교육 수업에 사용될 수 있도록 교육 내용과 방법을 설계하고 문해교육 강사들의 급여를 포함해 이 과정에 소요되는 예산을 지원하는 것이었다.

MOVA의 문해교육 강사들을 위한 월간 훈련은 1990년 1~3월의 토요일과 일요일에 수행되도록 조직되었다. 5월 이후에는 새롭고 좀 더 긴 훈련 과정이 설계되었다. 이 훈련 과정에서 교육청은 팸플릿cadernos de formação을 보급했는데, 이것은 구체적인 방법론을 제공하는 것과 함께 운동에 활발하게 참여하는 개인에게 정치-교육적 원리에 대해 소통하게 해 주었다. 게다가 (주로 주말에 이루어지는) MOVA와 관련된 문해지원센터 활동가들의 정기 모임이 (교육청에서 파견된) 전문적인 교육 코디네이터의 안내에 따라 이루어졌다. MOVA 구조 내의 이런 교육적 특성은 문해교육에 과학적인 접근을 진작하도록 했다. 이에 더해 MOVA 운영팀은 MOVA의 모든 수준에 참여하는 사람들 사이에 발생하는 정치적 내용과 조직에 관한 이슈뿐만 아니라 문해수업을 둘러싼 논쟁을 허용했다. MOVA는 "지식과 교육적 노하우가 지속적이고 집단적이며 심오할 정도로 개인적인 역사의 과정"이라는 전제에 토대하고 있기 때문이었다.[63] MOVA에 참여하는 학습자의 주요 목표는 1학년(예를 들어 기초적인 문해능력을 습득한다는 정도의)을 마치는 것으로 성인들을 위한 일반학교 2학년에 입학할 수 있게 준비시키는 것이었다.[64]

MOVA의 이런 목표를 염두에 둔다면, 자연스럽게 이렇게 질문하게 된다. "도대체 MOVA의 문해교육은 어떤 수업 방법을 사용했나?" 상파울루시 PT 정부와 프레이리가 이끄는 교육청의 맥락 내에서, MOVA 문해교육 방법론은 프레이리의 이전 실험과 아주 유사할 것이라고 기대할 수 있다. 그러나 MOVA의 두 번째 코디네이터에 따르면 프레이리의 실험에서 쓰인 방법과 MOVA의 방법론 사이에는 다른 점이 많다. 우선, 프레이리 방법Freirean method이라는 것이 없다. 단지 지식이론만이 있을 뿐이다. 둘째, 이 지식이론은 정치적 비전과 몇몇 문해교육 기술과 함께 작동하는 것이다. 그러나 MOVA는 생성어generative word라든지 주제검토 thematic investigation 같은 기술을 다 사용할 필요가 없다. 셋째, MOVA에서 쓰이는 방법은 멕시코에서 활동하는 아르헨티나 출신 언어 교육자 페레이로Emilia Ferreiro의 것을 통합한 것으로, 페레이로는 피아제Jean Piaget의 심리학 연구에 토대해 특별히 아동을 대상으로 한 새로운 "구성주의적" 문해 이론을 발달시켜 왔다. 마지막으로, MOVA의 방법은 변증법적 논리와 비고츠키의 "내적 언어"라는[3] 개념을 포함한 언어학 연구 내용들을 통합하고 있다.

발달 심리학에 더해, 비고츠키의 사회언어학 분야 연구 내용은 MOVA의 방법론에 지대한 공헌을 했다. 통언어 관점으로부터 비고츠키의 중요성을 논의하는 굿맨Yetta Goodman과 굿맨Kenneth Goodman은 프레이리와 비고츠키 사이의 몇몇 공통점에 대해 이렇게 이야기한다.

거시적인 관점에서, 프레이리는 학습자가 자기 배움을 자유롭게 통제할 수 있을 때 가장 잘 배운다고 여긴다. 이런 해방은 전혀 낭만적이지도 추상적이지도 않다. 교사는 사회로부터 혹은 사회적 상호작용이 만들어 내는 긴장으로부터 학생들을 해방시켜 줄 수 없다. 그러나 교사는 전통적인 학교교육에 존재하는 인위적 통제를 거둘 수 있다. 교사는 진실된 사회적 상호작용을 통해 학생들을 격려하고 어떤 형식으로든 언어 표현을 자유롭게 하도록 할 수 있다. 여기서 언어는 의사소통의 도구가 된다.[65]

---

3. (옮긴이 주) 영역은 주로 inner speech로 되어 있지만, 본서에서와 같이 interior discourse로 하는 경우도 있다.

페레이로가 말하는 지식의 심리발달론적 접근은 행동주의 모델에서 벗어난 것으로, 그는 "아이들을 이해하기 위해, 우리는 반드시 아이들의 말을 들어야 하고, 그들의 설명에 귀를 기울여야 하며, 아이들의 절망감이 무엇인지 이해하고 이들의 논리를 따라가야 한다"라고 주장한다.[66] 이런 전제하에, 학습의 성취는 피아제의 발달심리학에서 학습자의 "동화"라고[67] 알려진 것과 동일한 활동에서 나온다. 따라서 페레이로는 "아동이 말하는 법을 아는가 그렇지 않은가에 관심을 기울이기보다, 우리는 아동이 말하는 방법에 대해 이미 알고 있는 것을 알 수 있도록 도와야 하고, '방법을 아는 것'에서 개념적 앎'에 대해 아는 것'으로 옮겨 가게 도와야 한다"라고 말한다.[68]

이런 접근은 문해교육에서 생성적 주제와 생성어를 발견해 내는 것이 중요하다고 한 프레이리의 시도와 잘 맞는다. 이와 마찬가지로, 구성주의적 접근은 교사중심적이고 배움은 교수 방법에 크게 의존하며 교수 방법에서 학습이 나온다고 이해하는 전통적인 교육, 즉 "은행저축식 교육"을 둘러싼 프레이리의 비판과 맥을 같이한다.

1990년 7월 15일, 교육청은 MOVA 문해교육 강사들 및 선출된 협력센터 지역대표들과 문해교육의 방법론적 중요성을 둘러싼 구체적인 문제에 대해 논의하는 컨퍼런스를 개최했다. 교육감인 파울로 프레이리는 의회에서 열린 MOVA 활동가들과의 "대화"에서 과거 자신의 성인문해교육에서 얻은 경험을 성찰하며, 자신의 (문해교육) 방법론이 지닌 기술적이고 언어적인 측면과 정반대인 MOVA의 정치적 특성을 강조했다. 그는 문해교육 과정이 이론에서 실천적인 것으로 이동할 수 있도록 지원하고, 과거 경험의 한계를 극복하기 위한 새로운 통찰력을 발전시켜야 한다고 주장했다. "최근 논의에서 우리는 과학이 핵심이 되어야 함을 확인했다. 과학이 핵심이 되어야 한다는 말의 의미는 최근 우리가 연구에서 발견한 내용을 교육의 핵심으로 삼아야 한다는 것이다. 그래야 우리는 이 세상을 읽어 내는 배움을 촉진시킬 수 있고, 이 세상에 대한 우리의 이해에 좀 더 엄밀한 기준을 가지고 사람들에게 접근하게 된다." 프레이리는 페레이로의 연구를 지식의 이해에 새롭게 접근할 수 있게 해 주는 중요한 열쇠라고 보았다. 그러나 프레이리는 청중들에게 다음 사항을 지적했다. "페레이로는 파울로 프레이리를 넘어서지 못한다. 페레이로는 프레이리에 통합되어야 한다." 프레이리는 청중들의 웃음을 끌어내면서 이 두 교육 철학의 통합이 민중교육 수업에 필요하다는 점을 강조해 말한 것이었다. "민중교육 수업에 필요한 것은 프레이리와 페레이로의 이론이 함께 통합되는 것이다As classes populares precisam de que Paulo Freire e Emilia se incorporam." 민중의 이익에 학술적 이론이 보이는 부적합한 개념을 거부하면서, 프레이리는 다음과 같이 결론짓고 있다. "민중교육 수업에는 이론이 필요하다, 그 이론은 진짜 민중의 이익에 봉사하도록 맞추어져야 하며, 이 일은 민중적 정치 진영에 의해 주도되어야 한다. 즉, 그들의 이익을 위한 과학이 되도록 말이다."[69]

전임 MOVA 코디네이터는 문해교육 프로그램에 이용되는 방법에는 기본적으로 프레이리 방식이 80%, 페레이로 방식이 15%라고 규정했다. 나머지 5%는 그 이외의 영향으로 남겨두었다.[70] 따라서 문해교육 자료를 대략적으로 검토해 보면, 그 속에는 프레이리의 인식론, 즉 교육을 앎의 행동이라고 규정하는 개념, 프레이리와 비고츠키가 개인과 공동체의 프락시스에 본질적이라고 한 지식과 문화에 대한 인식, 정치, 권력, 교육 간의 상관성에 대한 프레이리의 이론적 관점 등이 들어 있는데, 이 모든 것이 페레이로의 언어정신발달 이론에 영향을 받아 MOVA의 방법을 설계하는 데 반영된 것처럼 보인다. 교육청에서 기획한 문해교육은 이렇게 이론적으로 복잡하고 나름대로 잘 개괄된 접근을 취하고 있는 듯하다. 그러나 MOVA를 담당한 두 번째 코디네이터는, 교육청이 소위 프레이리 방식을 사용하라거나 이를 위한 특정한 방법을 강제로 부과하지 않았다고 강조했다. "우리는 제안한다. 그러나 이행을 강제하지는 않는다. … 우리는 문해교육 센터에 구체적인 방법론을 엄격히 따르라고 억지 부릴 수 없다."[71]

전임 코디네이터는 (문해교육 방법에 끼친) 페레이로의 영향에 대해서 비판적이었다. 특별히 그는 일단 인식 단계에 들어선 개인에게는 지식의 상실이나 퇴화라는 것이 있을 수 없다고 한 실증주의와 그에 따른 가정을 받아들인 페레이로가 틀렸다고 보았다. 더욱이 페레이로의 접근은 교육과 정치 간의 관계에 아주 제한적인 관점밖에 제공해 주지 못한다는 점에서 잘못이라고 여겼다. 이런 맥락에서, MOVA 전체 회의에서, MOVA 교육 담당관 중 한 명인 발레 페레이라Maria Jose Vale Ferreira는, MOVA의 수사적 이념으로 표현되고 있던 "민중운동의 정치적 투쟁"과 관련된 비판적 의식을 제고한다는 추상적인 목표에 도달하기 위해 더 구체적인 전략이 필요하다고 말했다. 발레 페레이라는 단호한 어조로, "우리는 이런 말들이 현실적으로 실현되게 해야 한"다고 말했다. 그리고는 MOVA 회원들에게 "비생산적인 내부 분열"을 자제하라고 요청했다. (이 문제는 MOVA 전체 회의가 진행되면서 등장한 과열된 계파적 정치 논쟁에서 점점 더 분명해졌다.)

요약

위에서 교육청의 세 가지 주요한 의제 영역(교육과정재정립운동, 학교위원회, MOVA)을 강조해 간략히 살펴보았다. 민주적 사회주의 국가로 기능하는 상파울루시 교육청은 활동 주체로 국가 제도와 사회운동 세력(예를 들어, 사회운동 단체들) 사이의 새로운 역동성을 창출해 내려 애썼다. 교육과정재정립운동과 학교위원회 사례에서, 상파울루시 교육청은,

학교의 교수학습 이슈에 관한 지역사회의 의식을 고양하고 지역 주민들의 참여를 진작케 하는 기본 환경과 경험을 구조화하길 기대했다. 궁극적으로 학교와 학교 이슈에 대한 접근성이 높아진 것은, 양질의 공교육과 민중적 공교육의 창출이란 주제를 둘러싸고 지역사회조직 혹은 풀뿌리 사회운동에 필요한 힘을 키워 준다. 상파울루시 교육청이 초등교육을 지원하는 많은 사회운동 단체를 격려, 지원하려 노력하는 상황에서 MOVA는 과거의 경험을 보완하는 기제로 작동했다. 상파울루시 교육청은 기존의 성인 청소년 문해운동과 병행해 MOVA를 움켜쥐고 수행하는 역할이 아닌 지원자의 역할을 맡았다. 이는 분명히 교육청에 도전적인 상황이었다. 그러나 (우리 분석에서 드러내겠지만) 이들 간에 긴장과 되풀이해 발생하는 장애 요인에도 불구하고 궁극적으로 이들 관계는 상호 존중적이었다.

다음 장에서는 프레이리 교육청에서 추진한 초등교육을 분야 주요 정책 구상의 이론적 토대를 분석하고, 새로운 개혁을 이행하면서 교육가들이 경험했던 몇몇 성과와 여전히 해결되지 않은 도전적 문제들을 미리 살펴볼 것이다. 이들의 경험에 대한 총체적 기술은 제6장의 사례 연구에서 좀 더 자세하게 논의할 것이다.

■ 주석

1. Fernando Calderón Gutierrez and Mário R. dos Santos, "Movimientos sociales y democracia: Los conflictos por la constitución de un nuevo orden", in *Los conflictos por fa constitución de un nuevo orden*, ed., Fernando Calderón Gutierrez and Mârio R. dos Santos (Buenos Aires: Consejo Latinoamericano de Ciendas Sociales [CLACSO], 1987), pp. 11-32; Holland Paulston, "Education as Antistructure: Nonformal Education in Social and Ethnic Movements", *Comparative Education*, 16, no. 1 (March 1980), pp. 55-66; Susan Eckstein, ed., *Power and Popular Protest: Latin American Social Movements* (Berkeley and Los Angeles: University of California Press, 1989); Jane S, Jaquette, ed., *The Women's Movement in Latin America* (Boston; Unwin Hyman, 1989); Emilie Bergmann et aL, *Women, Culture and Politics in Latin America* (Berkeley and Los Angeles: University of California Press, 1990).

2. Claus Offe, "Structural Problems of the Capitalist State: Class Rule and the Political System: On the Selectiveness of Political Institutions", in *German Political Studies*, ed. K. V., Von Beyme (Beverly Hills, CA: Sage, 1974), p. 37.

3. Ibid., p. 37; see also Claus Offe, *Contradictions of the Welfare State* (London: Hutchinson, 1984).

4. Op. Cit.

5. Bruce Fuller, *Growing-Up Modern; The Western State Builds Third-World Schools* (New York; Routledge, 1991), esp. pp. 12-24, 108. 무질서한 자본주의라는 맥락에서 사회권력관계가 어떻게 정치적 권위로 전환되는지, 그리고 이와는 반대로 정치적 권위가 시민사회 내에서 어떻게 권력관계로 변화하는지에 대해 오페의 분석 내용을 검토하는 것은 상당히 흥미로울 것이다. 다음 문헌 참조. Claus Offe, *Disorganized Capitalism* (Cambridge: Polity, 1985).

6. Max Weber, *Economia y Sociedad* (Mexico: Fondo de Cultura Económica, 1969), pp. 210-15; Offe, *Contradictions of the Welfare State*, p. 88.

7. Fernando Henrique Cardoso, "On the Characterization of Authoritarian Regimes in Latin America", in *The New Authoritarianism in Latin America*, ed., David Collier (Berkeley and Los Angeles: University of California Press, 1979), p. 38.

8. 이 개념 정의는 토마스 매카시(Thomas McCarthy)가 푸코의 권력에 대한 단일 차원적 개념을 비판한 것에서 빌려 온 것이다. 다음 문헌을 참조할 것. Thomas McCarthy, "The Critique of Impure Reason: Foucault and the Frankfurt

School", in *Rethinking Power*, ed., Thomas E. Wartenberg (Albany, NY: SUNY Press, 1992), pp. 121-49.

9. 다음 문헌을 참조할 것. Carlos Alberto Torres, *The Politics of Nonformal Education in Latin America* (New York: Praeger, 1990), pp. 102-5. 자본주의와 근대성에 관한 마르크스와 베버의 논의에서 민주주의를 둘러싼 논쟁은 다음 자료를 참고할 수 있을 것임. Derek Sayer, *Capitalism and Modernity: An Excursus on Marx and Weber* (London: Routledge, 1991).

10. Martin Carnoy, *The State and Political Theory* (Princeton, NJ: Princeton University Press, 1984).

11. Martin Carnoy and Henry Levin, *Schooling and Work in the Democratic State* (Stanford, CA: Stanford University Press, 1985), pp. 24, 76-410; Carlos Alberto Torres, *The Politics of Nonformal Education, pp. 138-40;* Martin Carnoy and Joel Samoff, *Education and Social Transition in the Third World* (Princeton, NJ: Princeton University Press, 1990).

12. Hans N. Weiler, "Compensatory Legitimation in Educational Policy: Legalization, Expertise, and Participation in Comparative Perspective", Report no. 81-A17 (Institute for Finance and Government, Stanford University, Stanford, CA, September 1981). 상파울루의 경우 연방, 주, 지자체 간의 개념을 절합하는 일은 엄청나게 분석이 복잡할 수밖에 없다. 이런 부가적인 설명과 이 연구에는 포함하지 않았다.

13. 긴축재정 및 구조조정을 내세운 정책 속에서 인간자본(주로 교육과 보건)에의 투자와 연계된 공공 서비스 및 사회 분야에의 투자는 극적으로 감소되었다. 구조조정을 조건부로 내건 IMF 및 세계은행(World Bank)의 외자는 정부 지출 감소, 수출 진작을 위한 환율 절하, 관세 감소, 공적 서비스 감축을 위한 대대적인 민영화 확대, 특히 공공기관의 직원 감축 등을 정책으로 내세웠다. 국가투자의 감소는 공립학교 교육의 민영화를 부추기는 결과를 낳았고, 이로 말미암아 공교육에서 감당하던 공교육비에 대한 학부모 부담을 가중시켰다. 또 다른 방식으로는 사교육비를 낼 수 있는 계층이 공교육 예산을 축내게 되었다는 점이다. 다음 자료 참조할 것. See Daniel A. Morales-Gómez and Carlos Alberto Torres, "Introduction: Education and Development in Latin America", in *Education, Policy, and Social Change: Experiences from Latin America*, ed., Daniel A. Morales-Gómez and Carlos Alberto Torres (Westport, CT, and London: Praeger, 1992), p. 5.

14. Scott Mainwaring and Eduardo Viola, "New Social Movements, Political Culture and Democracy: Brazil and Argentina in the 1980s", *Telaso*, 61 (Fall 1984), pp. 17-54.

15. Inter-American Foundation, 1990 Annual Report (Rosslyn, VA: Inter-American Foundation, 1990).

16. Emerson Andrews, *Philanthropic Foundations* (New York: Russell Sage, 1956), cited in *Philanthropy and Cultural Imperialism: The Foundations at Home and Abroad*, ed., Robert F. Arnove (Bloomington: Indiana University Press, 1980), p. 4.

17. Alan Touraine, *The Voice and the Eye: An Analysis of Social Movements* (New York: Cambridge University Press, 1981).

18. Scott Mainwaring and Eduardo Viola, "New Social Movements, Political Culture and Democracy: Brazil and Argentina" (Notre Dame, IN: Kellog Institute for International Studies, University of Notre Dame, 1984); David Slater, ed., *New Social Movements and the State in Latin America* (Amsterdam: Centrum Voor Studie en Documentatie Vans Latijns Amerika [CEDLA], 1985); Elizabeth Jelin, "Movimientos sociales en Argentina: Una introducción a su estudio", *Cuestión de Estado* 1 (September 1987), pp. 28-37; Carlos R. Brandao, *Lutar com a palavra* (Rio de Janeiro: Graal, 1982).

19. Ernesto Laclau, "New Social Movements and the Plurality of the Social", in Slater, ed., pp. 27-42. See also Henry Pease García et al., America Latina 80: Democracia y movimiento popular (Lima: Centro de Estudios y Promoci—n del Desarrollo, DESCO, 1981); Calderón Gutierrez and dos Santos, Op. Cit; Norbert Lechner, ed., Cultura politíca y democratizaci6n (Santiago, Chile: Facultad Latino americana de Ciencias Sociales, CLACSO, and Instituto de Cooperación Iberoamericana, 1987).

20. David Slater, "Social Movements and a Recasting of the Political", in Slater, ed., p. 6.

21. Moacir Gadotti et al, *A força que temos* (Pontificia Universidade Catolica de São Paulo, São Paulo, 1989, mimeographed). For the dilemmas of social movements and the unique experience of the PT, see Tilman Evers, "Identity: The Hidden Side of New Social Movements in Latin America", in Slater, ed., p. 55.

22. Agneta Lind and Anton Johnston, *Adult Literacy in the Third World: A Review of Objectives and Strategies*, Education Division Document no. 32 (Stockholm: Swedish International Development Authority, October 1986), p. 63; 기니비사우에서 파울로 프레이리의 문해교육 경험에 대한 논의는 다음 문헌 참고할 것. Carlos Alberto Torres, "From the 'Pedagogy of the Oppressed' to 'A Luta Continua': the Political Pedagogy of Paulo Freire", in *Paulo Freire: A Critical Encounter*, ed. Peter McLaren and Peter Leonard (London: Routledge, 1992), pp. 119-45.

23. Moacir Gadotti, "The Politics of Education and Social Change in

Brazil: A Critical View from Within" (paper presented at the American Education Research Association annual meeting, Chicago, April 4-7, 1991, mimeographed), p. 12.

24. 코르텔라가 수행했던 다음 면담 자료를 참고할 것. Mário Sergio Cortella: "O homen que substitute Paulo Freire", *Aconteceu* 576 (April 10, 1991), p. 14, "Aqui não inauguramos paredes", Folha Dirigida/Nacional (December 24-30, 1991), p.I.d., and "São Paulo acaba com seriacâo e fortalece conselho", Nova Escola (April 1992), p. 50.

25. Instituto Brasileiro de Geografia e Estatistica (IBGE) cited in Almanaque Abrii (São Paulo, Brasil, 1994), p. 79.

26. 1990년 9월부터 1991년 사이의 브라질 GNP는 3751.5억 달러로 세계 10위였다. 이런 정도의 경제 규모는 미국(5조 2,000억 달러), 일본(2조 9,000억 달러), 독일(1조 3,000억 달러), 프랑스(1조 달러), 이탈리아(8,720억 달러), 영국(8,340억 달러), 러시아(6,500억 달러), 캐나다(6,000억 달러), 중국(3,930억 달러) 이후 순위에 해당한다. 다음 문헌 참조할 것 "Indicadores Económicos Internacionais", Folha de São Paulo (April 19, 1992), p. 3.

27. 프레이리는 "의식화(conscientization)" 혹은 "비판적 의식"이라고 번역되는 포르투갈어"conscientização"를 다음과 같이 정의하고 있다. "이 말은 프랑스어의 'prise de conscience(의식하다, to take consciousness of)'에서 온 말로 평범한 인간의 존재 방식을 뜻한다. 그런데 '의식화'라는 말은 단지 이런 '의식하다'라는 의미를 넘어서는 개념이다. 즉, 의식할 수 있는 능력을 갖추는 순간부터 의식하게 된 상태에 이르기까지의 전 과정을 의미한다. 여기에는 분석한다는 의미까지 포함된다. 이 말은 세계를 아주 엄밀하게 혹은 어느 정도 엄밀하게라도 읽는 것이다. 즉, 의식화는 세상이 어떻게 작동하는지, 우리가 관심 있는 문제를, 권력에 대한 질문을 더 잘 이해하도록 하는 방식이다. 마지막으로 의식화한다는 말은 상식이 상식적인 수준을 넘어서도록 실재를 더 깊이 읽도록 한다는 것을 의미한다." 파울로 프레이리와 카를로스 토레스의 녹화된 면담 자료를 참조할 것. Paulo Freire, videotaped conversation with Carlos Alberto Torres in *Learning to Read the World* (Edmonton: ACCESS Network, October 1990). 프랑스어본은 다음 자료 참조. in French in Paulo Freire, *L'education dans la ville* (Paris: Paideia, 1991). 다음 자료도 참조할 것. Carlos Alberto Torres, "From the 'Pedagogy of the Oppressed' to 'A Luta Continua': The Political Pedagogy of Paulo Freire", McLaren and Leonard, eds. (n. 22 above), pp. 119-45.

28. Celso de Rui Beisiegel, *Politico e educação popular: A teoria e a pratica de Paulo Freire no Brasil* (São Paulo; Editora Atica, 1982); Moacir Gadotti, *Concepção dialética de educação: Um estudo introdutório* (São Paulo: Cortez-Editora Autores Associados, 1986); Thomas J. La Belle, "From Consciousness Raising to Popular Education in Latin America and the

Caribbean", *Comparative Education Review*, 31 (May 1987), pp. 201-217; Scott Mainwaring, *The Catholic Church and Politics in Brazil, 1916-1985* (Stanford, CA: Stanford University Press, 1986), pp. 45, 66.

29. 브라질에서 시민성을 키우고 민중 진영을 구성하는 데 관심을 기울이는 문해교육의 중요성은 절대 과소평가될 수 없다. "브라질에서는 1983년까지 오로지 식자층, 즉 글을 깨우친 사람들만 투표에 참여할 수 있었기 때문에 문해교육을 받아야 한다는 욕구는 투표할 수 있는 인구를 늘려야 한다는 기제로 이해되어야 한다. 즉, 이런 국가 기제가 권력을 쥔 정권을 정치적으로 유지 존속케 했다. 이런 상황을 고려할 때 대략적인 문해 및 투표자 관련 통계수치는 상당히 인상적이다. 1960년대 브라질 북동부 지역의 총인구 2,500만 명 중 비문해자는 자그마치 1,500만 명이었다. 1964년 군사정변이 발발한 이후 세르지페(Sergipe) 한 주에서만 문해교육을 통해 8만 명의 투표자가 증가했는데, 기존 투표 가능자는 9만 명 정도였다. 페르남부쿠주에서는 투표자 수가 80만 명에서 100만 명으로 증가했다." 다음 자료 참조할 것. Carlos Alberto Torres, *The Politics of Nonformal Education in Latin America* (New York: Praeger, 1990), p. 40. 프레이리 개인이 아닌 브라질 전체의 문해교육에 대한 이론적이고 정치학적인 관점을 살펴보면, MOBRAL(Movimento Brasileiro de Aabetização)은 브라질 시민성을 향상시키려는 목표를 내세웠었다. 이에 대한 논의는 다음 자료 참조. Philipe R. Fletcher, "National Educational Systems as State Agencies of Legitimation" (paper presented at the 1982 Western Regional Conference of the Comparative and International Education Society, Stanford University, October 22-24, 1982, mimeographed); Hugo Lovisolo, *Educação Popular: Maioridade e conciliação* (Salvador, Bahia: Organization of American States, Universidade Federal de Bahia, and Empresa Gráfica de Bahia, 1990).

30. Emmanuel de Kadt, *Catholic Radicals in Brazil* (New York: Oxford University Press, 1970); Marcio Moreira Alves, O Cristo do Povo (Rio de Janeiro: Editera Sabiá, 1968); Ruben Alves, "Towards a Theology of Liberation" (Ph.D. dissertation, Princeton Theological Seminary, 1969); Carlos Alberto Torres, *The Church, Society, and Hegemony in Latin America: A Critical Sociology of Religion in Latin America*, trans. Richard Young (Westport, CT: Praeger, 1992).

31. 교육혁신과 변화에서 프레이리는 선구적 지도자가 아니라 일종의 촉매적 역할자였다. 그의 저작들이 얼마나 중요한지는 그의 저서들(e.g., *Pedagogy of the Oppressed* [New York: Herder & Herder, 1970]; *Education for Critical Consciousness* [New York: Seabury, 1978]; *Pedagogy in Process: Letters to Ginea-Bissau* [New York: Seabury, 1978])이 여러 언어(독일어, 이탈리아어, 스페인어, 한국어, 일본어, 프랑스어 등)로 번역되었다는 점을 볼 때 분명하다. 『페다고지』는 18개국 언어로 번역, 출간되었고, 스페인어로는 35종이, 포르투갈어

로는 19종이, 영어로는 12종이 발간되었다. 관련해서는 다음 문헌 참조할 것. Ira Shor, ed., *Freire for the Classroom: A Sourcebook for Liberatory Teaching* (Portsmouth, NH: Boynton/Ceok, 1987); Ira Shor and Paulo Freire, *A Pedagogy for Liberation: Dialogues on Transforming Education* (Amherst, MA: Bergin & Garvey, 1987); McLaren and Leonard, eds., Op. Cit.; Ira Shor, *Empowering Education: Critical Teaching for Social Change* (Chicago: University of Chicago Press, 1992); Peter McLaren and Colin Lankshear, eds,, *Politics of Liberation: Paths from Freire* (London: Routledge, 1994).

32. 생성적 주제는 기존 '피억압적 지위의' 공동체 구성원들이 존재론적이고 중요한 일상 생활적 상황을 드러내 주는 개념이다. 생성적 주제가 주제 연구를 통해 발견되고 코드화되면, 이 생성적 주제는 인지 가능한 대상이 되어 이를 알게 되는 주체 사이를 매개한다. 이때 생성적 주제는 "생성어(generative words)"를 찾고 선정하는데, 생성어 선정은 단어가 갖고 있는 음소 및 음절의 복잡성 및 풍부함을 기준으로 이루어진다. 이것이 프레이리 문해교육 방법의 토대가 된다.

33. Freire, *Pedagogy of the Oppressed*, p. 19.

34. Moacir Gadotti, *Convite a leitura de Paulo Freire* (São Paulo: Editora Scipione, 1989); Beisiegel; Carlos Alberto Torres, "A dialetica hegeliana e o pensamento lógicoestrutural de Paulo Freire: Notas para uma analise e confronta são dos pressupostos filosóficos vigentes na dialetica da pedagogia dos oprimidos e do pensamento Freireano ern geral", *Revista Sintese* 3 (April-June 1976), pp. 61-78, *Lectura critica de Paulo Freire* (Mexico City: Gernika, 1978), *Educación y concientización* (Salamanca, Spain: Bdiciones Sigüeme, 1980), and Carlos Alberto Torres, *The Politics of Nonformal Education*, Op. Cit.

35. Torres, *The Church, Society, and Hegemony*, pp. 117-97.

36. Moacir Gadotti, *Uma só escola para todos: Caminhos da autonomia escolar* (Petropolis: Vozes, 1990), pp. 165-167; Secretaria de Planejamento da Presidencia da República, Fundação Instituto Brasileiro de Geografia e Estatistica 1IBGE1, *Censo demografico: Dados gerais-migração-instrução-fecundidade-mortalidade: 9 recenseamento geral do Brail-1980*, vol. 1, tomo 4, no, 1 (Rio de Janeiro: 1BGE, 1983), pp. 114-67; Secretaria de Administrao Geral, Ministerio da Educação, *A Educação no Brasil na decada de 80* (Brasilia: Sistema Estatistico da Educação and Ministerio de Educação e Cultura/SAG/CPS/ClP, December 1990); IBGE and Unicef-Fundação Centro Brasileiro para a Infancia e Adolesencia, *Perfil estatistico de criciacas e mães no Brasil* 1 (Rio de Janeiro: IBGE, 1990).

37. 다음 자료 참조할 것. Gadotti, *Uma só escola para todos*, p. 166.

38. Aspen Institute, *Convergence and Community: The Americas in 1993: A*

Report of the Inter-American Dialogue (Washington, DC: Aspen Institute, December 1992), p. 43.

39. Paulo Freire, interview with Carlos Torres, São Paulo, February 17, 1990.

40. Secretaria Municipal de Educação, "Boletim 9: Canal de comunicação entre a secretaria municipal de educação e a comunidade escolar" (São Paulo, December 11, 1989, mimeographed).

41. David Plank and Richard Pelczar, "Democratic Politics, Constitutional Reform, and Basic Education in Contemporary Brazil" (paper presented at the annual meeting of the Comparative and International Education Society, Atlanta, GA, March 1988); David Plank, "Public Purpose and Private Interest in Brazilian Education", *New Education* 12 (1990), pp. 83–89.

42. Fórum de Políticas Municipais de Educação de Jovens e Adultos, *Educação de jovens e adultos: Subsidios para elaboração de politicas municipais* (São Paulo: Centro Ecumenico de Documentação e Informação, 1990), p. 10.

43. Gadotti, *Uma so escola para todos*, pp. 15-101, 143-183.

44. 다음 자료 참조할 것. Pierre Bourdieu and J.C. Passeron, *Reproduction in Education, Society and Culture* (London: Sage, 1977); Pierre Bourdieu, *Distinction: A Social Critique of the Judgement of Taste* (London: Routledge, 1984), and Pierre Bourdieu, *Coisas Ditas* (São Paulo: Editora Brasiliense, 1990).

45. SME-SP, *Cadernos de Formação N° 1—Um Primeiro Olhar sobre a Projeto*, 3ª Série—Ação Pedagogica da Escola pela via da interdisciplinaridade, February 1990, p. 15.

46. Linda M. McNeil, *Contradictions of Control: School Structure and School Knowledge* (New York: Routledge, 1986), p. 165.

47. Thomas McCarthy, *The Critical Theory of Jürgen Habermas* (Cambridge, Mass.: MIT Press, 1979), pp. 372-374.

48. Fórum de Políticas Municipais, p. 20 (n. 42 above).

49. Secretaria Municipal de Educação, "O movimento de reorientação curricular na secretaria municipal de educação de São Paulo", documento 1 (São Paulo, 1989, mimeographed), p. 1. The process of reforming curriculum is termed "Curriculum Reorientation through Interdiscplinarity."

50. Ibid., p. 3.

51. Joaquim de Carvalho, "Pedagogia de Paulo Freire chega a mais cem escolas", *O Estado de São Paulo* (July 24, 1990), p. 12.

52. Paulo Freire, videotaped conversation with Carlos Alberto Torres in

Learning to Read the World (n. 28 above).

53. Paulo Freire, videotaped conversation with Carlos Alberto Torres, São Paulo, May 1990.

54. 상파울루시의 교직에 대한 법령은 교육체제가 만들어지고 작동해 온 지난 60년 동안 존재하지 않았었다. 프레이리는 1991년 이런 중대한 결핍을 바로 잡는 것이 얼마나 중요한지에 대해 말했었다. 이때 법령에 제안된 내용으로, 교장 자격의 최소 요건은 해당 지자체 교육체제에서 교사자격을 가지고 경력 3년 이상을 요구하는 것이었다. Estatuto do magisterio municipal: Minuta do anteprojeto de lei (São Paulo: Secretaria Municipal de Educação de São Paulo, March 1991), p. 44.

55. 이 내용은 마련된 법령에서 핵심적인 사안으로, 상파울루시 교육체제에서 처음 만들어졌다. 여기에 포함된 내용으로는 인플레이션에 따른 교사 급여 조정(garantia de piso salarial profissional), JTI 구성을 포함한 교사 근무 여건 개선(예를 들어, 전일제 교사는 주 30시간을 의미하며 20시간은 수업시간, 10시간은 수업 준비 및 기타 학교 관련 투입시간으로 구성), 기간제 교사의 경우에는 주 20시간 참여로 규정(정년보장권한을 가진 교사자격자의 경우 개별 학교에서 기간제 교사 지원이 가능하도록 함), 교장, 교사, 교직원, 학생, 학부모가 참여하는 학교위원회(conselho de escola)를 학교 의사결정기구로 설치 등이 있음.

56. Paulo Freire, conversation with Carlos Alberto Torres, São Paulo, July 2, 199!.

57. Ibid, For a discussion on corporatism and education, see Daniel A. Morales-Gómez and Carlos Alberto Torres, *The State: Corporatist Politics and Education Policy Making in Mexico* (New York: Praeger, 1990).

58. Interviews conducted by Pilar O'Cadiz in São Paulo, September 1992.

59. In October, 1992, the PT lost the municipal elections to the *Partido Democratico Social* (PDS, Democratic Social Party), a conservative party lead by Paulo Maluf who subsequently became mayor of São Paulo.

60. Interview by Pilar O'Cadiz, October 1992.

61. Fórum de Políticas Municipais (n, 41 above) p. 18.

62. Paulo Freire, interview with Carlos Alberto Torres, São Paulo, February 21, 1990.

63. *Reflexões sobre o Processo Metodológico de Alfabetização—MOVA-SP Caderno*, 3, (São Paulo: Secretaria Municipal de Educação de São Paulo, 1990), p. 6.

64. Lev S. Vygotsky, *Thought and Language* (Cambridge, MA: MIT Press, 1962), and *Mind and Society*, ed., M. Cole, V. John-Steiner, and E. Souberman (Cambridge, MA: Harvard University Press, 1978).

65. Yetta M. Goodman and Kenneth S. Goodman, "Vygotsky in a Whole-

Language Perspective", in *Vygotsky and Education: Instructional Implications and Applications of Socio-Historical Psychology*, ed. Luis C. Moil (New York: Cambridge University Press, 1990), p. 238.

66. 다음 문헌에서 인용함. Yetta Goodman, "Preface to the English Edition", in *Literacy before Schooling*, by Emilia Ferreiro and Ana Teberosky (Portsmouth, NH: Heinemarm, 1982), p. xii.

67. 피아제는 인지를 지적 적응을 동반하는 조직 구조라고 보았다. 지적 발달은 역동적 형태를 띠며 세 가지 기능적 변이(조직, 동화, 적응)로 특징지어진다. 주체의 모든 인지적 행위는 이미 주체가 내면화하고 있는 의미의 체계로 외부 대상을 인지적으로 구조화하거나 재구조화하는 과정을 동반한다. 이때 적응 과정은 세 가지 형태를 띠게 된다. 즉, 반복에 의한 축적, 새로운 지식 덩어리를 통합하는 활동의 일반화, 활동 인정 등의 세 가지 형태. 다음 문헌 참조할 것. Jean Piaget, *The Origins of Intelligence in Children* (New York: International University Press, 1952).

68. Ferreiro and Teberosky, p. 285; Emilia Ferreiro, ed., *Los hijos del analfabetismo: Propuestas para la alfabetazción escolar en América Latina* (Mexico: Siglo XXI, 1989).

69. From recording of Freire's speech at the MOVA Congress, July 15, 1990.

70. 다음 문헌에서 인용되었음. Maria del Pilar O'Cadiz, "Social Movements and Literacy Training in Brazil: A Narrative", in *Education and Social Change in Latin America*, ed., Carlos Alberto Torres (Melbourne: James Nicholas, 1994).

71. Ibid.

제4장

민중적 공립학교 만들기: 이론적 토대와 정책 구상

행정체제의 민주화와 교육과정개혁 운동 만들기

왜 민중적 공립학교인가?

프레이리는 1964년 민중문화위원회Commission in Popular Culture 위원장의 지위에서 축출되고 강제 추방되었다. 당시 대통령이었던 굴라르에 의해 임명된 사회활동가 간부진을 숙청하기 위한 군사적 탄압이 한창이던 시기에 그는 브라질을 떠났다. 이후 16년 동안 프레이리는 외국에서 살며, 전 세계 많은 국가의 광범위한 문해교육과 교육 캠페인에 헌신했고, 자신의 재능과 사상을 전파했다.

1980년, 프레이리는 브라질로 돌아왔다. 마치 습관이기라도 한 것처럼 그는 반성적인 태도로 귀향길에 임했다. 국제적으로 저명한 사상가로부터 일종의 지혜라 할 만한 한마디를 얻어내려는 기자들의 질문 공세에, 그는 이렇게 답변했다. "저는 브라질에 대해 배우러 이렇게 왔습니다. 아직 배움의 전 단계, 즉 제대로 알지 못하는 수준입니다. 따라서 할 말이 많지 않네요. 오히려 질문할 것이 더 많습니다."[1] 9년이 지나고 프레이리는 상파울루시 교육감에 임명되었고, 이 일은 다가오는 브라질 좌파의[1] 시대와 이에 따른 프레이리의 여정을 상징적으로 완벽히 보여 주는 사건이 되었다.

마르크스 지식인, 조직화된 노동자, 급진적 풀뿌리 사회운동단체 등이 느슨하게, 그러나 결코 빈약하지 않게 참여하고 있는 PT의 지도자급 세대에게, 프레이리는 여러 면에서 지적이고 정신적인 아버지의 아버지로 간주될 수 있다. 프레이리가 브라질의 금융 및 산업 중심지인 상파울루시 교육감으로 임명된 것은 그의 사상이 지닌 동시대성을 보여 주며, 교육 실천을 위한 그의 신조가 지닌 타당성을 재확인시켜 주는 것이었다. 프레이리의 사상이 전 세계적으로 일관되게 읽히고 또 실험되기도 했지만, 자기 고국의 형식교육 체제에서 핵심적 행위자로 서게 된 것은 브라질 민주화의 미래를 위해 획기적인 사건이 되었다. 게다가 그가 교육감으로 임명되면서 그의 사상에 영감을 받았던 사람들의 교육적 열정이 새롭게 타올랐으며 그가 추방당한 시기에 나고 자란 젊은 교육가들에게 해방적 불꽃을 일게 했다.

프레이리 리더십하의 상파울루시 교육청은 다음의 5개 정책 목표를 통해 이러한 불길에 부채질했고, 이들의 급진적이고 정치, 교육적인 개혁 프로그램을 촉진하고자 했다.

1) 학교교육 접근성을 높인다.[2]
2) 학교 행정을 민주화한다.
3) 교수법의 수준을 향상시킨다.
4) 노동하는 청소년과 성인을 교육한다.
5) 비판적이고 책임감 있는 시민을 형성한다.[3]

이렇게 광범위하면서도 야심 찬 정책 목표를 실현하기 위해, 교육청은

---

1. (옮긴이 주) 1960년대 순진한 이상주의를 키워 낸 급진적 포퓰리즘에서 나와 성장했고, 20여 년에 가까운 박해와 추방을 매개로 정치적으로 성숙함에 이르렀으며, 유럽 민주적 사회주의의 조율된 마르크스주의로 완화되었다(본문).

몇몇 구체적인 교육개혁 프로젝트를 형성하고 이행하기 시작했다. 여기에는 (인터 프로젝트를 통한) 교육과정재정립운동, (교사, 교수법 코디네이터, 학교 담당관 등을 대상으로 한) 교사학습공동체, 컴퓨터 교수법 프로그램인 제네시스 프로젝트Genesis Projeto, 청소년 및 성인 대상 문해교육 프로그램인 MOVA 등이 있다.[4]

PT의 전체 개혁 의제가 지닌 세 가지 측면(학교 행정의 민주화, 교수법 수준의 향상, 비판적이고 책임감 있는 시민 형성)을 아우르는 이론적 토대가 무엇인지 검토하는 것이 이 장의 목표다.[5] 이러한 것들이 두드러진 정책 목표로 구분되어 명시되기는 했지만, 실제로 이들은 서로 관련되어 있고 상호 의존적인 것들로 민중적 공립학교를 만드는 중요한 수단이 되고 있다.

PT 집권 시기에 상파울루시 교육청이 착수한 교육개혁은 절차, 내용, 역사적 맥락이라는 관점에서, 이전 지자체 정부의 구조 및 정책으로부터의 극적인 결별을 의미한다. 이런 개혁적 움직임은 25년 동안의 군사 통치로 망가진 사회와 학교에 민주화를 요구했다. 이들의 이론적 토대는 프레이리의 해방적 프락시스 교육 비전에서 도출된 것으로 여기에 구성주의 원리들이 결합되었고, 이전 교육정책이 지닌 기술주의적이고 근대적인 지향에 대해 엄중히 도전하는 것이었다. 여기에 더해 "교사 참여가 원천 배제"된 수업 패키지를 사용하는 데 익숙해진 일부 교사들을 교육과정 개발에 적극적으로 참여시키고자 했고, 교사들이 지금껏 경험했던 것보다 더 많은 자율성을 보장해 줌으로써 교사의 임파워먼트를 키워주려 했다. 이와 동시에 그들이 좀 더 광범위하고 진지하게 참여하기를 요구했다. 교사들이 이런 역동적인 상황에 참여하거나 훈련받아 본 경험이 거의 없거나 제한적임에도 불구하고 교육개혁안은 이에 관심 있는 교육가들이 다른 동료 및 학생, 학부모와 협력적으로 일할 수 있도록 기회를 제공했다. 마지막으로, 이들은 공교육이 빈곤층과 노동계층이 거주하는 지역사회에 봉사해야 한다는 정치적 메시지를 분명하게 제시했다. 그렇게 함으로써 교육청의 교육개혁은 브라질, 특히 가난한 지역의 아이들이 학교교육을 통해 자기 삶을 더 비판적으로 검토하도록 하는 데 참여시켰다.

이런 야심 차고 급진적인 성격의 새로운 정책과 프로그램은 도전적인 문제와 방해물을 배경으로 했다. 우선, 개혁 의제를 개발하고 이를 이행할 수 있는 기간이 4년이었다. 무척 짧은 기간은 선거에 따른 PT의 통치에 종속되어 있었기 때문이다. 이 제한된 기간 이외에도, 상파울루시 전체 공교육 상태는 PT에게 큰 도전거리였다. 아주 유감스러운 상황을 드러내는 사례들이 많다. 1989년 상파울루시에만 등록하지 않은 유치원생 및 초등학교 학생들이 거의 100만 명에 이르는 것으로 추정된다. (물론 등록하지 않는 학생들의 잘못이라기보다는) 학교가 이들을 받아 수용할 여력이 되지 않았기 때문이다. 임용된 지 얼마 안 되는 교사는 가사도우미보다 약간 높은 수준의 급여를 받았다. 학년을 반복해야 하는 낙제생과 중도탈락률은 심각한 수준으로 높았다. 이전 정부에서 교사자격시험을 치르지 않은 수천 명의 교사가 임시계약 조건 속에서 가르쳐 왔다. 이로 인해 많은 학교에서 교원 수가 심각할 정도로 모자랐고, 필요 이상으로 교원 전출입 비율이 높았다. 모든 학교시설의 60%는 천장이 내려앉거나 전선이 돌출해 있는가 하면 배관 고장으로 전면적인 수선, 수리가 요청되었다. 교육청에는 두 대의 운반 트럭이 운용되고 있었는데, 1,500평방킬로미터의 시구역을 담당하는 학교 시스템의 전체 물품 배분을 이 두 대의 트럭이 담당했다. 여기에 더해, 상파울루시 PT 정부는 교육감 취임과 동시에 수백만 달러의 교육예산 적자를 떠안고 있었다.[6]

이미 기술했던 것처럼, 앞서 제시한 목표에 부합하려는 교육청의 노력에서 통합적인 하나의 개념이 있다면 민중적 공립학교를 만드는 것이었다. 이는 공교육 기관을 민중 계층에 의한 사회변혁의 도구로 만드는 것이었다. 민중적 공립학교의 개념화는 수십 년에 걸쳐 등장한 것으로 다음 질문을 둘러싸고 치열한 이론적 논쟁을 벌인 결과였다. '참혹한 불평등과 교육을 통한 사회이동을 실제 이루어 낼 수 없도록 하는 장애물이 가득한 사회에서, 우리는 가난한 사람들, 비문해자들의 자녀, 권리를 누리지 못하고 권한을 빼앗긴 사람들에게 무엇을, 어떻게 가르칠 것인가?' 이런 이론적 논쟁의 뿌리는 브라질 안팎의 다양한 교육학적, 사회학적, 인류학적, 이론에서 발견되는데, 이들은 특정한 맥락, 즉 상파울루시 지자체 학교 시스템과 PT 집권이라는 특수한 역사적 순간에 잠정적 결말을 보게 된 것이다.

상파울루시에서 교육적인 의사결정을 민주화하려는 노력을 통해, 그리고 교육 접근성의 민주화, 대안적 교육체제 창출, 청소년 및 성인의 문해교육 증진을 둘러싼 프로젝트를 통해, PT는 양질의 공교육Quality Public Schooling을[7] 수호하는 광범위한 캠페인을 구축하고자 했다. 교육감의 비서실장이었던 가도티는 이 특정한 맥락에서 "양질"이 무엇을 의미하는지, 당시 정부가 실천적 관점에서 양질의 새로운 학교교육을 추구하면서 어떻게 발을 내디뎠는지에 대해 다음과 같이 기술하고 있다.

> 우리에게 '양질'이란 옛날의 질적 수준으로 돌아가는 것이 아니다. 오히려 우리가 믿는 새로운 사회, 정치, 경제, 역사적 관점에 따라 새로운 질적 수준을 만들어 내는 것이다. 따라서 '양질'은 기술적 형성에 우호적이고 이를 옹호하는 비판적 형성이다. 이를 위해 우리는 우리와 함께 일할 대학들을 초대했다(결과적으로 다양한 대학에서 150명의 교수들이 모였다).[8]

PT와 파울로 프레이리팀Equipe Paulo Freire(대표적인 교육가들, 교육청 수준에서 함께 일하는 대학교수들)의 민주적 원칙에 따른 민주적 참여와 집단적 구성은 교육청의 핵심적인 작동 용어가 되었다. 지자체 학교 행정의 민주화는 상파울루시 교육청의 주요한 정책 목표 중 하나로, 목적이 분명한 교육 프로젝트를 구성하는 데 학교공동체의 참여가 필수적인 교육과정개혁을 의미했다. 교육청의 두 번째 정책 목표인 지자체 학교교육의 질적 수준 향상은 수업혁신 프로젝트만큼이나 정치적 동원의 특성을 띠게 되었다. 마지막으로 비판적이고 책임감 있는 시민 형성은 이전의 두 목표가 만들어 내는 자연스러운 성과로, 향상된 교육의 질은 학생들의 시민성을 위한 지식과 기술을 발달시키게 할 것이고 민주적 학교교육의 토대를 제공해 줄 것이었다.

왜 교육과정개혁 운동인가?

PT의 교육개혁 의제는 다른 학교개혁 및 개선 노력과 상당히 다르다. 즉, 교육청의 노력과 개혁안은 정치-교육의 이중적인 초점을 갖는다. 이를 통해 교육청은 정치-교육적 운동이라고 개념화되는 개혁과정을 창출해 내고자 했다. 다면적인 운동 대 엄격하게 정의된 개혁 프로그램이라는 아이디어에는 교육청에서 PT의 일부 교육자들이 지닌 의식이 떠받치고 있었다. 이들은 상파울루시 아동의 교육적 현실과 아이들이 다니는 학교에서 가르치는 교사들의 교육적 마음가짐을 바꾸는 데 주어진 시간이 단 4년(혹은 신구 정부 교체기를 고려하면 그보다 짧은 기간)밖에 안된다고 생각했다. (결과적으로 이들의 타임라인에 대한 인식은 정확했다.) 더불어 교육청은 이런 목적을 달성하면서 PT의 정치-교육적 의제를 학교에 강제로 부과하고 있다는 인식을 갖지 않도록 해야 했다. 이를 위해서 상파울루시 교육청은 학교 안에 급진적인 교육개혁안을 수행하는 풀뿌리 운동을 만들자고 결정했다. 물론 이것은 PT가 이끄는 지자체 "민중 정부"의 격려와 안내가 있어야 가능했다. 어찌 되었건 교육청의 의도는 학교 수준에서 자신들의 개혁 노력이 뿌리내리는 것이었다. PT의 집권을 넘어(다음 지자체 선거 이후에도) 학교 시스템에서 계속해 진화하기에 충분할 만큼 자율성을 발달시키기 위해서였다. 이런 이유로, 교육과정재정립운동MRC은 초등교육 수준의 교육개혁 방안으로 깔끔하게 정리되고 수준 높게 고안된 개혁 프로젝트를 대표한다기보다는, 본질적으로 상파울루시 지자체 학교의 교사, 학생, 행정가 사이의 관계를 재고하고 새롭게 만들려는 것이었다. 이로써 교육 실천에 대한 비판적인 성찰과 지속적이고 장기적인 교육과정 혁신을 이루게 하는 토대를 놓도록 했다. 가치, 태도, 규범, 심지어 조직 문화를 변혁해야 하는 어려운 과업을 달성하기 위해, 교육청은 작동하는 교육과정개혁 프로젝트 모델, 즉 인터 프로젝트Interdisciplinary Curriculum via the Generative Theme, Inter Project를 제안했다. 인터 프로젝트는 일반적인 교육과정재정립운동 운영지침을 통해 협력적인 교육 실천의 실행 가능한 선택지로 교사들에게 제시되었다.

인터 프로젝트에 참여하지 않는 학교들은 교육청의 민주적 목표에 맞추어 자율적으로 운영되는 다양한 교육 프로젝트(예를 들어, 학부모 참여 프로젝트, 학교신문, 학교연극, 학교 밴드 등의 문화적인 교육과정 확장 활동)를 개발했다. 교육청 기술 및 행정지원팀은 이런 단위학교 특별 프로그램에 대해서도 지원했다. 교육청 문건에 따르면 1992년 1월까지 326개의 유치원과 초등학교가 특별 프로젝트를 수행하고 있는 것으로 나타났다.[9]

이 외에도 상파울루시 교육청은 다양한 프로젝트를 추진하도록 지원했다. 컴퓨터 활용 프로그램(제네시스 프로젝트, 필수적인 교육 프로그램을 통해 컴퓨터 활용 능력을 키우는 것으로 44개 학교가 참여), 독서실 지원 프로젝트Programa Sala de Leitura(90%의 초등학교에 독서실을 만들 수 있도록 하는 프로그램으로 400권의 여행 관련 도서를 제공했음), AIDS 및 성교육 프로젝트, 학생 폭력 예방 프로젝트Projeto Não Violencia(상파울루시 청소년 및 중도탈락 학생들을 대상으로 하는 취약 계층의 교육적 요구를 반영한 것으로 비행 및 청소년 폭력 예방 내용이 포함되어 있음).

다음에는 교육청이 착수한 교육행정 개혁을 기술할 것이다. 교육청의 주요 정책 목표라 할 수 있는 인터 프로젝트의 이론적 토대에 대해서도 상술할 것이다.

상파울루시 교육청의 교육행정 개혁

교육청의 교육 프로그램 내용에 프레이리의 일생에 걸친 비판교육학적 논의가 이론적으로나 실천적으로 많이 반영되기는 했지만, 프레이리 리더십하의 교육청에서 시도한 교육개혁 프로젝트가 프레이리의 독창적인 발명품이라거나 혹은 단지 프레이리의 전설적인 개인 특성을 반추한 것에 지나지 않는다고 주장할 수는 없다. 위에서 설명한 것처럼, 교육개혁 프로젝트는 상파울루대학교, 상파울루가톨릭대학교, 캄피나스주립대학교 소속 교수진들이 이룬 핵심 팀원Equipe Paulo Freire들 간의 집중적이고 협력적인 노력의 결과였다. 이들은 프레이리에게 초청받아 그가 이끄는 교육청의 전체 교육 프로그램을 개발하고 진전시키는 데 참여했다. 결과적으로, 프로그램 개발과 정책 이행은 대개 지역 행정기관의 교육가와 단위학교의 교사 및 학생들에 의해 이루어졌다. 이렇게 점진적으로 혁신 활동의 중심이 이동한 것은 교육청의 포괄적인 원칙 가운데 하나인, 학교 행정의 민주화라는 항목에서 나온 것이다. 지자체 학교 행정의 민주화는 근본적이고 과정적인 개혁 내용을 담고 있었다.

우선 교육청은 중앙부서 수준에서 몇몇 혁신적인 내용을 도입했다.

첫째, 경영단은 상당한 변혁을 겪었다. 프레이리 교육청은 개혁에 적극적인 교사를 행정직으로 고용하려 했다. 물론, 이렇게 고용된 교사라도 학교 교사 직위를 유지할 수 있도록 했다. 여기에 더해, 교육청은 183명의 행정직원을 학교 교원으로 인사 발령해 과도한 관료 체제를 감축했다. 교육청 인사체제의 재구조화는 시 정부가 내세웠던 "교육계획의 장소는 단위학교여야 한다"라는 전제를 반영한 것이었다. 결과적으로, 가도티는 (추정이기는 하지만) "교육청 97%의 인력이 직접 학교와 관련된 일을 했다"고[10] 보았다. 이에 따라, 교육청 중앙부서 직원들의 낭만적인 추상화보다는 선명한 기준틀을 구성하는 교실 경험에 의해 새로운 교육정책 내용이 개발되었다. 여기에 더해, 수업 담당 교사를 정책개발 과정에 포함시켜 중간 단계의 방해 없이 피드백을 주고받을 수 있었다. 교육청은 교사들을 중앙부서 인력으로 전환시켜 교육개혁 내용의 개발에 참여시키고, 더불어 그 내용을 학교 교실 차원의 이행 과정에 동참하게 했다. 따라서 개혁의 요소가 지속될 수 있을 것인지, 학교교육에 효과적인지에 대한 정보가 다시 정책 테이블로 쉽게 전달돼 개혁안의 정교화에 기여할 수 있었다. 전체적으로 새로운 교육청 체제에서 이론과 실천의 통합이라는 역동적 경험이 순환되었다.

교육청 중앙부서는 교육지원청과의 상호작용을 민주화하려고 노력했다. 이전 교육청 시기에는, 교육청 지역위원회Delegacias Regionais de Educação Municipal, DREMs로 불리는 교육지원 부서가 마치 중앙 교육청 산하 학교경영 감찰기관인 양 활동해 왔었다. 이들은 학교가 관계 규정 및 절차를 다 적절히 지키고 있는지 확인하는 점검 수준의 한정된 역할을 맡았다. 중앙부서와 이들의 관련성은 학교에서 제공받은 자료를 바탕으로 작성해 보고하는 사찰 보고서 정도였다. PT 정부의 교육청에서, 교육지원청의 구조와 목적은 현저히 바뀌었고, 이들의 역동성은 눈에 띌 만큼 달라졌다. 상파울루시 PT 정부는 DREM을 없애고 이들을

10개의 NAE Núcleos de Ação Educativa(교육지원청)로 교체했다. NAE는 지자체 학교들에 대한 방향 제시와 감독이 더 민주적인 구조를 취할 수 있도록 해 주었고, 기술적인 지원과 자원 제공을 위한 좀 더 분권적인 시스템을 가능하게 했다.[11]

프레이리 교육청은 NAE 인력을 교사 경력이 많은 사람으로 교체해 채웠다. 더 중요한 사실은, 지방 교육행정을 담당하는 실무자들의 역할이 규정을 점검하는 일에서 개혁을 추진하고 있는 학교에 자원을 제공하고 혁신을 촉진하는 역할자로 바뀌었다는 점이다. 게다가 지역 교육행정 실무자들은 중앙 교육행정 실무자들과 동등한 일을 하는 협력자로 여겨졌다. 사실, 학교현장의 개혁에서 이들이 보이는 통찰력과 경험은 교육청이 제안한 다양한 교육개혁의 형태를 갖추도록 하고 정교화하는 데 없어서는 안 될 중요한 역할을 담당했다. 프레이리 리더십하의 지자체 학교교육 행정구조는 [그림 4-1]에서 볼 수 있다.

교육청은 중앙부서와 단위학교 간의 전통적인 위계적 관계를 재개념화하려고 노력했다. 강력한 구조에 기반해 중앙집권적인 통제를 강화하기보다, 교육청은 단위학교의 자율성을 확대하고자 했다. 프로그램 개발과 의사결정 능력을 확장할 수 있는 지원을 제공하면서 말이다. 이런 노력은 주로 학교위원회 School Site Councils를 재도입하는 것으로 실현되었다. 학교위원회는 가족과 지역사회가 학교의 의사결정 과정에 더 많이 참여할 수 있도록 하는 기제로 작동했다. 학교의 교원, 행정직원, 학생, (학부모 및 다른 지역사회 구성원을 포함한) 학교공동체에서 대표할 만한 사람들을 학교위원회의 위원으로 뽑았다. 이들의 책임은 주로 예산 및 인사와 관련된 사안을 논의하는 것이었다. 물론 일부 교육과정과 관련된 사안도 경우에 따라 상정되곤 했다.

그런데 여기서 좀 더 중요하게 부각해야 할 것이 있다. PT의 교육청이 정책 개발 및 정책 이행에서 단위학교와의 관계를 재개념화했다는 점이

[그림 4-1] 상파울루시 교육청 조직도: 인터 프로젝트 추진 과정의 요소

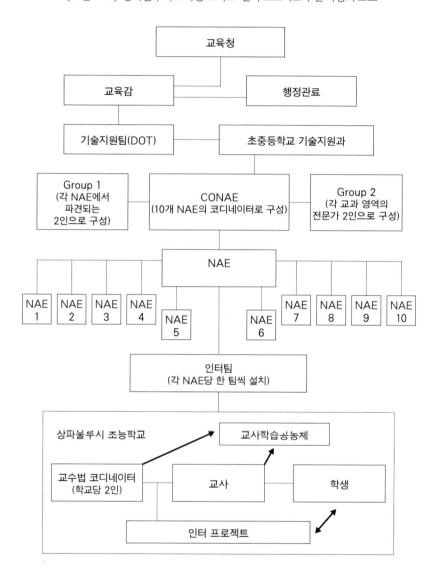

다. 우선, 학교는 인터 프로젝트와 같은 교육청 개혁 프로그램에 자발적으로 참여했다. 지금까지 각 학교는 어떤 일이든 교육청의 명령에 따라 비자발적인 태도로 참여하는 경향을 보였다. 교육청에 의해 착수된 교육개혁 의제들에 대해 각 학교는 교육청 프로그램에 참여할 것인지 그렇지 않을지 선택할 수 있었다. 꼭 다시 강조해야 할 것이 있는데, 각 학교는 교육청 프로그램을 선택할 것인지 그렇지 않을지에 대한 판단뿐만 아니라, 교육청이 제안하는 프로그램을 각 학교 고유의 특별 프로그램으로 개발할 것인지도 판단할 수 있었다. 물론 이에 대한 지원을 교육청에서 받을 수 있었다. 따라서 학교 단위의 자발적인 참여와 학교 교사들로부터의 수용을 얻어내는 것이 (교육청 교육개혁)운동을 조직, 동원하는 첫 번째 단계였다.

일단 학교가 이 교육개혁운동에 참여하게 되면, 결속을 위해 절차에 따라 다른 과정이 진행되었다. 무엇보다, 학교가 위치한 지역사회로부터 교육과정 내용의 핵심 구성 요소(생성적 주제)가 도출된다. 둘째, 학생과 이들 가족은 교육과정에 이들 지역사회 생활의 어떤 측면이 포함되어야 할지 결정하는 데 적극적으로 참여하게 된다. 셋째, 지역사회 자원은 수업에 필요한 주요 도구가 되었다. 이런 세 가지 구성 요인들을 통해, 교육청은 교육의 질 향상을 위한 지역센터를 만들 토대를 마련했다. 지역센터는 학교의 학생과 교사뿐만 아니라 학교공동체와 튼튼한 관계를 통해 활발해졌다. 각 단계에서, 지역의 행정 자원은 기술적이고 물질적인 지원, 훈련 기회, 교사전문성연수 등의 형태로 제공되었다.

각 NAE의 다학제팀Interdisciplinary Team 혹은 Multidisciplinary Team은 각자 담당한 지역에서 인터 프로젝트 조정을 담당했다. 각 학교에는 멘토(2명 혹은 그 이상의 한 팀)가 배정되었는데, 학교가 위치한 지리적 조건이나 학생 수 등을 고려한 학교 프로파일 및 각 학교의 요구와 내용에 대한 멘토의 경험 정도에 일치되는 방향으로 각 학교에 배치하고자 노력했다. NAE 직원들은 소속이 어떻게 되건 최소한 일주일에 한 차례 학교를 방문하는 것을 기본으로 하고, (대개는 시범학교들을 대상으로 할 때) 매일 방문하는 경우도 있었다. 학교현장에 직접 개입하고 참여하면서, NAE 멘토들은 교사 및 교수법 코디네이터들과 정기적인 모임을 통해 교육과정 개발 진전 상황, 교수법 문제, 인터 프로젝트 정교화와 관련된 특별 프로젝트 등의 사안에 대해 논의했다. NAE 직원들은 한 그룹을 이뤄 해당 지역의 교사를 위한 연수과정을 개발하는 일도 맡았다. 다양한 교육적 이슈, 교직을 둘러싼 문제, 회합 조직, 학교 간 네트워크 구축 및 유지를 위한 행사 일정 조율 등이 여기에 포함되었다. 이렇게 함으로써, NAE 지원들은 해당 직무 시간에, 아동심리, 조직행동과 같은 다양한 주제에 대해 연구할 수밖에 없었고, 이들의 연구 결과는 보고서 및 교사를 위한 연수자료집의 형태로 출판되거나 교사들에게 제공되는 선택적 학습교재로 사용, 배포되었다.

이들이 부담하는 이런 다양한 책임은 NAE가 제공하는 서비스의 범위에서 큰 변화를 가져왔다. PT의 교육청 지시에 따르는 각 NAE가 맡은 역할은 단위학교를 지원하고, 실천적이고 이론적인 자원을 제공하는 데 온전히 맞춰졌다. 각 센터는 CONAECoodenadora dos Núcleos de Ação Educativa(교육지원청조정팀)라는 교육청 중앙부서 차원의 조직에 의해 조정되었다. CONAE는 두 그룹으로 구분되어 조직되었는데, 첫 번째 그룹은 각 NAE에서 파견된 2명의 대표들로 구성되었고, 두 번째 그룹은 (다학제적 교육과정을 개발하면서 교사들을 위한 교육과정 지침서 개발을 담당하고 있는) 각 교과 영역을 대표하는 두 명의 교과 전문가들로 구성되었다. CONAE가 NAE 직원들을 대상으로 사전 연수를 제공하기는 했지만, 실제로 이 오리엔테이션은 일종의 변증법적 관계에 토대한 것으로 성찰, 비판적 분석, 실험, 위험 감수 등이 강력히 지지되는 개방적 의사소통 구조 속에서 진행되었다. CONAE는 분명히 정책을 조정하고 결정하는 조직이었지만, 충분하고 투명한 정보에 바탕해 학교 교직원과 NAE 직원 등 현장 실천가들과의 대화 속에서 자신들의 직무를 수행했다.

교육청의 노력을 통해, 민중교육의 전통, 역사적으로 수행된 비형식적 교육환경의 비판 이론적 교의와 상파울루시 학교 시스템이 갖는 거대한 관료조직 및 여건 간의 대담한 결합이 이루어졌다. 이 결합은, 권위를 이끌어 내고 이 권위를 유지하게 하는 절차와 과정을 민주화함으로써 관료제의 특성을 본질적으로 변화시키겠다고 교육청이 약속했을 때부터 이미 예견되었던 것이었다. 명시적으로 브라질 사회에 만연해 있는 전제적 권력관계를 흔들림 없이 변혁해 내겠다며 자신을 이 교육 전쟁의 선봉에 있다고 여기는 교육자들은 노동자를 위한 교육을 하겠다고 한 교육개혁의 정치적 성격으로 말미암아 한껏 고무되었다. 이들은 브라질 학교교육의 민주화를 위한 프로젝트에 참여하면서, 제국주의 시대 노예제도를 옹호하고 공화주의라는 민족주의 및 포퓰리즘 시기 자유개발주의적 선동에 앞장선 군사정권의 권력과 특권 체계를 해체하려는 더욱 광범위한 사회운동에 참여하기를 원했다. 교육개혁운동에 참여한 활동가들은 교육 실패를 재생산하도록 구조화된 시스템이 붕괴해야 한다고 보았다. 공립학교 학생들은 사립학교에 다니는 상류 혹은 중산층 아이들에 비해 총체적으로 불리한 시스템이기 때문이었다. 1980년대 경제적 혼란 속에서 형편없던 급여, 부족한 연수/훈련, 악화된 물품 지원 등 열악한 근무조건의 교사들은 이를 개선하기 위해 교육체제 변혁을 위한 투쟁과 손을 잡았다. 교육개혁을 둘러싸고 사회운동을 전개해 나간다는 교육청의 전술은 급진적인 문화정치와, 민주주의, 시민참여, 대중의 책임이라는 중심 개념과 지도원리가 어떠해야 하는지 잘 보여 주었다.

학교 행정의 민주화: 학교위원회

PT 교육청의 교육과정개혁은 비판적 시민성 창출을 목표로 삼았다. 학교교육의 민주화와 함께 브라질 사회와 정치적 삶을 민주화하게 하는 운동에 참여하도록 미래의 시민을 준비시키기 위함이었다. 상파울루시 PT 정부의 관점에서, 공립학교는 브라질에서 민중 계층에게 남아 있는 몇 안 되는 공적 공간이었다. 결과적으로 공립학교는 브라질의 민주적 문화를 구성하는 데 아주 대표적인 장소였다. 사회학자 웨포르트 Francisco Weffort(카르도주 정부의 문화부장관)는 이 과정에서 학교가 해야 할 중심적 역할에 대해 다음과 같이 적고 있다.

공립학교, 특별히 초등학교가 주로 시민을 형성하는 장소라고 한다면, 공립학교가 시민 형성 과정과 민주적 문화 형성 과정에 중심적인 기여를 하고 있다면, 지역사회가 학교 행정에 참여하는 것은 기본적이고 중요하다.[12]

유사하게, PT가 집권한 상파울루시 교육청은 "교육 민주주의는 학부모, 학생, 교육공무원 및 교육전문가들과 교육정책 결정을 주로 공유하는 것"이라고[13] 주장했다.

이 목표를 달성하기 위해, 상파울루시 PT 정부는 학교위원회Conselho de Escola를 숙의적 체제로 다시 설립했다. 이는 이전 정부에서도 존재했지만 온전히 시행된 적은 없었다. 지자체 학교의 일반규칙Common Regiment[2] 제41조에 따르면, 학교위원회는 교사, 학생, 학부모, 교육공무원 등에서 선출된 대표로 구성되며, 이들은 "학교계획을 의논, 개념화, 정교화하는 일을 담당하고, 각 학교의 실재에서 지자체 교육정책 지침

---

2. (옮긴이 주) Common Regiment가 아니라, Common Regimen인 듯.

을 해석하는 임무를 가진다"라고[14] 되어 있다. 거대한 학교 시스템을 통틀어 의사결정을 민주화하는 과정을 제도화하기 위해, 각 교육지원청혹은 NAE는 학교위원회지역대표위원회Conselhos Regionais de Representes de Conselhos de Escola, CRECEs를 설치하도록 했다. 지역대표위원회는 교육지원청의 교육계획을 정교화하는 역할을 맡았다.

만약 지자체 시스템 전체적으로 학교위원회가 튼튼하고 효과적으로설립될 수 있다면, 학교위원회는 지자체 생활의 다른 측면을 민주화하는 데에도 구체적이고 영속적인 기여를 할 수 있으리라 PT 정부는 믿었다. 학부모에게 학교위원회의 존재와 목적을 전파하기 위해 교육청이 만들어 낸 삽화가 가득한 팸플릿에서 기젤다Gizelda(삽화에 등장하는 백묵모양의 인물)가 이렇게 설명한다. "우리는 학교위원회를 통해, 정부가 국민들에게 제공하는 서비스에 대해 우리 의견을 표명할 수 있습니다. 이런 식으로, 학교위원회는 좀 더 나은 생활 환경을 조직하고 또 달성하는공간입니다. 이 점 때문에 학교위원회는 어떤 정부에서도 반드시 존재해야 합니다."[15]

PT는 학교위원회를 비판적 시민성을 기르게 하는 수단으로 여기는것과 함께, 교육청의 교육정책 지지 세력을 규합하는 기회로 삼고자 했다. 실제로 같은 팸플릿에 등장하는 교사는 학교위원회에 참여하는 학부모와 학생에게 다음과 같이 설명한다. "우리 현실을 문제로 삼는 학교에서 뭔가 다른 일을 해야 할 필요가 있어요." 삽화에 등장하는 아버지는 손을 들고 교사의 제안에 대한 대응으로, 이렇게 질문한다. "그런데, 보건, 교통, 지역사회 안전 등의 이슈는 학교와 어떤 관계가 있는 거죠?" 흥미롭게, 이런 이슈들은 정확하게 학제적 교육과정이 만들어진 인터 프로젝트에 참여하는 학교의 '생성적 주제'가 되었다. 명확히, 교육청은 학교위원회를 민주적 참여를 통해 지역사회에 동원하게 하는 교육개혁 및정치적 프로젝트의 핵심적 도구로 만들고자 했었다. 이런 노력의 결과가 어떤지는 제6장에서 볼 수 있을 텐데, 우리 연구에 포함된 한 학교의 학교위원회의 모습을 예로 들어 기술할 것이다.

그러나 학교위원회의 조직과 활약은 지자체 학교 시스템 전체에 걸쳐 고르게 진행되지 않았다. 즉, 다양한 학교공동체의 서로 다른 특징이 학교위원회에 고스란히 반영되었다. 학교위원회는 정말 다양한 범주의 역할을 했다. 기본적인 학교 건물 수리와 관련된 일을 논의하는 것에서부터 학교교육 프로그램에 대한 논쟁, 학교관리자 임명을 위한 선거 및 결정에 이르기까지. 인터 프로젝트를 이행하는 학교에서 학교위원회는 지역사회와 함께 인터 프로젝트에 깔린 교육 방법 및 원칙에 대해 소통하고 의논하는 수단으로 기능했다.

제3장에서 상술한 것처럼, 학교위원회가 학교 거버넌스에 미치는 영향을 확대하려는 교육청의 노력에도 불구하고 학교관리자(교장, 교감, 교수법 코디네이터)를 선출하는 학교위원회의 권한은 오히려 축소되었다. 이런 선거 과정에 반대하는 교원노조, 교사, 관리자들에 의해 교육청이 준비한 법령안이 비준되지 못했기 때문이었다.[16] 더욱이 CRECEs, 사회운동단체, 학교 간의 유연한 절합이 쉽게, 혹은 빠르게 달성되지 않았다. 실제, 학교 공무원들과 (이들보다는 정도 면에서 덜하지만) 학생들은 교직에 관한 법령Estatuto do Magisterio Municipal, 교육지원청 계획에 관한 법령, 예산에 관한 법령 및 다른 중요한 행정 문제에 관한 법령이 입법되는 과정의 토론에 거의 참여하지 않았다. 그럼에도 학교위원회는 1992년 6월 26일 지자체법 11,229호로 통과되어 개정된 교육법령에 따른 공식적인 숙의 기구가 되었다.

이에 교육청은 NAE, CRECE, 학교위원회 간 결합이 잘 이루어질 수 있도록 좀 더 나은 환경을 만드는 일에 바로 착수했다. 교육청은, 학교위원회 위원 선출을 위한 선거 캠페인 조직과 학교위원회 위원의 훈련 및 학교위원회 모임을 촉진하는 데 NAE 직원들을 가능한 한 많이 참여시킬 수 있도록 지원했다. 또한 사회운동단체와 의사소통을 개선하려는 계획도 진행되었다. 예산 배분 및 학교 프로그램 기획에 대한 논의에 참여를 끌어내기 위해 예비모임 및 대규모 회합 일정을 잡는 방식이 활용되었다. 교육청은 궁극적으로 학교위원회와 학교위원회지역대표위원회 Regional Council를 통해 변화를 가져오게 할 교육정책에 더 많은 활동가의 참여를 진작시키고자 애썼다.

교육과정 혁신: 다학제간 프로젝트

프레이리와 동료들은 대학의 고상한 분위기와 숨 막히는 관료 책상에서 벗어나 누추한 빈민가와 삐걱거리는 학생 책상이 있는 교실을 찾아다녔다. 인터 프로젝트로 만들어진 대담한 움직임을 통해 상파울루시 공립학교의 질적 변화가 나타났다. 이 점에서는 의심할 여지가 없다. 우리가 앞서 짚었던 한 이론가의 말을 빌려 보자. "이론적으로나 실천적으로 우리는 참여적 교육과정을 구체화한다는 개념을 새로 만들 수 있었습니다. 여기에는 대학교수, 교육청 전문가, 대학 자문관 등 정말 다양한 팀들이 참여하고 있는데, 이들은 지속적이고 체계적으로 서로 대화하고 지침이 될 방법을 다 함께 만들었습니다."[17]

상파울루시의 노동계층 및 빈곤계층을 위한 양질의 교육을 창출하는 일은 다음 요소들의 직접적 변혁을 통해 달성될 것이었다. 여기에는 정적 요소(교사의 태도 및 신념)뿐만 아니라, 실천적 요소(교육과정 내용, 수업 전략) 등이 포함되어 있었다. 교육청은 이 목표 달성을 위해 학교현장, 교육지원청 및 교육청 중앙부서 수준에서 민주화를 위한 노력을 동시에 진행할 수 있도록 지원했다. PT와 프레이리 교육청은, 교수법 변화나 교과서에 몇몇 내용을 첨가하는 것 정도에 그치는 기계적 접근을 훨씬 뛰어넘어, 복잡하고 유기적인 과정을 통해 등장할 민중적 공립학교를 구상하고 있었다. 민중적 공립학교 구상을 떠받치고 있는 몇 가지 이론적 개념이 있다.

사실, PT와 교육청의 교육개혁에 참여한 사람들은 다음과 같은 다섯 가지 원칙적 틀에 따라 움직였다.

1. 지식 생산 과정의 재개념화
2. 학교교육과정에서 다루는 내용 영역의 재규정
3. 학교교육과정 이해 및 활용의 재정립
4. 교육가와 학습자 간의 관련성 변혁
5. 학생 생활의 무대이자 지역사회의 무대인 학교의 역할 변혁[18]

공립학교의 민주화는 (교육청의 교육개혁을 떠받치고 있는 교육가들에게) 학생들의 지식과 문화가 교실이라는 제도적 환경 속에서 가르쳐지고 소통되는 방법에 대해 재고한다는 의미가 있었다. 따라서 이들은 프레이리의 '문제삼기'라는 일반적 개념을 구체적이고 공고해진 지식의 개념 위에 두었다. 교육개혁을 만들어 가던 사람들 사이에서 합의된 것처럼, 지식은 개인 및 집단의 구조적, 이데올로기적, 심리적 조건 내에서 집단적으로 구성되고 역사를 살아가는 주체를 형성하는 것이었다. 그리고 학교교육은 교육가, 학습자, 그리고 이들의 물적 기반이자 학교가 존재하는 지역사회의 담론("falas") 및 실재로서 다양한 지식이 서로 갈등하며 협상해 가는 과정으로 인식되었다. 이로써 이들은, 상파울루시 지자체 학교의 빈곤계층 및 노동계층 자녀들에게 비판적 의식과 삶의 조건을 변혁할 수 있는 능력을 계발하도록 이들의 교육적 경험을 이끌고자 했다. 여기에 대화, 성찰, 실천이라는 삼각 과정 혹은 프레이리의 '프락시스'라는 개념이 활용되었다.

이것이 의미하는 바는 교육과정 내용을 교육개혁의 핵심적 위치에 두는 것이었다. 교육과정개혁이 수업의 기술적인 측면과 교육과정을 구성하는 수단을 재개념화하는 것을 포함해서 말이다. 인터 프로젝트를 기획하는 데 참여했던 한 인물은 교육과정에서 지식 문제에 어떻게 강조점이 놓이게 된 것인지에 대해 다음과 같이 명확히 설명하고 있다.

> 학습자들이 배움의 과정에서 지식을 전유하기 위해서는 생각하는 법을 배워야만 한다. 가설을 세우고, 정보를 수집하며, 개념을 변혁, 구성해 내고 해석할 수 있어야 하기 때문이다. 이를 위해, 학교는 학생들이 체득해 갖고 있는 지식을 소홀히 여기거나 경멸해서는 안 된다. 정반대로, 학교에서 교수학습은 경험을 통합하고 또한 이를 넘어서기 위해 학생의 사회적, 인지적, 정서적, 문화적 경험에 대한 타당성과 고려에서 시작되어야 한다. 교실 수업에서 이런 것들이 거부되어서는 안 된다. 학습자들의 경험을 소홀히 여기거나 혹 부정하게 되면, 학생들이 교실에서 접하게 되는 새로운 지식을 친밀하게 여기기 어렵고, 결과적으로 교사와 학교를 단지 추종하게 된다. 이때부터 지식이 협력의 수단이 아닌 경쟁의 도구로 변화되며, 이를 기반으로 하는 권력관계가 만들어지게 된다.[19]

위의 인용문을 통해 우리는 PT 교육청의 노력 뒤에 자리 잡은 철학이 무엇인지 잘 볼 수 있다. 이 철학에 따르면, 교육과정을 체계적으로 개발하는 데 학생의 현실과 문화를 교실 상황에서 발생하는 교육 경험의 진화하는 토대로 삼고자 한다. 교육개혁을 이끄는 교육가들의 정치-교육적 비전을 더 잘 이해하기 위해, 이제부터는 인터 프로젝트의 핵심 요소와 이론적 강조점을 다시 확인해 보자.

생성적 주제와 교육과정

프레이리의 문제제기식 교육 모델과 생성적 주제 개념은 교육청 주도 교육개혁의 이론적 틀이자 토대다. 프레이리는 1960년대 초 생성적 주제라는 개념을 발전시켰다. 당시 그는 브라질 북동부 헤시피Recife의 농촌에서 비문해 성인들에게 문해교육을 하고 있었다. 이 개념은 도심의, 형식적이고 대중적인 초등교육 시스템을 위해서 부분적으로 재적용되었다. 프레이리의 상파울루시 교육청은 생성적 주제에 대한 개념을 교육가들에게 다음과 같은 방식으로 설명했다.

> 생성적 주제는 … 알고, 이해하고, 연구된 현실에 비판적으로 참여하게 하는 일종의 방법이다. 앎을 전유하고, 구성, 재구성하는 일은 … 집단 작업, 집단 토론, 집단 문제삼기, 집단 질문하기, 집단 갈등, 집단 참여 등을 통해 개인이 성장한다고 믿는 방법론을 전제로 한다. 생성적 주제는… 지식의 모든 영역이 다학제적인 방식으로 만나는 한 지점이다.[20]

생성적 주제는 학습자들의 실제 삶의 상황, 문제, 관심사에 기초한다. 민중적 공립학교에서 생성적 주제는 학교 인근 지역과 관련 있는 교육과정을 구성해 내기 위해 블록을 쌓는 것으로,[21] 동시에 그러한 지역사회의 현실을 개인, 주변 지역, 사회적 문제의 광범위한 영역에 관련짓도록 이끈다. 여기에는 학교에서 또래 집단의 관계에 대한 문제부터, 대중교통, 상파울루시 같은 산업도시의 대기 및 수질 오염 문제까지 포괄된다. 따라서 생성적 주제는 상파울루시 도심지역 학생들에게 학교교육과정을 좀 더 적절하게 만들려는 것이며, 동시에 비판적이고 참여적인 시민성을 기르도록 작동한다.

생성적 주제는 교육과정개혁 프로젝트가 어떤 논쟁적인 요소를 갖고 있는지 보여 준다. 사실, 대학 전문가들과 교육청의 정책 기획회의를 시작할 때부터, 초등학교 학생들에게 단 하나의 생성적 주제로 교육 프로그램을 구성·조직할 수 있기는 한지, 그렇게 하는 것이 (교육청 및 NAE 수준에서부터 학교현장에 이르기까지) 얼마나 타당한지를 둘러싸고 각자의 경험을 들어 치열한 논쟁이 이어져 왔다.

생성적 주제에 대한 관심은 교육개혁 프로젝트를 기획한 교육가들이 전제하는 정치-교육적인 입장을 따르는 것으로, 이런 관점이 교육과정의 재평가 및 개발과정에 개입되었다. 실제로,

넓은 의미에서 교육과정의 재평가를 통해, 행위와 성찰이 결합된 의식적 과정에서 늘 학교에서 있었던 교육내용의 선정을 문제삼을 수 있다. 학교가 지역사회를 연구 대상으로 삼고, 학교와 지역사회가 대화적 관계 속에서 작동한다면, 학교가 가르칠 교육과정을 직접 구성하고 개발하는데 있어 경험을 확장해 낼 수 있다.[22]

따라서 생성적 주제는 현장 실천가들의 관심사를 모아 가는 것과 함께 개혁 목표의 통일성을 유지하도록 하는 것이었다. 상파울루시 교육청은 생성적 주제를 확인, 선정하는 과정을 다음과 같이 설명하고 있다.

인터 프로젝트를 이행하는 시작 단계에서, (새로 만들어진 NAE 소속 교육청 직원들로 구성된) 인터팀의 지원을 받는 학교공동체가 "중요한 상황significant situation(예를 들어 학생들의 "생활세계"를 구성하는 일상적 삶의 사회, 문화, 정치적 환경)"을 선정하기 위해 예비연구Levantamento Preliminar 혹은 실재연구Estudio da Realidade, ER에 참여한다.[23] "중요한 상황"은 집단보다 개인을 우선적으로 고려해 선택되는데, 그래서 기준이 되는 사회 현상 및 문제에 대한 설명 혹은 해결의 범위가 제한적이며,

지역이란 공간에서 생생하지만 분절된 경험인 경우가 많다. 그러나 "중요한 상황"은 지역 주민들 사이의 이야기 속에서 끊이지 않고 등장하는 것들로, 따라서 엄격히 개인적인 경험과 정반대되는 집단적 차원을 대표하는 것들이다. 이들은 심지어 "민중적 지식" 수준에서 일정 정도의 체계화 및 조직을 반영하는 경우도 있는데, 예비 연구에서 검토되지 않을 수 있는 다른 공유된 개념과 연결되도록 해 준다. 학교공동체에서 이루어지는 실재연구를 위해 학교 교직원들은 참여관찰, 면담, 사실 확인을 위한 대화 및 설문조사 등을 포함한 다양한 방법을 통해 데이터를 모은다.

이 "중요한 상황"으로부터 협력적으로 생성적 주제를 도출해 내는데, 이 생성적 주제를 통해 교사들은 학교 전체에서 매 학기 다학제간 교육과정 개발의 토대로 사용된다. 델리조이코프Delizoicov(인터 프로젝트 기획에 참여한 핵심 대학 전문가 중 한 명)에 따르면, "일단 선정된 생성적 주제는 적절한 교과 내용을 지시하게 됩니다. 이는 전통에 의해 생기 없이 그대로 답습되는 것이 아니라, 필요에 따라 문화를 선택하게 된다는 새로운 접근이 됩니다. 구체적인 현실을 반영하는 문화든 상상 속에 존재하는 문화든."[24] 학생의 실질적 삶을 이해하는 이러한 기초 연구를 통해, 민중적 지식을 새롭게 구성하고, 동시에 학교가 전통적으로 맡아 전달해 온 보편적이고 체계화된 지식에 다학제적인 태도로 접근하게 된다. 생성적 주제는 지식의 전유와 구성/재구성이 일어나도록 하는 수단이 된다. 이에 따라, 각 교과 영역의 지식은 세부적인 주제를 통해 배움의 과정에 기여한다. 물론 이 주제들은 현실에 대한 지역사회의 이해를 통해 발견된 생성적 주제와 적절히 관련을 맺어야 한다.

이상적으로 실재연구는 교사와 학생을 세계에 대한 비판적 독해의 과정에 참여하도록 하는 초기 단계에 수행되며, "현실적 상황을 설명할 수 있고 또 이를 극복하는 데 도움이 되는 지식의 구체적인 맥락을 연구하고 그에 접근하도록 하는" 지속적인 노력을 요구한다.[25]

지식과 다학제적 교육과정

다학제성interdisciplinaridade이란 개념은 PT 교육청 교육개혁 프로젝트의 핵심에 놓여 있다. 이는 지식을 구성하고 생산하는 데 다학제적인 접근을 취한다는 의미로, 교육과정 재정립에 중요한 성과를 낳았다.

인터 프로젝트가 지닌 혁신성은 정확하게 집단적 지식 구성에 관한 프레이리의 비전과 같다. 집단적 지식 구성은, 초등학교 맥락에서 교육과정 지식을 구성하려는 다학제적 접근을 통해 실재를 가장 잘 이해할 수 있고 대화적 교류를 통해 변혁적 의식에 이르게 한다는 아이디어로 연결된다. 다학제성(프로젝트의 이름인 "인터inter"는 이 개념에서 가져온 것임)은 교육과정이 구분된 교과 영역으로 지식을 나누어서는 안 되며, 모든 지식은 서로 관련되어 있다는 개념에서 기인한다. 교육청 문건에서는 특별히 인터 프로젝트에 대해 다음과 같이 말한다. "다학제적 교육과정 모델은 여전히 만들어지는 중이고, 다학제성의 이론적 기초는 프로젝트가 수행되는 학교에서의 실질적 경험에 기반해 진화할 것이다."

다시 한번 이야기하지만, 제안된 다학제적 교육과정의 핵심은 프레이리에게서 빌려 온 것이다. 생성적 주제라는 프레이리의 개념은 성인문해교육의 맥락에서 해방교육적 프락시스가 발달하기 위한 기반이었다. 이 개념이 상파울루시 초등학교 교육을 위해 새롭게 구상되고 만들어졌다. 이것이 생성적 주제를 통한 다학제적 교육과정이다. 인터 프로젝트의 두드러진 특징 중 하나라면, 다음과 같이 토대가 되는 원칙을 담은 교육과정 계획을 제안하고 있다는 점이다. "다양한 과학은 학교의 모든 공부를 맞추도록 하는 특정 [생성적] 주제 연구에 기여해야만 한다."[26]

상파울루시 교육청은 생성적 주제가 지식 교환의 과정에서 매개 요인이 되는 다학제적 교육과정을 도입했다. 교사는 생성적 주제와 특정한 교과지식 분야의 접점을 찾게 되며, 자칫 방향성 없이 진행될 수 있는 학생과의 대화에서 일반적인 것과 특정한 것 사이의 균형을 찾도록 초점을 제공해 준다. 다학제성에 대한 대학 연구자 및 교육청 자문 교과전문가들의 말을 빌려 보면, 다음과 같다.

> 다학제성 프로젝트는 단지 "학교에 대한 비판"에 머물지 않는다. 다학제성 프로젝트는 가르침, 학교, 교육, 과학 및 지식 영역 사이의 변화를 전제한다. 이 개념적 변화를 가져오는 데에서 기본적인 원칙은 학생이 다양한 지식과 이를 배워 익히는 것 사이에 존재하는 연관성을 인지할 수 있어야 한다는 점이다. 이때 배움은 학생에게 단편적으로 분배되는 완전히 통일된 지식 덩어리가 아니고, 지속적인 교사-학생 간 상호작용을 통해 구성되는 전체다. 이런 생각이 인터 프로젝트의 핵심을 차지한다.[27]

가르침에 대한 이런 대화적 접근은 "학생의 소외된 담론에서 계속되는 실수를 읽어 내는 것이 아니라, 글에서 거미줄처럼 얽히고설킨 각자의 가치와 다양한 말의 환영들이 복잡하게 표현되고 있음을 읽어 내도록 한다."[28] 따라서 프레이리도 지적하고 있듯, 비판적인 세계에 대한 독해는 지속적이고 즐거운 과정이며, 그 과정은 이제 막 시작되었다.

프레이리가 인터 프로젝트에 이론적인 토대를 제공하기는 했지만, 동시에 다음과 같은 학자들, 예를 들어 바슐라르Gaston Bachelard, 1884-196, 프랑스, 구스도르프Georges Gusdorf, 1912-2000, 프랑스, 피아제Jean Piaget, 1896-1980, 스위스, 로저스Carl Rogers, 1902-1987, 미국 등의 이론 또한 영향이 크다.[29] 캄푸스Marcio D'Olne Campos, 심리학, 델리조이코프Demétrio Delizoicov Neto, 교육학, 파젠다Ivani Fazenda, 교육학, 파운데즈Antonio Faundez, 교육철학, 디프레이타스Luis Carlos de Freitas, 교육학, 하피아수Hilton Japiassú, 역사철학, 페르남부쿠Marta Pernambuco, 심리학 등의 브라질 학자들은 지식의 다학제적 특징을 탐구하고, 이런 지식이 교육과정 기획에 적절히 구성되도록 하는 데 기여했다.[30] 다학제성 개념에 대한 이 학자들의 이론은 인터 프로젝트의 개념화에 기준을 제시해 주었다. 특히 캄푸스와 페르남부쿠는, 인터 프로젝트의 자문위원으로 "생성적 주제를 통한 다학제성"의 이론과 방법을 다루는 보고서를 작성하고 출간하는 데 참여하는가 하면, 상파울루시 지자체 학교에서 가르치고 있는 교사들에게 복잡한 이론적 개념을 개괄적으로 소개해 주는 세미나와 워크숍의 강사로 활동하는 등 교육청과 긴밀하게 활동했다.

인터 프로젝트를 지원하는 NAE 코디네이터에 따르면, 다학제적 접근은 "구획되어 나뉜 교과 내용을 기계적으로 가르치는 전체 과정의 전환"을 의미한다. 이는 집단적이고 역사적으로 구성되고 재구성되어 온, 결코 결론 내려지거나 끝난 적 없는 지식을 인식론적으로 새롭게 구성하는 것을 뜻한다.[31] 기존의 백과사전적 접근에 따르면 교육과정은 인간의 사회적 형성, 역사, 문화로부터 떨어져서 그 자체로 일반적이고 분리된 별개의 추상적인 지식을 구성한다. 인터 프로젝트는 이런 백과사전적 접근을 넘어, "사회적이고 자연적인 복잡성"을 더 적절히 제시하는 방법으로 실재를 다학제적으로 해석하게 해 주는 교육과정을 모색했다. 그래서 파운데즈가 "통합된 과학을 위해 분절된 과학의 대체물"이라고 지칭한 것을 향해 작동하는 교육과정을 만들어 내고자 했다.[32] 뚜렷이 구분되는 영역별 지식 사이에서 발생하는 모순을 극복하려는 이런 끊임없는 노력을 통해 이 세상의 모든 이들(남자, 여자)의 거시적 시야가 진화하고, 궁극적으로 그 세계에서 남자로 또 여자로 존재하고 활동하는 것에 관한 다학제적이고 인식론적인 이해에 도달하게 된다.[33] 비판이론을 받아들여 "교육과정을 비판 과학"으로 발전, 통합하려는 새로운 교육과정 패러다임이 이런 다학제적 접근을 지지하는 이론 밑에 깔려 있었다.[34]

교육과정 설계에 이런 다학제적 접근을 취하는 것은 학문/교과 간 엄격히 선 그어져 있는 경계를 단순히 최소화한다는 기존 표준화된 다학제적 개념과는 상당히 다르다. 대신, 이런 접근은 비판적 관점에 근거해, 지식이 사회에서 어떻게 생산되는지, 사회 내 지식의 생산과정이 권력관계를 어떻게 재생산하고 있는지, 기존 지식이 새로운 지식을 창출해내고 사회를 변혁하는 데 어떻게 기여하고 있는지 질문하고 답하게 한다. 따라서 교육과정의 다학제적 접근은 지식의 각 영역이 지닌 특수성을 존중하게 된다. 흥미롭게도 인터 프로젝트가 교과를 따로 떼어 내 분리시키는 전통적 교육 방식과 거리를 두고자 노력하는데도 말이다. 비판적 관점에서 볼 때, 사회적이고 역사적으로 특정한 주제를 둘러싸고 어떤 지식이 적합한가에 대해 지속적이고 협력적인 논쟁을 거쳐야 하며, 이 논쟁의 결과는 다른 지식 논쟁을 위한 기준점으로 작동해야 한다. 따라서 각 교과 분야 전문가는 교육과정을 기획하는 과정에서의 역할뿐만 아니라 교과 지식과 관련된 실재를 다양한 측면에서 지원하고 공급해야 한다.[35]

이런 맥락에서 지자체 학교 교사들에게 배포한 교육청 문건에는 지식에 대한 정적인 개념이 명시적으로 거부되고 있다. 지식에 대한 정적인 개념은, 프레이리가 "은행저금식" 방법, 즉 지식이 교사에게서 학생에게 직접 전달되는 방법이라고 이름 붙인 것이기도 하다.[36] 교육청은 지식을 "정적인 실재의 모습을 단순히 베끼거나 기술하는 것"이 아니라, 교사와 학생 모두의 사회적이고 역사적 맥락에서 계속 진화하는 것이라고 보았고, 또 그렇게 보도록 요청했다. 따라서 교육은 "지식이 쉼 없이 활발하게 움직이는 상태로 교사와 학생이 살아가는 현실의 모습을 새롭게 발견하고, 분석하며, 변혁해 내도록 한"다.[37]

그러나 교육청은 이렇게 광범위한 교육개혁 프로그램의 원칙을 넘어서는 세부 지침을 따로 제공하지 않았다. 다학제적 교육과정을 설계하는 데 명확하고 최종적인 접근이 어떤 형태여야 하는지 아무런 지침이 제공되지 않았다. 교육청은 인터 프로젝트가 계속 진화해 나가기를 바랐다. 따라서 인터 프로젝트는 최종적으로 통일된 하나의 프로그램 모델로 일괄적으로 제공되는 것이 아니라, 교육청 전문가(교과 분야 전문가들은 위에서 언급한 이론가와 그들의 문헌을 통해 정보를 제공받았다)의 계속되는 개념화 작업과 함께 실험적으로 학교에서 일어나는 다양한 교육 활동을 통해 점차 세밀하게 조정돼 나가기를 바랐다. 1992년 1월, 이런 노력의 결과로 "교과 영역에 대한 관점Visão da área"이라는 제목이 붙은 도서 시리즈(수학, 역사, 지리, 국어, 체육, 과학, 예술 등)가 발간되었다. 이 책들은 브라질 교육의 맥락에서 해당 교과의 간략한 역사와 함께 교사들이 개별 교과 내용을 다학제적인 교육과정으로 어떻게 통합해 나갈 수 있는지에 대해 간단한 지침을 담고 있었다. 위에서 언급되었던 학자들(특히 페르남부쿠)에 의해 작성된 이론적 연구 자료("교과 영역에 대한 관점" 도서 시리즈와 교육청 발간 다른 문건들)들은 소위 교사학습공동체 혹은 (다음 장에서 논의할) 교사전문성개발그룹 내의 교사들이 공부하는 학습자료로 활용되었다.

페다고지로서의 대화

교육청은 널리 보급된 출판물을 통해 교사들이 공개적으로 "대담하게 행동"하도록 도전감을 심어 주었다. 즉, "다학제성은 교사에게 읽고, 연구하고, 경청하고, 듣고, 토론하고, 가르치고, 배우는 신체적이고 지적인 능력과, 대화에 열려 있는 기질, 그리고 비판, 자기반성, 긴장, 갈등을 감추지 않고 끊임없이 문제에 천착하려 애쓰는 태도를 요구한다. (교육청은) 교사의 이런 특성을 기대하는 다학제적 성격의 프로젝트에 교사들이 참여할 것을 요청했다."[38] 여기서 대화가 교육개혁에서 아주 중요한 특징으로 등장한다.

상파울루시 교육청은 가르침에 대한 이런 대화적 접근을 통해 능동적 배움을 표현한 것이었다. 수동적 배움에 정반대되는 의미로서 말이다. 교육 실천에서의 대화는 프레이리 저작의 이론과 전 세계에 걸쳐 전개된 프레이리 문해교육 경험 속에서 충만하게 발전해 온 것이었다. 프레이리가 비판적 의식을 위한 교육 개념을 기술하면서 보여 주고 있듯, 교육에서의 대화는 실제로 상파울루시 (교육개혁) 경험의 든든한 토대가 되었다. 교육청의 정책 결정자들은 대화(적 관계)가 교육청 행정부서에서 학교 교실에 이르는 지자체 학교 시스템 전체의 작동원리이자 절차가 되어야 한다고 여겼고, 이 점에서 흔들림이 없었다. 교육청 차원에서 대화는 참여하는 교육 행위자들 사이의 더 민주적인 관계를 개발하는 수단이자, 지식 교환과 지식 구성이라는 집단적 과정에 학교관리자, 교사, 학생, 지역사회 등을 개입시키는 방법론이었다.

"대화를 매개로 세워지는 학생과 교사 관계는, 학생이 새롭게 배울 지식 내용과 학생이 체화하고 있는 지식을 관련짓고 통합해 낼 수 있도록 한다." 따라서 교육개혁 프로젝트에 참여하는 각 학교가 접하게 되는 프레이리 교육 모델에서는, 학생을 앎의 과정에서 단순한 수용자가 아닌 주체라고 여긴다. 대화적 방식으로 구성되는 교육과정은 가상적인 이론과 실천의 이분법 혹은 인위적으로 지식을 교과로 분절화시키는 것을 피하도록 돕는다. 방법론적으로, 교사는 교사/학생의 대화적 상호작용과 학생 간의 협력적 학습을 교수법 전략으로 사용할 수 있다. 상파울루 대도시 환경이 지닌 인구 밀집과 사회, 문화, 정치적 다양성을 고려할 때, 교육에 이런 접근을 택하는 것이 특별히 얼마나 어렵고 복잡한지 잘 보여 줄 것이다.

대화적 행동은, "대화가 반복적으로 혼잣말이 되지 않도록 피하면서,

각자의 차이에 대해 충분히 소통하기 위해 서로에게 있는 충분한 유사성을 찾아 항해하는 일"로 정의된다.[39] 교육으로서의 대화는 이 정의에 기초해, 교사에게 혼자서만 지식다운 지식을 갖고 있다는 생각을 버리고, 같은 교육 상황에 있는 다른 주체들의 입장과 인식 또한 타당하다는 점을 받아들이라고 요구한다. 이것이 교사다운 교사가 되게 하는 요건이다. 따라서 교사는 교실에서 등장하고 진화하는 담론들이 서로 경쟁할 수 있도록 안전한 공간을 만들어 주어야 한다. 쇼어Ira Shor는 프레이리의 관점에 따라 대화적 교육의 특성을 다음과 같이 적절하게 기술하고 있다.

> 대화는 구조화되어 있으면서도 동시에 창조적이다. 대화는 비판적 교사에 의해 개시되고 지도될 수 있지만, 학생의 개입에 민주적으로 열려 있다. 대화는 교사와 학생에 의해 함께 발전되는 것으로, 임의적으로 아무거나 이야기하는 것도 아니고 교사가 주도하는 일종의 교류도 아니다. 교사의 권위와 학생의 참여가 조화를 이루는 것이 (대화의) 비판적이고 민주적인 과정을 만드는 데 핵심이다. 대화적 교사는 학생에게 개방적 구조를 제공하고, 학생은 그 구조에서 발전해 나갈 수 있다. 개방성에는 내용에 대해 질문할 권리와 대화의 과정뿐만 아니라, 심지어 그 대화를 거부할 권리까지 포함한다.[40]

결과적으로, 이 말은 전통적으로 위계적인 교사/학생 간의 관계가 근본적으로 바뀌는 것을 의미한다. 여기에는 특정한 교육의 목적이 있다. 인터 프로젝트에서, 사회적으로 지식이 구성된다거나 체계화된 지식과 민중 지식 사이에 상호 교차가 필요하다고 할 때, 바로 이 교육의 목적과 연계된다. 이어지는 부분에서 상술하겠지만, 인터 프로젝트는 교사가 자신의 경험을 교실에서 대화를 통해 지속적으로 교류할 수 있도록, 그래서 (교사학습공동체, 워크숍, 컨퍼런스 등에서) 교사 상호 간에 배울 수 있는 기회를 제공했다.[41] 실제로, "대화적 협상"은 생성적 주제를 통한 다학제적 교육과정을 기획하고 이행하게 하는 주요 수단이 되었다.

프레이리 이론과 구성주의의 접목

위에서 개괄한 프레이리의 이론적 요소를 제외하면, 교육청이 내세운 많은 교육적 신조는 페레이로와 비고츠키의 구성주의적 인지발달이론에 근거하고 있다. 이들 이론은 언어와 지식의 일반적 획득을 사회적이고 정의적인 요인에 의해 매개되는 것으로 보았다.[42] 특히 페레이로의 저작은 브라질 교사들에게 잘 알려져 있었는데, 아이들에게 읽고 쓰게 하는 문해력을 가르치기 위한 전통적이고 기계적인 접근을 강렬히 비판하는 것으로 유명했다. 전통적이고 기계적인 문해교육 방식은, 학교교육을 시작할 때 아이들이 학교에 가지고 가는 언어의 개념을 무시한다는 것이 비판의 논지였다. 즉, 문해능력을 학습할 때 (피아제 이론에 따라) 아이들은 인지적 발달을 경험하게 되는데, 이런 발달은 문자로 된 언어가 인류학적이고 역사적 과정을 거친 것과 유사한 방식으로 구성된다고 가정한다. 아이들은 구어와 문어에 처음 접하고 또 경험하면서 이 과정을 시작한다. 페레이로에게서, 대부분의 문해수업은 오류가 있는데, 아이들은 가르쳐야 배운다고 가정하는 것, 그래서 두 번째 잘못된 가정에 근거해 배움의 과정을 체계적으로 통제, 관리하려고 노력한다는 점이다. 두 번째 잘못된 가정이란, 배움은 부과되는 수업 방법에 따라 결정된다는 것이다.[43] 그러다 보니 페레이로는 교육 실천의 심리-교육적 기초에 대해 인식론적인 성찰을 옹호한다. 이런 성찰은 필수적으로 어떤 교수법도 가치중립적이지 않으며, 모든 것이 선인식된 지식에 대한 개념 및 학습자가 지식을 습득하는 과정 위에 세워져 있다는 아이디어를 당연시한다. 페레이로는 문해교육에 창의적이고 유연한 접근을 탐색해야 한다고 주장한다. 이때 페레이로는 직관적인 발견을 허용해야 한다고 주장하는데, 이는 아이들 내면의 필요와 자기다움을 표현하고 우리 교육적 행동을 지도하는 역할을 한다.

성인문해교육의 관점에서, 파울로 프레이리는 자신의 생각이 페레이로의 다음 생각과 일치한다고 설명한다.

> 이전에는 성인문해교육이 독재적인 방식, 즉 교사가 비문해자에게 일방적으로 전달하는 말, 이 말의 마술적 이해에만 집중되는 방식으로 다루어지고 수행되었다면, 그리고 읽기 교재라며 일반적으로 학생에게 제공된 텍스트가 실재보다 훨씬 더 많은 것을 다루었다면… 지금은, 정반대로, 문해교육이 앎의 행위이자 창조적 행위, 그리고 정치적 행위로서 세상을 읽고 더불어 글자를 읽는 노력이다.[44]

1989년 문해교육을 수행하는 단체가 참여한 회의에서, 교육감으로서 연설하면서 프레이리는 자신의 성인문해교육 경험을 성찰하고 있다. 그는 자신의 (문해교육) 방법론이 엄격하게 기술적이고 언어학적인 방식으로 채택되는 데 반대했다. 그리고 문해교육에 대한 자신의 제안이 정치적인 것임을 새삼 강조했다. 그는 문해과정에 새로운 통찰이 필요하다면서, 이론적인 것에서 실천적인 것에 이르는 문해과정에서 서로 돕고 경험의 한계를 극복해야 한다고 주장했다. 프레이리는 "과학이 핵심이 되어야 한다는 말의 의미는 최근 우리가 연구에서 발견한 내용을 교육의 핵심으로 삼아야 한다는 것이다. 그래야 우리는 이 세상을 읽어 내는 배움을 촉진시킬 수 있고, 이 세상에 대한 우리의 이해에 좀 더 엄밀한 기준을 가지고 사람들에게 접근하게 된다"라고 했다. 더 나아가 프레이리 자신의 교육정치철학과 페레이로의 인지발달 및 문해 습득에 관한 구성주의적 이론 사이에 연관성을 만들어서, 페레이로의 연구가 새로운 (문해) 지식체계의 핵심이 될 수 있다고 주장했다.

학교에서 인터 프로젝트를 진행하는 교사들은, 이런 방식으로 지식이 집단적으로 구성되는 것임을 이해했다. 이들은 교사가 교실에서 소외되어서는 안 되며, 다학제적 교육과정을 만들어 내기 위해 다양한 교과 간 협력이 필요하다는 점을 믿었다. 교사는 집단으로 일하면서, 지식의 다양한 영역에서 도출된 내용을 학생의 사회문화적 실재와 주제에 연관 짓는 방법을 찾을 수 있었다. 이러한 교육과정 기획은 단일 교과의 교과서 및 학습지도안 사용을 피하도록 했다. 교과서나 교사용 학습지도안은 교사가 좀 더 창의적인 교육과정, 즉 좀 더 불확실한 교육과정을 만들도록 변화하는 데 방해가 되었다. 이 틀 내에서 교사는 교실에 새롭고 다양한 지식의 원천과 정보를 들여와 사용했으며, 학생들 또한 학습 활동을 구조화는 데 참여해 자신의 지식 형성에 기여할 수 있는 기회를 가졌다.[45] 페르남부쿠는 교육과정 기획 및 학생들의 배움에 대한 이런 접근에 프레이리가 미친 영향력을 다음과 같이 조명하고 있다.

프레이리는 학생을 교실에서 교사와 함께 지식의 생산과정을 되찾은 학습자라고 말한다. 그리고 지식이 생산되는 데 대화가 가장 훌륭한 도구라는 점을 잘 지적하고 있다. 학생의 초기 비전을 극복하도록 해 주는 것은 학교의 능력에 달렸다. 늘 학생의 현실적 세계로부터, 그 학생에게 중요한 것에서부터, 그 학생이 생각하는 방식에서부터, 그 학생이 속한 사회적 공동체에서 교실로 가지고 들어온 것에서부터 시작해서 말이다. 학생은 이를 통해 지식을 체계적

으로 구성하는 새로운 사고방식에 접근할 수 있다.[46]

인터 프로젝트는 피아제 및 비고츠키 이론과 (페레이로가 라틴아메리카의 가난한 아이들의 문해 습득을 이해하는 데 이용했던) 구성주의적 학습이론을 따른다. 인터 프로젝트는 다음과 같은 전제, 즉 학생의 인지적 구조(피아제), 사회적으로 습득한 학생의 지식(비고츠키), 그리고 다양한 교과 영역으로 나뉘어 구성, 축적된 역사적·과학적·예술적 지식 사이의 대화적 협상(페레이로)을 교사가 매개해 안내해 주는 협력적 그룹 활동에 참여할 때 가장 잘 배운다는 전제하에 진행된다.[47] 이에 따라 지식은 학생 개개인이 얼마나 정확하게 아는가의 정도에 대해 평가받기 위해 습득하는 대상이 아닌, 다양한 학습과정의 단계를 거치면서 쉼 없이 구성되는 것으로 여겨진다.

지식을 구성하는 이 과정은 인터 프로젝트에서 나름대로 잘 조직된 듯 보였다. 현실 상황의 문제삼기라는 초기 단계로 시작해, 특정한 교과 영역의 기준에 맞춰 지식을 구성하고, 마지막으로 지식의 적용단계에서 지식을 통합한다. 학생은 지식의 구체적인 맥락과 내용을 이해하고 새로운 지식을 구성하게 하는 활동에 참여하게 된다. 이런 교육적 개념은 인터 프로젝트의 이론적 토대가 되었다. 제5장과 제6장에서 교육과정 프로그램과 대화적 교실 수업의 사례를 통해 이를 자세하게 다룰 것이다.

교육과정 변혁을 위한 교사훈련: 교사학습공동체와 교수법 워크숍의 역할

상파울루시 교육청은 이 야심 찬 목표를 실현하기 위해 자세하면서도 강력한 이행 과정을 개발했다. 무엇보다 교사 태도를 재정립하고 새로운 교육에 대한 이해를 진작시키는 데 초점이 맞춰져 있었다. 이 과정은 6개의 핵심 요소로 구성되어 있다.

- 첫 번째 요소는 일주일 동안 진행되는 기초 세미나다. 이는 기술지원국Directorate Technical Orientation, DOT 직원 및 대학교수진(상파울루대학교, 캄피나스대학교, 상파울루가톨릭대학교가 결합해 상파울루대학교에서 진행하거나 DOT 직원 혹은 NAE 직원이 NAE에서 진행했다.
- 두 번째 요소는 교사학습공동체 혹은 전문성개발그룹을 형성하는 것이다. 이들은 학교에서 일주일에 10시간의 유급 시간을 인정해 줘 모임을 하는데, 정기적인 대화, 교류, 독서의 기회를 제공했다.
- 세 번째 요소는 성찰과 토론을 위해 이론 서적을 활용하는 것이다. 여기에는 DOT에서 발간된 2개의 시리즈가 있는데 하나는 현장 이야기이고 다른 하나는 훈련 노트다.
- 네 번째 요소는 NAE 직원들로부터 제공되는 정기적인 기술 지원과 코칭이 중심이 된다. 각 학교별로 2명의 NAE 직원이 배정되며, 각 NAE는 서로 다른 교과 영역의 전문가를 두고 있다.
- 다섯 번째 요소는 전문성개발연수과정의 기회를 정기적으로 제공하는 것이다. 여기에는 교실에서 읽기 자료를 개발해 낼 수 있도록 하는 미디어, 신문 기사, 각종 문헌의 활용, 소크라테스식 질문법, 흑인들의 기여, 교실에서의 젠더 이슈 등의 주제를 가르치는 워크숍이 있다.
- 여섯 번째 요소는 교육과정 개발이다. 예를 들어 인터 프로젝트에 참여하는 것이 여기에 해당하는데, 이 요소는 이전의 다섯 가지 요소와 더불어 진행된다.

교직전문성개발을 위한 교육청의 여섯 가지 요소들은 (교사의 교실 수업과 학생들의 현실 문제에 대해) 성찰하고, 이론을 활용하고, 지식의 구성 및 활용 기회를 강조하는 학습과정을 제공했다. 이런 각 활동은 집단 노력을 요구했는데, 교사들은 상호 간, 그리고 학교공동체의 다른 이해관계자(학생, 학부모, 관리자)들과 함께 새로운 협력관계를 만들어 냈다.

실제로, 교사들은 인터 프로젝트를 수행하는 데 관심의 초점을 두었다. 이 프로젝트의 핵심 동력은 교사학습공동체 혹은 교직전문성개발그룹이었다. 이들 교사 그룹은 프로젝트와 관련된 회의를 연이어 조직하고, 이를 계기로 수업 성찰, 교육이론에 대한 탐구, 집단적이고 영속적인 과정으로서 교사전문성을 개발할 기회를 만들었다. 1989년 PT가 선거에서 승리하고 공교육 상태를 요약한 보고 문건에서, PT는 "… 모든 교사가 자기 이론을 갖고 또 그에 따라 실천하고 있음"에도 불구하고, 교육은 교사가 "고독한 길을 걷는" 직업이라고 표현했다. 그러나 "수업은 딱딱하게 굳어지고 결코 변화라곤 일어나지 않는다. 이런 교사들의 이론은 명확히 만들어진 것도, 이론에 대한 질문이 제기되지도 않았다."[48] 따라서 교사학습공동체는 이 상황을 제기하는 중요한 기제(메커니즘)을 구성했다.

한 교사학습공동체의 교사들은 NAE-6의 지원을 받아 『훈련에 대하여*Em Formação*』라는 제목의 자료를 발간했다. 여기에 제시된 이들 그룹의 목적은 다음과 같다.

학교에 존재하는 권력 구조는 교사에게서 지식을 강제로 빼앗고는 교사를 프로그램과 활동의 단순한 실행자 정도로 바꿔 버렸다. 학교 안에 만들어진 교사학습공동체는 우리에게 본질적인 정치-교육적 공간을 제공해 준다. 교사는 이 공간에서 매일매일의 학교 현실에서 일정하게 거리를 두고 자신의 수업과 교육 실천을 성찰할 수 있다. 이를 통해 교사는 자신의 관점을 재점검하고 활기찬 모습으로 다시 현실 세계로 돌아간다.[49]

이런 교사 그룹이 만들어지고 운영되는 것이 중요하다고 보았기 때문에, 일주일에 10시간의 그룹 미팅은 특별 수당이 배정되었다. 상파울루시 교육청은 교사들에게 그룹 미팅 시간에 대해 다음과 같은 내용을 전달했다.

> (교사학습공동체 미팅은) … 교사의 수업과 지식에 대해 성찰할 수 있는 필수적인 공간… 사회적, 정서적, 인지적인 존재를 확증받는 교류의 순간(이다)… 그룹 미팅에서는 기본적으로 일상적인 일들이 논의되겠지만, 판에 박힌 일상이 아닌 활력이 넘치는 일상을 회복하도록 한다. … 여기에 관찰, 기록, 성찰, 통합적 분석, 평가, 기획 등의 방법론적 도구가 활용될 수 있다.[50]

전문성개발을 위한 시간이 일주일 단위로 할당된 것은 교사들에게 다양한 형태의 활동에 참여할 기회를 제공하기 위한 것이었다. 이런 활동들을 간략하게 정리해 보면 다음과 같다.

(1) 프로젝트 각 단계를 운영하는 일(예를 들어, 실재연구ER를 위해 데이터를 수집하고 분석하거나, 생성적 주제를 개발하고, 지식훈련을 위한 활용틀을 디자인하는 것 등)
(2) 교육청에서 제공하는 이론 서적, 혹은 학술 저널 및 도서관 등에서 발견한 학습자료들을 읽고 토론하는 일
(3) 교실 수업에 대한 토론 및 독서/토론한 글 속의 이론적 질문과 연

결해 토론하는 것

(4) 학교에서 관심 영역에 따라 교사들이 수행하는 독립연구 등

교육청은 이런 교사학습공동체를 학교 시스템 전체에 걸쳐 조직·운영하는 데, 즉 제도화하는 데 성공했다. 1991년, 교사학습공동체는 294개 학교에서 조직되었고 여기에 4,000명 이상의 교사들이 참여했다. 지자체 내 학교 시스템의 교장 68%와 교수법 코디네이터 94%가 교사학습공동체에 참여했다. 이 과정에 NAE가 지원 및 조정 역할을 담당했다.

CONAE는 교사학습공동체를 통한 교사훈련 및 전문성개발을 위한 재정을 확보, 지원하는 일과 함께, 교사들을 대상으로 다양한 주제를 갖고 워크숍을 조직, 운영했다. 교육청이 목표로 내세운 학교에서의 교육방법 및 교육과정을 변혁하겠다는 프로그램의 일환이었다. 이렇게 조직·운영되는 워크숍에는 지자체 학교 시스템 내외의 전문가들이 동원되었다. 대학 전문가들을 포함해서 말이다. 대학교수들 이외에도, 교육청 직원 및 학교관리자, 교사들이 워크숍을 조직하고 운영할 수 있었다. 워크숍은 상파울루시 정부에서 운영하는 일일 게시판에 홍보되어 워크숍 참여를 위한 교사들의 사전 등록을 안내했다. 워크숍은 주로 개별 학교나 NAE에서 개최되었다. 어디에서 개최되건 일일 워크숍뿐만 아니라 수일간 지속되는 워크숍도 있었다. 워크숍 과정 및 발표는 학교 일과 중에 열렸는데, 교사들은 워크숍에 참여하기 위해 학교에 자유시간을 요청할 수 있었다. 교사들에게 제공된 워크숍 내용의 범위는 다음과 같다.

- 파젠다 혹은 페레이로 등 저명한 교육가(주로 교사학습공동체 내에서 널리 읽히는 이론 서적의 저자)의 강연
- 교육지원청 및 교육지원청 수준에서 개최하는 컨퍼런스로, 학교에서 수행되는 학년 및 교과별 사례 발표 및 공유 기회

- 학생들이 야외 학습을 하거나 지방 공원, 생태공원, 혹은 연극 및 뮤지컬 관람을 위해 학교 밖 활동을 할 수 있는 기회
- (영화 등) 비디오테이프, (영상 제작 등을 위한) 비디오 촬영, 컴퓨터, 극장 등 교수법 목적을 위한 다양한 기술 활용 소개 워크숍
- NAE/DOT 직원들이 운영하는 워크숍, 교실에서의 읽기 자료를 개발하기 위한 미디어, 논문 및 기타 자원들을 활용하는 방법, 학생의 실수를 학습도구로 이용하기, 교수 전략으로 소크라테스 질문법 및 성찰 활용하기 등 인터 프로젝트와 관련된 이슈들을 제시
- 교실에서의 성교육 및 성인지 활동, 브라질 흑인들의 기여, 인권 교육과 같은 주제 이슈들을 다루는 워크숍

워크숍에서 다루는 주제 범위는 고차원적인 사회 문제에서부터 교육적 태도에 관한 실질적인 문제에 이를 정도로 상당히 폭넓었다. 예를 들어, NAE-9 소속 교수법 코디네이터 및 교사가 주도한 "노예제, 인종분리, 차별, 편견"이라는 제목의 워크숍은, (1) 노예제와 노예 폐지에 대한 전통적 인식을 계몽, 없애기, (2) 제도와 법령과 관련된 인종 관련 역사 검토, (3) 브라질, 미국, 남아프리카공화국 등의 사례를 비교하면서 전 세계적으로 남아 있는 인종기반 폭력의 여러 형태 제시를 목표로 내걸었다. "보이는 게 전부가 아니다"라는 제목의 세션은 4차례에 걸쳐 워크숍을 진행했는데, 이 워크숍을 통해 교사들은 "교훈적인 내용을 풍부하게 담고 있는 서적들의 삽화를 학습자료로 활용하는 방법"에 대해 배웠다.[51] 교실에서 인종과 관련된 토론에 적용해 활용할 수 있도록 말이다. 다른 한편으로, NAE-6이 주최한 워크숍은 교육청의 물리교육 프로젝트에 참여하는 상파울루대학교 교수가 진행했는데, "게임과 물리학 수업"이라고 제목을 단 워크숍은 다음과 같은 목표를 내걸고 있다. "(1) 재미와 흥미로운 방식으로 물리를 가르치기 위한 교육적인 교수 자료를

교사들에게 제공하는 것, (2) 적은 비용으로 교사들이 창의적인 수업자료를 구성하고, 유치원과 초등학교 수준의 학교에서 구체적이고 정확하게 물리 학습을 촉진하도록 한다."[52]

(교육청) 자료에 따르면, 정책개발은 교사 지식에 토대해 이루어져야 하며, 이 과정은 교사들에게 집중적 학습 환경을 제공해야 한다. 교사들이 정책 이행에 필요한 개인적이고 직업적인 변화를 경험할 수 있도록 말이다. 동시에, 조직과 기관에 새롭고 역동적인 이런 변화를 도입하는 일은 여러 가지 이유로 상당한 문제의 소지가 있다. 예를 들어 관료 사회의 특성, 부적절한 현장 여건, 부족한 재원, 실천과 절차상 변화를 지지하는 집중적 학습과정 필요 등의 이유가 여기에 포함된다.

교육청은 교사들이 정책 이행 과정에 참여해 의미 있는 학습과정을 경험할 수 있는 여건을 만들고자 했는데, 이로써 관료적인 교육 조직의 많은 문제들을 숨기지 않고 드러내 보여 주려 했다. 교육청은 교사들의 학습과정을 디자인하는 데, 앞서 이야기한 교육과정 개발의 요소와 전문성개발그룹과 같은 활동을 최대한 활용했다. 이런 활동을 통해 교사들은 교직 생활과 그 속에서의 자기 이해 및 교육 실천을 강화할 수 있었다. 교사전문성을 향상하도록 하기 위한 학습은 교실과 학교 현장의 맥락 내에 자리 잡도록 했는데, 이때 제공되는 자원은 학습자, 전문가, 예비교사 등을 아우르는 공동체를 만들 수 있도록 했다(예를 들어, 유급으로 주어지는 10시간 그룹 미팅이라든가 NAE 멘토들로부터의 주기적 지원 등). 성찰과 토론은 이런 학습과정의 토대가 되었고, 이때 행해지는 각 활동은 일회적인 것이 아니라 교사가 정기적으로 늘 경험해야 하는 교직 생활의 일부가 되도록 했다. 이런 학습과정을 통해 교사들은, 교직의 이론적이고 실천적인 토대를 성찰, 이해, 재구성해 내도록 했다. 동료 교사들과 협력해 일하면서 학생들과 함께 새로운 지식을 개발하고 실재 삶의 상황을 변혁하기 위한 길을 찾도록 하기 위해서 말이다.

우리는 교사들을 위한 이런 학습과정을 관찰하면서 몇 가지 흥미로운 점들을 발견했다. 우선, 이런 학습과정은 교사의 직업 생활과 근무여건에 초점이 맞추어져 있었다. 인터 프로젝트의 핵심은 시험 성적을 올린다거나 고교 졸업률을 높인다거나 혹은 대학 진학률 향상에 있지 않았다. 인터 프로젝트의 본질은 학생의 학습과정이었으며, 교사와 학생 간 협력적인 지식 구성에 있었다. 교사가 수행하는 실재연구ER는 가장 중요한 요소였는데, 이를 통해 교사는 자신의 직업 세계를 둘러싼 다양한 주제와 다양한 상황을 비판적으로 보고 분석할 수 있었기 때문이다.

둘째, 성찰은 대개 사적이고 개인적인 관점에서 비롯되긴 하지만, 교사들의 성찰은 집단 내에서 일어났다. 교사들은 특수한 현상 혹은 상황을 집단으로 이해하게 되는데, 다른 동료와 실질적 문제에 대한 성찰을 공유하고 또 토론한 결과였다. 이런 다학제성은 개인적인 변화, 상호 간 친밀감, 동료 간 집단지식의 토대를 마련하도록 이끌었다. 셋째, 교사는 교육 실천을 설명하고 있는 다양한 이론을 비판적으로 읽고 또 해석하게 되는데, 이를 통해 교사는 자신의 실재에 관한 성찰과 문제삼기 능력을 키울 수 있었다. 교사는 비고츠키, 듀이, 피아제 등과 같은 학자들의 이론을 읽으면서 성찰, 대화, 지식의 재구성 및 이론과 실천 양자에 대한 이해의 틀을 배웠다. 마지막으로, NAE는 교사들의 학습과정을 위한 자료(출판물, 보상, 연수과정 등) 제공 및 기술 지원이 원활하게 이루어질 수 있도록 했다. 교사 친화적인 NAE의 지원 환경하에서 교사들은 탈학습 및 재학습 과정에 초점을 맞출 수 있었다. 교사들의 이런 탈학습 및 재학습은 교육청의 급진적인 교육 의제를 이행하는 데 없어서는 안 되는 것들이었다.

부가적인 구상들

 PT가 집권한 교육청이 1989년 공식적으로 문을 열고 1992년 다음 선거가 있기까지 3년 동안, 상파울루시 교육청은 대담하고 근본적인 방식으로 지자체 학교 시스템을 변혁하고자 노력했다. 위에서 상세하게 기술했던 바와 같이, 교육청의 주요 정책 의제는 인터 프로젝트의 실행이었다. 여기에 교사학습공동체 형성, 지방교육행정 지원 단위를 NAE 체제로 재조직, 학교위원회 권한 강화 등의 정책 요소들이 함께 작동했다. 상파울루시 PT 정부 수립안은 1989년 취임 이전에 이미 준비되었고, 프레이리의 교육청은 취임 후 1년 이내에 10개 시범학교를 통해 인터 프로젝트를 시작할 준비를 마쳤다. NAE 직원들은 1990-1991학년도에 이 10개 시범학교의 인터 프로젝트 활동에 전적으로 매달렸다. 1991-2학년도에는 인터 프로젝트에 관심을 보인 100개교로 확대되어 진행되었다. 이런 정책 결정은 나름대로 한방효과를 노린 것으로, 장단점이 있다. 결과적으로 교육청은 10개 학교의 인터 프로젝트를 단단하게 제도화하기보다, 프로젝트를 확대하는 쪽을 선택했다. 깊이보다 넓이를 우선시한 것이다.

 교육청은 1992-1993학년도에 두 가지 정책을 부가해 시행했다. 초등학교 학년단계제institution of the ciclos와 일일 통합회의시간Jornada Tempo Integral, JTI 을 만드는 것. 이 두 정책은 교육과정개혁 프로젝트에 아주 중요한 의미를 제공했다. 브라질의 초등학교는 1학년부터 8학년까지 1년 단위의 학년체제를 유지해 왔는데, 이를 단계로 나누어 초등학교 학년체제를 재구조화했다. 제1단계는 3년으로 구성되었는데, 공식적으로 1학년, 2학년, 3학년이 여기에 속했다. 제2단계 또한 3년으로 구성되는데 이전의 4학년, 5학년, 6학년에 해당한다. 마지막 3단계는 2년으로 구성되는데, 이전의 직렬학년제seriação에서 7학년과 8학년에 해당하는 과정이었다. 단계제로 전환한 이유는 학생 학업 수준을 평가하는 기준을 변화시킬 필요가 있었기 때문이다. 결과적으로 불필요한 학년 반복(낙제)을 피하고, 초등학교 고학년 단계의 높은 중도탈락 문제를 해결하려는 것이었다. 학년단계제는 학기 단위 성적을 덜 엄격하게 적용해 부여하는데, 학생들의 학업 향상 정도나 공부 결과가 일반적인 기술 방식으로 제시되었다. 즉, 교사가 학생에게 성적을 부여할 때 크게 세 가지 선택지 중 하나를 선택하도록 했다. P plenamente satisfatorio(완전 충족), S satisfatorio(충족), NS ne satisfatorio(미충족). 이 체계에 따르면 한 단계 내의 학생은 자동으로 다음 학년에 진급했으며, 진급하기에 학업 수준이 너무 형편없는 경우라고 평가팀에서 판단하는 경우에만 해당 단계의 마지막 학년(3학년, 6학년)에 더 머물러 있도록 했다. 지자체 학교 교사들 사이에 이런 '자동 진급 체제'는 엄청난 논란과 함께 불만을 불러왔다. 다음 단계의 공부에 준비되지 않은(정확히 이야기하면 '준비되지 않았다고 느끼는') 학생을 자동 진급시키는 것에 대해 많은 교사가 상당히 불편해했다. 게다가 학년단계제에 반대하는 교사들은, 학년 말에 자동적으로 다음 학년에 진급할 것이라는 점을 알기 때문에 학생이 절대 열심히 공부하지 않을 것이라는 데 의견 일치를 보았다. 결과적으로 PT가 지자체 선거에서 패하고 1년이 지나지 않은 시기에 (소위 사회민주당Partido Democratico Social 지휘하의) 새로운 교육청은 주민투표를 실시해 학년단계제 포기를 결정했다. 그리고 옛 시스템인 직렬학년제로 돌아갔다.

JTI 또는 일일 통합회의시간은 PT 교육청이 발급한 교사자격을 부여받은 교사들을 대상으로 제공하는 전문성개발연수 과정이었다. 이 정책의제는 학교 교사들이 일주일에 10시간가량의 미팅에 참여하고 해당 시간만큼의 급료를 지불받도록 안전한 공간을 만들어 주었다. 이렇게 온전히 훈련에 집중할 수 있도록 시간을 배정한 주목적은 수업 및 교육과정과 관련된 핵심 아이디어를 교사 간 교류하고 협력하게 하려는 것이었다. 언뜻 상당히 훌륭한 아이디어처럼 보이지만, JTI는 인터 프로젝트를 수행하건 그렇지 않건 학교현장에 많은 문제를 일으켰다. 인터 프로젝트에 그다지 열성적이지 않은 학교들은 JTI를 인터 프로젝트 참여 동기로 여기지 않았다. 안타깝게도, 프로젝트가 제공하는 부가적인 인센티브(자원, 기술 지원, 유급 모임시간) 때문에 프로젝트에 부분적으로만 참여하기를 택하는 교사들이 있었다. 일단 JTI가 프로젝트에 참여하는 교사들에게 당연하게 받아들여지면서, 이런 학교들은 교육과정 변혁이라는 너무도 자주 문제가 제기되는 길을 따라갈 마땅한 동기가 줄어들었다. 다른 한편, 열성적으로 인터 프로젝트를 수행하는 많은 학교는 JTI가 교육과정 변혁을 위한 자신들의 노력에 큰 방해가 되었다. 특히, 이런 학교에는 인터 프로젝트에 처음부터 적극 참여했지만 교사자격이 없는 교사들이 있었다. JTI는 단지 교사자격을 지닌 교사들만 참여할 수 있었기 때문에, 인터 프로젝트에 적극적으로 참여하고 있지만, 자격이 없는 교사들은 기본적으로 프로젝트에 자원해 계속 참여할 것인지, 아니면 프로젝트 참여를 포기할 것인지 선택의 갈림길에 놓였다. (이런 상황에서 많은 교사가 재정 여건에 따른 결정을 한다. 즉, 무자격 교사들은 이전에는 회의에 참여하는 시간만큼 부가적인 소득이 생겼는데, 이제는 이 부가적 소득의 보전을 위해 수업을 추가로 할 수밖에 없었다.) 몇몇 학교 직원들은 JTI가 인터 프로젝트가 학교 단위에서 보이는 역동성을 근본적으로 변화시켰다고 지적했다.

요약

파울로 프레이리가 상파울루시 교육청의 교육감으로 임명되는 것에 대해 환영하면서도 이런저런 이유로 회의적인 시각으로 보는 사람들이 많았다. 비형식교육 환경에서 비문해 성인들을 대상으로 개발되어 25년도 더 된 그의 문해교육 이론이 거의 백만 명에 이르는 학생들이 다니는 공립 초등학교 교육에 어떻게 적용될 수 있겠는가? 그것도 정보사회라 부르는 지금 시기에. 이번 장에서는 프레이리의 이론의 변화를 상세하게 다루었다. 무엇보다 중요하고 새로운 생각거리가 더해지면서 해방을 향한 프레이리의 교육사상의 핵심이 변하지 않고 단단히 남아 있다는 점을 보여 주려고 했다. 주로 인터 프로젝트를 통해 이루어진 교육과정재정립운동은 PT 교육청의 민중적 공립학교를 만들어 내는 데 주요한 초점이었다. 민중적 공립학교는 일련의 프레이리 저작에서 높게 평가되었던 요소들이 모두 포함되어 있다. 자신의 학습과 함께 이후에 이어지는 세계에 대한 독해 과정에서 주체이자 곧 대상으로서의 교사와 학생의 이중적 역할, 교사/학생 관계의 민주화, 비판적 의식의 함양에서 민중적이고 생기 있는 지식과 보편적이고 체계화된 지식 간의 변증법적 상호작용, 학교공동체의 실제를 둘러싼 교육과정 내용의 방향 설정, 정치적 특성을 온전히 받아들이는 교육 프로젝트 구성 등.

학교는 교수/학습의 역할이 집중적으로 변혁되는 지점에서 새롭게 세워진다. 즉, 양질의 교육을 위한 지역사회운동에서 학교는 이런 변혁을 통해 다시 탄생한다. 이런 운동에서 변혁이 일어나는 초기 단계는 복잡하게 얽혀 있는 네트워크에서 나름의 혜택을 입는다. 행정적이고 기술적인 지원을 통해서 말이다. 무엇보다, 이런 지원은 민중적 공립학교에서 자명하게 보이는 민주적이고 정치적인 원칙을 복제하게 돕는다. 정책 형성과 의사결정을 민주화하고 교실을 개혁한다는 정치적이고 해방적인 의제는, 학교위원회에서 NAE에 이르는, 더 나아가 교육청까지 포괄하는 지자체 교육 관료체제의 모든 단계에서 일관되게 반영돼 실행되었다.

■ 주석

1. 본문에 포르투갈어로 되어 있어 주석에 원문을 실어 둔다. "Vim para aprender o Brasil, e, enquanto estiver no processo de preaprendizagem, de reconhecimento do Brasil, nao tenho muito o que dizer. Tenho mas o que preguntar." Moacir Gadotti, Paulo Freire, Sérgio Guimarãoes, *Pedagogia: Diálogo e Conflito* (São Paulo: Cortez: Autores Assodados, 1989), p. 15.

2. 1989년 기준으로 유치원 및 초등학교 학령기 학생 중 미취학 학생 수는 대략 100만 명에 이르렀다. 가장 큰 이유로는 이들을 수용할 시설 부족이었다. (Paulo Freire, *Pedagogy of the City* (New York: Continuum, 1993), p. 151.

3. Secretaria Municipal de Educação, *Cadernos de Formação: Um primeiro olhar sobre o projeto* (São Paulo: Secretaria Municipal de Educação, May-June 1990).

4. 상파울루시 초등교육 직제에 따르면, 학교당 한 명의 교장(주로 행정담당), 두 명의 교수법 코디네이터(주로 교사 관련 업무 담당)를 관리직으로 두고, 교사와 교육지원직원(행정직원, 요리사, 시설관리직원)을 두도록 하고 있다.

5. PT 교육청의 성인 문해교육에 대한 더 상세한 내용은 다음 자료를 참조할 것. Pilar O'Cadiz, "Social Movements and Literacy Training in Brazil: A Narrative", in *Education and Social Change in Latin America*. Carlos Alberto Torres (ed.) (Albert Park, Australia: James Nicholas, 1995); Stromquist, Nelly; 1996, *Literacy for Citizenship Gender and Grassroots Dynamics in Brazil* (Albany, NY: SUNY Press); Carlos Alberto Torres, "Paulo Freire as Secretary of Education in the Municipality of São Paulo", *Comparative Education Review*, vol. 38, no. 2, May 1994.

6. 이 정보는 교육청에서 종합한 것으로 다음 자료 참조할 것. *Construindo a Educação Pública Popular: Caderno 22 Meses* (São Paulo: Secretaria Municipal de Educação, 1990).

7. PT-MSE, *Diretrizes e Prioridades para 1991*, pp. 13-14.

8. Interview with Moacir Gadotti, PT-MSE Cabinet Chief 0uly 1989).

9. PT-MSE, *Diretrizes e Prioridades para 1992, 1ª Série—Construindo A. Educação Pública Popular*, Vol. 4, January 1992, p. 10.

10. Ibid.

11. After 1992, the new PDS administration abolished the NAEs and reinstituted the DREMs.

12. Francisco Weffort, "Escola Participação e representação Formal", *Paixão de Aprender*, June 1994.

13. PT-MSE, *Diretrizes e Prioridades para 1991. 1° Série—Construindo a Educação Pública e Popular*, Vol. 3, February 1991, p. 12.

14. Ibid.

15. PT-MSE, *Aceita um Conselho?*, April 1990.

16. Carlos Alberto Torres, "Paulo Freire as Secretary of Education in the Municipality of São Paulo", *Comparative Education Review*, Vol. 38, No. 2 (May 1994), p. 202.

17. Deme'trio Delizoicov and João Zanetic, "A proposta de interdisciplinaridade e o seu impacto no ensino municipal de 1° grau" in Pontuschka, org., p. 14.

18. Secretaria Municipal de Educação, *Professional Development Notebooks No. 3* (São Paulo: Secretaria Municipal de Educação, 1991), p. 2.

19. Maria Selma de Morães Rocha.

20. Secretaria Municipal de Educação, *Cadernos de Formação: Grupos de Formação. Uma (Re)Visão da Educação do Educador* (São Paulo: Secretaria Municipal de Educação, 1991), p. 9.

21. 지루(Giroux)는 "비판 문해"를 위한 "교육 적합성"은 교육과정 적합성에 대해 전통적인 자유주의적 교수법 관점과는 구분되어야 한다고 주장했다. 그는 이런 자유주의적 전통적 교육론은 "학생의 공부 동기를 향상시키기 위해 학생 개별의 관심에 교수법적 대응을 하는 방식으로 작동한다." 대표적인 비판교육학자인 지루는, 교육과정 적합성이란 개념에는 사회정치적이고 경제적인 의미를 더 많이 담아야 한다고 주장했다. 그는 "비판 문해"는 이런 적합성을 다루는 자유주의적 개념화와는 달리, "특정한 사회집단 혹은 사회계층의 문화자본에 대응하는 것으로 이런 문화자본이 정체성으로 받아들여지는 방식을 탐색하고, 이런 이들의 일상적인 삶에서 경험하는 지식과 문화가 무시되거나 훼손되는 방식으로 학생들의 정체성을 깎아내리지 못하게 방법을 강구한다"라고 설명한다. Henry Giroux "Public Education and the Discourse of Crisis, Power and Vision." In *Excellence, Reform and Equity in Education: An International Perspective* (Comparative Education Center, Faculty of Educational Studies, State University of New York at Buffalo and Ontario Institute for Studies in Education, Toronto, September, 1984), p. 106.

22. Maria Selma de Morães Rocha.

23. "일상적인 생활세계에서 실재라는 공간은 평범한 성인이 상식적인 태도로 당연히 여기는 것으로 이해된다. 우리는 아무런 질문 없이 경험하는 모든 것들을 가리켜 당연하다고 여긴다. 모든 사안이 특별히 눈에 띌 때가 오기까지 이 모든 일은 우리 눈에 아무런 문제가 되지 않는 것들이다"(A. Shultz, 1957). "이것이 내 경험 속에서 벌어지는 것 중 질문이 필요 없는 모든 것의 바탕이다. 모든 문제가 반드시 감당해야 할 질문할 수 없는 프레임이 이런 식으로 자리 잡

고 있다"(Luhmann, 1977). 이 두 인용문은 모두 다음 문헌에서 재인용되었다. Jürgen Habermas, *The Theory of Communicative Action, vol. 2, Lifeworld and System: A Critique of Functionalist Reason*. Translated by Thomas McCarthy. (Boston: Beacon Press, 1987), p. 130.

24. Delizoicov and Zanetic, in Pontuschka, org., Op. Cit., p. 10.

25. PT-MSE, Estudo Preliminar da Realidade, Cadernos de Formação N^a 2, 3^a *Série—Ação Pedagogica da Escola pela via da interdisciplinaridade*, February 1990, p. 59.

26. Demétrio and Joao Zanetic, "A proposta da interdisciplinaridade ···", in Pontuschka (org.), p. 13.

27. Beatriz Helena Marão Citelli, "Cruzando Linguagens", in Pontuschka, org. p. 95.

28. Beatriz Helena Mário Citelli, "Cruzando Linguagens", in Pontuschka (org.) 1993, p. 100.

29. 교육청에서 포르투갈어로 번역해 활용한 문헌 목록은 다음과 같다. Gaston Bachelard, *Epistemologia* (Rio de Janeiro: Zahar Ed., 1971). Georges Gusdorf, *Les sciences de l'homme sont des sciences humaines* (Université de Strasbourg, 1967), Professores para que? (Lisboa: Moraes, 1970). *Jean Piaget, Seis Estudos de Psicologia* (Rio de Janeiro: Forense-Universitária, 1964), *Psicologia e epistemologia* (Rio de Janeiro: Forense, 1971). *A epistemologia genética* (Petrópolis: Vozes, 1972), *Para onde vai a educação?*, 8th ed. (São Paulo: Jose Olympio, 1988), *Linguagem e Pensamento da Criança* (São Paulo: Martins Fontes, 1989); Carl Rogers, *Tornar-se pessoa* (Lisboa: Moraes, 1973), *De pessoa para pessoa: o problema do ser Humano* (São Paulo: Pioneira, 1976). Gadotti notes "the valorization of dialogue and interdisciplinariness in the acquisition of knowledge" as a common denominator among Rogers, Piaget and Gusdorf. *Pensamento Pedagógico Brasileiro* (São Paulo: Atica, 1987), pp. 68-69.

30. 다음 문헌을 예로 들 수 있다. Demitrio Delizoicov, D. *Concepção Problematizadora para o Ensino de Ciências na Educação Formal*, Masters Thesis (São Paulo: USP 1982). Antonio Faundez, "Dialogo e Multidisciplinaridade" (mimeograph n.d.). Ivani Fazenda, *integraçao e interdisciplinaridade no msino brasileiro* (São Paulo: Loyola, 1979), Luis Carlos de Freitas, "A questão da Interdisciplinaridade: Notas para a reformulação dos curso de Pedagogia" (mimeograph) FE/UNICAMP, 1988. Hilton japiassú, *Interdisciplinaridade e patologia do saber* (Rio de Janeiro: Imago, 1976); *Introdução ao Pensamento Epistemológico* (Rio de Janeiro:

Livraria Francisco Alves, 1986); Antonio Joaquim Severino, "Subsídios para uma Reflexão sobre novos caminhos da Interdisciplinaridade" in *Serviço Social e Interdisciplinaridade: dos Fundamentos Filosóficos á Pratica Interdisciplinar no Ensino, Pesquisa e Extensão*, org., Jeanente L. Martins (São Paulo: Cortez, 1989).

31. NAE-6, *Realidade e Conhecimento* (mimeographed text), 1990, p. 1.
32. Antonio Faundez, "Diálogo e Multidisciplinaridade", in *Seminário National do Programa Integração da Universidade com o Ensino de 1ª Grau* (mimeograph), cited in Ibid., p. 2.
33. Demétrio Delizoicov and João Zanetic, Op. Cit,, p. 13.
34. Maria Nelli Silva, *A Construção do Currículo na Sala de Aula: a professor como pesquisador* (São Paulo: E.P.U., 1990), cited in PT-MSE, *Tema Gerador e a Construção Programa uma nova relação entre currículo e realidade*, Caderno de Formação N° 3, *Series 3—Ação Pedagógica da Escola pela via da interdisciplinaridade*, March 1991, p, 11.
35. Delizoicov and Zanetic, Op, Cit., p. 13.
36. Paulo Freire, *Pedagogy of the Oppressed*, 26th edition. Translated by Myra Bergman Ramos (New York: Continuum, 1970), pp. 62-63.
37. PT-MSE, *Estudo Preliminar da Realidade—Resgatando a Cotidiano, Caderno de Formação N° 2, 3ª Série—Ação Pedagógica da Escola pela Via da Interdisciplinaridade*, p. 17.
38. Ibid., p, 60.
39. Marta Pernambuco "Quando a troca se estabelece: a relação dialógica", in Pontuschka (org,), Op. Cit., p. 24.
40. Ira Shor, *Empowering Education: Critical Teaching for Social Change* (Chicago: University of Chicago Press, 1992), pp. 85-86.
41. PT-MSE, *Tema Gerador e a Construção do Programa: uma nova relação entre currículo e realidade, Cadernos de Formação N° 3, 3ª Série Ação Pedagógica da Escola, pela via da Interdisciplinaridade*, 1991, p. 30.
42. PT-MSE, *Um primeiro olhar sobre a projeto*, Cadernos de Formação Nª 1, *Series 3—Ação Pedagógica da Escola pela via da interdisciplinaridade*, February 1990, pp. 31-53. Cf. L. S. Vygotsky, *Mind in Society* (Cambridge, Massachusetts: Harvard University Press, 1978), Emilia Ferreiro, "A Representação da linguagem e o processo de Alfabetização", *Cadernos de Pesquisa*, N° 52, February, 1985, and *Reflexões sobre Alfabetização*, Translation Horácio Gonzales (et al.) (São Paulo: Cortez: Autores Associados, 1988). Works translated Into Portuguese and cited in Secretariat Literature: L. S, Vygotsky, *Pensamento e Linguagem*, 2nd ed.

(São Paulo: Martins Fontes, 1989); *Farmação social da Mente*, 3rd ed. (São Paulo: Martins Fontes, 1989).

43. Emilia Ferreiro, *Reflexões sobre alfabetização* (São Paulo; Cortez: Autores Associados, 1986), p. 67.

44. Paulo Freire, *A importância do ato de ler: em três artigos que se completam* (São Paulo: Cortez: Autores Associados; 1987), p. 35.

45. PT-MSE, *Em Formação*, NAE-6, 1990, pp. 11 and 30.

46. Marta Pernambuco, "Quando a troca se estabelece: a relação dialógica" in Pontuschka, Op, Cit., 1993, p. 24.

47. SM- SP, *Tema Gerador e a Construção do Programa*, March 1991, p. 30.

48. PT-MSE, *Cadernos*, 1989, p. 9.

49. PT-MSE, *Em Formção*, NAE-6,1990, p. 11.

50. PT-MSE, *Cadernos de Formação. Uma Revisão da Educação do Educador* (São Paulo: Secretaria Municpal de Educação, 1990), pp. 9-11.

51. *Diario Oficial Municipal*, September 17, 1992.

52. Ibid.

제5장

교육과정 재정립:
인터 프로젝트

새로운 교육 패러다임 만들기:
생성적 주제를 통한 다학제적 교육과정

다학제적 프로젝트(인터 프로젝트)는 민중적 공립학교 개념과 함께 학교 행정의 민주화 및 교육 수준의 향상이라는 목표를 모두 담고 있다. 새로운 교육 패러다임을 위한 이런 당찬 개혁안을 도입함으로써, PT가 집권한 상파울루시 교육청은 지자체 학교에서 교육과정 변혁운동을 전개했다. 따라서 인터 프로젝트는 교육과정재정립운동MRC이라는 PT의 사회주의 국가적 핵심적 동력을 내보이는 신호탄이었다. 교육청은 이를 실현하기 위해 교사에 집중했는데, 야심 찬 교육개혁을 위해 교사를 행위 주체이자 핵심 출발점으로 삼았다. 교실 수업을 바꾸겠다는 분명한 의도를 가진 이런 프로그램에서 교사들과 협력하는 것이 유일하게 활용할 수 있는 전략이었다. 동시에, 엄청나게 위험한 방안이기도 했다. 교육청의 목표는 교사들이 자기 직업에 관한 이론을 확인하고, 이해하고, 비판하는 과정을 직접 경험하게 하고, 교육개혁 정책에 교사들을 끌어들임으로써 현재의 교육을 급진적으로 바꾸려는 것이었다. 물론 교사들의 가르침을 성찰적이고 역동적인 수업으로 변화시키면서 말이다. 프로젝트를 개발하고 또 수행하는 것 자체가 교육개혁의 과정을 의미했다.

인터 프로젝트는 교육 관료들의 책상에서 생겨난 것도, 근래 유행한 국외 교육이론에 따라 만들어진 것도 아니었다. 가난한 아이들, 아직 읽고 쓰지 못하는 아이들, 참혹한 불평등, 교육을 통한 사회이동을 막고 서 있는 장애물이 가득한 사회에서 소외되고 가장 취약한 아이들에게 무엇을 또 어떻게 가르쳐야 할지를 연구 주제 삼아 수십 년간 강렬하고 이론적인 논쟁을 벌인 결과였다. 물론 이런 논쟁은 브라질 안팎에서 기인한[1] 다양한 교육사회학적, 인류학적 이론으로부터 진화했다. 그러나 브라질에서 양질의 교육을 둘러싼 이런 이론적 논쟁의 진화 양상은 PT 집권 시기(1989~1992)에 특정한 계기를 맞게 되었다. 특별히, 생성적 주제를 통한 다학제적 교육과정 프로젝트는 지역사회의 상식적 개념과 체계화된 지식 세계 사이의 변증법적 관련성을 세우고자 애썼고, 따라서 PT가 내세우는 좀 더 정치화된 교육 목표를 달성하려는 직접적 전략이 되었다. 즉, 학교는 민중적 지식을 타당화하고 재창조하기 위한 공간이 되어야 하고, 더불어 학교는 새로운 지식을 습득하고 또 생산해 내는 장소로서, 사회적 실재를 비판적으로 이해하고 변혁의 관점에서 비판적 학생을 길러 내야 한다는 목표를 추구하도록 재개념화되었다.[2]

그러므로 인터 프로젝트 내에서, 지식을 '문제삼기'하려는 프레이리 교육감의 지식관은 최종적이고 단단하게 고정된 지식이라는 개념보다 우위를 차지했다. 프레이리가 이끄는 교육청의 야심 찬 프로젝트는 전통적인 지식의 개념을 급진적으로 변화시키고, 교사들이 교육과정 실천에 대해 재고해 볼 것을 요구했다. 이런 노력을 이끄는 원리를 다음과 같이 네 가지로 정리해 제시하였다.

1. 광범위한 참여 및 활동을 통해 교육과정을 결정하는 집단 구성
2. 학교 자율성 원리를 존중해 지역화된 경험과 맥락화된 실천을 살

릴 것

3. 교육의 과정에 참여하는 교사, 학생 및 기타 이해관계자들의 학교 일상생활에서 지속적인 행위-성찰-행위로 번역하는 이론-실천의 통합, 즉 프락시스에 대한 가치를 인정할 것
4. 학교 활동을 통해 교육과정의 비판적 분석을 지속하며, 이 과정에서 교사를 교육과정의 주체로 계속 훈련해 나갈 것[5]

인터 프로젝트를 통해 제안된 교육과정 구성의 토대를 재개념화하는 데 핵심적인 부분은, "지식이 실재를 이해하게 하는 요소로 탐구된다는 생각에 더해 프로그램의 구성과 교과 내용 선택에서 가장 핵심적인 요인으로 같은 실재"를 중시하는 것이었다.[4] 지식이 인터 프로젝트 내에서 교육과정 내용을 궁극적으로 결정하는 것으로 교사들이 가장 잘 준비되었다고 느끼는 교과서 혹은 특정한 과목의 내용으로 자주 간주되는 상황에서, 교사들은 어떤 내용을 가르칠 것인지 결정하는 데 더 복잡하고 분석적인 과정을 경험하도록 요청되었다. 이 과정은, 생성적 주제를 결정한다는 개념 및 학교 교사 집단의 일부로서 지속적이고 체계적인 노력(성찰적 교육 프락시스의 하나)이 되는 프로그램의 구성에 취해지는 다음 단계라는 개념과 함께 프레이리의 성찰적 프락시스라는 개념과 빠져나올 수 없을 정도로 단단하게 연결되어 있다. 실제로, 교육과정 구성을 위한 일은 교사로서 매일 대면하는 생활의 일부가 되었다.

결과적으로 교육과정은 교수 행위를 위한 정적인 계획에 따라 파편적으로 전달되는 단단하게 얼어붙은 지식 조각으로 학생들이 암기해야 하는 것을 의미하지 않았다. 교육과정은 더 역동적이고 지속적으로 진화하며, 재평가와 개정과 맞닥뜨리게 되는 것이었다. 학생 문화라는 풍부한 땅에 굳건히 뿌리내린 생성적 주제는 교육과정 구성 과정에서 자라

나는 지식의 나무 밑동으로 작용했고, 지역사회의 현실에 대한 초기 연구로 길러졌으며, 분리돼 떨어져 있는 실재를 더 잘 이해하기 위해 필수적인 연계를 찾도록 하는 지식의 다양한 영역으로 가지를 뻗어 갔다. 그러나 이는 계획성 없이 되는 대로 일어난 게 아니었다. 인터 프로젝트에 따른 교육과정 구성 제안은 과정을 안내하는 특정한 방법론적 단계를 밟았다.

인터 프로젝트는 생성적 주제를 통해 다학제적이고 민주적인 교육과정 개발을 위한 4단계 틀을 제공했다. 첫 번째 단계는 숙의적이고 정보가 제공되는 과정에 학교 직원들이 참여할 수 있도록 했는데, 이들은 이를 통해 인터 프로젝트에 참여할 것인지 논의했다. 긍정적인 결정에는 프로젝트에 참여하는 학교로서 기대하는 사항을 자세하게 담은 제안서를 제출하도록 했다. 두 번째 단계는 실재연구Estudo da Realidade, ER를 관여시키는 것으로, 학교의 생성적 주제 탐색의 결과물이었다. 세 번째 단계에서 교사들은 생성적 주제를 둘러싼 다양한 교과의 내용과 교수 방법을 조직했다. 이것은 소위 지식 구성Organização do Conhecimento, OC이라고 불렸다. 네 번째 단계는 지식의 활용/평가Aplicação do Conhecimento, AC라고 알려진 것으로, 교사는 학생들이 지식을 활용하는 연습, 활동, 프로젝트를 디자인했다. 기본적으로 프로젝트에 참여하는 문제에 대해 투표해 결정하는 학교의 집단적 과정으로 구성되는 초기 단계가 종결되면, 학교 수업 프로그램이 다음 세 개의 근본적 교육 계기ER, OC, AC가 구조화하는 과정을 따랐다. 이런 방법론적 접근에서 진화한 교육과정 기획 과정과 특정한 수업 활동에 대해서는 아래에서 더 자세히 기술할 것이다.

교육과정 구성에서 방법론적 계기

세 가지 방법론적 계기ER, OC, AC는 인터 프로젝트의 모든 교육 사례에 스며들었다. 즉, 이 계기들은 교사가 교육과정 구성 노력을 수행할 수 있도록 훈련받는 방식을 말하는 것뿐만 아니라 수업 실제를 위한 지침 제공 및 더 나아가 다양한 맥락(예를 들어 교사형성모임에서 함께 읽는 글의 내용 분석이라든가, 학교위원회 모임에서 토론 방향을 설정한다거나, 심지어 교직원 회의에서 학교 인력에 의한 프로젝트 평가를 구조화하는 상황 등)에서 주어진 상황 및 주제 분석을 위한 틀을 구성하게 했다. 그런데 가장 중요한 것은, 이들 계기가 일반적인 교육과정 개발의 광범위한 수준과 특정한 교실 활동의 맥락에서 다학제적 교육과정 프로젝트의 이행에 취해지는 단계를 표시한다는 점이다. 따라서 방법론적 계기는 학교가 기능하는 방식 및 교사가 생각하고, 행동하며 학생이 공부하는 방식에 대해서 교육청이 개입하는 총체적 특징으로 여겨질 수 있다.

페르남부쿠는 생성적 주제를 통한 다학제적 교육과정의 실천을 위한 근본틀이 갖는 중요성에 대해 다음과 같이 말한다. "교육적 계기는 체계적인 대화의 실천을 보증하는 데 활용되는 조직의 수단이다."[5] 즉, 프로젝트가 성찰적 교육과정 프락시스를 진작한다는 점을 강조하면서 대화가 인터 프로젝트의 핵심적 특징이라고 지시되고 있다.

교육과정 계획과 교수 방법론으로서 교육적 계기의 이행은 각 NAE나 학교현장마다 달랐는데, 이는 교육청의 중앙기술지원국DOT으로부터 나온 일반적인 프로젝트 지침을 어떻게 해석하고 또 적용하는가에 따라 서로 다른 모습을 보였다. 제시된 지침은 10개의 시범학교에서 프로젝트를 초기에 개발하는 데 참여했던 NAE 및 교사가 해야 할 일을 완전히 직접 지시하지 않았다. 각 NAE의 인터팀(인터 프로젝트 담당팀)에게는 해당 지역 내 각 학교에 프로젝트를 확산하도록 전략 및 접근을 효과적으로 취할 수 있는 자율성이 일정 정도 주어졌다. [표 5-1]은 이런 3단계를 보여 주며 프로그램 구성 과정을 개괄하고 있다. 특별히 이 표는 우리 연구의 대부분을 수행했던 NAE-6의 인터팀에 의해 상세화된 것이다. 이제 우리는 각 계기가 진화하는 과정과 요구되는 여건, 그리고 이런 방법론적 접근으로 얻은 성과를 좀 더 가까이 검토할 것이다.

[표 5-1] 인터 프로젝트의 단계

실재연구(ER)	지식 구성(OC)	지식 적용(AC)
• 문제삼기 • 학생, 교사, 지역사회의 이야기 조사 및 논의 • 지역사회 방문 • 지역민과의 면담 • 설문조사 • 중요 상황 선정 • 주제 디자인	• 지식내용 영역 선정 • 실재 및 체계화된 지식 • 교사들의 접근 및 태도 성찰 • 인지 및 감성적 요구사항 • 개념 및 견해 • 가설 • 전제 • 이론	• 구성된 프로그램 이행 • 학생, 교사, 지역사회의 변화를 위한 평가 및 계획 • 지식: 행위, 적용, 구성, 재구성 • 도구: 자연환경 및 인공환경, 게임, 잡지, 책 등

출처: Núcleos de Ação Educativa 5, São Paulo Municipal Schools, 1992.

실재연구: 교육과정 개발의 첫 단계, ER(Estudo da Realidade)

일단 학교가 인터 프로젝트에 참가하겠다고 결정하고 나면, 교육과정 개발의 첫 단계에서는 학교공동체는 "중요한 상황"이 무엇인지, 또는 학생들의 "생활 세계"를 구성하는 매일매일의 사회·문화·정치적 환경은 어떤 것들이 있는지 구별해 내는 예비실재조사연구를 수행한다. 이 연구는 인터팀(새로 만들어진 NAE에서 파견된 교육청 인력)이 지원한다.[6] 학교는 이 예비실재조사연구가 진행되는 동안 수집된 데이터를 학교에 관한 서류철에 조직해 넣고, 이 예비실재조사연구에 이어 앞으로 진행될 연구에서 수행될 탐구와 교육 활동의 결과로 얻게 되는 데이터들이 이 학교 서류철에 추가로 쌓여 조직되도록 허용한다.

[그림 5-1] 교육과정 구성 과정

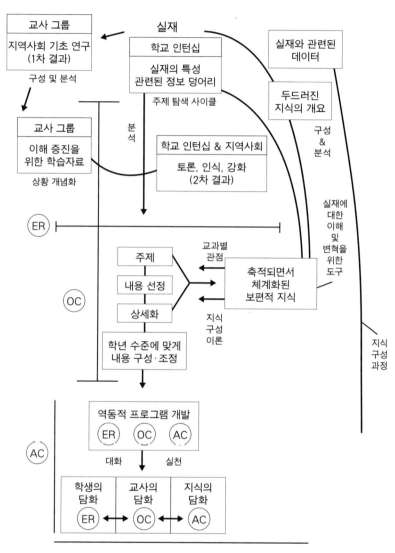

실재에 대한 이해 및 변혁의 도구

출처: 이 그림은 Demetrio Delizoicov의 석사학위논문에서 발췌한 것을 토대로 NAE-6의 인터팀이
부분 수정한 것(원래는 Delizoicov가 Martha Pernambuco의 개념틀)과 프레이리의 페다고지
3장 내용을 해석해 NAE-2의 인터팀이 만든 것을 종합한 것임.

이런 연구 단계가 진행되는 동안, 교사들은 학교의 지역적 현실에 참여해 관찰하는 연구자가 된다. 교육청에 따르면, 이는 민중적 공립학교를 만들어 가는 프로젝트에서 특별히 중요한 계기가 된다. 왜냐하면 "참여하는 주체, 연구자, 연구 대상자, (프레이리식으로 이야기하자면) 이런 현실에 대한 양 진영의 독해자는 두 방향 행동(사회와의 관계에 다시 활력을 되찾게 되는 학교가 제공하는 교육 질의 향상과 '지역사회'에 대한 비판적 의식의 발달)이라는 관점에서 서로 도울 수 있기 때문이다. 학교는 이런 지역사회의 생활 및 활동 여건을 읽고 또 변화시키도록 돕는다".[7] 이런 면에서 교사는 확인하려는 기존 선개념으로 지역사회에 접근하는 게 아니라, 예측할 수 없는 방식으로 지역사회에 대해 배우는 데 개방적이어야 한다. 이와 유사한 상황일 텐데, 지역사회는 지식과 문화가 없거나 부족하다고 여겨져 왔기 때문에 소위 지식을 배분한다고 역사적으로 기능해 왔던 기관(학교)이 나서 지역사회의 지식과 문화에 갑작스럽게 관심을 기울인다면 놀라지 않겠는가? 그럼에도 불구하고 학교에서 재생산되는 전통적인 지식/권력관계에 대항하기 위해, 인터 프로젝트는 학교 안팎에서 계속되는 지식 교류 과정과 새로운 지식을 집단적으로 구성하는 데 지역사회가 참여할 것을 요청한다.

따라서 학생, 학부모, 지역 주민들과의 면담 및 이들을 대상으로 한 설문조사는 교육과정 계획의 ER 단계 동안 데이터 수집의 가장 중요한 수단이 된다. 여기에 학교 인근 사업체, 병원, 기타 다른 행정기관을 대상으로 한 여론조사 및 일반적인 참여관찰 등의 방법이 보완적으로 사용되었다. 지역 통계 데이터(인구 정보, 소득 통계 등), 신문기사 및 관련 보고서와 같은 2차 문헌도 활용되었다. 『Caderno de Formação N.2, 실재연구』(훈련 노트북, 인터 프로젝트에서 교사 지침서로 교육청이 발간한 시리즈)의 저자들은 "참여활동연구" 및 "민족지 및 질적연구"의 일반적 교의에 기반해 제안된 데이터 수집을 위한 이론적 토대를 수립했다.[8]

예를 들어, "학교공동체"와 "지역사회" 모두에서 데이터 수집을 담당하는 연구팀은 주민들에게 이웃 사회에 대해 질문을 할 수 있다. '이 동네에 사는 것은 어떤가요?' '이 동네에 필요한 것이 뭐라고 생각하시나요?' 등의 질문을 던지게 된다. 이런 질문의 목표는 그 동네, 그 지역의 역사, 동네 주민들의 염원, 이들의 희망과 꿈을 가로막는 문제들에 대해 그 동네 집단이 그리고 그 구성원 각자가 어떻게 인식하고 있는지를 아는 것이다.

교육청은 언어분석틀을 따라 지역사회에서 수집된 말 또는 담화 중에 다음과 같이 구별할 수 있는 것이 있다고 제안한다. (1) 의견을 반영하거나 특정한 관점을 방어하는 언술, (2) 세계에 대한 정적이거나 좀 더 역동적인 비전을 보이는 관점, (3) 세계의 한 장소에 대해 다양한 의식의 수준을 보이는 언술, (4) 상징적인 성격의 담론(은유, 비교 등).[9] PT가 집권한 상파울루시 교육청은 이런 다양한 표현을 수집하는 데 관심이 집중되면, 학교와 지역사회의 실재에 대한 완벽한 모습이 기록, 분석될 수 있다고 보았다.

일단 데이터가 수집·기록되면, 다음 단계는 사진, 비디오, 인구통계 및 기타 지역의 경제·정치·사회·문화적 특징에 관한 공식 보고서에서 얻은 정보 등과 더불어 특정한 말/담화(예를 들어, 지역사회의 다양한 개인과 면담한 내용)을 기호화하거나 "범주화"하는 것이었다. 범주화 과정은 "집단적이고 다학제적"이어야만 한다. 그래야 객관성과 주관성 간의 균형이 잡히고 현실에 대한 풍부하고 광범위한 사회적 시야를 갖도록 특수한 것들과 효과적으로 관련지을 수 있게 된다.[10] 이런 집단적 분석을 통해, 다학제팀은 데이터가 묘사해 주는 분명한 상황을 확인하는 것뿐만 아니라 지역사회에서 수집·기록된 담론에서 암묵적으로 내비치는 이슈, 관심사, 문제들을 분별해 냈다.

예를 들어 정책개발 과정의 한 부분으로, PT가 집권한 상파울루시 교육청은 학생 설문조사를 포함해 지자체 학교 시스템에 대한 실재연구$_{ER}$를 수행했다. 이렇게 생성된 학생 데이터 가운데, PT가 집권한 상파울루시 교육청은 다음과 같은 학생 관련 문제들을 범주화했다.

1. (인식되거나 혹 희망하게 되는) 학교의 기능을 표현하는 학생들의 담화에는 지식 습득, 지식사회에 참여하기 위한 도구로서의 지식, 사회이동, 태도 형성, 사회적 공존, 직업 준비, 학생 지원, 보호, 휴식 등에 필요한 서비스 지원 등이 있다.
2. (인식되거나 혹 희망하게 되는) 물적 구조를 표현하는 학생들의 담화에는 건물 신축, 보호, 안전, 위생 등이 있다.
3. (인식되거나 혹 기대되는) 교육과정 구조는 하위 범주로 다음과 같이 구분된다. 내용-분절, 학생 일상생활에의 적합성, 지식 활용과 관련된 이슈, 다른 내용 포함을 위해 학생들이 제안한 사항, 방법론, 평가, 교사-학생 관계, 학생-학생 관계, 학생-기술지원팀 관계, 학생-학교 직원 관계, 재정적 참여와 관련된 측면을 다 함께 그룹짓는 학교-지역사회 관계, 학교 성과 따르기, 학교 의사결정에의 참여, 학교 자원의 사회적 유용, 인간 자원, 물적 자원, 학교 조직, 학교 훈육 시스템의 구조 만들기 등.[11]

각 학교가 실재연구$_{ER}$를 수행하려는 노력을 진작할 때, 교육청은 다음과 같이 동시에 일어나는 몇 가지 과정을 강조했다. (1) 연구팀이 수집된 데이터를 예비 분석하는 동안 특정한 지역사회와 관련해 나타나는 미시적 이슈들을 기록할 것, (2) 좀 더 광범위한 사회적 맥락에서 관련된 거시적 이슈들을 확인할 것, (3) "중요한 상황" 혹은 지역사회 담론에서 계속해 등장하는 주제들을 구별해 내기 위해 이 두 가지 종류의 이슈를 서로 연결 지을 것, 그래서 엄격하게 개인적인 경험과 반대되는 집단적 차원의 이슈로 제시할 것.[12] 다음의 가이드라인(지침)은 수집된 데이터 분석에 참여하는 교사들에게 제공된 것이다.

1. 연구된 "지역사회" 역사를 알 것
2. 분석에 관련된 모든 사람은 수집된 모든 자료를 읽고 해석에 참여할 것
3. 해당 그룹은 개인 수준의 독해 및 분석이라는 점을 고려해 가며 수집된 데이터 및 특정 시기 얻어진 정보의 한계에 대해 토론해야 함

나아가 PT가 집권한 상파울루시 교육청은 이런 목적을 위해 다음 사항을 제안한다. 각 (연구) 팀은 지역사회 담론에 존재하는 좀 더 중요한 경향과 요소를 분명히 하도록 데이터 구성을 허용하는 넓은 범주를 만들어야 한다. 다양한 범주의 타당성은 각각의 범주 내에 자리할 데이터의 양으로 검증된다. 특정한 범주 내에 자리한 정보가 많을수록, 해당 범주는 더 정확해진다, 즉 타당도가 높아진다. 여기서 지적되어야 할 점은, 어떤 데이터는 어떤 범주에도 들지 못하는 경우가 있는데, 따라서 그룹은 범주를 평가하고 새로운 범주가 궁극적으로 만들어질 필요가 있는지, 혹은 해당 데이터가 그다지 중요하지 않은 것인지 결정해야 한다. 이러한 지침을 따라, 실재에 대한 변증법적 이해가 이루어진다. 즉, 확인된 범주가 데이터 분석을 방향 짓도록 함과 동시에 데이터가 범주의 개념을 방향 짓게 되는 것이다. 이에 따라 연구팀은 연구 대상이 되는 지역사회에 가장 중요한 상황이 무엇인지 알아 가게 된다.[13] 이런 질적 분석 과정은 인터 프로젝트 내의 교육과정 개발 노력에서 가장 핵심적인 것이다.

요약해 보자면, 교사의 노력이 이루어지는 활동의 중심은 제한된 기

간(예를 들어 한 학기 등)에 학교에 해당되는 생성적 주제를 개발해 내는 것이다. 따라서 실재연구ER는 교사들이 가르치고 있는 학교공동체에 관해 데이터를 수집하면서 협력적인 모험을 하게 한다. 실재연구를 완수하자마자, 교사들은 이 데이터를 끼워 맞추고 분석한다. 이 속에서 지역사회에 중요한 이슈들을 끄집어낸다. 이런 "중요한 상황"으로부터 교사는 근본적 이슈인 학교공동체의 갈등에 대해 성찰적인 생성적 주제를 협력적으로 도출하려 한다. 이는 다학제적 교육과정 형성에서 학교 전체적으로 방향을 잡게 해 준다. PT가 집권한 상파울루시 교육청에 따르면, 학생의 현실에서 이런 토대는 다학제적 접근이 학교가 전통적으로 전달을 담당해 온 체계화된 보편적 지식에 접근하게 해 준다. 민중적 영역에 대한 관심에서 새로운 지식을 구성하도록 지지, 격려하면서도 말이다.

집단 분석이 지닌 이런 상호 작동적이고 역동적인 과정의 결과로, 한 묶음의 중요한 상황이 확인되고, 교육과정을 구성하도록 하는 생성적 주제에 관한 합의에 도달한다. 비록 많은 생성적 주제가 가능하지만, 그룹은 학교와 지역사회, 여기에 아마도 최근의 사건이 갖는 사회역사적 맥락이라는 특수성하에 일종의 합의에 이르러야 한다. 예를 들어, 한 학교가 생성적 주제로 "선거"라는 단어를 결정했다. 왜냐하면 지자체 선거가 해당 학기에 열릴 것이고 도시 전체에 선거 캠페인 선전 활동이 넘쳐날 것이기 때문이다. 지역사회 단체, 가족, 학생, 교사는 후보 및 각 정당 강령(정견 발표)의 장단점을 토론했고, 선거는 학교 내 학생 생활에서 가장 중요한 측면을 차지했다. ER 학교와 지역사회, 그리고 교사와 학생 간의 대화 개시는 필수적으로 인터 프로젝트의 교육과정 개발 및 교실 수업의 두 번째, 세 번째 계기로 이어지게 했다.

지식의 구성 및 적용 OC(Organização de Conhecimento) & AC(Aplicação do Conhecimento)

'지식의 구성'이라고 이름 붙여진 단계에서 교육과정 계획의 수준에 대해, 생성적 주제를 통한 다학제적 교육과정을 만드는 교사들은 실재 연구ER로부터 데이터와 정보를 활용해 각 학년에서 가르칠 특정 개념과 내용을 결정하는 교과 영역을 위해 생성적 질문을 이끌어 낸다. 즉, 서로 다른 교과를 가르치는 교사들이 생성적 주제를 둘러싸고 각자의 교과 내용을 조직한다. 각 교과목에서 서로 다른 생성적 주제 목록이 개발된다. 이 같은 질문에 대한 대답은 교과의 내용 영역에서 발견될 수 있다. 이런 생성적 질문에 대한 대응을 개발하도록 학생을 가르치는 일은, 이들이 교과 영역을 탐색할 수 있게 지원, 격려하는 것과 함께 특정한 학문에서 사용되는 기술을 훈련하도록 한다.

교육과정의 계획 과정에서 이 계기는 체계화된 지식의 세계와 바로 이전 ER 단계에서 수행된 데이터 분석에서 등장한 주제, 문제, 중요한 상황 간에 연관성을 만들도록 한다. 또한 이 지점에서 중요하게 관여하는 요인은, 교육과정 계획 과정에 참여하는 교사에게 알려 줄 지식 구성, 인지발달 이론 및 개념과 함께 중요한 지식을 구성하는 것이 무엇인지, 특정한 학년 수준의 학생에게 어떤 학문적 요구가 있는지에 관한 개인적이고 집단적인 개념이다. 이 단계에서, 교사는 각 교과 영역에서 계획된 활동의 일환으로 이용되는 학습자료와 자원을 선정한다. 인터 프로젝트에서, 교사는 신문, 현장학습, 외부 인사 초청, 학술논문, 문학작품, 기타 시청각 보조기구 등을 포함한 광범위하고 다양한 자원을 활용할 것을 요구받는다.

이 OC 단계를 지원하기 위해, PT가 집권한 상파울루시 교육청은 개념들을 통합한다는 관념에 대해 명료하게 설명하고 있다. '통합하는 개념'은 각 교과 영역에서 개발된다. 프로젝트 컨설턴트이자 과학 교사이기도 한 페르남부쿠Marta Pernambuco는 초등학교 수준에서 자연과학 수업을 물리학, 화학, 생물학, 천문학, 지구과학 등을 포괄하는 고유한 다학제적인 교과로 특징화하고 있다. 페르남부쿠는 생성적 주제를 통한 다학제적 교육과정이 사회과 및 언어 교과 이외의 다른 교과(수학 및 과학 등)에는 적절하지 않다는 오해 섞인 주장에 답변하면서, 과학 교과가 현대 기술에 대한 이해를 진작시키며 과학 분야의 지식을 구성해 낼 수 있도록 기능한다고 주장했다. 이에 더해 그녀는, "따라서 우리가 공유하는 과학적 지식의 생산, 구조화된 원리에 대한 탐색, 자연과학의 모든 학문적 영역에 해당되는 좀 더 일반화된 절차로 돌아가는 것이 핵심이다. 이것이 개념을 통합한다는 말이다"라고 했다.[14]

[그림 5-2]는, 초등학교 교육의 학년단계제를 통해 학생의 인지발달 수준에 적합한 다학제적 교육과정 구성에 개념의 통합이 어떤 중심적 역할을 담당하는지에 대해 과학 교과 담당팀이 만든 도표다. [표 5-2]는 [그림 5-2]에서 제시된 개념의 통합이 지닌 중요성과 활용에 대해 보여 준다. [그림 5-3]은 각 교과 영역에서 단 하나의 생성적 주제로부터 진화해 온 개념의 통합과 생성적 질문이 지닌 연관성을 보여 준다. 개념의 통합은, 교육과정 계획 과정의 OC 단계에서 교육 활동을 위한 내용 및 학습자료를 교사들이 선정하도록 안내하면서 교육과정 계획에 짜여서 구성된 기준점으로 기능할 것이 요청되었다.

지식의 적용AC은 마지막이자 3단계로서, 학생이 구성한 지식을 제시하는 활동계획과 같은 학교 공부 프로그램의 이행과 평가를 나타낸다. 이 접근의 핵심은, 교과 영역의 내용이 그 자체로 목적이 되는 것이 아니라 주어진 실재에 대해 더 잘 이해하는 수단이 되게 하는 것이다. 물론 이때 지식을 학생 삶의 조건으로부터 분절화하거나 분리시키는 것을 거절하면서 말이다.[15] 이 같은 현실 속에서 행동하고 또 이를 변혁하려는

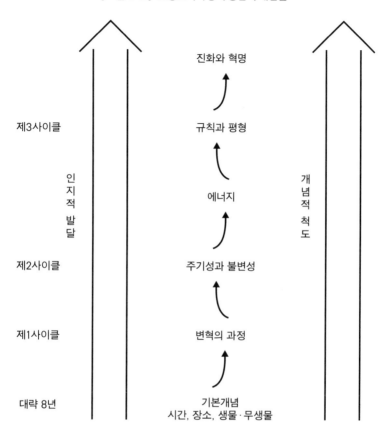

[그림 5-2] 초등교육과정의 통합적 개념들

진화와 혁명

규칙과 평형

에너지

주기성과 불변성

변혁의 과정

기본개념
시간, 장소, 생물·무생물

제3사이클

제2사이클

제1사이클

대략 8년

인지적 발달

개념적 척도

출처: SME-SP, *Documento 5—Visão da Area: Ciencias*, February, 1992, p. 17.

능력과 주체성은 이런 강화된 이해에서 비롯된다.

　AC 국면에서 첫 번째 단계는, 교사가 자신이 가르친 개념에 대해 학생의 이해도가 어떤지 평가를 어떻게 할 것인지 결정하는 것이다. 그룹 혹은 개인 프로젝트가 과제로 부여되는데, 이를 통해 습득했거나 혹 구성한 지식의 적용에 학생들이 참여하도록 한다. 교육과정 계획의 AC 국면이 진행되는 동안 선정된 활동은 학생의 학습과 이해 정도를 평가하

[표 5-2] 통합적 개념들의 중요성과 적용

통합적 개념	중요성	적용
초기 개념: 공간, 시간, 생물, 무생물	• 개인과 영속적 관계를 맺으며 지속되는 실재의 구조화 • 이런 개념은 확인되어야 할 것들로 접근될 다양한 주제에 적합해야 한다. • 활동은 분류, 관찰/기술, 실재와의 관계 및 차이점 등을 드러내야 한다.	• "사물"과 이들이 "나" 및 "세계"와 맺는 관련성의 구성
변혁성	• 시공간에서 대상의 조건을 바꿀 수 있는 현상 혹은 상황 • 우주의 모든 요소에서 변혁을 일으키는 행위 주체	• 위치, 온도, 특질, 크기, 형태 등의 변화
주기성 (사이클)	• 자연현상 내에서 불변하는 것에 대한 탐색(보존되는 것들) • 변혁은 특정한 주기성과 관련되어 발생한다. 즉, 변화가 발생해도 그대로 남는 뭔가가 있기 마련이다. • 개방적이거나 폐쇄적인 사이클 • 주기성은 실험에서처럼 이론적 모형에서도 존재한다.	• 물질의 사이클(액체, 기체, 고체 등) • 물, 하수, 전기 등의 시스템 • 먹이사슬 및 연계망 • 가연성 물질 및 식량의 소비 • 천체운동 • 정적 평형
에너지	• 변혁적 행위 주체 • 추상적인 행위자의 보존은 다양한 형태로 늘어날 수 있고 그렇게 특징지어지기도 한다.	• 운동, 반응, 유기체, 생태계 속에서 다양한 에너지 형태의 보존
주기성과 동적 평형	• 고차원적인 인지 수준에서 재언급된 이전의 개념(에너지 원리) • 통제, 동적 평형 체계, 상실한 것에 대한 연구 • 정적 평형과 동적 평형의 효율성과 비효율성 • 다양한 사이클 간의 상호작용(사이클 간의 에너지 흐름)	• 촉매, 생산성, 생물 조절장치(호르몬, DNA, 신경계, 천적관계, 자연적응), 생물 간의 생태적 관계 • 생물 순환 기제
혁명과 진화	• 과학적 산출에 대한 성찰 • 진화와 과학 개념의 상호작용, 그리고 필요성 및 사회적 관계에 따른 과학의 역사적 변화	• 과학적 모형의 역사와 철학 • 과학지식(AIDS, 콜레라 등) 생산과정에서의 사회적 관계를 강조하는 최근 주제
척도 (저울, 자 등)	• 이런 도구들은 모든 개념이 발생하도록 하는 거대한 질서로, 다른 모든 개념에 동시에 적용되어야 한다. • 미시적인 것에서부터 거시적인 것까지 추론하고 추정하도록 허용한다. • 과학적 모형의 경계와 타당성을 명확하게 정해 준다.	• 다른 과학적 모형과 연계되어 길이, 시간, 무게, 에너지 등을 재는 도구/측정도구

출처: NAE-6 Interdisciplinary Team, 1991.

[그림 5-3] 생성적 주제에 기반한 다학제적 교육과정: 생성적 질문 X 통합적 개념

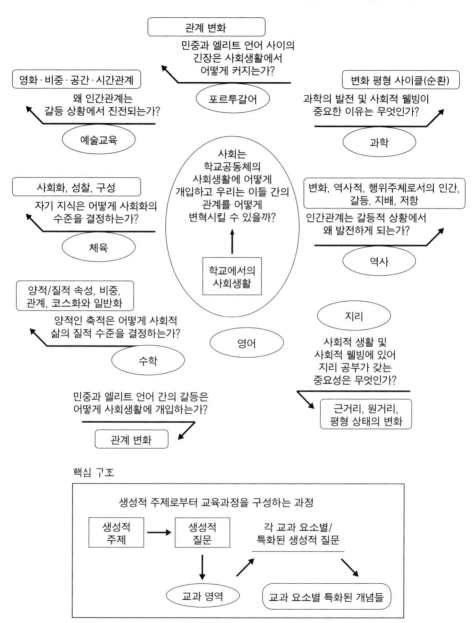

핵심 구조

출처: 1991년 제1회 교육청교육회의(1st Municipal Educational Congress)에서 라에르테학교
(Laerte School, NAE-6 소속)가 발표한 교육과정 구성도.

는 데 목적이 있다. 이 속에서 PT가 집권한 상파울루시 교육청은 학교 시스템에서 전통적으로 유지해 온 평가 방식보다 더 근본적이고 활동지 향적인 평가 전략을 내세웠다. 학생들에게 자신의 지식을 적용하고 활 용하라고 요구하는 평가 기술을 적극 장려하는 방식의 관행에서 벗어 나 AC는 학생들이 협력적인 그룹 내에서 지식을 적용·활용하도록 하고, 다양한 매체를 사용하는 시간을 연장시켜 줘 지식의 적용 및 활용이 일 어나도록 했다. 교사와 학생 모두 제한된 시간 동안 학생 지식을 평가하 는 방식만이 유일한 방법이 아니라는 생각에 익숙해져야 했음에도 불구 하고, NAE 직원의 안내에 따라 학교 직원들은 상당한 정도의 창의성을 발휘해야 했다. 참여관찰한 내용에 따르면, 흥미로운 다양한 AC 활동의 범위 속에 특정한 정치 행사(대통령 콜로르의 위협적인 탄핵)에 대한 포 스터 및 벽화 제작, 학교 식당 직원들까지 포함한 학교 자원재활용 프로 그램 개발, 공장 소유주에게 편지 보내기, 지방선거를 위한 투표 안내서 만들기 등이 있었다. 이런 의미 있는 프로젝트에 더해, 대부분의 AC 활 동이 집단적으로 개발되었고, 나중에 모든 교사에 의해 평가되었다는 점은 중요하다. 이러한 사실은 교육 활동에 관한 대화와 성찰에 부가적 이고 중요한 공간을 제공해 주었다.

따라서 프로그램의 전체 구성은 단지 교사의 교육 활동이 시작됨을 표현해 주는 역동적인 과정을 끌어들이는 것뿐만 아니라, 지속적인 활 동과 성찰(ER-OC-AC) 과정을 요구한다. 모든 단계(기획-이행-평가)에서 인터 프로젝트의 성찰적이고 대화적인 성격은 교사들에게 제공된 다음 의 지침에서 강조되고 있다.

1. 구성 중인 프로그램은 교육 활동의 시작을 표현하고 지속적으로 수정이 이루어진다.
2. 교육 행위는 학교, 교실, 수업 및 교육과정 행위를 할 때 매일매일

의 생활에서 실질적으로 더 구체적이게 된다.

3. 이런 프로그램은 과정 기반이기 때문에, 프로그램의 구성은 연속성을 지시할 수 있는 행위의 영속적 평가를 가정하는 실천에 대해 자주 성찰할 수 있는 계기를 마련해 준다.

4. 대화를 전제하는 기반 위에서, 이런 "대화적 협상"은 교사가 실제로 지속적인 교류에 관여하도록 요구하는데, 이로써 교사 한 명이 다른 교사로부터 배울 수 있다는 개념을 실현하게 된다.[16]

이렇게 이론적으로 까다롭고 방법론적으로 복잡한 교육과정 계획 과정은 [그림 5-4]와 [그림 5-5]에서 볼 수 있다.

[그림 5-4] 프로그램 구성의 주요 요소들

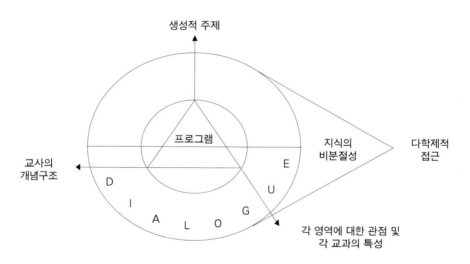

출처: "Cadernos de Formação No. 1—um primeiro Olhar Sobre o Projeto", *3ª Série—Ação Pedagógica da Escola pela via da interdisciplinaridade*, February, 1992, p. 40.

[그림 5-5] 생성적 주제를 통한 집단적 교육과정 구성에서 지식의 조직

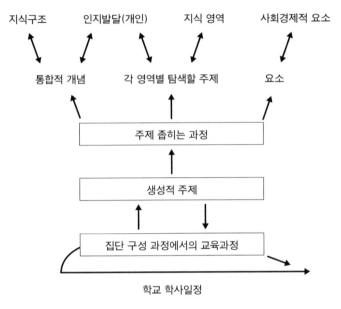

출처: "Cadernos de Formação No. 1—um primeiro Olhar Sobre o Projeto", *3ª Série—Ação Pedagógica da Escola pela via da interdisciplinaridade*, February, 1992, p. 40.

교실에서 지식 생산(ER, OC, AC)의 세 단계

교육과정 계획 및 교실 수업은 각자가 서로 정보를 주고받는 역동적인 관계에 있다는 생각이 인터 프로젝트 개발에서 중심이 된다. 이때 이상적으로 인터 프로젝트에서 교사가 진행하는 교실 수업은 위에서처럼 ER에서 시작해 OC와 AC 국면으로 진행되는 과정을 그대로 보여 준다.

지역사회 현실에 대한 예비연구를 넘어서, 실재연구ER는 다학제적 교육과정을 교사가 이행하는 데 방법론적인 기준점을 제공해 준다. 페르남부쿠는 인터 프로젝트의 전체 교육과정 속에서 이런 초기 교육적 계기가 얼마나 중요한지 다음과 같이 강조하고 있다.

이는 다른 사람을 이해하는 것과 함께 (주어진 주제나 교과 내용 등의) 제안이 자기 세계 내에 있다는 중요성을 이해하는 계기이다. 동시에 다른 사람이 어느 정도 거리를 두고 자신이 융합되어 있는 실재에 대해 생각하게 해 준다. 이것은 다른 사람의 담론을 계기로 파울로 프레이리가 제안한 초기 해독의 순간이다. 이때 교사 혹은 활동 조직가는 이어지는 계기에 참가자들을 융합하도록 자극하면서 다른 참가자들의 이야기를 듣고, 질문하고, 이해하고 또 그들을 흔드는 의무를 진다.[17]

이어서, 학생의 담화가 교사의 담화를 앞서 우선시되는 것이 교실에서 ER 계기이다. 이때 교사의 역할은 주어진 교과의 특정한 내용을 소개하는 목적으로 학생과 토론을 위한 질문과 주제를 제시하는 것이다.

그러나 전형적으로 교사가 질문하고 학생이 답변하는 패턴은 인터 프로젝트 맥락에서 새로운 역동성을 얻게 된다. 교과 내용을 단순히 전달하는 것과는 반대로, 교실에서의 ER 계기는 교사가 제기하는 생성적 질문을 통해 연구된 현실의 "문제삼기"에 대응한다. 이런 생성적 질문에 대한 학생의 서면 답변은 생성적 주제에 마주하는 관련된 사회경제적 요소를 둘러싼 교실에서 대화를 시작하게 하는 데 기본 토대가 되도록 한다. 이런 요소들은 필수적으로 (1) 일반적이고 조화되어야 하며, (2) 일정한 정도의 거리와 추상성을 가져야 하고, (3) 좀 더 큰 맥락(예를 들어 상파울루시 등)에 연관되어야 한다. 게다가 생성적 주제는 지역사회에 상당히 중요하며, 좀 더 엄중한 대의(예를 들어 사회, 경제, 정치적 관계의 복잡성 등)의 "효과"이며, 이미 지역사회 및 학생의 말에서 제시되었던 것이다.[18] 지역사회라는 상식적 개념의 한계가 내비쳐지고 체계화된 지식 세계의 준거가 특정한 교과 영역의 개념적 도구를 통해 강구하는 것은 교육적 ER 계기에서다. 여기서 의도는, 생성적 주제를 학생 실재의 사회적이고 개인적인 측면으로 연관 짓는 데 있다.

따라서 학생들이 자신의 실재 혹은 주어진 주제를 분석하도록 진작시키려는 일련의 질문이 학생들에게 제공되었다. 인터 프로젝트에서 확인되는 초기 "실재연구(ER)"에서의 공통점은 전통적인 질문-답변 접근으로 보인다. 아래의 사례에서 볼 수 있듯, 하빕학교Habib School의 4학년 사회과 학생은 교사가 칠판에 적고 학생들에게 노트에 받아 적도록 한 일련의 질문에 답했다. 이런 활동의 목적은 산투아마루 지역을 둘러싼 초기 학생의 인식을 기록하는 것으로, 이 지역이 산업화되어 온 역사와 이곳에 사는 노동자들의 삶의 질에 대해 추가로 검토하기 전 단계의 활동이었다.

사례: "실재연구(ER)" 교실에서의 질문 / 하빕학교 4학년

1. 산투아마루 광장에 가 본 적 있어? 그게 뭔지 알아?
[답변] 네, 이미 산투아마루 광장에 다녀왔어요.

2. 그게 어떤 건지 이야기해 줄래? 만약 모른다면, 어떨 것 같은지 상상한 내용을 이야기해 줄래?
[답변] 집, 빌딩, 가게, 식당차, 소매치기, 마약 밀매, 버스 정류장, 엄청 많은 사람들, 몸 파는 사람들 등 엄청 복잡하고 붐비는 곳이에요.

3. 네 생각에, 산투아마루 광장의 가장 큰 문제는 무엇인 것 같아?
[답변] 식당차, 정말 꽉 들어찬 사람들, 경찰이 적은 것, 마약 밀매와 창녀가 많은 거….

4. 산투아마루 광장의 문제가 우리 동네와 관련돼 있다고 생각해? 왜

그런지 설명해 줄래?

[답변] 아뇨, 여기 우리 동네에는 길가에 식당차가 그리 많지 않아요. 그리고 창녀도 없어요.

5. 네가 봤거나 혹 상상한 내용대로 산투아마루 광장의 문제가 늘 그런 것 같다고 생각해? 왜 그럴까?

[답변] 아뇨, 이전에 산투아마루 광장은 나무로 둘러싸인 정말 좋은 곳이었어요.

이상적으로, 이 첫 번째 방법론적 단계에서는 학생들이 자기 의견과 경험을 표현하도록 진작시키는 것을 의도한다. 개인적으로든 그룹으로든 학생들은 교사가 제공한 혹은 학생들이 교실 바깥에서 수집한 학습자료를 공부하고 손에 있는 지식을 재구성하고 연구주제와 관계있는 새로운 질문을 제기하고자 했다. 이런 방식으로 교실에서의 ER 단계는 학생들에게 학교 안팎에서 배운 지식을 다시 찾아볼 수 있고, 직관적이거나 혹 상식적인 지식(소위 과학적 지식에 의한 이론과 사실에 대응하든 혹 그렇지 않든)을 표현할 기회를 부여했다. 대화로 이루어지는 교실에서의 상호작용에 의한 지식의 문제삼기를 통해, 학생은 새로운 정보를 탐구하고 습득하도록 동기부여가 되며, 그래서 새로운 지식을 쌓아 가게 된다. 이를 촉진하기 위해, 교사는 대답이나 설명을 단순히 전달하기보다 학생에게 질문하고 문제삼기 과정을 안내하는 역할을 더 유지하도록 권고받는다.

교실 단위의 ER에서 제기된 질문을 탐색해 나가는 것을 통해 학생과 교사가 두 번째 계기(지식의 구성, OC), 그리고 세 번째 계기(지식의 적용, AC)로 각각 진행해 나가게 된다. 두 번째 계기는 지식의 구성OC으로, 학습 활동을 조직하는 개인 혹은 사람의 담화가 우위를 점하게 된다.

비고츠키의 근접발달영역이란 개념에 상응하여, 교사는 학생들이 더 높은 수준의 교과 내용 이해에 직접 도달하게 하려는 인지적 점프로 안내한다. 이 단계를 거치는 교육의 과정에서 교사는 주어진 실재를 보는 새로운 개념과 관점을 소개하거나 일련의 문제들을 보여 주려고 노력한다. 이렇게 함으로써, 교사가 학습 상황에 들여오는 지식은 일어나는 교육적 행위에 근본이 된다. 학습자의 실재는 이 교육적 접근에서 시작점도 그렇다고 종착점도 아니다.

교사와 학생은 집단으로 지식을 교류하고 재구성하는데, 이로써 궁극적으로 "지식의 활용AC"이라는 세 번째 계기에 다다르게 된다. 이 계기는 타인(학습자)의 담화와 조직가(교사)의 담화가 어떤 것이 다른 것의 우위를 차지하는 서열 상황을 발생시키지 않고 각자의 차이와 한계를 용인하고 수용하게 하는 담화의 종합을 보여 준다.[19] 이런 방식으로 지식은 사회적으로 구성되는데, 학생들이 배운 것을 집단적 글 또는 그룹 프로젝트로 재구성하게 하는 그룹 작업이 된다. 따라서 마지막 AC 단계에서 이전 계기 동안 구성된 개념과 지식을 적용하려는 노력이 기울여진다. 여기서 핵심은, 학생이 생성적 주제와 확인된 사회경제적 요소, 그리고 제시된 교육과정 내용 사이의 관련성을 비판적으로 이해하는 능력에 도달했는지 그렇지 않은지를 확인하기 위해 초기 ER 계기에서 제시된 생성적 질문으로 돌아가 참조하는 것이다. 과정과 결과, 행위와 성찰의 이분법을 극복하고, 비판적인 참여자 시민성에 도달하는 것이 이 단계의 목표이다.

학생들과 인터 프로젝트

민중적 공립학교의 교육과정과 교사들의 수업에서 급진적인 변화에는 반드시 새로운 방식의 학생 존재가 전제된다. 학습자가 지식 생산 과정의 주체이자 곧 객체라고 하는 프레이리의 주장이 타당하다고 볼 때, PT가 집권한 상파울루시 교육청은 학교 시스템의 모든 학교급에서 학생들에게 좀 더 적극적이고 비판적인 역할을 내다봤다. 이러한 관심사는 학교 실재에서 "학생의 비전"을 이해하기 위해 교육청이 수행한 설문조사에서 수집된 학생들의 의견을 분석한 이후 강화되었다. 지자체 학교 시스템 전체적으로 학생들은 대부분 학교의 물리적 환경에 대해 부정적인 평가를 내놓았다. 이들에게 학교 환경은, "유지보수가 형편없고", "낡았으며", "더럽고", "낙서가 심하게 되어 있고", "쥐들이 들끓는가 하면", "전등에 불이 들어오지 않고", "물도 제대로 나오지 않고", "창문과 책상은 다 부서져 있으며", "화장실 여건은 최악이고 그나마 화장실도 부족하다".[20]

자기 학교 건물에 대한 학생들의 평가를 요약한 교육청의 보고서는, 학생들의 논평이 학생들이 기술한 부정적인 실재와 일정한 차이가 있는 것 같다고 지적했다. 즉, 학교의 이러한 물리적 여건에 대해 자신들은 아무런 책임이 없다는 것이다. 이 같은 태도는 브라질 공립학교의 제도적 문화 속에 학교공동체를 구성하는 개인의 역할과 기능에 대한 "깨지지 않는 단단한" 관점이 영속되고 있는 방식 때문이라고 보인다. 즉, "학생은 더럽히고, 청소관리원은 청소하고, 교사는 수업하고, 학생들은 그 수업을 듣는다"[21]와 같은. 교육과정재정립운동을 통해 교육청이 추구하는 목표 중 하나는, 학생, 교사, 관리자 등이 수행하는 엄격한 역할 경계를 깨고, 학교와 학교 담장 너머 지역사회와 분리된 정도를 느슨하게 하는 것이었다. 이런 학교 실재의 초기 문제삼기를 통해 교육청은, 해결책을 위한 새로운 접근을 제시하고, 물리적인 환경 및 교육과정 구조를 개선하기 위한 협력적 노력을 수행하고자 했다. 이를 교육청 문건에 등장하는 표현으로 다시 제시하면, "'침묵의 문화'를 깨고, 학생들의 의견을 들으며, 학생과 학교교육의 비전을 함께 논의하고, 대중적인 민주적 학교를 건설하도록 하는 관점을 효과적으로 창출해 낼 수 있는 성찰-행위에 열려 있는 것이다".[22]

이것이 정확히 인터 프로젝트가 의도한 것이었다. 교사중심적이고 기존 교육과정에 의해 주도되어 온 교실문화를 교사와 학생이 공히 사회문화적 실재에서 도출된 상황과 주제에 대해 지식과 경험을 상호 교류하도록 하는 교실문화로 변경하는 것 말이다. 이런 방식으로, 학습은 대화적이고 역동적인 활동이 된다. 이 활동은 새로운 지식을 구성하고, 상식적인 개념과 (학생들이 교실에 가지고 들어오고 교과 내용 영역이 배워야 하는) 민중적 지식 사이에 다리를 놓도록 한다. 이 점에서, 인터 프로젝트는 지식 교환 과정에서 매개하는 요인으로 생성적 주제를 도입하고 있다. 이는 교사가 지식의 특정한 영역과 연관성을 찾도록 하고 아무런 방향성 없이 흘러갈 대화에서 일반적인 것과 특정한 것 사이에 균형을 잡게 하려는 통합적 초점을 제공해 준다. 실제로 위에서 논의된 각 요소를 통해, 학생은 자신의 실재에 대한 더 폭넓은 이해와 이런 실재의 변혁에 필요한 도구에 대한 더 큰 전망을 반영하는 태도로 이런 목소리를 개발하고 행사할 새로운 기회를 얻었다.

교사 수업, 교육과정 혁신, 개혁의 도전과제

교육청은 프레이리 리더십하에서 상파울루시 교육정책의 중앙집중적이고 관료적인 전통으로부터 급격하게 멀어지게 하는 혁신 정책을 시도했다. 분명히, 양질의 민중적 공립학교를 향한 명시적 지향은 혁신적이고 급진적인 노력의 모퉁이 돌이었다. 그러나 이 비전을 이행하려 할 때 전체주의적인 정책 전통과의 단절이 가장 잘 드러났다. 우선, 교육청은 아무런 공식도 정확한 모델도 각 학교에 전달하지 않았기 때문에 각 학교에서 만들어 내는 최종적인 교육과정 계획은 수행되는 과정에 대한 서로 다른 해석과 학교가 위치한 현실에 따라 형성되었다. 이로 인한 차이는, 역사적으로 교사가 무엇을, 언제, 어떻게 가르칠 것인지 상세하게 프로그램해 온 관성적인 "교사가 건드릴 수 없는" 빨간 공책[1]과는 상당한 거리감을 보였다. 둘째, 전체 지식에 대한 관념은 무익하고 엘리트적인 학문적 지식 개념에서 보편화된 상식적 지식 및 민중 계층에서 활발한 지식을 통합한 개념으로 재구성되었다. 이렇게 함으로써, 지식은 더 이상 분리되어 별개가 되는 교과 영역으로 분절되는 존재가 아니었다. 대신 다양한 학문적 범위에서 도출된 유연한 다학제적 본체가 되었으며, 특정한 문제삼기 혹은 생성적 지식을 둘러싸고 행동할 것을 요구했으며, 지역사회에서 중요한 상황이 도출되었다. 셋째, (교사-학생, 교사-교사, 교사-관리자 등) 학교의 모든 관계성과 학교와 지역사회 사이의 관계성은 민주적 이상에 따라 변혁되었다.

이상의 내용은 한마디로 고상하고 야심 찬 목표였는데, 이것이 이전 시기에는 엄청난 하락세(교사의 급여는 한없이 낮아졌으며, 교사 입직을 위한 자격도 낮아졌고, 교직 여건 및 학교의 물리적 환경은 거의 안전하지 않았다)를 겪었던 교육 주체들에게 제시되었다. 이런 형편없는 물적 조건이 없었다고 하더라도, PT가 집권한 상파울루시 교육청 개혁의 이론적 교의는 교육 및 교수/학습에서 잘 수용되고 관습적인 이론에 중요한 도전을 제기했으며, 심지어 급여 수준이 나름대로 좋은 교사들 사이에 잔뜩 화를 불러왔다. 별로 놀랄 것도 없이, 인터 프로젝트가 시작되면서 프로젝트가 대면할 가장 큰 문제라며 학교 직원들 사이에서 일반적으로 대두되었던 반응이 광범위하게 드러났다. 이런 반응은 다양한 형

---

1. (옮긴이 주) 교과 수업을 위한 교사 지침서의 표지가 빨간색으로 되어 있는 것에서 유래되었음.

태로 나타났고, 다양한 이유에서 불거졌으며, 다양한 방식으로 표현되었다. 많은 교사가 인터 프로젝트를 혁신적이며 해 볼 만하다고 여겼지만, 교실에서 교육과정을 만들고 프로젝트의 교육적 지향에의 복잡한 방법론적 접근을 실질적으로 적용할 때는 엄청난 사투를 벌여야 했다. 이 장의 요약에서 우리는 이런 변화하는 교실 수업과 관련된 장애물에 대해 논의할 것이고, 이를 통해 인터 프로젝트를 완전히 실행할 때 교사가 대면하게 되는 구체적인 문제점을 깊이 검토하는 제6장의 내용을 일부 보여 줄 것이다.

프로젝트에서 세 가지 교육적 계기를 통해 배움을 이뤄 내려는 NAE 인터 프로젝트 팀원 및 교사들의 헌신적이고 협력적인 노력에도 불구하고, 교실 수업에서 파급효과는 거의 인지되지 않았다. 실제로 수행되는 활동은 교사가 가르치고 학생이 배울 것이라고 기대되는 방식이 혁신과는 거리가 멀었다. 그런데 인터 프로젝트가 진행되는 교실에서 가장 두드러진 특징이라면 교사가 가르치는 내용의 변화였다. 아래에 제시되는 수학 문제는, 사실을 제시하고 학생에게 교과 연습을 부여할 때 전통적인 방식을 취하던 교사가 어떻게 특정한 생성적 주제(이 경우에는 '노동자')와 관련시켜 수업을 진행하는지 잘 보여 준다.

사례: 생성적 주제에 관한 글, "노동자"/하빕학교, 4학년

"세베리노Severino가 잉여가치를 만들었다"
세베리노는 지난 4년 동안 상베르나르두두캄푸São Bernardo do Campo의 폭스바겐 자동차회사에서 노동자로 일하고 있다. 그는 다국적 기업인 이 회사에서 하루에 8시간씩 일한다. 초과 근무하는 날을 제외하고서.
흥미로운 점은, 노동하는 8시간 동안 세베리노는 오로지 1시간 동안 일한 만큼만 급여를 받는다. 다른 말로 하면, 한 시간 동안은 월급으로 받고 나머지 7시간 동안의 노동 가치는 상사의 이익이 된다.

따라서 폭스바겐 자동차회사로 가게 되는 7시간의 노동 가치는 잉여가치라고 불린다. 임금노동자들의 착취는 이런 법칙 혹은 일반 규칙을 따른다.

"5월 1일"

1886년 5월이었다.

노동자들의 삶은 너무도 힘들었다. 너무 배고프고, 피곤하고, 하루에 일하는 시간은 진짜 길었다.

그러나 용기 있는 노동자들은 좀 더 나은 삶을 꿈꿨다. 쉴 수 있는 시간과 좀 더 개선된 노동 환경을 말이다. 그래서 이들은 이런 꿈을 위해 싸웠다.

미국의 시카고라는 도시에서, 이들은 더 이상 그와 같은 착취를 참을 수 없었고 결국 하루에 8시간 노동을 요구하는 파업을 전개했다.

상관들이 보낸 경찰의 진압은 잔악했다. 파업을 주도한 8명의 지도자가 투옥되었다. 그중 3명은 무기형 판결을 받았고 1명은 자살했다. 나머지 4명, 스파이즈Spies, 피스커Fisker, 엔겔Engel, 파슨Parson은 재판 끝에 교수형에 처해졌다.

5월 1일이 노동자의 날로 노동자들의 투쟁과 성취의 날이 된 것은 이러한 사실 때문이다.

5월 1일이여, 영원하라.

사례: 생성적 주제 "노동자"와 관련된 수학 문제/하빕학교 4학년

1. 철강 공장의 생산 라인에서 일하는 노동자가 200명, 사무실에서 일하는 노동자가 36명 있다.

• 생산 라인에서는 몇 명의 노동자가 일하고 있는가?

• 사무실에서 일하는 노동자는 몇 명인가?

• 철강 공장에서 일하는 노동자는 모두 몇 명인가?

2. 자동차 공장에 300명의 노동자가 있다. 최근의 위기 때문에 108명 (9 dozens)이 해고되었다.

• 몇 명의 노동자가 해고되었는가?

• 몇 명의 노동자가 공장에 남게 되었는가?

3. 작은 제조공장에, 108명의 노동자가 있다. 이 중 96명의 노동자가 임금 인상을 위한 파업에 참여했다.

• 얼마나 많은 노동자가 공장에 있는가?

• 파업에 참여한 노동자는 몇 명인가?

• 파업에 참여하지 않은 노동자는 몇 명인가?

학생들이 소비하거나 채워 넣어야 하는 기존 텍스트 또는 한 무더기의 단어 문제를 넘겨주는 교사의 수업이 전통적인 수업 접근과 구분하기 어렵긴 하지만, 이 사례에서 주어진 각 과제의 구체적인 내용은 전통적인 교과목 내용과는 아주 다른 것으로 이 교사가 우선하는 목표를 가리킨다. "노동자"라는 생성적 주제는 주어진 상황에서 자기 학생이 노동과 자본 사이의 착취적 관계에 대해 "비판적 의식을 기르도록" 했다. 게다가 위의 사례에서 아주 흥미로운 점은 내용보다는(비록 전통적인 교육과정과 아주 다른 것이기는 하지만), 각 사례에서 교사 스스로 수업을 위한 활동을 만들어 내고 그에 따라 텍스트와 문제를 만들었다는 사실에 있다. 교실에서의 참여관찰을 통해, 우리는 교사가 자기 개인적으로 혹은 교과 영역이 같은 다른 교사들과 함께 집단으로 연구하고, 작성한 텍스트를 도입해 수업하는 경우를 많이 볼 수 있었다. 더불어 교사들은 교실에서의 예비 ER을 수행하는 시작점으로 (시, 대중가요, 유명한 작가의 책 등) 다른 자료에서 수집한 텍스트들도 수업시간에 활용했다. PT가 집권한 상파울루시 교육청은 교사들 사이에서 이렇게 고양된 창의성을 성찰적 실천의 중요한 성과로 만들어 갔다.

따라서 교사의 수업에서 중요하고 광범위한 변화가 이루어지지는 않았지만, (몇몇 회의적인 시각, 불안정함, 반대 의견에도 불구하고) 교사의 행동이 바뀐 몇몇 가치 있는 방식을 강조할 필요가 있다. 위에서 사례로 살펴본 것과 같이 새롭고 다양한 내용을 소개하는 것은 많은 교사에게 전통적 수업과 중요한 단절이 있었음을 보여 준다. 그런데 정말 많은 교사가 혼자 힘이든 아니면 동료들과 협력하든 인터 프로젝트의 결과로 자신의 창의적인 능력을 발견하게 되었다는 점이 중요하다. PT가 집권한 상파울루시 교육청 이전에, 교육과정의 형식과 내용은 교실 및 지역 학교 바깥의 권력에 의해 조심스럽게 감시받아 왔다. 인터 프로젝트와 더불어 교사는 자신의 텍스트를 만들고 자기 수업자료로 활용할 권한을 갖게 되었다. 이는 많은 교사에게 해방적 경험을 가져다주었다. 심지어 인터 프로젝트가 지닌 정치적 목적에 대해 강하게 반발했던 교사들조차도 말이다.

요약하자면, 이 장에서는 인터 프로젝트에서 제안된 세 가지 교육적 계기에 따라 교육과정 구성 과정이 어떠한지 상세하게 보여 주었고, 이전 장에서 논의했던 민중적 공립학교의 이론적 요소가 지닌 실제 사례를 보여 주었다. 이런 개관을 통해, 우리는 PT가 집권한 상파울루시 교육청이 교육과정 내용, 교수 전략, 학생 평가, 지역사회에서의 학교 역할 등에서 표현하고 있듯 전제적 브라질 교육의 특징을 타깃으로 삼는 많은 혁신적 개혁을 개발했다는 점을 볼 수 있다. 이런 혁신적 개혁이 초라하고 또 불완전하게 실행되기는 했지만, 이 개혁은 교사, 학생, 가족

공히 자신들의 개인적이고 집단적인 실재를 성찰하고 변혁할 수 있는 기회를 부여했다. 이어지는 장에서는 4개의 사례 연구가 제시될 터인데, 이런 변혁이 학교에서 일어나는 방식과 교사가 이런 변화를 어떻게 인식하는지에 대해 자세하게 기술할 것이다.

■ 주석

1. Cf. Moacir Gadotti, *Pensamento Pedagógico Brasileiro* (São Paulo: Ática, 1987),
2. Ibid., p. 11.
3. SME-SP, "Tema Gerador e a Construção do Programa: uma nova relação entre currículo e realidade", *Cadernos de formação N° 3, 3° Série: Ação Pedagógica da Escola pela via da Interdisciplinaridade*, March 1991, p. 18,
4. SME-SP, *Cadernos de Formação: Um primeiro olhar sobre o projeto* (São Paulo, February, 1990, p. 46).
5. Pernambuco, 1993, p. 33.
6. "일상적인 생활세계에서 실재라는 공간은 평범한 성인이 상식적인 태도로 당연히 여기는 것으로 이해된다. 우리는 아무런 질문 없이 경험하는 모든 것들을 가리켜 당연하다고 여긴다. 모든 사안들이 특별히 눈에 띌 때가 오기까지 이 모든 일들은 우리 눈에 아무런 문제가 되지 않는 것들이다"(A. Shultz, 1957). "이것이 내 경험 속에서 벌어지는 것 중 질문이 필요 없는 모든 것의 바탕이다. 모든 문제가 반드시 감당해야 할 질문할 수 없는 프레임이 이런 식으로 자리 잡고 있다"(Luhmann, 1977). 이 두 인용문은 모두 다음 문헌에서 재인용되었다. Jürgen Habermas, The Theory of Communicative Action, vol. 2, Li/eworld and System: A Critique of Functionalist Reason. Translated by Thomas McCarthy, (Boston: Beacon Press, 1987), p. 130.
7. SME-SP, "Estudo da Realidade", *Caderno de Formação N°*, Series 3—*Ação Pedagógica da Escola, pela via da interdisciplinaridade*, October 1990, p. 21.
8. 인용한 저작 및 저자 정보는 다음과 같다. Marli Eliza D. Afonso de André "Texto contexto e significado: algumas questões na análise de dados qualitativos", in *Cadernos de Pesquisa* São Paulo (45), pp. 66-71, Maio 1983; "A pesquisa do tipo etnológico no cotidiano escolar", in *Metodologia da Pesquisa Educational*, Ivani C.A. Fazenda (org.) (São Paulo: Cortez, 1989). Carlos Rodrigues Brandão (org.), *Pesquisa Participante* (São Paulo: Brasiliense, 1984). Karel Kosik, *Dialética do concreto* (São Paulo, Editora Paz e Terera, 5th ed., 1972). Eulina P. Lutfi, *Ensinando Portugues, vamos registrando a história* (São Paulo, Ediçoes Loyola, 1984),
9. SME-SP, "Estudo da Realidade", (*Caderno de Formação* N° 2, pp. 38-39.
10. Ibid., pp. 49-50.
11. Ibid., pp. 56-57.

12. 변증법적 방법론에 관한 참고문헌은 다음과 같다. Karel Kosik, *Dialética do concreto* (Rio de Janeiro; Paz e Terra, 1967), cited often in SME-SP docouments, SME-SP, "Estudo da Realidade", *Caderno de Formação* N° 2, pp. 38-39.

13. Ibid., 52-53.

14. Marta Pernambuco, "Significações e Realidade: Conhecimento (a construção coletiva do programa)", in Nidia Nacib Pontuschka org., *Osadia no Dialógo: Interdisciplinaridade na escola pública* (São Paulo, Loyola, 1993, p. 91).

15. SME-SP, "Tema Gerador e a Construção do Programa", *Caderno de Formação*, N ᵃ, p. 19.

16. Ibid., p. 30.

17. Ibid., p. 33 [italics in text].

18. NAE-6, "Projeto Interdisciplinar: Principios Norteadores" (mimeograph), February 1990.

19. Ibid., p, 34.

20. *Movimento de Reorientação Curricular: Problematização da escola: a visão dos educandos*. Documento 3, Secretaria Municpal de Educação de São Paulo. February 1991, p. 9.

21. Ibid., p. 10.

22. Ibid., p. 25.

제6장

희망의 교육학과 학교 현실

이 장에서는 PT 집권 시기 동안 인터 프로젝트를 실행한 4개 학교에서 어떤 면에서는 성공적이고 어떤 경우에는 허둥대며 실수하기도 하는, 그러면서도 교육적 희망을 찾는 과정을 보여 줄 것이다. 이 학교들이 보이는 현실은 개별 학교가 인터 프로젝트를 경험하는 방식이 얼마나 다양한지 보여 준다. 결과보다 과정에 더 초점을 두는 교육개혁과 독특한 학교 현실이 학교 변혁의 지향점에서 가장 중요하다는 점에서 이러한 다양한 학교들의 경험을 성찰해 볼 수 있다. 게다가 각 사례는 학교마다 지닌 특유의 요인들을 보여 줄 것인데, 이 요인들로 인해 이 학교들에서 인터 프로젝트의 발전에 친화적이거나 혹 우호적이지 않은 조건이 만들어진다. 학교문화, 교원 특성, NAE 직원의 성향, 학교와 이들 간의 관계, 지역사회의 중요한 상황 등 이 모든 것이 프로젝트가 특정한 학교에서 발현되는 방식을 형성한다. 따라서 이 장에 포함된 사례 연구는 좀 더 특정한 사회적 환경에서, 제4장과 제5장에서 설명한 인터 프로젝트의 교육과정개혁이 토대한 이론적 요소들을 맥락화한다.

각 사례 연구는 독자적으로 구분되는 이야기지만, 이들 속에는 전체적으로 몇몇 공통적인 주제가 나타나며, 추가적인 분석을 통해 인터 프로젝트의 성과와 문제점을 이야기해 줄 것이다. 프로젝트가 학교에 실행되고 개발되는 정도와 상관없이 가장 두드러진 성과로 이야기되는 것은 교사와 학생들의 집단적 학습을 프로젝트가 촉진하고 또 진작시켰다는 점이다. PT 정부 기간에 달성된 어떤 성과가 있다면, 상파울루시의 지자체 학교 시스템처럼 도심 환경과 정치적 민주화와 경제적 안정화 시기를 거치는 국가에서 근본적인 교육 이슈에 대해 교사들이 서로 대화를 나누기 시작했다는 점이다. 교사는 동료 교사 및 학생과 함께 일상적인 가르침에서 다음과 같은 프레이리식 질문에서 복잡한 현실을 문제삼기 하는 일을 책무로 여겨야 했다. '우리는 무엇을 가르치고 있나?' '우리는 왜 그리고 누구를 가르치고 있나?' 실제로, 이런 개혁 프로젝트는 목표로 하는 지식이 교육과정에서 구성되는 방식과, 어떤 지식이 집단적으로 구성되는 다학제적 교육과정의 내용과 목표를 위해 타당하게 여겨질 수 있는지의 변화뿐만 아니라, 교사가 다른 사람, 학생, 학교 주변의 지역사회와 관계 맺는 방식을 변화하는 데 작동했다.

일반적으로 말해, 인터 프로젝트의 원칙은 비전통적이고 대안적인 교육 접근과 어울린다. 프로젝트에 대해 말하자면, 교사는 교과서로 가르치고 학교 맥락 바깥에서 만들어진 정적인 교육과정 계획에 따르는 전통적인 수업에서 벗어나 움직이는 것을 뜻한다는 사실에 기준점을 맞추었다. "실제로, 이런 정적인 교육과정 계획은 탈역사적이고 순응주의적이며 일상생활과는 관련성이 없는 것으로, '일차적인 문화'는 고려하지 않는다. 따라서 이런 교육과정은 변혁적인 '정교화된 문화'를 전달할 수 없다."[1] 게다가 제안된 대안은, "지식의 다양한 영역에서 경계를 덜 엄격하게 하려는" 역동적이고 참여적인 과정을 통해 개발된 통합적 교육과정일 것이었다.[2] 따라서 각 사례 연구에서, 인터 프로젝트는 교사들에게 자기가 가르치는 학생들의 현실을 볼 수 있도록 하는 기회를 부여했다. 어쩌면 생애 처음으로 이런 기회를 맞이한 교사도 있을 터였다. 그리고 교사들은 이를 통해 교실에서 자신이 가르치는 다양한 교과 내용 영역과 학생들의 현실을 연결하게 하는 장치(예를 들어 생성적 주제를 통한 다학제적 교육과정)를 제공했다.

또한 PT 교육과정개혁은 교실에서 교사의 역할을 문제시했을 뿐만 아니라 일반적으로 사회에서의 교사 역할에 대해서도 문제를 제기했다. 이로써 교육의 변화와 사회의 변화를 위한 적극적 행위 주체로 교사의 비전을 내다봤다. 프로젝트 코디네이터로 일하는 교육청 지원팀원의 말을 빌리자면, "과거 교육청은 자신들이 만든 프로그램을 내려보내 강제했다. 당시 교육청은 교사들에게 '프로그램은 이런 거야'라고 말했다. 이번 교육청의 제안은 강제로 실행될 수 없다. 대신, 교사들의 지지에 의존한다. 교사에게는 이론적 원리가 제공되고, 따라서 교사는 프로젝트 접근을 이해하고, 프로젝트를 지지할 것인지 그렇지 않을 것인지 선택할 수 있다"(CONAE팀원, 1992년 10월 면담). 이 점에서, 교육청은 교육의 과정을 교사의 역할에 대해 끊임없이 질문하고 다시 창조해 내는 행위로 만들고자 했다. 여러 면담자에게서 이런 상황을 유추할 수 있었는데, 특별히 한 면담자는 이 일에 교육청이 얼마나 강하게 몰두하고 있는지를 지적하며 다음과 같이 이야기했다. "교육청이 이토록 교육에 관심을 기울이는 모습을 교직 경력 16년 동안 나는 본 적이 없다"(Maribel, 1992년 9월 면담).

분석적인 입장에서 이야기해 보자. 개별 교사 혹은 전체 교사는 자신의 수업을 변혁할 수 있고 교실을 보편적 지식이 민중적 지식과 동일한 기반을 갖고 상호작용하는 민주적 공간으로 다시 만들어 낼 수 있을 것이다. 그러나 실제로 이렇게 할 수 있는 교사들의 능력 정도는 프로젝트에 참여하는 교사 대부분이 전통적이고 전체주의적인 교수법의 요소를 찾아내 비판할 수 있고, 더 나아가 실행 가능하고 좀 더 민주적인 대안을 절합해 낼 수 있다는 사실보다 덜 중요한 듯하다. 이런 방식으로, 인터 프로젝트는 많은 경력 교사 및 새로 교직에 진입한 신참 교사들과 함께 아주 근본적인 첫 번째 단계를 거치면서 다르게, 그리고 좀 더 비판적으로 생각하게 하는 데 성공했다. 교사 수업의 "무변화/결정/단단함"에 금이 가기 시작한 것이다.

각 사례 연구는 각 학교현장에서 이루어지는 프로젝트의 간략한 역사를 보여 준다. 더불어 프로젝트가 교육과정 변혁이라는 고양된 이상을 실천에 옮기려고 고군분투하는 교사들의 삶에 어떤 영향을 미쳤는지 상세히 기술할 것이다. 따라서 PT 교육청이 집권한 4년간, 그리고 몇몇 경우 그 뒤에도 교육청에 남아 인터 프로젝트의 실현에 몸소 헌신한 교사와 교육청 직원들의 목소리가 이런 학교의 초상에 함께 묘사될 것이다. 브라질 교육가들의 이러한 목소리는 모두 인터 프로젝트 경험의 난점과 실패가 어떠했는지, 그리고 성취한 것이 무엇이었는지를 반영해 줄 것이다.

아래 제시되는 사례의 현장 연구는 오카디즈Pilar O'Cardiz와 웡Pia Lindquist Wong이 1991~1992년에 수행했다. 이후 오카디즈는 1994~1995년에 후속 현장 방문 및 연구를 간단한 방문 형식으로 수행했다. 오카디즈와 웡 모두 1991년 광범위한 현장 연구에 따르는 예비 연구를 진행했고, 1992년에 8개월 동안 참여관찰을 수행했다. 예비 연구를 위해 방문하는 동안 프로젝트 책임자인 마리아 사울Dr. Ana Maria Saúl을 포함한 교육청 직원들과의 면담을 수행했다. 사울은 인터 프로젝트에 대한 개관과 함께 조직 및 실행 절차에 대한 정보를 제공했다. 사울과 해당 팀의 팀원들은 연구자가 여러 학교에 접근할 수 있도록 도와주었고, 몇몇 교육지원청(NAE-6, NAE-1, NAE-4)의 소속 직원들과 만날 수 있도록 주선해 주었다. 이 학교들은 프로젝트 실행에 얼마나 다양한 학교들이 참여하고 있는지의 범위를 제시해 주었으며, 프로젝트 실행이 교육청의 기대에 부응하는 학교와 그렇지 않은, 즉 아주 심각한 문제에 봉착한 학교에서 초기 참여관찰을 할 수 있도록 허용해 주었다. 초기의 이런 방문을 통해 우리 연구자들은 다양한 수준의 프로젝트 참가 주체들을 만날 수 있었고, 이들의 연구 프로젝트를 소개하며, 개별 학교현장, 교사 회의, 교육청 주최 지역 회의와 다른 유형의 기획 및 조직 연수 등에 접근할 기회를 얻었다. 오카디즈와 웡의 예비 연구는 이들의 연구 디자인이 타당함을 확인해 주었다. 1992년 7월 이들은 본 연구를 위해 다시 상파울루로 돌아왔다.

각 학교에서의 다양한 교육과정 활동 및 비교과 활동에 대한 자연스러운 참여관찰은 두 연구자가 함께 혹은 각각 혼자서 수행했다. 일반적으로 이런 관찰은 정규 학교 시간(오전 7:30~오후 7:00)에 이루어졌으며, 다음과 같은 활동을 관찰했다. 수업관찰, 학교 조회, 교사 교육과정 기획 회의, 인터 프로젝트 팀과 교사와의 회의, 교사학습공동체 모임, 교사 연수 워크숍 및 세미나. NAE에서는 인터 프로젝트 팀원들 간의 다양한 회의를 관찰했다. 간혹 이 회의에 개별 학교에서 온 교수법 코디네이터가 참여하기도 했다. 우리 연구자는 1991년 제1회 자자체 교육 컨퍼런스에 참여할 수 있었는데, 여기에는 상파울루시 학교 시스템에서 일하는 수천 명의 교사가 참여했다.

교사와 몇몇 인터 프로젝트 팀원, 그리고 교육청 직원들과 광범위한 면담을 진행했다. 교육감이었던 파울로 프레이리, 서지오 코르텔라를 포함해 교육청 수준에서 프로젝트를 조정했던 개인들(프로젝트 책임자, 사울Ana Maria Saúl, 멘돈사Maria do Carmo Mendonça 등)과 프로젝트에 참여했던 대학 소속 전문가(페르남부쿠Marta Pernambuco 헤시피대학교 교수, 돌네 Marcio D'Olne 캄피나스대학교 교수 등) 들이 면담 대상이었다. 그 외에도 60명이 넘는 교사, 학생, 학부모 및 교육개혁에 참여했던 사람들과의 비공식적 면담은 연구의 질을 향상시켰다. 대체로 모든 공식 면담은 녹음되어 전사되었다. 덜 공식적인 성격의 면담은 수기로 작성되었는데, 내용의 자세한 정도는 아주 다양했다. 웡은 7개 학교에서 전체 65명의 교사를 대상으로 설문조사를 진행했다.

한편, 교육청에서 발간된 이론적이고 실천적이며 개념적인 자료들이 광범위하게 수집되어 분석되었다. 마지막으로, 우리는 교사가 생산한 교육과정 자료 및 학생들이 생산한 학습자료 샘플, NAE팀에서 발간한 프로젝트와 관련된 다양한 종류의 문서들을 수집했다. 데이터 조직 및 분석 절차는 현장에서 보내는 기간 혹은 그 이후에 지속적이고 체계적인 현장 노트 코딩과 기술적이고 해석적인 분석 기법의 활용을 사용하도록 하는 전통적 질적 연구방법론을 따랐다.

인터 프로젝트가 교육과정개혁 프로그램이 아니라는 점은 우리가 현장 연구를 진행하는 동안 점차 분명해졌다. 더불어 이 프로젝트의 실행이 특정한 학교 내에서조차 응집력 있게 수행되지 않았다. 분명한 것은 프로젝트가 학교 현실, 교실에서 지식 교환의 특징, 교사의 전문성 개발 및 정체성에 영향을 크게 끼쳤다는 점이다. 네 학교는 10개의 NAE 중 3개(NAE-6: 수쓰무학교Sussumu School, 하빕학교Habib School, NAE-5: 프라신하스학교Pracinhas da FEB, NAE-1: 마노엘학교Manoel de Paiva)에서 각각 조정 협의를 담당했는데, 이는 인터 프로젝트가 각 팀별로 각자만의 독특한 방향을 취하도록 한 혁신적 접근의 특징이 어떠했는지 잘 보여 준다.

여기에 제시되는 각 학교 인터 프로젝트 경험에 관한 사례 연구는 다음과 같은 사항들을 포함한다. (1) 학교현장에 대한 초기 정보와 지역사회의 특성, (2) 주요 회의, 교육과정 개발, 수업 실제 등에 초점을 두어 학교의 프로젝트 참여 상황에 대한 기술 및 분석, (3) 교사가 제시하는 프로젝트 경험에 관한 평가를 중심으로 학교현장에서의 프로젝트 파급 효과 요약(여기에는 교사의 직업 정체성, 교육 철학, 교실 수업의 실제, 학교문화의 변화, 교육과정 조직의 변화 등이 포함됨). 한 번 더 강조해야 할 점은, 이런 사례 연구는 오카디즈와 윙이 각각 수행한 별도의 독립 연구에서 도출된 것이다. 연구 참여자의 논평이 지닌 원래 의도가 왜곡되지 않고 분리된 의제의 통일성을 추구하도록 하는 범위 내에서 가능한 한 제시되는 데이터의 통일성을 기하기 위해 노력했다. 결과적으로, 몇몇 사례에서 사례 연구는 형식과 내용 면에서 서로 통합적이라기보다는 분산되어 있다.

사례 1
수쓰무학교에서의 인터 프로젝트: 시범학교의 경험

수쓰무학교João Sussumu Hirata School는 상파울루시 변두리인 페드레이라Pedreira 지역의 남쪽 반도심에 위치한다. 이 학교는 첫해 인터 프로젝트를 위한 10개의 시범학교 중 하나로 선정되었다. 수쓰무학교는 덜 급진적이고 정치적으로 편향되지 않은 교육청 시기 동안에는 시범학교로 선정되지 않았을지 모른다. 그러나 대규모 무단거주지구 앞에 자리하고 있다는 점에서, 수쓰무학교는 NAE-6 인터팀에게 기대할 만한 도전적 문제를 제공해 주었다. 본질적으로 전통적인 교육과정 프로그램의 부적합하고 차별적인 내용에 퇴짜 맞고 거절당한 이 지역 사람들과 직접 일하는 것 대신, 급진적 교육과정 재정립을 위한 프로젝트의 효과성을 검증하는 것이 왜 더 나은 접근일까?

수쓰무학교의 경험은 교육과정 재정립을 위한 프레이리 교육청의 야심 찬 계획 및 이와 동시에 중점이 놓인 지역 학교와의 사회운동을 만들어 내는 일과 관련된 중요한 질문을 상기시켜 주었다. 특히, 수쓰무학교는 인터 프로젝트의 제도화와 유지에 중요한 몇몇 도전적 문제에 직면해 있었다. 프로젝트에 참여하는 모든 학교가 이런 문제를 겪고 있는 것은 아니었지만, 수쓰무학교는 시범학교이기 때문에 일련의 특별한 성격을 보였다. 즉, 수쓰무학교는 교육지원청으로부터 상대적으로 높은 정도의 초기 지원을 받았고, 인터 프로젝트에 가장 오래 참여했으며, 관심을 보이고 참여했던 다른 학교들에게 일종의 모범적인 사례로 제시되었다. 여기서 관련된 하나의 이슈는 학교에서 생성적 주제를 통한 다학제적 교육과정을 추구하는 과정을 촉진하도록 지원하는 NAE-6 인터팀과의 관계의 특성이 변화했다는 점이다. 초기에는, 학교 직원과 NAE팀원들은 이 관계를 아주 효과적이라고 여겼다. 즉, 이들 간에 공유된 대화와 탐색을 위한 기회를 자주 가진 결과였다. 그러나 궁극적으로, NAE 직원은 프로젝트에 참여한 새로운 학교로 관심을 돌려야만 했는데, 이때 수쓰무학교 교직원들은 마치 버려진 듯한 느낌을 받았고, NAE팀원들은 자기 유지를 위한 학교의 역량을 어떻게 쌓을 수 있는지에 대해 걱정이 많았다. 이런 상황이 점차 커지면서, 교직원들은 프로젝트의 기본 교의를 이해하려고 애썼고, 이런 교의의 실질적인 적용을 개시, 지속하고자 무리하게 밀어붙였다. 이 사례 연구가 밝히고 있듯, 이런 이슈들이 수면 위로 나타나고 문제로 제기되는 방식을 볼 수 있다.

수쓰무학교: 개관

직사각형의 2층짜리 학교 건물. 학교라기보다는 공장 창고 건물에 더 가까운 모습이다. 수쓰무학교는 상파울루시 가장 남쪽 끝 페드레이라 지역의 가장자리 동네를 따라 나 있는 주요 도로 굴곡부에 외로이 서 있다. 철제로 된 정문을 통과해 들어서면 간식과 점심을 먹거나 놀이를 하러 쉬는 시간에 아이들이 모여드는 커다란 홀이 나타난다. 아이들이 한꺼번에 쏟아 내는 소리가 창문도 없는 맨 콘크리트 벽과 바닥, 천장의 차가운 회색빛 표면에 울리는 날카로운 소리로 증폭된다. 경사지에 지어진 학교라서 들어서자마자 바로 복도가 있는 2층이 나온다. 복도는 발코니처럼 개방된 실내 마당 주위를 돈다. 건물의 1층 남쪽에는 쉬는 시간에 공놀이를 할 수 있도록 콘크리트 벽이 자리 잡고 있다. 교장실은

2층에 있고, 건물의 같은 쪽에 교사 회의실 2개와 과학 및 미술 실기를 위해 마련된 교실이 있다. PT 지자체 정부가 만들어 배포한 문화행사 및 정치적 선전 문구가 담긴 포스터가 학교 행정실 가까운 벽에 붙어 있다.

교실은 건물 북쪽의 1층과 2층에 있는데 행정실 반대쪽이다. 어떤 교실이건 교실 안쪽에서 직사각형의 작은 철제 유리창틀 너머로 머리 위에 어른거리는 두 개의 큰 광고판이 서 있는 붐비는 대로를 마주한 황량한 콘크리트 운동장을 볼 수 있다. 깨진 채로 있는 유리창이 많았다. 멀리 아른거리는 거리의 일반 주택 위로 커다란 물탱크가 우뚝 서 있고 주택들은 언덕을 가로질러 죽 들어차 있다. 대로변의 무단거주지구는 다행히 눈에 보이지 않는데, 그쪽으로 나 있는 교실 창문이 없기 때문이다.

어느 날이라도, 학교라 불리는 직사각형 콘크리트 건물의 이 차가운 회색 벽에서 벗어나 건물 뒤쪽 구석에 자리한 따뜻한 느낌이 나는 흰색 타일의 조리실에서 피난처를 찾을 수 있을 것만 같다. 조리사가 집에서 요리해 온 따뜻한 고기치즈빵을 사려고 조리실을 가로지르는 교사들을 볼 수 있을 것이다. 조리사는 이것을 교직원에게 팔아 빈약한 수입을 보충하려는 것이다. 학교 점심 급식이 준비되면 실내 안마당을 향하는 커다란 창문을 통해 아이들에게 급식이 제공된다. 주로 크래커와 삶은 달걀 혹은 핫도그와 함께 주어지는 따뜻한 닭고기 수프 메뉴를 열성적으로 잡아 들려는 아이들이 조리실 창문을 향해 늘어서 있다.

겨울 몇 달간 교실은 춥고 눅눅하다. 벽의 페인트칠은 벗겨져 있고 창문은 바깥이 내다보이지 않을 만큼 더럽다. 물론 깨진 유리창은 제외하고 말이다. 책상은 상대적으로 새것처럼 보임에도 불구하고, 청소가 필요하긴 마찬가지다. 부서진 책상 무더기가 학교 건물 뒤편에 버려져 있다. 부족한 재원으로 학교 행정은 이러한 수준의 교실 사용을 계속해야 하는 한탄할 만한 여건이 이어지고 최소한의 청소라도 할 만한 인력이 거의 없는 상황이다.

그러나 기존 건물의 수리와 유지보수는 학교가 지닌 문제의 극히 일부에 불과하다. 1992년 교육청은 NAE-6, NAE-5로 이루어진 지역에서 지역 인구에게 진정한 접근성의 민주화를 달성하려면 이 지역에서만 적어도 122개의 학교가 신설되어야 한다는 보고서를 발간했다. 다른 NAE에서는 적게는 4개, 많게는 4개의 학교가 필요하다고 했다.[4] 상파울루시의 이 지역은 가로등과 버스 노선 등 기반 시설이 부족했다. 특히 대중교통은 시 중심 지역에서 남쪽으로 뻗어 내려간 언덕을 사방에서 가로지르는 미로 같은 포장 혹은 비포장도로를 따라 움직였다. 이 지역에는 주로 공장 노동자나 가정 도우미로 일하는 사람들과 더불어 상파울루시의 복잡하고 다양한 경제생활에서 주변부 공간(거리노점상, (무단거주 지구에 사는) 걸인 등)에 참여하는 수천 명이 있었다.

위에서 묘사한 전경은 즐겁게 학습에 참여할 수 있는 공간을 만들어 내기에 친화적인 환경이라 할 수 없다. 물론 묘사한 내용은 정확하다. 이렇게 춥고 불친절한 시설에도 불구하고, 수쓰무학교 교사와 학생들은 이 콘크리트 건물에서 1992학년도 중반에 열린 학생 작품을 전시하기 위한 문화 축제에서 생동감 가득한 분위기, 상상력(심지어 정치적 열정)을 만들어 냈다. 홀 내부의 회색빛 벽은 놀라우리만큼 매혹적인 학생 포스터 작품들로 장식되었다. 이 포스터에는 사기꾼과 도둑으로 묘사된 대통령을 대놓고 강하게 비판하는 내용이 담겨 있었다. 상급생들을 위한 이번 학기 인터 프로젝트 교육과정은 수업의 초점을 전 대통령Fernando Collor de Mello의 탄핵 운동에 맞추었다. (이런 수업의 결과로 최근의 가장 중요한 사건을 가리키는 몇몇 '집단 포스터'가 만들어진 것이다.)[5]

수쓰무학교 인터 프로젝트의 역사

교육청이 1989년 인터 프로젝트를 위한 시범학교 신청을 원하는 학교에 처음 제안서를 요구했을 때, 수쓰무학교 교사들은 교장 및 교수법 코디네이터의 지원을 받아 제안서를 제출하자고 결정했다. 당시에 70%가 넘는 학교 교직원이 교육청 교육 프로젝트의 시범학교 지원에 찬성했다. 시범학교가 됨으로써 몇 가지 중요한 혜택을 받았다. 프로젝트 개발과 실행이 이루어지는 처음 두 학기 동안 NAE-6 다학제팀의 전폭적인 관심을 받았다는 것이 가장 큰 혜택이었다. 모든 상황을 미루어 보아, 수쓰무학교에서 인터 프로젝트를 처음 문 열게 되면서 모든 NAE-6팀원들은 학교현장에서 오랜 시간을 보내야 했고, 학교 직원들과 업무처리 체계를 탄탄하게 만들고 긴밀히 협력하게 되었다.

시범학교 경험에 참여했던 수쓰무학교 교사들에 따르면, 인터 프로젝트는 단지 또 다른 새교육 프로그램을 얻도록 한 게 아니라, 직업적 정체성과 교육 실천에서 변혁적인 과정의 시작을 표시하는 것이었다. NAE 팀원 한 명은 이렇게 말했다. "우리 목표는 최대한 이 과정을 실행하는 것이었다. 우리는 NAE 사무실에 있는 시간보다 더 오래 수쓰무학교에 머물렀다. 저녁 시간 동안 주야간 부제 변경에 따른 교사들의 잦은 결석 때문에 대체 교사 역할을 하기도 했다. 우리는 수쓰무학교에 매일 갔고, 그렇게 프로젝트의 과정을 밀접하게 따라갈 수 있었다."[Antonio, 1991] 프로젝트 실행 초기 단계에 일했던 수쓰무학교의 한 교사는, "NAE팀은 실질적으로 학교에서 살았다"라고 확인해 주었다.[Francisca, 1994]

1990년 6월까지 인터 프로젝트는 20개 학교에 제안되었고 그중 14개 학교에서 시행되었다. NAE팀원들은 새로운 학교가 프로젝트에 참여하려면 어떻게 전개할 것인지 결정해야 했다. 이 시점에, 프로젝트 실행은 더 높은 차원의 이해와 시스템 전체의 운영에 이르렀다. 분명히 NAE-6 팀은 수쓰무학교에 쏟았던 것과 같은 강렬한 지원을 더 이상 제공할 수 없었다. 팀원들은 1990년 9월에서 12월까지 14개 학교, 450명의 교사가 참여하는 합동회의(총 7회)를 개최하기로 했다. 처음 4번의 회의는 교과 영역별로 조직되었다. 과학, 수학, 사회 교과, 국어 등의 교과 교사들이 따로 모였다. 나머지 3번의 회의는 각 학교에서 프로젝트에 참여하고 싶어 하는 모든 교사를 불러 모아 진행되었다. 이때 각 학교에 배정된 NAE팀원이 회의 진행을 도왔다. 1991년 1월, NAE 직원들은 각 학교가 프로젝트 실행 과정에서 좀 더 중심적인 역할을 담당할 수 있도록 하기 위해 교수법 코디네이터 훈련에 초점을 두기 시작했다. 같은 해 2월에 시작해, NAE팀원들을 짝지어 3개 학교씩 담당하게 했다. 이 시기부터, 교사에게 제공된 지침이 교과 및 학년별로 조직되었다. 즉, NAE 다학제 팀에서 교과 전문가들이 교과 교사들과 인터 프로젝트에 참여하고 있는 각각 다른 학교에서 같은 시간에 만났다. 각 학년은 해당 학교에 배정된 NAE 직원 중 한 명에 의해 조정되었다.

이런 전략에 따라 학교마다 결과가 고르지 않게 나왔다. 특히 각 학교의 교과 교사들이 정기적으로 한자리에 모이는 것이 힘들었다. 학년별로 교수법 코디네이터들이 모이는 것도 어려웠다. 저학년 수준은 집단 작업하기에 나은 조건이지만(교사들이 학교 일정의 초반에 일률적으로 자리를 지키고 있기 때문), 교과목을 가르치는 고학년은 교사들의 분산된 일정 때문에 조율하기가 어려웠다.[6] 1991년 10월까지, NAE-6팀은 추가된 10개의 학교와 함께 이런 훈련 과정을 시작했는데, 학교 수가 증가하면서 이런 회의를 조직해 내는 절차는 더 어려워졌다.

NAE로부터의 집중적인 지원에 익숙해진 수쓰무학교 교사들은 결국 NAE팀으로부터 버림받았다고 느끼게 되었다. 이런 감정은 수쓰무학교에서 면담한 인터 프로젝트 참여 교사들에게서 자주 들을 수 있었던 주제였다. 이들이 절망감을 느끼는 것은 장기적으로 프로젝트를 좀 더 충실히 수행할 수 있도록 충분한 지원을 받지 못했다는 점 때문이었다. 게다가, 수쓰무학교는 다른 학교의 귀감이 될 만한 모델로 기능해야 하는 시범학교라는 타협적 지위에 있었다. 그러나 수쓰무학교는 실제로, 프로젝트의 다학제적 교육과정 계획과 집단적 교육과정이라는 도전적인 과정에 이제 막 발을 들여놓고 시작한 상황이었다.

마지막으로, 교사의 높은 이직률이 학교에서 프로젝트의 온전한 실행을 추진하도록 하는 프로젝트 지원가들의 노력을 더욱 악화시켰다. 학교 교사들이 이미 프로젝트에 참여하겠다고 결정하고 초기 오리엔테이션을 받은 이후 학교에 오게 된 몇몇 교사들은, 이미 학교에서 프로젝트 수행을 위해 시간과 에너지를 투자하고 있는 교사들에 비해 프로젝트에 헌신하는 수준이 낮았다. NAE팀으로부터 기술적 지원이 점차 줄어들면서 이런 교사들을 프로젝트 원칙과 절차에 맞추도록 하는 과업은 교수법 코디네이터CP와 학교장에게 맡겨졌다. 이들은 새로 부임하는 교사들이 올 때마다 이들이 이해할 수 있도록 프로젝트 개시에 대한 이야기를 다시 들려주어야 했다.

이런 요인들이 복합적으로 작용한 결과, 프로젝트가 시작되기는 했지만 고르게 시행되지는 못했다. 아주 다양한 범주의 인구학적 특징과 전통적인 교수법이 나타나는 교실, 초기에 제공된 집중적인 지원에 대해 장기간 프로젝트에 참여한 교사들이 표현하는 특유의 씁쓸함과 향수 등에 의해서 말이다.

회의들

시범학교 시작에 난관이 있기는 했지만, 수쓰무학교에는 목적의식을 형성하고 인터 프로젝트에 학교공동체의 운영 방향을 맞추는 데 헌신하는 핵심 교사 그룹과 학교 행정직원들이 있었다. 이 같은 노력이 지속되는 모습은 학교위원회 및 교사형성그룹에서 볼 수 있었다. 정기적으로 회의가 열리고 또 이에 참여하는 것이 중요한 상황에서, 이런 모임들은 두드러졌다. 이들이 배우고 있는 교육의 성격 때문이었다. 따라서 회의의 과정은 학교의 기관 문화를 변화시키려는 노력에 상당히 중요한 계기를 만들었다. 학교위원회 회의에서 나온 이야기 중에 이를 보여 주는 생생한 예시가 있다. 사실, 회의는 학부모, 교사, 학생들이 "참여"라는 주제로 이어지는 대화에서 발표하도록 하는 교수법 코디네이터가 진행했다.

학교위원회 회의의 내러티브:
대화를 통한 집단적이고 비판적인 의식 만들기

교수법 코디네이터CP는 생성적 질문으로 회의를 시작했다. "참여란 무엇을 의미하죠?" 즉, 지역사회와 학교의 관계를 문제삼기 하려는 뜻이었다. 진행자는 회의에 참석한 26명의 참석자에게 그룹을 나누어 각 그룹별로 한 단어로 된 개념을 찾아보라고 안내했다. 각 그룹의 "참여"에 대한 개념 정의는 "도움, 협동, 행동, 참석" 등의 단어를 포함했다. 진행자의 질문은 "우리는 어떻게 참여하죠?"로 이어졌고, 참석자들은 다음과 같은 답변을 제시했다. "난관 극복하기, 의사소통, 순응하지 않기, 합일되기, 의식화를 통해서, 같은 목표를 가지고, 창의적으로 행동하기." 각 그룹은 참여에 방해가 되는 것들을 확인하기를 요청받았다. 이들의 대답은 "경험과 관심의 부족, 정보 부족, 통일성 부족, 너무 많은 헌신, 드러내기에 대한 두려움, 회의주의, 불신 등"이 있었다. 하나로 뭉치지 못하는 문제, 교육 이슈를 둘러싼 조직의 어려움을 그룹 내의 여러 개인이 표명했다. 한 교사는 이들이 목표를 달성하기 위한 공동의 목표를 갖고 뭉쳐야 한다고 애원했다. 여기에 NAE팀원은 이렇게 덧붙였다. "두서너 명의 부모가 더 온다고 소용이 있는 건 아니다. 불은 엄청나게 대단하다. (불이 타오르게 하려면) 모든 사람이 한자리에 모여야 한다."

(조직가에 의해 안건이 미리 결정되는 좀 더 일반적인 회의와 달리) 이런 특정 회의에서 중요한 것은, 프로젝트 교육과정개발회의라든지 교사형성그룹 및 교실에서 제안되는 동일한 방법을 따라 사용되는 대화적 접

근이다. 즉, 실재연구(ER), 지식의 조직 및 활용(OC-AC)의 단계가, 참여를 주제로 한 발표, 그룹에 의한 문제삼기 및 탐색(비디오 등), 그리고 이들의 대화를 이루는 주요 논점에 대한 그룹의 통합에서 복제되었다.

회의가 끝나고, 이전에 수쓰무학교 교사였던 NAE팀원은, 자기가 느끼기에 수쓰무학교에서 인터 프로젝트의 장기적인 효과라고 할 만한 것에 대해 이야기했다. "그건 우리가 행동하는 교육 방식이었습니다. 우리는 이제 이런 초보적인 수준의 경험을 하기 시작했죠. 여기에 엄청난 노력을 기울였는데도 겨우 이 정도인 거예요. 하지만 이런 노력은 성공할 수 있다고 봅니다. 우리가 자기 의견을 내세우는 데 익숙해지기 전에, 우리는 아무런 행동도 하지 않으면서 불평만 했습니다. 이번 정부는 말하고 행동할 수 있는 공간을 구성하고 촉진해 왔습니다. 우리 힘만으로는 이런 변화가 일어나도록 할 수 없습니다."Francisca, 1992 따라서 이 회의는 PT가 집권한 상파울루시 교육청이 학교위원회의 활동을 통해 학교와 학교 주변의 지역사회에서 일으켜 내려 애쓰는 성찰적이고 비판적인 대화적 실천의 공간을 열어 주는 모범적인 사례가 되었다. 이때 가장 중요한 것은 학교 바깥에서 온 지역사회 구성원들의 참여였다. 따라서 우리는 여기서 PT가 제시한 민중적 공립학교의 유토피아적 패러다임의 진정한 가능성을 엿볼 수 있다. 이를 프레이리의 언어로 표현하자면, "좀 더 즐겁고, 좀 더 형제애를 가지며, 좀 더 민주적인 모습의 다른 '얼굴'을 한 학교".[7] 다음에 이어지는 또 다른 사례에서는 학교와 수업에 대해 담대하면서 도전적인 교육-정치적인 관점에서 많이 나타나는 가능성을 살펴볼 수 있다.

교수법 회의의 내러티브(1994): 성찰적이고 대화적인 접근의 유지
정말로, 집중적이고 참여적인 대화의 기회는 인터 프로젝트의 특징을 가장 잘 보여 준다. 이는 PT 정부가 끝나고도 수쓰무학교에서는 1년 넘

게 지속되었다. 집단 대화의 방법이 지속적으로 활용되는 사례는 1994
년 재직 교사들의 "교수법 회의"에서 찾아볼 수 있다. 수쓰무학교의 교
수법 코디네이터가 이 회의를 진행하는데, 진행자는 시작하면서 해당
학년도가 시작되던 4개월 전에 인터 프로젝트에 연계된 교육과정을 따
르자고 제안했던 일을 상기시켰다. 이어서 진행자는 교사들에게 학교의
사명이 지향하는 목표를 보니 일면 길을 잃었거나 지향점을 찾지 못한
듯하다고 말했다. 실제, 교무실에 붙어 있는 학교의 사명을 알리는 글은
인터 프로젝트를 수행하는 동안 내세워졌던 고집스러운 원칙을 돌아보
게 했다. 학생 현실에 기반하고, 비판적 시민성 육성과 학교의 공적 공
간을 지역사회에 개방한다는 목표를 추구하는 다학제적 교육과정을 세
우는 교육 원칙 말이다.

학교의 비전

학생의 일상적인 경험과 이들의 현실로부터 떨어져 보편적 지식
수준에 다다르게 하는 환경을 만들려는 엄중한 교육적 과업을 실
현함으로써 우리는 학생들의 통합적인 발달에 기여하고자 한다.
(이 목표는) 학생들이 실재에 관한 새로운 책들을 열심히 읽고, 자
신을 한 명의 개인이자 시민이라 깨닫는 과정에 계속 관여하게 하
는 일이다. 따라서 학생이 다학제적이고 비판적인 방식으로 지식에
접근하게 한다는 목표를 가지고 우리는 학교를 전체 지역사회와 건
설적으로 공존하게 하는 공간이 되도록 일하고 있다.

교수법 코디네이터는 이상의 학교 비전을 담은 글과 관련된 교육자로
서의 자기 입장을 되돌아보는 그룹을 지도하는 과정에서 우화적인 글을
사용했다. 학교에서 내놓은 비전의 내용과 공동체 내 구성원들의 교육

실천 사이에 존재하는 모순을 드러내기 위해서.『끓는 물 속의 두꺼비 증후군*A Síndrome do Sapo Fervido*』이라 제목이 붙은 우화는 주전자 안의 두꺼비 중 한 마리가 불 속으로 뛰어나가려 한다는 이야기다. 나머지 한 마리는 주전자에 그대로 있는데, 불 속에서 타 죽느니 주전자 안에서 몸이 익어 죽는 것이 낫다는 입장을 취한다. 이 글은 교사들과 비슷한 점을 보여 준다. 변화를 시도해서 위험에 처하느니, 학교에 존재하는 위기 상황에도 불구하고 움직이지 않고 그대로 있겠다는 교사. 이 이야기의 내용은 다음과 같다.

끓는 물 속의 두꺼비 증후군(이야기 전문)

저자: Luis Carlos Q. Cabrer

다양한 생물학 연구들에 따르면, 자기 서식지의 같은 물이 담긴 용기 속에 들어 있는 두꺼비는 물이 끓어오르는 지경이 될 때까지 아주 차분하게 있다. 이들은 수온이 천천히 높아지는 상황(환경의 변화)에서 아무런 반응을 보이지 않는다. 그러고는 물이 끓게 되면, 그대로 죽는다. 그때까지는 우쭐하고 행복해한다. 다른 한편, 이미 끓고 있는 같은 용기 속의 물에 던져진 두꺼비는 즉각 뛰쳐나온다. 약간 다치기는 했겠지만, 여전히 살아 있다.

우리는 이렇게 끓는 물 속에 안일하게 앉아 죽음을 맞이하게 될 다양한 두꺼비를 보게 된다. 이들은 변화를 감지하지 못한다. 이들 생각 속에서, 모든 것이 그저 좋다. 모든 것이 지나갈 것이고, 단지 시간의 문제라고 믿는다. 이들은 죽는 순간에 가까이 놓여 있지만, 그럼에도 불구하고 매분 점점 뜨거워지는 물에 떠서는 침착하고 수동적인 자세를 유지하고 있다. 이들은 다가오는 변화에 대해 결코 알아채지 못한 채 우쭐해지고 행복한 모습으로 "죽게" 된다. 끓는 물 속의 두꺼비는 효율적인 것(지금 당장 해야 하는 것)

너머 효과적인 것(옳은 일을 하는 것)이 필요하다는 사실을 알아채지 못한다.

교류, 계획, 성인과의 관계성을 발전시키려면 대화와 분명한 소통을 위한 공간을 갖춘 직업적 성장이 있어야만 한다. 이러한 도전에는 집단적으로 행동해 받게 되는 모욕감보다 더 큰 상처가 요구된다.

지난 수년간 우리는 개인 숭배를 해 왔지만, 지금의 사회적 동요는 집단적인 공간을 요구하고 있다. 이는 지금의 동요에 대한 효과적 대응의 근본이다. 집단적 행동은 본질적으로 팀 정신의 발달을 위해 개인과 개인 사이의 역량을 필요로 하며, 권력을 공유하고 인간의 잠재력에 대한 믿음을 보이는 능력 및 경청하는 법을 요구한다.

본질적인 것은 역량이 아니라 순종이라고 믿는, 가장 능력 있는 사람은 (자연적으로 지금) 지배하고 있는 사람이며 신중하고 분별력 있는 사람은 누구라도 순종한다고 여전히 믿는 끓는 물 속의 두꺼비들이 있다.

"끓는 물 속의 두꺼비" 이야기는 회의에 참석한 20명의 교사들이 통찰적이고 (가끔은) 감동적인 대화로 향하게 하는 출발점이 되었다. 교사로서 자신들의 일상생활과 관련시켜 해석하고 평가하면서, 이들의 성찰적인 대화는 다음과 같이 진화했다.

교사1 이곳 수쓰무학교에서 우리는 정말 열심히 일하고 있어요. … 지난 10년간 물이 뜨거워졌고 끓기 시작했어요. 그런데 세상은 매일 점점 더 역동적이고 복잡해져요.

교사2 제 생각에 이 이야기에서 제시된 은유는, 물이 너무 뜨거워졌을 때 주전자 바깥으로 뛰쳐나가 뭔가 일상적인 것을 바꾸란 것은 시간을 의미해요.

교사3 뭐가 더 나쁘죠? 그냥 남아서 거기에 익숙한 채로 있는 사람이나 뛰쳐나가 결코 적응하지 않으려는 사람이나.

교사2 하지만 뛰쳐나간 사람은 탈출하는 게 아니에요.

교사3 글쎄요, 인터 프로젝트가 우리 학교에 왔을 때, 저는 '이거 안 될 거야'라고 생각해 뛰쳐나갔어요.

CP (교사3을 가리켜) 선생님은 인터 프로젝트가 (교육적 접근의) 이상이 아니라고 생각한다고 이야기하는 거네요. 그런데 선생님도 변화했어요.

교사4 두꺼비에게 가장 중요한 목표는 살아 있는 거예요. 우리에게는 그게 교육이고요.

교사5 저는 좀 의심이 듭니다. 중요한 것은 이 직장에서 뛰쳐나가는 것이라고 생각해요. 저는 여기서 지쳤어요.

교사6 교사로서 우리는 수년 동안 변화하지 않은 환경 속에 있어요. 우리는 끓는 물 속에서 죽어서는 안 됩니다. 그렇게 되면 정말 끔찍한 일입니다. 정말 멋지게 될 수 있어요. 이 일은 우리가 변화를 어떻게 달성하는가에 달려 있습니다. 당신이 하는 일이라곤 퇴

임할 때까지 기다리는 것뿐이라면 불꽃이 다음 세대 아이들을 물속에서 끓게 만들 겁니다. 우리는 무한하게 끓는 이런 상황을 계속 둘 수 없어요. 우리는 어떤 그룹(끓는 물 속의 두꺼비 또는 불에 그을린 두꺼비)에 있는 건가요?

교사2 우쭐해하고 만족한 채 죽는 게 정말 멋진 건가요? 저는 정신이 멀쩡하고 행복하게 죽고 싶어요.

이런 초기의 논의 뒤에, 교사들은 5개의 작은 그룹으로 나뉘어 각 그룹에 주어진 세 개의 안내 질문을 분석하게 된다. 그리고 각 그룹은 그룹 내의 대답을 모아 종합한다. 한 그룹에서는 이런 종합 의견을 작성했다.

끓는 물 속의 두꺼비는 일어나고 있는 변화를 알아채지 못하는 전통적인 입장(전통적인 교사)을 가리킨다. 불에 그을린 두꺼비는 변화를 감지하고 어려움 속에서도 혁신하려고 노력하는 진보적 교사다. 우리는 교육적 변화를 위한 노력을 효율적으로 하는 데 분명한 장애물이 있다고 믿는다. 집단적인 시간, 자원 및 수업자료의 부족, 교사훈련 프로그램의 부족, 교사 사이의 제한된 의견 교환 등.

각 그룹은 전체 앞에서 자신들의 종합 의견을 발표했다. 한 그룹은 전통적인 교사와 진보적인 교사 사이에 도출된 이분법적 구분에 대해 비판했다. 이런 구분적 판단을 만들어 냄으로써 자신들은 근본적으로 "두꺼비와 함께 물을 내다 버리고" 있다. 한 교사는 변화 그 자체가 좋지는 않다고 하면서 이렇게 덧붙였다. "우리는 우리만의 문화적 소유물을 갖고 있어요. 그런데 이런 전통적인 것을 단지 쓰레기로 봐서는 안 되죠."

여전히 다른 그룹은 끓는 물 속의 두꺼비가 실제로 주어진 사회적 지위를 재생산하는 효율적 수단이라고 결론지었다. 각 그룹이 "끓는 물 속의 두꺼비" 이야기가 전달하는 의미를 종합한 내용은 다른 교사들도 읽을 수 있도록 교무실 벽에 붙여 두었다. [그림 6-1]은 이 과정을 다시 그려 본 것이다.

[그림 6-1] 교수법 회의체계: 교사 정체성

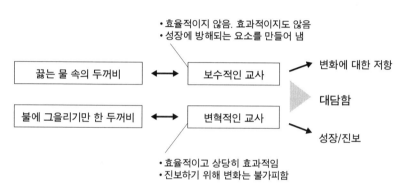

출처: 1994년 수쓰무학교 교사 회의실 벽에 붙어 있는 수기 차트 내용을 토대로 재구성한 것임.

인터 프로젝트가 개발되는 동안 열렸던 회의들은 수쓰무학교에서의 모임과 대화가 지닌 교육적 성격과 정치적 내용을 잘 보여 준다. 상파울루시 PT 정부의 임기가 끝나고도 1년 반이 지난 1994년 6월 열린 교수법 회의는 학교의 기관 문화에서 개혁이 어떻게 지속되고 있는지 말해 준다. 특히, 대부분의 회의는 인터 프로젝트의 ER-OC-AC 계기를 그대로 반영하는 과정을 사용하고 있으며, 학교와 지역사회의 다양한 대표자들의 목소리가 포함되었다.

교육과정 개발

수쓰무학교에서의 초기 실재연구ER가 내놓은 성과는 생성적 주제로

'릭소Lixo'라는 개념을 선정한 것이었다. 이는 문자 그대로 '쓰레기'라는 말인데, 일반적인 위생 환경과 지역사회 주거 공간을 더럽히는 다양한 쓰레기 형태들을 지칭한다. "기본 위생"이 연구의 핵심적인 사회경제적 요소로 선택되었고, 교사들의 실재 문제삼기를 안내하는 생성적 질문은 다음과 같았다. "쓰레기장의 위치와 관련해 의사결정하는 과정에 어떻게 우리가 개입 혹은 참여할 수 있을까?" 초기 실재연구ER 기간에 사람들이 진술한 내용을 기록한 논평은 "쓰레기"라는 생성적 주제로 향해 지시되는 지역사회가 당면한 "중요한 상황"을 대표적으로 보여 준다.

사례 A: 다학제적 교육과정
중요한 상황의 개념이 활용된 지역사회 담론
(수쓰무학교/1990)

"사람들이 빌딩을 지을 때는, 하수구를 무단거주지구 주변의 강에 버려지도록 하수관을 연결한다."

"각자 쓰레기를 길가에 버리지 않는다면, 길가에 그 많은 쥐와 파리가 들끓지 않을 것이다."

"쓰레기 수거 트럭이 위쪽으로 지나가기 때문에 사람들은 전부 쓰레기를 저 뒤쪽까지 가지고 가야 한다. 이 거리가 너무 멀다. 사람들은 길가에 쓰레기를 버리는 쪽을 선택하거나 무단거주지구로 가는 길 중간에 버리려고 한다."

"아이들이 저수지 내 작은 호수에서 논다. 하수관의 오물들이 이 저수지를 이미 오염시켰고, 그곳의 쥐들은 밤이면 아이들을 공격한다."

"학생들이 학교의 수조(물통)에서 목욕을 한다."

자신들이 처한 현실에 대해 스스로 더 잘 알려는 노력으로, NAE팀은 지역사회의 열악한 위생 여건을 좀 더 상세하게 알려 줄 통계적 데이터를 수집했다. 1985년이 되어서야 상파울루시 최남단의 무단거주지구 인구의 93% 정도에게 상수도가 제공되었고, 이 학교 학생의 70%는 바로 이 지구에 살고 있다는 등의 자료들이 포함된다. 수쓰무학교 학생의 70%가 무단거주지구에 산다는 사실은, 심각한 건강 및 사회적 결과가 기본적인 위생이 아주 열악한 상황과 관련된다는 점을 교사들이 좀 더 지속적으로 염두에 두고 문제를 제기하도록 했다. 이런 기본적인 위생 문제는 자신이 가르치는 학생들이 매일같이 싸워 나가는 삶의 일부기 때문이었다. 수집된 데이터를 토대로 교육팀은 구체적인 요소와 지역사회에 관한 여건을 추론했다. 물론 위생과의 관련성을 중심으로 말이다. 이를 통해 지식의 구성이라는 다음 단계로 나아가게 되었다.

사례 B: 다학제적 교육과정
지역사회를 특징적으로 만드는 구체적인 사회경제적 요소

- 인프라와 계획의 부족(이 지역에는 온전한 하수 시스템이 없다)
- 땅 소유관계가 제대로 마련되어 있지 않다
- 공적·사적 자원 활용에 대한 인식 부족
- 환경 오염의 결과에 대한 인식 부족: 환경 오염
- 휴식 구역의 조직 및 점유에서 규율의 부재

교육과정 프로그램을 디자인하는 단계에 들어서기 전에, "주제에 대한 사회경제적 (질적이고 양적인) 측면"이 확인되고 교육과정에 포함되어야 한다. 소위 "주제를 좁히는 일"이다. 이 과정은 교육과정의 내용 선정에서 안내하는 틀로 작동한다. 수쓰무학교에서 "쓰레기"라는 주제를 둘러싸고 분석적으로 범위를 좁히는 것은 다음의 방법에 따라 완성되었다.

사례 C: 다학제적 교육과정
주제의 사회경제적 측면에서 모아진(좁혀진) 주제들
(수쓰무학교/1990)

유형 / 형태	혜택 / 비용	공급 / 수요	지역 / 시간	/ 시점
유기적	오염물질, 오염	많은 양	수거 기간	도시화
문화적	쓰레기 발생에 따른 비용	습관	쓰레기장	정지 장소 (하수관, 강 등)
비유기적		양	질	땅 점유의 비조직화
재활용 가능한	조직과 처방		수거 및 처방을 위한 시간을 위한 공공지역 관계	
재활용 불가능한	오염			
단단한	재활용			
액체의				
가스의, 기체의				
덩어리의				
산업용 찌꺼기				
기술적				
음식 쓰레기				
썩지 않는				
썩어 없어지는				

인간관계	다른 측면	다른 요소와의 관계
인간관계에의 영향	쓰레기 노동자 파업 (쓰레기와의 접촉)	건강
쓰레기 관련 직업의 사회적 위신이 낮음	공터에 계속 쌓이는 쓰레기 (쓰레기 주변 거주자들)	여가
쓰레기 청소부 파업의 결과	쓰레기 처리 결과 및 쓰레기장 효과에 대한 인식	주택
		일

주제에 대해 확인된 이런 측면에 토대해, 생성적 질문이 각 과목별로 만들어지고 교육과정 개발이 이어진다. [그림 6-2]는 인터 프로젝트 실행의 시범 단계에서 수쓰무학교 교직원들과 연합해 NAE-6 인터팀이 개발한 실제 교육과정 지침을 보여 주는 것이다. 이 특별한 교육과정은 인터 프로젝트가 다른 학교로 확장되는 상황에서 NAE-6 인력이 시범학교 경험에 이어서 수행한 연수 훈련의 모델로 활용되었다.

사례 D: 다학제적 교육과정
생성적 주제: LIXO(쓰레기)
(수쓰무학교/1990)

ER

- 여러분 집 쓰레기에는 어떤 것이 있어요?
- 여러분 동네에서는 이런 쓰레기를 어떻게 처리해요?
- 여러분에게 쓰레기인 것이 다른 사람에게도 쓰레기인가요? 왜 그렇죠?
- 어떤 행동 때문에 쓰레기가 생기나요?
- 여러분 동네에서 쓰레기를 치우는 방식 때문에 문제가 발생하지 않나요? 어떤 문제가 있죠?

- 쓰레기의 양이 위에서 제기했던 문제와 관련되나요? 왜 그렇죠?

- 이런 문제를 어떻게 풀 수 있을까요?

- 쓰레기 문제의 해법을 어떻게 상파울루시 삶의 질을 개선하는 것과 관련지을 수 있을까요?

OC	AC
**도표: (쇼핑 뉴스, 1990. 8. 25) ** 글: 「상파울루 대권역에서 쓰레기의 운명」	1. 이 표에서 수쓰무학교 지역은 쓰레기에 관해 어떻게 표시되고 있나요?(유형과 운명) 2. 다른 동네도 비슷한 방식으로 쓰레기를 처리하고 있나요? 3. 쓰레기를 버리는 것이 상파울루시에서 문제인가요? 왜 그렇죠?
** 글: 「쓰레기의 문제」 ** 도표: "쓰레기"(Folha de S. Paulo, 1990. 9. 11)	1. 상파울루시에서 더 많은 쓰레기장을 건설하는 것이 쓰레기 문제의 해법인가요? 2. 도시 중심에는 왜 쓰레기장이 없을까요? 3. 쓰레기장 근처에 사는 사람들이 많다는 것을 어떻게 설명할 수 있을까요?

[이후에는 교과별로 만들어진 교육과정 프로그램의 예를 볼 수 있을 것이다.]

교과 영역: 역사

생성적 질문

사회는 도심 생활의 질을 결정하는 문제 해결 방법을 어떻게 구성하는가?

OC

- 마을의 역사, 시간과 사람에 강조점을 두고

- 처음 이주해 온 거주민들의 편지글, 보고서, 사진 및 이들과의 면담 (서면 및 구술 자료 정리)

- 마을 내 이주 상황
- 도시 거주 현상이 촉진되는 과정

AC

- 영화: 〈신은 분명히 미쳤다〉
- 논의: 쓰레기가 사람에게 어떤 일을 할 수 있으며, 사람은 이 쓰레기로 무엇을 할 수 있는가?

교과 영역: 지리

생성적 질문

환경 및 삶의 질을 파괴하지 않도록 하려면 도심 공간은 어떻게 점유되어야 하는가?

OC

- 일반적인 오염
- 쓰레기로 인한 지표면과 물 오염
- 비료가 되는 쓰레기
- 농업에서 비료로 활용하는 것들
- 환경 오염과 삶의 질에 대한 개입

AC

- 쓰레기를 비료로 재사용
- 거름을 만드는 퇴비장 방문
- 이 지역에서 부적절한 쓰레기 처리로 발생하는 문제 기록하기

교과 영역: 과학

생성적 질문

인간이 수백만 년 동안 쓰레기를 생산해 냈다면, 왜 이 지구 표면은
쓰레기로 덮이지 않은 걸까?

OC
- 생물 분해성이 있는 것과 그렇지 않은 쓰레기 분류
- 자연에서 물질 순환과정(생물-토지-화학적 순환), 생태적 균형

AC
- 무엇이 다시 사용될 수 있는가?

교육과정 구분: 역사

개념: 시간과 공간, 변혁, 역사 교과

ER
- 여러분 가족의 종교는 무엇인가요?
- 자주 가는 교회는 어떤 교회인가요?
- 신의 존재를 믿나요?
- PC(정치적 맥락)에 대한 이야기를 들었을 때, 이해할 수 있는 게 있
  어요?(정치적 맥락political context이 무엇인지 설명하기)
- 탄핵impeachment이라는 말을 들어 본 적이 있나요?
- 우리나라 정부는 어떤 유형에 속하는지 알아요?
- 제가 공화국 대통령에 대해 이야기하면, 누구에 대한 이야기인지
  알아요?

OC

- 비공식적 대화
- 아동 관련 법령
- 정보를 줄 수 있는 글
- 도표 그리기
- 주제와 관련된 사진

AC

- 질문 문항
- 학생들의 담화fala
- 그룹 포스터
- 교사의 관찰

교육과정 구분: 과학

개념: 변혁, 순환, 균형

ER

- "건강은 생명이다." 이 말을 이해할 수 있나요?
- 다양한 생명 유형이 있나요?
- 모든 생명은 다 똑같은가요?
- 식물은 어떤 계통에 속하나요?
- 삶의 질을 어떻게 개선할 수 있을까요?
- 우리는 언제 우리 건강을 돌봐야 하나요? 왜 그렇죠?

OC

- 비공식적 대화

- 정보가 담긴 글

- 에세이

- 신문 읽기

- 해설적인 포스터

- TV에 대한 논평

AC
- 주제 관련한 그룹 포스터 정교화

- 질문에 답하기

- 에세이 속 정보

교육과정 구분: 수학
개념: 관계, 분류, 비례

ER
- 우리는 서로 다른 사회 계층에 속해 있나요?

- 여러분은 어떤 계층에 속해 있죠?

- 돈이 사람의 인간됨을 고칠 수 있나요?

- 사람을 타락하게 하는 것은 무엇인가요?

- 돈으로 무엇이든 살 수 있을까요?

OC
- 다양한 연습

- 문제의 체계화

- 관련된 내용을 다루는 텍스트 읽기

AC

- 연습문제 해결하기
- 문제의 체계화

교육과정 구분: 국어(포르투갈어)

개념: 관계, 변혁, 시간과 장소

ER

- 여러분의 지식을 더하기 위해 어떤 미디어를 사용하나요?
- 새로운 정보는 주로 어디에서 얻나요?
- 올해는 선거가 있을 거예요. 선거는 언제, 어디에서 하는지 알아요?
- 투표하는 일이 중요하다고 생각하나요?
- 투표권자는 반드시 투표해야 하나요?

OC

- 텍스트, 신문, 책, 잡지 읽기
- 만화, 책 등
- 시
- 단어

AC

- 텍스트 만들어 내기
- 텍스트 해석하기
- 질문 문항
- 비공식적 대화
- 비판과 논평

교육과정 구분: 지리

개념: 시간/장소, 변혁

ER

- 여러분은 어떤 동네에 살고 있나요?

- 어떤 길로 집에 가나요?

- 여러분 동네에서 어떤 지리적 사건(사고)이 있었나요?

- 여러분 동네에 클럽이 있나요?

- 이런 클럽은 무엇을 하는 곳인가요?

- 마을친우회Sociedade Amigos do Barrio가 뭔가요?

- 동네에는 어떤 교회가 있나요?

- 교회가 여러분의 교육에 도움이 되나요?

- 아동법the Statute of the Child에 대해 들어 본 적 있나요?

OC

- 비공식적 대화

- 아동 법령

- 텍스트, 지도, 그림 그릴 준비(학교-집 경로)

AC

- 질문 문항

- 포스터

- 그룹 프로젝트

교육과정 구분: 예술교육/미술

개념: 공간, 균형, 임시성, 변혁

ER

- TV 중 가장 좋아하는 프로그램은 무엇인가요? 왜 그렇죠?
- TV 드라마 중에 어떤 것을 보고 있어요?
- TV 뉴스를 시청해 본 적이 있나요?
- 서커스나 극장에 가 본 적이 있어요? 가 봤다면 그런 것을 좋아하나요?
- TV를 볼 때, 여러분에게 제시되는 메시지를 발견한 적 있어요? 어떤 유형의 메시지였나요?
- 길가의 광고판이나 선전문을 대체로 읽는 편인가요?

OC

- 비공식적 대화
- 콜라주
- 컬러펜 그림 그리기
- 자유롭고 직접적인 그림 그리기

AC

- 극화
- 포스터
- 그린 그림paintings, drawings

이런 일반적인 지침에 토대해, 교사들은 다양하게 조직된 교실 활동을 통해 각 과목의 생성적 질문에 성실하게 답변하려는 학생들을 위해 활동과 수업을 만들었다. 이 사례에서 놀라운 점은, 질문의 초점과 이를 전달하는 방법이다. 분명히, 환경문제에 대한 초점은 수쓰무학교의 많은 학생이 살고 있는 건강하지 못한 환경과 직접 관련될 수 있다. 동시에 이는 뿌리 깊은 원인과 이런 여건에서 가능한 대안을 이해할 수 있도록 했다. 유사하게, 이런 분명함을 달성하려는 과정은 그룹 워크, 연구, 분석, 활동단계 개발을 개입시킨다.

인터 프로젝트에 대한 교사들의 평가

수쓰무학교 혹은 다른 학교의 교사들은 인터 프로젝트가 타당한지에 대해 초기에 의심의 눈초리를 보냈었다고 고백했다. 심지어 겉으로 표현하지는 못했지만, 이 프로젝트에 대해 반대했었다고 했다. 그러나 학교의 다른 교사들과 함께하기 위해 프로젝트에 협력하겠다고 동의했다. 일단 이론적 교의(대화적 상호 교류, 주제적 탐색 등 언어 습득 및 학습에 관한 페레이로의 구성주의적 접근과 유사한 프레이리의 전략 등)를 공부할 기회를 갖게 된 이후 이들은 서서히 프로젝트에 빠져들고 프로젝트가 따를 만한 마땅한 길이라고 믿게 되었다. 동시에, 몇몇 교사들은 즉각적으로 정치적 목표 및 프로젝트의 목표가 거의 유사하다고 느끼고, 늘 사용해 오던 수업에 바탕이 되는 이론이 무엇이었는지 알게 되었다. 다음에 기술하는 교사들의 이야기에서 수쓰무학교 교사들이 인터 프로젝트의 경험을 성찰하면서 어떤 생각을 하고 있는지 엿볼 수 있을 것이다.

셀마Selma

셀마는 처음에 인터 프로젝트에 참여하기를 꺼리던 교사였는데, 결국 그녀는 가장 열정적으로 프로젝트에 참여하고 옹호하는 교사가 되었다. 흑인으로 노동계급 출신인 셀마는 1974년 북동부지역의 헤시피에서 상파울루시로 이사해 온 젊은 교사였다. 그녀는 당시 2년 동안

MOBRAL(군사정부의 성인문해교육 프로그램)에서 일했다. 1976년이 될 때까지 유치원 교사로 일하다가 1985년 수쓰무학교로 옮겨 와 유치원 생과 1학년을 담당했다. 최근에는, 남편의 실직 상태가 길어지면서 가구 소득을 보전하려고 수업이 끝난 후 추가로 교장실 행정지원 일을 하고 있다. 그녀는 인터 프로젝트가 PT 딱지가 붙어 실행되는 정책으로 처음에는 학교와 교사들에게 부정적일 뿐만 아니라 확실히 정당에 이용당하리라고 보았다. 자기 역할에 대한 이런 초기의 반응은 전에 살던 도시인 디아데마Diadema에서 PT가 주도했었다는 경험 때문이었다. 셀마는 그때 PT의 교육정책에 불만이 많았으며, 따라서 "PT를 정말 싫어하게 되었다". 인터 프로젝트에의 참여 경험과 상파울루시에서 PT 정부의 활동으로 PT를 바라보는 그녀의 생각이 바뀌었다. 셀마에게, NAE-6 직원과의 상호작용은 관점의 변화를 가져왔을 뿐만 아니라 교사들의 직업적 통합성에 지속적인 존중을 보이는 PT 정부에 감사함을 표하게까지 했다. 일단 셀마가 인터 프로젝트에 참여하겠다고 결정하고 나서, 그녀는 이 프로젝트가 내세우는 원칙 내에서 일하는 것에 편안함을 느꼈고, 1992년 PT가 집권을 계속하든 그렇지 않든 상관없이 생성적 주제를 통한 다학제적 교육과정 틀 내에서 자신의 수업을 계속 발전시켜 나갈 계획이라고 선언했다.

셀마는 인터 프로젝트에서의 경험이 자신의 교육적 사고와 실천에 긍정적인 영향을 미쳤다고 믿었다. 인터 프로젝트에 참여하기 전에, 셀마는 자신의 가장 큰 관심은 교육과정 내용이라고 했었다. 그런데 인터 프로젝트에 참여하면서 중요하게 여기는 것이 바뀌었다. 이 점에 대해 셀마는 이렇게 이야기한다. "이제 (내 수업에서) 가장 중요한 것은 (학생의) 형성이에요. 전 더 이상 교과서 내용을 다 마쳐야 한다는 데 몰두할 필요가 없어졌어요. … 대신 저는 학생의 비판적이고 창의적인 삶을 형성하는 데 더 관심을 쓰고 있어요." 셀마는 생성적 주제를 통한 다학제적 교육과정을 전통적인 교육과정보다 더 종합적인 교육 접근이라고 생각한다. 그래서 전통적 교육과정은 특정한 교과 내용의 전달로 학교와 교사의 교육적 역할을 제한한다고 여겼다. 그녀는 "(학교와 교사의 역할은) 학생이 일상적 경험에서 벗어나 통합적인 시민을 형성하는 것으로, (교사로서) 내가 학생의 필요를 규정하는 것이 아니다. (인터 프로젝트는) 학생에게 자신을 실재 삶에 위치시키게 하는 기회를 부여하는 제안"이라고 단언했다. 셀마는 다음과 같은 말로 새로 발견한 자신의 직업적 정체성을 표현했다. "(교사는) 시민을 형성하는 데 기여하는 행위 주체다. 가르침을 이행하는 사람은 나만 있는 게 아니다. 나를 매개로 (새로운 지식을) 발견하는 학생도 가르치는 사람이 된다."

셀마는 프레이리를 "아주 철학적이고" 수쓰무학교처럼 도심 한복판의 학교에서 가르치는 구체적인 실재와는 동떨어진 사람이라고 보았음에도 불구하고, 생성적 주제라는 아이디어와 같이 프레이리의 이론이 인터 프로젝트에 기여하는 바가 정말 중요하다고 생각했다. 그녀는 "인터 프로젝트에서 생성적 주제를 떼어 놓고 생각할 수는 없어요. 이 둘은 서로 긴밀하게 연결되어 있죠"라고 설명했다. 일반적으로 수쓰무학교에서의 인터 프로젝트 실행에 대한 셀마의 평가는 그다지 좋지 않은데, 그녀는 프로젝트가 고르게 실행되지 않았다고 본다. 왜냐하면 이 프로젝트가 기초하고 있는 이론적 바탕을 교사들이 제대로 이해하지 못하고 있기 때문이었다. 많은 교사가 이 제안이 중요하다고 믿었고 또 이 프로젝트 내에서 활동한다고 주장했지만, 셀마가 보기에 실재는 그렇지 않았다. 오히려 각 교사가 담당하는 교실이 프로젝트의 원칙하에 기능하고 있는지 그렇지 않은지는 완전히 개별 교사에 달려 있는 상황이었다. 그럼에도 불구하고 1994년, 셀마는 인터 프로젝트의 경험을 긍정적이라고 회상하는데, 그녀의 표현은 프레이리의 교육적 개념을 그대로 보여 준다. "프로젝트는 타당하고 경험을 풍부하게 해주는 것이었어요. 저는 정말 많이 배웠어요. 원칙적으로 저는 어떻게 배우는지 배우게 된 거죠. 프로젝트를 통해 우리 교사들은 교육이 뭔가 닫히지 않은 것임을 알게 되었어요. 당신 수업을 예로 들어 보죠. 당신은 잘 알고 있고, 당신은 가르치는 거죠. 그런데 아닙니다. 당신은 당신 학생들과 반드시 함께 배워야 합니다. 이런 방식으로 인터 프로젝트는 우리에게 가르침과 배움이라는 것이 일종의 교류라는 것, 그리고 (교실에서) 이야기를 꺼내 놓을 수 없는 주체란 없다는 것을 보여 준 겁니다."

클라우디오Claudio

클라우디오는 인터 프로젝트를 열성적으로 지지하는 교사였다. 늘 PT 교육청에 대한 비판을 입에 달고 살았지만 말이다. 수쓰무학교의 다른 교사들과 마찬가지로, 그의 주된 불만은 NAE-6 직원들이 학교를 "버렸다"는 점이었다. 교육청이 프로젝트를 확대하면서 다른 학교를 대거 포함시켰는데, 그때 있었던 일이다. 그는 1976년부터 교직에 있었고 수쓰무학교에서는 1986년부터 일하기 시작했다. 그는 주로 5학년에서 8학년, 고등학교, 심지어 교대에서 예비교사들을 가르친 적도 있었다. 학교 행정 담당 일도 했다.

이론적으로 그는 인터 프로젝트가 구성주의적이란 점을 확인했고 따라서 이런 바탕에서 교육과정개혁에 대한 지지를 천명했다. 실제로, 클라우디오는 다음과 같이 말했다. "인터 프로젝트는 내가 신뢰하는 구성주의의 전제에 따라 지식의 분절화를 피하도록 할 겁니다." 그러나 프레이리가 프로젝트에 크게 기여했다는 점에서, 클라우디오는 생성적 주제가 다학제적 교육과정을 구성하는 전체 과정의 핵심적 요소라고 생각하지 않았다. 즉, "생성적 주제는 '다학제성'의 과정이 일어날 수 있게 하는 하나의 수단입니다. 그러나 이런 수단이 생성적 주제만 있는 것은 아니죠. 개인적으로 저는 언어를 통한 '다학제성'이 더 성공적이라고 봅니다.

(예를 들어) 인터 프로젝트에 제가 참여하는 것은 제 교육적 실천을 변화시켰죠. 국어 교사로서 저는 제 학생이 언어를 사용해 언어적 역량을 습득하도록 하려 합니다."

클라우디오는 PT 교육청이 개혁적 제안의 소통 채널을 만들고자 자료 발간(예를 들어, 「Cadernos de Formação」)에 애쓰고 있다는 점을 잘 알지만, 인터 프로젝트가 실제 교사에게 어떻게 잘 소통되고 또 잘 내면화될 것인지에 대해 그는 나름의 생각이 있었다. 프로젝트의 원칙이라고 할 만한 것들이 교실 수업에 대단히 잘 맞기는 했지만, 클라우디오가 믿기에 교육청은 이런 원칙을 너무 이론적인 방식으로 제시해 교사들의 이해를 어렵게 한다고 보았다. 한편으로 교사 대부분은 전문성 형성이 제대로 이뤄지지 않았고, 다른 한편으로는 대부분의 프로젝트를 디자인하는 사람들이 대학 전문가들로 복잡한 이론적 용어로 사고하는 데 익숙해진 사람들이기 때문이었다.

클라우디오는 일반적으로 인터 프로젝트가 수쓰무학교 교사들의 수업과 사고에 큰 영향을 끼쳤다고 평가했다. 따라서 교사들은 좀 더 협력적으로 일하고자 했고 (자신들에게 주어진) 일상적인 상황 조건을 깨뜨리고 넘어서려는 의지를 보여 주었다고 했다. "교사들이 좀 더 적극적이고, 참여적이며 창의적이고 비판적인 모습이 되었어요." 클라우디오는 학교에서 전체주의적 태도의 감소, 교사와 기술팀 간의 통합 확대, 수업 협력에 대해 고마워하는 태도 등을 강조하면서 개인 상호 간의 관계에 눈에 띌 만한 변화가 있었다고 했다. "학교가 지역사회에 좀 더 관심을 갖게 되었고, 구성원 사이의 개인적인 차이에 더 주목하게 되었어요." 다른 교사들과 마찬가지로, 클라우디오는 자기 학생이 처음에는 인터 프로젝트에 부정적으로 반응했다고 했는데, 그 이유는 교실이 조직되는 방식에 이런 혁신적 접근이 무엇을 할 수 있는지에 대해 확신하지 못했기 때문이라고 했다. 일단 그룹으로 공부하는 데 익숙해지고 단일 교과

서를 사용하지 않고 수업하는 데 익숙해지면서, 학생들 또한 새로운 교육 프로그램을 즐기게 되었다. 그는 이런 변화가 반드시 영속되리라고는 생각하지 않았다. 실제 이런 변화는 지자체를 통해 발생한 것으로 꽤 불안정한 변화였다. 그럼에도 불구하고, 클라우디오는 1992년 지자체 선거에서 PT가 패한 직후 재빨리 움직여, 단위학교 차원에서 인터 프로젝트를 계속 유지하려면 저항할 수밖에 없다고 단단히 마음먹었다. 교육청의 정치적 변화가 불러올 파장이 예고되었기 때문이었다. 실제로 1년 반이 지나 수쓰무학교에 후속 연구를 위해 방문했을 당시, 클라우디오는 셀마와 함께 수쓰무학교에서 프로젝트를 진행하는 교사 그룹을 이끌고 있었다.

그런데 수쓰무학교의 다른 교사들은 프로젝트 지원에 덜 헌신적이었다. 굳이 인터 프로젝트의 부정적인 측면을 강조하지 않았음에도 불구하고 말이다. 혹은 프로젝트의 원칙을 실천으로 옮기면서 이념적이고 교육적인 차원이 일관성을 유지하지 않았다. 아드리아나나 베라가 이런 사례라고 볼 수 있는데, 이들은 대표적으로 중간지대의 입장을 보였다.

아드리아나Adriana

아드리아나는 수쓰무학교에서 상대적으로 신참 교사(면담을 진행할 때 아드리아나는 이 학교에서 근무하기 시작한 지 6개월밖에 되지 않았다) 축에 속했다. 신참 교사들은 대체로 이 학교로 전근해 오기 전 시작된 프로젝트에 굳이 헌신해야 한다고 느끼지 않았다. 아드리아나는 이런 문제를 보이는 전형적인 예였다. 젊고 중산층 출신 여성인 아드리아나는 1983년 교사교육을 마쳤고 1989년 대학원에서 교육학 석사 과정을 시작했다. 아드리아나는 사립고등학교에서 교사 일을 시작했는데, 그 학교에서는 복수의 과목을 가르쳤다. 그녀는 이 학교에서 자신이 가르치는 학생들을 대체로 가난한 중하층의 아이들로 보았는데, 따라서 이 아이들에게는 문화가 없고, 언어 및 인지 부족으로 교사가 전달하려는 것을 제대로 이해하지 못한다고 여겼다.

철학적으로 아드리아나는 자신을 인본주의자라고 특정했다. 그러나 이런 입장을 뒷받침하는 데 어떤 교육학 이론에 천착하고 있는지에 대해서는 아무런 말도 하지 않았다. 이 학교로 전근해 오기 전 경험했던 전통적인 학교에서의 경력 때문에 그녀는 교실에서 다소 "엄격해"진다고 말했다. 아드리아나는 교사로서, 자신의 역할이 학생들에게 기본적인 학업능력을 제공하고 학생들이 실재에 대해 좀 더 비판적인 시각을 가질 수 있도록 돕는 것이라고 믿었다.

인터 프로젝트에 대해 그녀는 전체적인 목적에 동의한다고 말했다. 그녀 말로 표현하자면, 이 프로젝트는 "학교교육을 다시 생각하도록 이끄는 교육운동"이었다. 아드리아나가 자신을 "이념적으로 인터 프로젝트 내에" 위치 짓고 있었지만, 그녀는 수쏘무학교에서의 프로젝트 참여 경험을 종종 "무질서의 한가운데" 있다는 느낌으로 표현했다. 수쏘무학교의 신참 교사로 학교 교직원에 합류하기는 했지만, 아드리아나는 수쏘무학교에서 인터 프로젝트가 발달하는 첫 번째 단계를 거치지 않았고, 따라서 이 프로젝트의 효과성이 어떤지 논평할 만한 능력이 되지 않는다고 선을 그었다. 다른 많은 교사와 마찬가지로, 아드리아나는 인터 프로젝트 경험에서 가장 긍정적인 것은 교사들이 교육과정 구성 과정에서 특정 교과목에 국한되지 않고 모든 교과목을 한꺼번에 고려하도록 압박받았다는 점이다. 그녀는 명확히 구분되는 교과목과 이에 따른 지식의 영역을 전제해서는 안 된다는 다학제성의 기본 개념에 동의하고 있었다. 아드리아나는 프레이리의 교육 원리들에 대해 충분한 지식을 갖고 있지는 않았지만, 이런 원리들이 인터 프로젝트의 목적에 도움이 된다고 느꼈다. 프레이리의 대화적이고 성찰적인 접근이 교사들로 하여금 자기 수업을 다시 돌아보게 하고 교실에서의 수업을 위한 지침이 되도록 하는 과정을 촉진한다는 점에서 말이다. 그런데 아드리아나는 여전히 교사가 생성적 주제에 기초한 교육과정 구성의 다학제적 방법에 묶여 있어서는 안 된다고 보았다. 이는 수쓰무학교 및 다른 학교에서 만나게 되는 교사들이 보이는 저항의 한 형태로, 인터 프로젝트에 대한 핵심적 특징을 수용하지 않는 태도였다. 실제로, 아드리아나는 매일매일의 교실 수업에서 인터 프로젝트를 엄격하게 따르지 않았다고 드러내 놓고 말했다. 그러고는 늘 그렇듯 다른 수업 영역과 연계하는 것(예를 들어, 다학제적 접근)은 쉽게 달성되지 않는다고 주장했다.

여기에 더해 아드리아나는 프로젝트 내 교수학습 과정이 이전과 다를 뿐만 아니라 더 많은 것을 요구하고 있는데, 학생들은 이를 부담스럽게 여기고 이에 저항한다고 넌지시 말했다. "그룹으로 모여 공부하고 연구하면서 학생들은 복사하고, 5학년생의 경우에는 포스터도 만들어야 한다. 그런데 학생들은 이런 것들을 싫어한다. 왜냐하면 학생들은 좀 더 열심히 공부해야 하기 때문이다." 그녀가 인터 프로젝트에서 가장 문제라고 지목하는 것은, PT의 광범위한 교육개혁 정책 중 다양한 프로그램 혁신(예를 들어, 초등학교 학년단계제와 개념 평가 등)과 관련된 것들이었다. 아드리아나는 이런 정책들이 교사의 학생에 대한 통제와 권위를 점차 줄어들게 만든다고 믿었다. 그녀는 이렇게 결론지었다. "(점수를 매기고 점수에 따른 진급체제의 변화 때문에 생긴 결과로) 학생들이 교사가 그들에게 전달하려는 것을 이해했는지, 그렇지 않은지 정확하게 알 수 없게 되죠. 학생은 전통적인 교사가 필요하다고 느낍니다."

아드리아나는 인터 프로젝트를 불편하게 생각하면서 자신이 이 프로젝트를 온전히 수행할 능력이 있는지에 대해 확신하지 못했다. 왜냐하면 그 프로젝트의 복잡한 성격 때문에 말이다. 이념적으로 인터 프로젝트의 근본적인 교육 원리에 자신을 맞추고 있었지만, 교육과정 내에서 학생들의 실재가 존중되어야 한다고 아드리아나는 믿었다. 그녀는 인터 프로젝트가 학생들에게 자신의 실재를 넘어서도록 이들의 실재를 가르치는 데 실패했다고 결론지었고, 그래서 인터 프로젝트가 오래 지속되지 못했다고 평가했다.

베라 Vera

베라는 수쓰무학교에서 4학년을 가르치는 나이 든 교사다. 자신이 인터 프로젝트와 함께 일한다고 주장했지만, 베라는 프로젝트를 어떻게 해석하고 있는지 설명하지 못했고 교실 수업에서 이런 자신의 해석을 어떻게 실천하고 있는지에 대해 명확하게 말하지 못했다. 즉, 그녀는 프로젝트의 방법론이라든가 목표에 대해 잘 이해하고 있지 못했다. 인터 프로젝트가 지닌 이론적 강조점을 온전히 이해하는 데 실패한, 혹은 이 프로젝트가 지닌 정치적 목적을 움켜쥐기 거부한 다른 많은 상파울루시 교사들과 마찬가지로, 베라는 자신의 교육적이고 이념적인 틀에 프로젝트의 피상적인 몇몇 특징만을 적용했다. 따라서 베라가 수업을 계획하고 전달하는 데 프로젝트의 영향은 아주 제한적이었다. 일반적으로 베라는 학생들이 집에서 가져오는 지식에 타당성을 부여하는 것이 자신의 가르침이라고 규정했는데, 그녀는 인터 프로젝트를 자신이 개념화하고 있는 이런 모호한 수준의 구성주의적 아이디어와 연계해서 이해했다. 베라에 따르면, "(인터 프로젝트) 전에는, 교사들이 학생들에게 별로 신경 쓰지 않았어요. (프로젝트가 진행되는) 지금은 목표가 학생들의 비판적 감각을 길러 주는 것이고 학생들이 말하고 생각하는 것을 성찰하도록 안내하는 것이에요." 베라가 생각하기에, 인터 프로젝트의 가장 두드러진 특징은 교과 내용의 프로그램이 미리 정해지지 않고 늘 개방적으로 열려 있다는 점이었다. 베라는 인터 프로젝트로 인해, "교과 내용이 좀 더 광범위해졌죠. 우리는 더 이상 '교과서의 페이지를 넘기는' 전통적 교과 내용에 묶일 필요가 없게 되었어요"라고 말을 이었다. 그녀는 일반적으로 주어진 생성적 주제를 특정한 교과 영역에 연결하는 것이 타당하다고 생각했는데, 무엇보다 사회 교과 영역에서 인터 프로젝트가 가장 효과적이라고 판단했다. 그녀가 보기에 "(인터 프로젝트의 결과로) 학생들은 역사와 같은 교과에 좀 더 많은 관심을 보였"다. 그리고 인터 프로젝트 수행은 교사의 역할, 즉 교사의 의식적 참여를 상당한 수준으로 요구한다고 덧붙였다. 그러나 어떤 유형의 의식적 참여인지(예를 들어, 정치적 vs. 교육적 인식 같은)에 대해서는 분명하게 제시하지 않았다. 베라는 인터 프로젝트의 교육과정 모델에 대한 자신의 과도한 단순화를 실제로 "저는 민속적인 것에서 인터를 만들었어요Fiz Inter da Folklore"라는 말로 투영했다. 다른 말로 하면, 그녀는 교실에 민중적 문화 또는 현대적 논쟁을 주제로 한 토론을 도입하려는 시도가 곧 "인터 프로젝트를 하는 것"이라고 여겼다.

요약: 프로젝트의 영향

선정된 교사들의 프로파일을 통해 인터 프로젝트가 수쓰무학교에 어떤 방식으로 영향을 끼쳤는지에 관한 주관적 평가를 볼 수 있었다. 인터 프로젝트가 노동계층 학교를 변화시키는 방식에 대한 개인적인 차원의 인상과 의견에 더해, 연구자 중 한 명인 오카디즈가 1994년 후속 연구를 위해 그리 길지 않은 체류 기간 동안 수쓰무학교를 다시 찾고 수집한 자료들을 분석해 볼 수 있다. 이때는 PT 교육청이 우익 정당에 자리를 넘겨준 지 벌써 1년이 넘어선 시점인데, 새로 들어선 교육청은 PT가 만들어 놓은 많은 용어체계들을 그대로 유지하고 있었다. 예를 들어 교사형성그룹이라든가 다학제적 교육과정 등. 물론 프로젝트에서 정치적 내용은 없애 버리고 프로젝트 개발을 위한 모든 기술적 지원은 중단되어 있었다. 이런 상황에도 불구하고, (PT 집권이 끝난 이후) 수쓰무학교에 대한 후속 방문은 몇 가지 희망을 제공해 주었다.

교육청의 변화가 있기는 했지만, 수쓰무학교에는 헌신적인 그룹이 있어 지역사회 문제를 제기하고 학교에서 지역사회 발전을 위해 노력하고 있었다. 학교공동체의 의식을 제고하려는 이런 노력의 사례를 학교위원회 회의에서 볼 수 있었다. 학교 시설 개선을 수행하기 전 어떻게 학교 시설을 유지할 것인지 예방적 방안이 학교위원회 주제로 논의되었다. (이 자리에서) 학교를 더럽히는(낙서 등) 모습이 담긴 비디오가 상영되었다. 비디오를 시청한 이후, 회의에 참여한 30여 명이 넘는 교사, 학부모, 학생들은 건물 훼손(낙서)의 이유가 무엇인지, 왜 지역사회가 협력하고 학교에 대한 주인의식을 가져야 하는지, 동시에 이 일에 책임 있는 공무원들에게 적절한 유지보수와 수리를 요구하는 문제에 대해 토론을 벌였다. 이들은 회의 끝에, 학생들이 학교에서 행복하지 않으면 학교를 존중하지 않는다고 결론 내렸다. 학부모들은 가정에서의 감독과 적절한 지도가 부족하다는 점이 이런 문제를 키우는 이유라고 발언했다. 교장은 학교에서 학교위원회가 학생 및 학부모회와 공동으로 노력해 이런 이슈에 대해 학교가 좀 더 민감하게 대응할 수 있는 캠페인을 벌일 수 있도록 해야 한다고 제안했다.

또한 위에서 1994년 교수법에 관해 간단히 기술하기는 했지만, PT 집권이 끝나고도 1년이 지난 시점까지 인터 프로젝트의 타당성을 둘러싼 논쟁이 계속되었다. 수쓰무학교에서 교직원의 30% 정도는 프로젝트가 계속 이어질 수 있도록 진지하게 노력해 왔다. 프란시스카는 NAE-6의 인터 프로젝트 팀에서 일했고 PT 집권이 끝난 후 수쓰무학교로 다시 돌아온 교사다. 1994년 후속 면담에서 프란시스카는 수쓰무학교에서 인터 프로젝트가 계속 이어지게 만드는 데 어떤 어려움이 있는지 이렇게 말했다.

지난해 우리는 실재연구ER를 위한 예비조사조차 하지 않았어요.

교사들이 생성적 주제를 정해 버린 거죠. 이것은 심지어 예비연구도 하지 않은 상황에서 우리가 인터 프로젝트를 위원회(Delegacia, 이전에 NAE에 있었던 기구)에 제출했던 계획에 따라 해 왔다고 말하는 것과 모순된다고 생각해요. 해가 지나 우리 중 22명의 교사가 3~4명씩 짝을 지어 아침에 무단거주지구에 갔어요. 거주민들과 대화해 보려고 말이죠. … 돌아와서 우리가 수집한 데이터를 가지고 평가하려고 보니 교사들 중 이전에 한 번도 무단거주지구에 가 본 적이 없는 사람이 많았어요. 이런 경험을 통해 그들은 자신들의 선입견에 의문을 제기하게 됐어요. … 결국 그 그룹은 하수구나 쓰레기라는 주제를 다시 꺼내야 한다고 생각했어요. 저는 이 분석에 의문을 제기했죠. 이게 5년이 지난 상황에서 어떻게 똑같이 중요한 문제가 될 수 있겠는가? 많은 교사들에게 이 모델은 제대로 작동하지 않았고, 프로젝트는 아무런 진전 없이 실패한 것을 의미했어요. 여전히 무단거주지구에 가는 경험은 유익했습니다. 교사들에게 존재하는 선입견, 즉 무단거주지구의 거주민들이 지역사회 모든 문제의 원인이라는 인식을 끝내게 되었으니까요. … 올해, 대통령 선거를 통해 지역사회 담화들이 터져 나왔습니다. 정치적 과정에 대한 다양한 논평들이 담겨서요. 결과적으로 '시민성'이라는 생성적 주제가 등장하게 된 겁니다.

프로젝트가 살아남기 어려운 상황에서 프로젝트의 이상을 지속하기 위해 지자체 내 학교 교사들의 이런 계속되는 노력을 참고하면서, PT 집권이 끝나고 학교현장으로 복귀해 열성적으로 그룹 활동을 하는 전 NAE팀원은 다음과 같이 비유를 했다.

이는 마치 〈불을 찾아서(Quest for Fire)〉라는 영화에서 일어나

는 일 같아요. 이 영화는 역사 이전의 부족 사람들에 대한 이야기
인데, 그들은 불을 발견하게 됩니다. 하지만 그런 불꽃을 어떻게 피
우는지 몰라요. 등잔의 불꽃을 밤낮으로 열심히 지킬 뿐입니다. 바
람이 불거나 비에 젖어, 혹은 그냥 사그라들다 깜빡거리다 갑자기
불꽃이 꺼지지 않을까 노심초사하면서요. (교육과정에 대한 인터 프
로젝트의 접근을 추구하는 그룹 내에서) 우리는 이 영화 속 부족민
들 같아요. 인터 프로젝트라는 불꽃을 필사적으로 지켜 내려고만
하는, 이 불꽃을 빼앗아 가려고 하는 모든 나쁜 것들에 대항해 우
리 자신을 죽이면서 말이죠.[1]

(PT 교육청 집권 시기와 그 이후의) 수쓰무학교에서 진행된 다학제적
교육과정 모델의 지속적인 진화는 경험적 교육과정이 인터 프로젝트 내
에서 어떻게 개념화되는지, 이런 과정이 학교에서의 교육적 실천에 얼마
나 광범위하게 영향을 미쳤는지 보여 준다. 위에서 상세하게 소개한 프
로그램이 인터 프로젝트 초기의 모습이라는 상황을 상기해 보면, PT가
권력을 잃고 1년이 지난 시점에도 수쓰무학교 교사 그룹이 생성적 주제
를 통한 다학제적 접근 모델을 따르는 교육과정을 개발하려고 힘겨운
노력을 벌이고 있다는 점은 상당히 중요하다. 1994년 5월, 교무실 벽에
"다학제성interdisciplinaridade"이라고 쓰인 표지 밑에 4개의 큰 표가 붙
어 있었는데, 이 표에는 각 학년 단계별 학기에 따른 다학제적 교육과정
계획이 개괄되어 있었다. (저학년 단계ciclo basico 1, 2, 3) (중학년 단계ciclo
intermediario 4) (고학년 단계ciclo intermediario 5, 6) (종학년 단계ciclo final 7,
8). 예를 들어, 4학년(중학년 단계의 첫 학년)은 다음과 같은 프로그램이
제시되어 있다.

---

1. (옮긴이 주) 이 영화의 내용 및 교육에 대한 성찰에 관해서는 『배움의 조건』(유성상,
   2017) 제6장 "살기 위해 불을 찾아 나서다: 불을 찾아서" 참조.

사례: 다학제 교육과정-프로그램 개관
(중간 사이클/수쓰무학교 1994)

중요한 상황:

- 삶의 관점 부족
- 정치적이고 종교적인 양심의 부재
- 정부 기관에 대한 환멸감

생성적 주제:

- 시민성 구성하기

통합하는 개념:

- 관계×변혁×시공간×역사의 주체×사이클×평형상태

생성적 질문:

- 교육은 시민성을 행사하도록 하는 데 어떤 기여를 하는가?

다시 말하자면, (프로그램의 각) "요소"와 "사회경제적 측면"은 교육과정 디자인에 교육 및 시민성이라는 주제를 교차하기 위한 의도로 결정돼 목록화되었다. 이는, 특정한 주제"를 고안해 내거나 다양한 지식 영역에 대한 관점으로부터 생성적 주제의 이런 측면을 구체적으로 제시해 줄 수 있는 학습활동 혹은 교과 내용에서 참조점으로 기능했다. 이런 두 교육과정 디자인 요소의 사례는 다음과 같다.

사례: 다학제 교육과정

주제에 대한 사회경제적 측면의 주제적 범위 축소

(수쓰무학교 1994, PT 이후)

유형/형태	혜택/비용	공간/시간	원인(이유)
가족 학교 직업적 정치적 사회적 여가적 정서적 스포츠	교육 건강 자금 공간 구매력	가정 학교 거리 저수지 직장(일) 시장 교회 사업체 주점 쇼핑몰	낮은 소득 가족 기능 부족 이주 공간 점유

인간관계	다른 측면	다른 요소와의 관계
인권 가족 기능 낮음 사회적 차별	문화적 습성 입법 미디어	여가 주택 건강 교육 일/직장 의사소통(언론)

사례: 다학제 교육과정

교과를 위한 구체적인 주제

(수쓰무학교 중간 사이클, 1994, PT 이후)

국어

- 읽기 및 해석을 위한 글감: 대화, 시, 만화

- 글쓰기: 개인적 및 집단 글쓰기

- 집단적 글 교정 및 다시 쓰기

- 언어 분석: 문법, 맞춤법, 오자, 글의 구조
- 사전 활용
- 구문의 형성, 순서, 확장

수학
- 자연수
- 자연수를 활용한 연산(+, -, ×, ÷)
- 비중
- 화폐 체계
- 측정 시스템
- 기하의 도입: 각 및 다각형(길이, 넓이)

과학
- 신체 위생과 마음
- 영양과 음식 위생
- 인체의 기능: 소화계, 순환계, 생식계(삶의 순환)
- 동물과 식물(음식 순환)
- 자연 자원의 활용

역사
- 인권(시민성 및 헌법)
- 아동 및 청소년의 지위
- 역사: 가족, 이웃, 지방, 상파울루주
- 상파울루 수도권: 정착, 원주민 인구, 이주와 인구 유입
- 시간대: 일과 산업화

지리

- 지리적 공간과 지향
- 규모
- 상파울루주, 강, 주요 도시, 기후, 고저, 보호구역
- 브라질: 주 경계, 5대 지역

예술

- 그룹 워크: 콜라주, 손그림, 물감그림
- 민속 활동
- 극장, 마임, 드라마연극
- 음악

체육

- 게임의 규칙을 알고 존중하기
- 시공간의 개념
- 협력적 게임, 집단 및 개인 게임
- 민중 문화 기록

우리는 위의 교육과정을 증거로, 지속적인 열정과 인터 프로젝트에 대한 헌신이 프로젝트에 교사들을 참여시킴으로써 이들의 직업적 정체성과 가치에 변화를 가져오도록 하는 뜻깊은 방식이라고 믿는다. 그럼에도 이후에 들어선 정권이 프로젝트 지원을 끊었다는 점을 고려해 보면 지역사회의 근본적인 문제를 제기하는 민중적 공립학교의 설립은 여전히 큰 도전과제였다. 교사 베라와의 인터뷰에서 알 수 있듯, 생성적 주제를 통한 다학제적 교육과정 구성에 참여하는 일은 통상적인 교육과정 위에 하나의 장식처럼 얹힌 것이라는 생각이 쓰무학교에 여전히 퍼져 있다고

보였다. 이런 인식은 교사들이 프로젝트의 개념적 틀을 온전히 이해하지 못했거나 혹은 그렇게 하려 하지 않는 태도, 그리고 복잡한 교육적 이상을 실천에 옮기는 일의 어려움과 관련 있는 듯하다.

사례 2
하빕학교: 노동계층을 위한 교육과정 만들기

하빕학교Dr. Habib Carlos Kyrillos School는 쿠페세대로Cupece Avenue를 따라 달리는 여러 버스노선 중 하나를 잡아타면 금방 도착할 수 있다. 쿠페세대로는 상파울루시의 다른 지역들과 아메리카노폴리스Americanopolis의 노동계층 지역을 연결시켜 주는 주요 간선도로이다. 즉, 이 도로를 따라 북쪽은 중산층이, 남쪽은 주변부 가난한 사람들이, 동남쪽에는 공장들이 들어서 있는 디아데마시Diadema City가 연결되어 있다. 결과적으로 쿠페세대로는 줄줄이 늘어선 자동차, 버스, 화물트럭의 흐름으로 가득하고, 빵에서 자동차 수리에 이르기까지 온갖 종류의 물건과 서비스를 판매하는 가게와 상점들이 즐비하게 늘어서 있다. PT의 존재감은 이 지역에서 강력해 보인다. 이는 PT 당사 본부 건물이 쿠페세대로변의 눈에 잘 띄는 건물에 있다는 것만으로도 충분히 알 만하다. 쿠페세대로에서 학교로 들어서는 셸주유소 다음 골목의 정면에는 아주 큰 교회가 자리 잡고 있다. 이 교회는 마치 브라질 도심 빈민들 사이에 오순절교회운동이 점차 영향력을 키워 가고 있다고 말하려는 듯하다. 따라서 하빕학교는 도시의 남쪽 변두리에 위치하지만, 교통이 좋아 고용, 상업 및 문화센터와 잘 연결되어 있고, 따라서 NAE-6의 다른 학교들과 달리 주변화되거나 고립되어 있지 않았다.

왕성한 상업활동, 밀집된 인구, (상파울루와 디아데마) 두 도시 사이의 전략적 위치 때문에 이 지역에서는 범죄 행위, 소위 마약 밀매가 대단히 성행하고 있었다. 하빕학교는 쿠페세대로 위쪽으로 솟은 언덕의 경사지 중간쯤에 자리 잡고 있었다. 가게가 늘어선 상업지구를 걷다 보면 누군가 좀 더 위험한 동네 쪽으로 잽싸게 들어간다. 동네 사람들은 이곳을 "도둑 소굴"이라고 부른다. 이곳 거주민들의 이야기를 들어 보면, 학교를 둘러싸고 있는 지역 주민 및 노동계층 지역의 현실에 깊이 밴 폭력과 비참함이 묻어난다. 연구가 시작되기 1년 전 학교 안마당에서 총 맞아 죽은 사람의 시체가 발견되었다느니, 가끔 시체들이 경찰이 와서 치우기까지 길가에 버려진 채 며칠 동안 방치되어 있었는데 범죄와 관련되었다고 경찰에 끌려가거나 혹 희생자들과 한 패거리라고 오인될까 봐 누구도 가까이 가지 않았다는 등의 이야기 말이다. 학생들은 연구자로 이곳에 들어선 우리 둘을 보호해 주고 싶어 했다. 해가 지고 버스 정류장에서 두 블록 이상 혼자 걸어 나가지 말라고 충고하면서. 비극적인 일이 있었는데, 1994년 학교와 지역사회에서 활발하게 활동하던 이 지역의 교사 한 명이 살해당했다. 학생들이 대단히 좋아했던 교사의 죽음으로 학교는 깊은 슬픔에 잠겼다.

주변의 무질서는 하빕학교 학생들의 일상생활에 너무도 분명하게 침범해 있었고, 이곳 학교와 학교에서 일하는 교직원들에게 지대한 영향을 미쳤다. 동시에, 이런 비참한 상황으로 인터 프로젝트와 같은 개혁운동이 더욱 필요했다. 이를 통해 폭력적인 환경과 이런 환경이 만들어 내는 일상적 두려움의 측면을 이해하고 극복할 기회를 제공할 수 있기를 기대하면서 말이다. 하빕학교에는 인터 프로젝트를 만들어 가려는 상황에서 몇 가지 해결해야 할 큰 문제가 있었다. 이 중에서 가장 중요한 과업은, 완강하리만치 고집 세고 자기 신념이 강하며 경험 많은 직원들 사이에 소위 합의라는 것을 만들어 내는 것이었다. (인터 프로젝트를 수행하려면) 학교 내에서 생각과 의미를 공유하고 협상해야 하기 때문이다.

또한 인터 프로젝트를 개발해 가면서 참여자의 확장, 즉 학생, 특히 고학년을 참여시켜야 했다. 포용적이고 공유된 목적과 목표에 기반한 학교문화를 재개념화하려는 하빕학교의 세 번째 도전적 과제는, 인터 프로젝트에 저항하는 다양한 사회적 현실을 극복하는 것이었다.

하빕학교: 개관

수쓰무학교를 포함해 상파울루의 다른 학교들과 마찬가지로 하빕학교에는 콘크리트 건물에 창문이라고는 거의 없다. 그나마 있는 창문의 유리는 거의 깨져 있고 삭막한 벽과 별 자극이 없는 건물의 단조로움을 깨트리는 역할을 한다. 이 건물의 디자인은 대회에서 입상한 프랑스 건축가의 손을 거친 것이지만, 적도 지역에 위치한 국가의 학교로는 전혀 어울리지 않아 건물을 짓고 디자인한 것에 대한 보상은 생각할 수 없게 만든다. 둥근 천장 부분의 이상하게 생긴 수평 유리창은 늘 반쯤은 열려 있었는데, 재미난 사실은 그 이유가 이 창문을 닫을 장치가 없기 때문이었다. 상파울루시의 기후가 그렇듯, 비가 올 때면 천장으로 새어든 물이 주기적으로 교실 바닥에 떨어졌다. 학교 건물 밖 안마당은 높은 담으로 에워싸이고 감옥처럼 생긴 철조망 울타리에 둘러싸여 있었다. 철문으로 된 학교의 정문은 학교 일과 시간에는 굳게 닫혀 있었다. 8개의 교실은 전부 2층에 자리 잡았는데, 오르내릴 때 심한 소음을 만들어 내는 두 벽으로 둘러싸인 굽은 계단길이 1층과 2층을 오가는 유일한 통로였다. 계단의 꼭대기에 있는 큰 홀은 오래전에는 벽에 꽃그림이 그려져 있어 화사한 느낌이었을 테지만 지금은 색깔이 바랬고 교실은 페인트칠과 수리가 시급하다 싶을 만큼 형편없었다. 교실은 춥고 습기가 차 눅눅했다. 교실의 천장과 창문으로 물이 새 들어오고 책상은 다 망가졌고 칠판은 여기저기 구멍 난 곳을 덧대 메운 모습이었다. 뭐 간략하게 요약하자면, 하빕학교는 무너지기 일보 직전의 모양새였다.

행정실이 자리 잡은 1층에는 상대적으로 잘 꾸며진 도서관과 넓은 독서실이 자랑스럽게 자리하고 있는데, 두 곳 모두 최근 보수되었다. 독서실은 다목적 공간으로 교직원들의 수업 회의부터 연극 공연 및 성교육을 위한 공간으로 활용되었다. 교사 휴게실로 사용되는 훨씬 작은 공간에서 교사들은 휴식 시간 및 1, 2부 교체 사이의 빈 시간에 회의를 열었다. 이 휴게실 중앙의 긴 탁자 위에는 각자 수업을 준비하려고 앉은 교사들의 수업 준비 자료 및 복사물들이 늘 가득했다. 휴게 공간이기 때문에 수업을 준비하는 교사뿐만 아니라 음식을 먹거나 차나 커피를 마시는 교사들, 그리고 잡담하는 교사들도 있었다. 벽에는 보관함이 꽉 들어차 있었고, 교사들은 여기에 수업자료를 넣어 두었다. 정말로 황폐화된 학교 건물 내에 뭔가를 보관할 만한 다른 공간이라곤 없었기 때문이다.

하빕학교의 인터 프로젝트 역사

하빕학교에서의 인터 프로젝트는 교육청의 제안에 관심을 보인 11명의 교사만으로 시작했다. 점차 다른 교사들이 참여해 1990년 12월에는 대부분의 교사가 프로젝트에 참여하게 되었다. 하빕학교의 교장은 PT의 열성 당원으로 프로젝트를 강력하게 지지하는 사람이었다. 그런데 PT 집권 시기에 교장과 몇몇 하빕학교 교사들이 NAE-6 직원으로 차출되었는데, 결과적으로 하빕학교에서의 프로젝트 성공에 열쇠가 될 만한 학교 직원이 빠져나간 셈이다. 1992년 PT가 선거에서 지면서 교장과 NAE-6에 파견되었던 교직원 3명이 하빕학교로 돌아왔다. 이들은 1994년 공식적으로 프로젝트가 끝난 이후에도 다학제적 교육과정 수업에 관심을 보인 교사들을 조직하고 활동을 지속하는 데 중요한 역할을 담당했다.

당시 교장은 공석이었지만, 다행히 하빕학교의 교수법 코디네이터이자 인터 프로젝트의 강력한 지지자인 루시아나Luciana가 자신이 지도하는 교사들에게 프로젝트 참여를 설득하고 다녔다. 루시아나는 1991년 첫 학기에 프로젝트 예비연구 기간 동안 교사들에게 열정과 걱정을 동시에 가져다준 "큰 축제"를 떠올렸다. 이때 프로젝트를 수행하면서 교육과정에 급진적으로 다른 접근을 취하는 것이 무엇을 의미하는지에 대한 이해 수준은 그리 높지 않았다. 그러나 동시에 이 프로젝트로 인해 학교 프로그램에 긍정적인 변화가 생겨나기를 많은 교사가 바라고 있었다. 하빕학교가 선정한 첫 학기의 생성적 주제는 "위험한 교통"이었다. 이 주제는 이웃 주민들과의 면담에서 두드러진 문제였는데, 이들은 대중교통을 둘러싼 문제와 논쟁거리를 최우선으로 내놓았다.

다른 학교와 같이 서로 다른 일정에 따라 수업을 진행하는 중급 수준의 교사 조직은 절차상 악몽에 가까웠다. 그러나 이런 장애물에도 불구하고, 루시아나는 프로젝트에 대한 헌신을 담아 하빕학교 교사들의 충돌하는 일정을 최대한 반영하기 위해 서로 다른 시간대에 교사 모임을 조직했다. 교수법 코디네이터CP인 루시아나는 프로젝트 초기 단계의 교사 연수 회의를 이렇게 회상했다. "(초기에는) '변증법' 혹은 '인식론'이란 단어가 나타나기 시작했어요. 여기에는 엄청나게 많은 이론이 있죠. 한 달 동안 회의를 진행하면서 우리는 이론을 공부하기 시작했습니다. 정말 힘들고 지치는 일이었지만, 한편으로 재미있었어요." 이런 초기의 연수가 끝났지만, 루시아나는 실제 행동으로 옮겨질 것으로 기대되는 수업 계기(예를 들어, ER, OC, AC)의 이론적 복잡성에 대해 교사들이 여전히 혼란스러워했다고 말했다. 루시아나가 관찰한 바에 따르면, 교사들은 수업의 세 계기(ER, OC, AC)를 활용해 수업계획을 짜는 것을 상당히 어려워했고, 프로젝트가 애초 교사들이 상상했던 것보다 훨씬 더 전문적인 준비를 요구한다는 것을 점차 알아 가기 시작했다. 교과 내용을 선정하는 것과 관련해서도 또 다른 문제가 발생했다. "처음에는 교사들이 정말 많은 교과 내용을 가져와 학생들을 거의 죽일 판이었죠." 교육 과정에서 적합한 교과 내용을 선정하고 가르쳐야 한다고 할 때, 이런 접근 즉 생성적 주제에 의해 제안된 광범위한 범주가 무엇을 의미하는지에 대해 교사들 사이에서 논쟁이 일었다. 교육과정 내용을 둘러싸고 난처한 입장에 던져진 것이다. 하지만 루시아나에 따르면, 이런 갈등은 생성적 주제와 관련된 교과 담당 교사들 사이에 구성적인 대화를 촉발시켰고 복잡한 교과 수업 수준에 관한 아이디어를 서로 교환하도록 했다. 루시아나의 평가에 따르면, 1991년 5월이 되어서야 "집단 작업이 제대로 기능하기 시작했다". 루시아나 면담, 1992

그런데 하법학교에도 프로젝트에 반대하는 사람들이 있었다. 학생 훈육이 방해받고 있다는 점을 그들이 지적했는데, 이것이 다툼의 주요 쟁점이었다. 이들은 많은 교사가 학생들을 그룹으로 조직해 공부하게 한다면서 교실 통제를 아예 포기한 것 아니냐는 느낌을 받았다. 학생들이 교실에서 일어나 이동하고 자유롭게 옮겨 다니고 자기들끼리 떠드는 것을 허용했기 때문이다. 결과적으로 학교는 나뉘었다. 루시아나가 지적하고 있듯, "학교가 분리되었어요." 그녀는 이런 분리가 너무도 분명해 눈에 띨 정도였다는 점을 강조했다. 한 교사가 설명하듯이, 하법학교에는 학생들은 조용히 앉아 수업에 임하는 것이 편하다는 교사들과 의도적으로 자기 교실 수업을 더욱 참여적으로 만들려고 노력하는 교사들이 있었다.

1991년 두 번째 학기에 하법학교에서는 학교에 관한 두 번째 실재연구가 진행되었고 이때는 무엇보다 학생들의 관점이 중요하게 고려되었다. 학생들은 다음과 같은 30여 개의 질문이 담긴 설문 문항을 받았다. "학교라는 장소에서 여러분이 만들고 싶은 것이 있다면, 무엇인가요?" 여기서 학생들의 담화는 교육과정 계획 과정에서 더 중요했고, 교사들은 단하나의 교과서가 아닌 다양한 자료에서 얻은 내용을 교과 내용과 연계해 전달했다. 특히 역사, 지리, 과학 교사들은 수업을 보조해 줄 만한 책들을 찾아올 수 있었고, 교실 수업을 위한 대안적 자료들을 찾아 나섰다. 신문 기사라든가 외부 연구에 바탕해 교사가 준비한 자료, 현지 조사, 혹은 이와 유사한 방식으로 학생이 수집한 데이터 등. "아주 훌륭한 계기였어요. 정말 고마운, 우리 수업은 정말 좋았죠. … 그중 가장 멋진 광경은 마지막으로 AC를 계획하고 정교화하는 것이었어요. … 우리는 책들을 종합했어요. 정말 많은 노고가 들어간 일이었죠. (우리 그룹의 가장 큰 관심사는) 어떻게 하면 이 일을 계속할 수 있을까였어요." 학교 교수법 코디네이터인 루시아나는 이렇게 회상했다. 1992년까지 저학년을 담당하는 교사는 프로젝트에 전혀 참여하지 않았다. 한편으로는 교수법 코디네이션이 부족하기 때문이었지만, 다른 한편으로는 전근해 온 새로운 교사들이 이미 진행되고 있는 과정에 참여하길 꺼렸다는 반복되는 문제도 이유였다. 어떤 교사들은 프로젝트 참여를 강요받는다는 느낌을 받았고, 이렇게 소리치기도 했다. "저는 이 프로젝트를 싫어해요. 계속하기 싫다고요." 게다가 새로운 교사들은 자신들에게 제시되는 이론이 실제 어떻게 활용될 수 있는지, 구체적인 활용법을 보여 달라고 요구했다. 따라서 "다른 사람들에게 성찰해야 한다고, 순응적 입장에서 벗어나라고 하는 것이" 실제로 어떻게 작동하는지 설명하는 교사들이 있었고, 어떤 교사는 이들을 통해서 프로젝트에 참여하게 되었다고 했다.

그런데 루시아나와 면담했던 교사들 중에는 프로젝트를 통해 JTI로 인한 별도의 수당을 받을 수 있다는 이유로 많은 교사가 프로젝트에 참여했다고 한다. 이들은 교실 문이 닫힌 상황에서 자신들이 원하는 방식대로 계속 가르칠 수 있었다고 믿었다. 프로젝트 방법론과 철학에 대해 반발하는 교사들에게 이는 상당히 일반적인 전략이었다. 혹은 이 프로젝트를 따라 수행할 능력이 안 된다고 느끼는 교사들도 마찬가지였다.

많은 교사가 죄책감을 느끼곤 했는데, 한 교사는 그 이유가 프로젝트 지침을 제대로 따르지 않을 뿐만 아니라 이를 무시하고 덮은 것 때문이라고 했다. 그녀가 보기에, 인터 프로젝트 내에서 일하는 것은 특정한 방법론을 이행하는 것이 아니라 일종의 특정한 태도를 요구하는 것이었다. 즉, "당신이 하는 것을 믿는 것" 말이다. 단순히 반대하는 교사들은 인터 프로젝트에 동의하지도, 그렇다고 믿지도 않았다. 교육청의 주장과는 반대로, 몇몇 교사들은 프로젝트 개발 과정에서 배제되었다고 느끼기까지 했다.

회의들

하빕학교 교사들은 자신들을 위한 교수법 회의가 정기적으로 열릴 수 있도록 협력적 노력을 기울였다. CP인 루시아나가 프로젝트에 대해 더욱 깊게 이해하고 프로젝트의 원칙을 좀 더 일관되게 적용하려는 데 적극적으로 나섰기 때문이다. PT의 집권 기간과 그 이후까지 이런 목적으로 조직된 회의는 아주 역동적으로 운영되었다. 물론 회의 특성상 가끔은 이념상 대립적인 모습을 보이기도 했지만 말이다. 교사들을 위한 교수법 회의는 교사들의 참석률이 정말 높은 상황에서 대개 교수법 코디네이터(CP, 루시아나)가 진행했다. 가끔 NAE-6팀원이 회의에 참석해 토론에 참여하기도 했다. 교사들은 보통 한 주 동안 읽을거리를 숙제로 받아 회의 전까지 읽어야 했다. 그리고 그룹 토론을 진행하며 열띤 논쟁을 벌이기도 했다. 다른 학교보다 하빕학교의 교사들은 프로젝트에서 이론적으로 강조되는 것과 이를 통한 성과에 대해 진지한 토론을 벌이는 모습이 관찰되었다. 이 점에서 하빕학교의 교사 그룹은 우리가 방문했던 학교 가운데 가장 효능감이 높았고, 마치 대학 같은 특징을 보였다. 이들은 서로 존중했고 자기 일을 잘 처리했으며 함께 협력해 일했다. 교사들은 인터 프로젝트를 통해 자신들에게 소개되는 새로운 개념을 이해하기 위해 함께 노력하면서 초점을 잃지 않을 수 있었다.

우리 연구진은 하빕학교의 교사가 학생들을 위한 활동을 학생들과 함께 준비하는 데 꽤 오랜 시간을 쓰는 장면을 자주 관찰할 수 있었다. 대부분의 교사는 학생들과 정말 좋은 라포를 형성하고 있었고 학생을 상당히 존중했다. 교사들의 이런 태도는 특히 고학년 학생을 대상으로 한 성교육 시간에 두드러졌는데, 학생들은 교사 앞에서 청소년으로서 자신들의 진지한 관심사에 대해 정말 솔직하게 말했다. 교사들은 연령과 경험 면에서 정말 다양한 집단이었다. 이 같은 집단의 다양성은 교사로서의 특별한 헌신이 더해져 단조롭고 별 흥미 없이 지나갈 만한 회의를 재미있고 활기가 넘치도록 만들어 주었다. 여기에 더해, 교사들 사이에 서로를 지지해 주는 멘토링이 많이 생겨났다(이런 현상은 PT 집권이 끝난 이후에 특별히 자주 관찰되었는데, 이전에 NAE팀원으로 활동하고 복귀한 교사들이 생성적 주제에 기초한 다학제적 교육과정을 계속 개발하는 데 교사들을 참여시키려고 핵심적인 역할을 했기 때문이다).

교육과정 개발과 교실 수업

하빕학교는 교사들이 교육과정 재정립과 교실의 민주화와 관련된 인터 프로젝트의 이중적이고 상호 소통적인 목표를 진정으로 가슴에 새기고 있다는 점에서 두드러진 사례였다. 이런 특징은 교실 수업과 수업 내용 및 활동에서 볼 수 있었다. 이 연구가 진행되고 있는 다른 학교와 비교해 볼 때, 하빕학교의 교실 수업은 학생의 즉각적인 관심사와 일상생활에서 중요한 문제를 중심으로 반복되는 학습활동을 진행하는 데 매우 학생 중심적이었고, 학생들이 세계를 좀 더 비판적으로 읽도록 촉진하는 데 수업 목표를 두었다. 한 예로 올림픽이 열리던 1992년 한 교실에서 관찰된 바에 의하면(그 학기의 생성적 주제는 "올림픽the Olympic Games"이었다), 학생들은 왜 미국 같은 국가는 메달을 많이 따고 브라질 같은 국가는 그렇지 않은지를 설명하는 데 정치경제학을 사용해 열띤 논쟁을 벌였다. 모든 교실에서, 그룹 활동은 일종의 규범이 되었고 토론은 대부분의 학생을 참여시키는 것처럼 보였으며, 교사들은 일방적으로 강의하는 것이 아니라 코치해 주는 역할로 수업을 진행하는 것처럼 보였다.

인터 프로젝트에 의해 교육과정이 진실로 어떻게 변혁되었는지를 나타내는 사례로는, "인간관계"라는 생성적 주제를 가진 1992년 두 번째 학기에 볼 수 있다. 5학년 지리 수업을 하는 교사는 토론을 위해 학생들에게 글 한 편을 제시했다. 제목은 "도시의 갈등과 빈곤의 분배"였다. 이것은 재화와 서비스, 그리고 기회의 분배에서 불평등이 만들어 내는 부자와 가난한 지역 간의 차이, 특히 상파울루시의 상황을 간략하게 요약한 글이다. 이 교사는 6학년 학생들에게는 콜로르Collor 대통령의 유명한 탄핵 사건[2]을 논의하도록 했다. 학생들은 그룹으로 모여 함께 작업하고 "브라질의 문제", "여러분은 탄핵이 뭔지 알아요?", "브라질인들에게 마땅히 정의를" 등의 제목을 달아 자신의 의견을 담은 포스터를 만들었다. 이런 수업은 좀 더 정치화된 교육과정을 천명하고 학생들에게 현재 자신들이 처한 실재에 대해 비판적으로 성찰할 기회를 만들어 주는 것이었다. 그러나 많은 교사들이 (특별히 PT에 이념적으로 반대하는 사람들) 인터 프로젝트가 진행되는 교실 교육과정이 정치적으로 교조주의적이고 교육적으로 건전하지 못하다는 식으로 인식했다. 하지만 여전히 다른 많은 교사들은 이런 성과가 자신들이 껴안고 있는 PT 교육개혁의 측면을 정확하게 표현해 주는 것이라고 믿었다.

---

2. (옮긴이 주) 콜로르(Fernando Affonso Collor de Mello, 1949~ , 대통령 임기 1990. 3. 15~1992. 12. 29). 멕시코의 32대 대통령으로 만 40세에 당선되었음. 연이은 군사 정권 이후 민주적인 선거로 뽑힌 첫 대통령이지만, 부패 혐의로 의회에서 탄핵소추를 받게 됨. 이를 무마하는 내용이 들통나 탄핵 판결 전 사퇴하게 됨. 그러나 대통령의 사퇴 이후에도 의회에서의 탄핵 심사는 진행되었고, 유죄 평결을 내리면서 향후 8년 (1992~2000) 동안의 피선거권을 박탈당함.

대화적 교실에서 지식의 집단적 구성

자신 앞에 삐뚤빼뚤하게 줄지어 앉아 있는 30여 명의 4학년 학생을 가르쳐야 한다는 엄청난 책임감을 지닌 20대 중반인 젊은 교사의 얼굴에는 열정과 함께 근심이 서려 있다. 다섯 줄로 앉아 있는 29명의 학생 중 대부분은 여학생이고 남학생은 10명뿐이다. 이들은 유럽인과 아프리카계 흑인의 인종적 유산이 정말 다양하게 섞인 모습을 보여 주는데, 상파울루시 노동계층 지역의 전형적인 모습이었다. 칠판은 정말 한심할 정도로 처참한 상태였는데, 칠판의 녹색 부분은 다 해어져 없어졌고 거대한 흰색 부분이 드러나 있었다. 이 또한 노동계층 지역의 학교에서 볼 수 있는 전형적인 모습이었다.

교사인 엘레나Elena는 교실 앞에서 학교로부터 정학 처분을 받은 학생의 문제를 해결하기 위해 학부모와 면담하고 있었다. 이렇게 수업 시간까지 연장된 방문객과의 만남은 교사가 다루어야 하는 행정적인 일과 훈육에 관련된 시간이 얼마나 제한적인지 잘 보여 준다. 왜냐하면 이런 문제들로 생기는 학부모 면담이라든가 교사 회의로 수업이 종종 방해를 받기 때문이다.

엘레나가 교실로 돌아가 앞에 서자 '조용히 해'라는 소리를 칠 필요 없이, 학생들의 관심이 집중되었다. 학생들은 침착하게 앉아 있었고 오늘 사회 수업 시간에 무엇을 할 것인지에 대한 설명을 귀담아들었다. 아침에 열렸던 교사 회의 때문에 수업할 시간이 그리 길지 않아서 학생들은 칠판에 있는 몇몇 질문들만 옮겨 적을 것이다. 엘레나는 옮겨 적을 텍스트가 무엇인지 이야기했는데, 학생들은 이전 수업시간에 칠판에 쓰여 있던 내용을 이미 옮겨 적은 상태였다. 엘레나는 이렇게 말했다. "자, 숙제해 올 글의 내용에 대한 질문을 적을 거예요." 학생들은 충실하게 칠판의 숙제 내용을 옮겨 적었다. 그런데 잠시 후 엘레나는 칠판에서 몸을 돌려 학생들을 보면서 좀 다른, 아니 좀 더 호기심 가득한 에너지를 발견할 수 있었다.

모든 수업 내용을 칠판 판서를 통해 옮겨 적어야 해서 학생들은 보통 과목마다 공책을 준비해 가지고 있었다. 학생들에게는 학습자료도 부족하고 교과서라든가 참고서적 등 물자 지원도 부족했다. 거기다 교사들이 활용할 수 있는 복사기나 복사 용지도 없었기에 교사들은 읽고 공부해야 할 책의 내용을 선정해 학생들을 위해 칠판에 적었다. 학생들이 공책에 베낄 수 있도록. 텍스트와 관련된 공부는 거의 이렇게 진행되었다. 다시 이야기하지만, 주어진 텍스트와 질문을 베끼고 숙제로 제출하게 하는 이런 전통적인 수업이 학생들의 일상생활과 엄청나게 깊이 관련된 주제를 가지고 교사와 학생 사이에 역동적인 대화 수업으로 바뀌었는데, 놀랍기 그지없다. 엘레나 교실의 생성적 주제는 "노동자"였다.

대화적 교실의 이야기

교사가 칠판에 이렇게 적는다.

a) 너희들이 보기에, 주택 부족과 실업 문제는 출생률이 높다는 것과 관련된 문제일까?

교사는 이 질문을 칠판에 쓰고는 다시 말로 읽어 주면서 학생들과 간단한 대화를 시작한다.

"너희가 일을 하게 되면 물건 값을 지불할 수 있어. 그런데 일이 없으면, 그렇게 못 하지."

몇몇 학생이 토론에 참여한다. 교사가 던진 질문에 열성적으로 답변하면서. 교사가 학생들이 지금 공부하고 있는 글과 관련한 새로운 질문을 계속 던지면서 토론은 점점 더 재미있어진다. 학생들은 가난함과 그 속에서 사는 생활의 어려움에 대해 자기 이야기를 시작한다. 특별히 표현 감각이 풍부한 한 학생은 자녀가 20명인 가족을 안다고 말한다. 20명의 자녀라는 말에 교사는 다음과 같이 단호한 말투로 답변하며 즉흥적인 토론을 벌인다.

"어쩜 그럴 수가…!"

엘레나는 몸을 돌려 칠판에 계속해서 질문을 쓴다. 또 다음 질문으로 넘어가기 전에 각 질문에 대해 학생들이 이해했는지 확인하느라 잠시 멈칫하는 동작을 취한다. 특히 세 명의 여학생은 경제와 가족 간의 관계에 대해서 명확하게 설명할 수 있다. 개인의 경험을 취업과 가족에 관한 이슈와 연결시키면서 말이다. 이들은 일단 아이가 생기면 아이들을 키우기 위해 일을 해야 한다고 말한다. 이런 이야기는 도시와 시골 가족 간의 차이에 대해 토론하도록 이끈다. 교사는 이렇게 질문한다.

"왜 시골에 사는 사람들은 많은 아이를 낳는 걸까?"

학생들이 대답한다.

"왜냐하면 아이들이 밭일을 돕기 때문이죠."

남학생이 말을 잇는다.

"나이가 찬 자식들이 직장을 갖게 되면 가족을 도울 수 있어요. 하지만 어른들이 일하는 것은 힘들어요."

여학생도 여기에 더해 이렇게 말한다.

"하지만 그 돈은 아이들에게, 약을 사고 학교 보내는 데 쓰여요."

교사가 자기 말로 다시 강조한다.

"그래, 약값과 학교 보내는 비용으로."

토론이 약간 진정되고 학생들이 잠시 글 쓰는 태세를 취한다. 곧 한 학생에 의해 다시 토론이 시작된다. 이번에는, 도시와 시골 생활 사이의 모순에 대해 깊이 생각하면서 잠시 생각에 잠긴다.

"여기는 아무것도 심지 않아요. 그런데 비가 오죠. 하지만 거기는 많은 것을 밭에 심는데, 비가 오지 않아요."

이 학생의 논평은 많은 학생의 가족이 가난하고 가뭄이 들었던 북동부 지역에서 이주해 왔다는 사실을 반영한다. 다른 학생이 도시의 상추 가격이 시골에 비해 세 배나 비싸다는 가격 차이를 언급한다. 그 아이의 설명이다.

"시골에 사는 사람들은 그 상추를 값을 아주 높이 올리는 사람에게 팔아요. 교통비용이 생겨 아무런 이익이 안 남기 때문이죠."

다른 학생이 이렇게 덧붙인다.

"도시에 사는 대가족에게 이건 너무 힘들어요. 왜냐하면…"

다른 학생이 이 주장을 마무리한다.

"할 일이 없어요. 모든 사람이 이익을 내고 싶어 하죠."

그리고 계속해서 자기 가족 이야기를 관련지어 이야기한다. 학생이 교사가 칠판에 써 놓은 질문에서 끌어낸 주제에 대해 대화적 교환에 참여하는 상황에서 엘레나는 다시 잠시 동작을 멈추고 특정한 단어에 대해 학생들이 이해하고 있는지 살펴본다.

"boia fria가 무슨 뜻이지?"

몇몇 학생이 아우성치며 답변하는데, 한 학생이 이렇게 말한다.

"시골 노동자요."

교사는 계속 질문한다.

"그는 돈을…."

학생들이 한목소리로 외친다.

"조금 벌어요."

교사가,

"일은 많이 하는데 돈은 조금 번다."

학생들이,

"왜냐하면 그 사람들은 열심히 일하고 돈을 조금밖에 벌지 못하기 때문에 작업장에서 찬 도시락밖에 먹을 게 없어요."

교사가 질문을 던지는 사이 교실 안 토론이 잠시 주춤한다. 그렇지만 몇몇 학생들은 여전히 답변하고 다른 몇몇은 질문을 베끼고 있다. 이때, 교사는 학생들에게 몸을 돌리고는 칠판에 쓴 마지막 질문에 답변하기를 요청한다.

"왜 요즘 여성들이 더 많이 일하죠?"

가계 수입을 보충하기 위해 혹은 남편이 죽어서 일해야 한다고 설명하면서 학생들이 답변한다. 학급의 1/3이 답변에 참여하는데 나머지 학생들은 질문을 받아 적는 수동적인 역할에 머물면서 그냥 조용하게 있는 쪽을 택한다. 남자아이들은 대체로 조용한데 한 남자아이만 예외다. 그리고 여자아이들은 교실에서 자기 생각을 전달하고 듣는 데 더 열성을 보이는 듯하다.

한 여자아이가 계속한다.

"대금 청구서, 전기세, 물값, 월세가 엄청 많아요. 가끔은 돈이 모자라기도 해요."

교사가 질문한다.

"여성이 집 밖에 나가 일을 하기 때문에 자녀 숫자가 적어질까요?"

한 아이가, 학생이 불러들인 문제에 기초해 교사가 칠판에 써놓은 질문에 대해 다른 방식으로 이야기하면서 열띤 토론을 이어간다.

"선생님 의견에 따르면, 도시의 자녀 숫자가 줄어드는 것은 여성이 집 밖에 나가 일을 한다는 사실 때문에 혹은 재정적 어려움 때문에 생기는 문제네요?"

교사는 논점을 분명히 하기 위해 잠시 멈춘다.

"재정적 어려움이 뭐지?"

한 학생이 반 친구들에게 선언하듯 말한다.

"난 모든 질문에 대답했어."

교사가 그 학생을 점잖게 훈계한다.

"어리석은 답은 하지 마라."

다른 학생이 교사가 던진 질문에 답한다.

"이 말은 어떤 사람은 다른 사람보다 더 많은 돈을 번다는 뜻이에요."

교사는 학생들이 좀 더 심층적인 분석을 할 수 있도록 파고든다.

"왜 어떤 사람은 다른 사람보다 더 많은 돈을 벌지?"

학생들,

"좀 더 좋은 직장을 갖고 있으니까요."

교사,

"좋아, 그렇다면 수입의 분배 문제네. 어떤 사람들은 많은 돈을 벌고, 다른 사람들은 적게 버는 게 말이야."

한 학생이 덧붙인다.

"노동자들은 등록될 권리가 있어요."

교사는 다음 질문을 칠판에 쓰고 질문한다.

"여러분은 불안정한 생활 상태가 형편없는 수입 분배와 관련 있다고 생각해요?"

한 학생,

"네, 저는 그렇게 생각해요. 모든 사람이 같을 수는 없어요. 하지만 모든 사람은 그럴 만한 가치를 지니고 있어요."

다른 학생,

"네가 옷을 사고 싶지만 살 수가 없어. 왜냐하면 돈이 없기 때문이야. 그건 같은 문제라고."

교사,

"그게 무슨…?"

이어지는 토론의 주제에 분노하게 된 한 학생이 마침내 불쑥 이렇게 말했다.

"일해, 일해, 불행한 생활을 위해 네 삶을 희생해. 그래서는 안 됩니다."

이 교실 대화는 인터 프로젝트가 진작하려고 무던히 애쓰고 실제 PT 집권이 끝난 이후에도 하빕학교에서 실제로 지속되었던 문제제기 수업 접근을 보여 준다. 특별히 대화가 이루어지는 교실의 이야기에서, 교사는 학생들이 교과 내용에 대해 자신의 의견을 일관되게 말로 표현하고, 자신의 경험과 관련지어 성찰할 수 있도록 한다. 학생이 자신의 개인적인 이야기로 연결할 때 교사는 학생의 참여가 적절하다고 지지해 준다.

이런 대화적 교류는 인터 프로젝트에 참여하는 교실에서 보게 되는 유사한 많은 학생-교사 토론의 좋은 예가 된다. 북미지역의 비판교육학자인 쇼어Ira Shor는 이런 수업을 탈사회화 형식이라고 개념화하고 있다. 즉, 이런 "비판적이고 민주적인 대화는 전통적인 교실 관계, 교사 위주의 말, 일방적인 권위, 공식적인 수업계획에 문제를 제기"하기 때문이다. 쇼어는 교육적 반문화를 발전시키는 토대로서 비판적 대화를 진작하기 위해 탈사회적 교실에서 일어나는 일이 어떤 것인지 상세하게 기술하고 있다.

교과에 대한 학생의 생각은 비판적 대화가 시작하는 지점이다. 이런 생각들은 대중문화와 전통적인 교육과정, 즉 두 개의 사회화 기구에서 배운 사회적 결과물이다. 비사회화하는 교실에서는 기존의 지식이 학교와 일상생활에서 아무런 비판 없이 흡수되어 왔던 것에 관해 비판적 거리두기를 얻는 것을 목표로 검토된다.[8]

이런 식의 학습을 보여 주는 생생한 사례는 하빕학교에 정말 많았다.

인터 프로젝트에 대한 교사들의 평가

다른 학교의 교사들과 마찬가지로, 하빕학교 교사들은 인터 프로젝트에 대해 상당히 넓은 범위에서 의견을 표현했고, 교실에서의 성공과 충실한 이행이라는 면에서 다양한 수준으로 프로젝트를 수행했다. 흥미롭게, 이 학교에서의 독특한 특성은 프로젝트를 어떻게 이해하고 이 원칙을 활용하는가의 문제가 프로젝트에 참여할 것인지 아닌지의 문제보다 더 컸다는 점이다. 교사들은 공유된 이해를 협상할 수 있는 몇몇 출구가 있기는 했지만(잘 알려진 바처럼 주로 교사형성그룹회의), 반대하거나 프로젝트 참여에 대한 경쟁적 시각이 남아 있었다. 이어지는 장면에서 이런 교사들의 모습을 볼 수 있다.

제니Jenny

제니는 40대 초반의 교사로 자기 의견이 분명하고 동기부여가 잘되어 있으며, 두 가지 일을 하고 있었다. 상파울루주 차원의 교육체제에서는 학교 교장이고, 상파울루시 지자체 학교 시스템에서는 국어 교사였다. 제니는 사립 엘리트 교육기관에서 교육받았는데, 중등교육과 교사교육은 프란시스코 계열의 가톨릭 수녀회 산하 학교를 다녔다. (언어분석학과 교육학, 두 개의 대학 학위를 가진 높은 교육 수준에도 불구하고) 제니는 학교 교장과 국어 교사 두 개의 일을 하면서 받는 봉급이 계속 이 직장에 남아 있도록 하는 데 충분하지 않다고 주장했다. 국가에 봉사하겠다는 그녀의 책임감이 교사로 헌신해 일하도록 하는 동기였다.

제니는 자신이 "진보적인 교육 신념"을 붙들고 있다고 주장했다. 사실 그녀가 교실에서 최신 교수법을 사용하는 모습이 자주 눈에 띄었는데, 북미에서 유행하는 침착한 효율성(예를 들어 완전학습[3] 등)을 연상시켰다. 그녀 반의 학생들은 잘 정돈된 책상에 질서정연한 태도로 앉아 있었고 그녀가 조직한 수업 내용을 충실하게 잘 따랐다. 여전히 그녀는 프레이리가 현대 브라질 사회에서 교육의 역할을 이해하는 데 필수적이라고 되뇌었다. 비록 그녀가 PT의 정치적이고 교육적인 철학과 완전히 일치시키는 입장을 견지한 것은 아니지만, 지자체 학교의 인터 프로젝트에 관해 다음과 같이 이야기했다.

교육을 변혁의 수단으로 이야기하는 저자들은 우리 사회문제를 해결하는 데 좀 더 많은 것을 제공해 줘야 한다고 믿어요. 왜냐하면 교육은 사회적 측면에 아주 긴밀히 연결되어 있기 때문이에요. 교육은 뭔가의 아주 중요한 기초라고 믿어요. 이해라든가, 개인의 의식에 토대가 되는 거죠. 시민성을 형성해 가는 과정에서 사람은 사회 안에서 행동합니다. 자기의 권리를 위해 싸우고 자신의 의무를 다하고 자기 권리를 요구하면서요. 저는 이것이 국가의 기본이 되는 삼각 인프라에서 한 기둥을 차지한다고 믿습니다. 교육 말이에요. 국가의 인프라에서 가장 중요한 측면이 아니라면 말입니다. 이 프로젝트는 우리에게 일종의 출구, 즉 이 도시의 교육에서 일어나고 있는 일을 변화시키게 하는 출구예요. 서로 다른 방법론, 다른 방식의 사고체계를 지닌 여러 교사에게 이 프로젝트는 여전히 급진적인 변화라고 믿습니다. 그러나 프로젝트를 수행하는 과정에서 우리 아이들의 행동이 어떻게 변했는지, 그 결과는 어떤지, 개인적인 차원에서 프로젝트가 일으키고 있는 의식화의 정도가 어떤지 잘 보고 있습니다. 저는 이것이 정말 중요하다고 느낍니다. 자신과

---

3. (옮긴이 주) 1968년 블룸(Bloom)이 제안한 학습 방법으로, 모든 학생이 특정 지식을 완전히 습득할 수 있다고 보고, 지식의 위계를 세우는 방식으로 학습자의 학습을 효율적이고 효과적으로 지도할 수 있다고 주장했다.

사회의 의식화 말이죠. 왜냐하면 아이들은 자신을 바꿔 나갔습니다. 학교에서 뭔가를 부수고 고장 내는 일을 멈추고, 학교를 자신들이 권리를 지닌 공간, 일종의 자기 것으로 인식하기 시작했어요. 무정부 상태에 처한 혹은 파괴하고 부숴도 되는 공적 공간이 아니라 사람들의, 사람들의 발전을 위한 공간이 된 거죠.

제니는 인터 프로젝트를 대체로 긍정적인 측면에서 바라보았다. 그러나 사업의 실행 가능성을 유보하고 대규모의 프로젝트 실행에서 한계가 수반될 수밖에 없다는 점을 빠뜨리지 않고 지적했다.

공립학교는 커다란 뭔가를 뜻합니다. 그렇게 큰 것에는 이르기가 어렵죠. 이것은 (주어진 개혁)을 의무적으로 이행하게 하는 방법으로 성취해 낼 수 있을 겁니다. 즉, 모두가 교육청에서 세워 둔 구체적인 교육 지침을 따르도록 하는 것이죠. 그렇지만 이런 방법은 모두가 (개혁에 의해 추동되는) 내적 변화에 영향을 받으리라는 상상력의 확장이 결코 보장되지 않을 겁니다. 사람들은 단지 겉모습만 변화할 수 있을 거예요. 그러고는 인터 프로젝트 내에서 학교교육과정은 이전과 마찬가지로 제대로 작동하지 않을 겁니다. 즉, 변화과정에 진짜 참여하지는 않는 거죠. 따라서 이 교육청이 시스템 전체에 어떻게 영향을 미쳤는지 굳이 측정할 필요는 없다고 봅니다. 시스템은 엄청 크잖아요. 맞아요. 프로젝트는 정말 광범위하게 실행되었어요. 효과적으로 계속되는 것이 많기는 하지만, 그에 대해 진짜 의식적인 변화는 없다고 봅니다.

제니의 관찰 내용은 프로젝트를 지지한 NAE 직원과 교사들이 인식하게 된 내용을 잘 종합해 준다. 프로젝트의 실행은 학교 내에서뿐만 아니라 시스템 전체적으로 그리 일률적이지 않았다. 교사들이 프로젝트 디자인에 대해 완전히 이해하려는 의지도, 그럴 능력도 부족했기 때문이다. 교사들은 프로젝트가 어떤 것인지에 대한 제대로 된 이해 없이도 프로젝트 수행에 대체로 동의했다. 일부 교사들의 이해가 부족한 상황은 교사들의 훈련 부족과 높은 정도의 교직 소모 현상을 가리키고 있다. 다시 이야기하지만, 이는 브라질 경제와 사회의 광범위한 여건과 관련되어 있다. 많은 교사가 (제니의 경우처럼) 둘 이상의 학교에서 일하도록 등 떠밀리는 상황에 처해 있다. 먹고살기 위해서 말이다. 이 때문에 생성적 주제를 통한 다학제적 교육과정을 계획하고 이를 수행하는 데 요구되는 집중적 작업과 분석적 과정에 쏟을 시간도, 에너지도 부족한 편이다.

마그다Magda

마그다는 지자체 학교에서 예술 교사로 일한 지난 17년 동안의 생활이 얼마나 즐거웠는지 솔직하게 말했다. 마그다는 디자인, 플라스틱예술, 예술교육, 교육학 등 해당 분야에서 잘 훈련받은 교사로, 상파울루시 벨라아르테대학Faculdade de Bellas Artes, São Paulo을 포함해 4개 대학 과정을 마쳤다. 마그다는 지난 6년 동안 교사 월급이 점점 줄어들고 인플레이션은 하늘 높은 줄 모르고 올라가는 상황에서 동료 교사들과 마찬가지로 주 교육체제와 지자체 교육체제 두 곳에서 일해 왔다. 과거에 마그다는 사립학교와 예술학교에서 디자인을 가르쳤다. 지자체 공립학교에서 마그다의 교직 경험은 상당히 광범위한데, 초기에는 지자체에서 운영하는 성인야학supletivo에 참여하기도 했다.

교직 경험이 광범위하고 다양하기는 하지만, 마그다는 예술적 자아에 충실한 만큼, 자기 수업에서 이론적 영향이 어떠냐는 질문을 받고는 다음과 같은 간단한 답변을 내놓았다. "저는 정말로 저예요. … 저는 예술

분야에서 광범위한 훈련을 받았죠. 연극, 영화, TV, 광고 매체 등의 분야에서 일합니다. 각 영역에 대해서 좀 알죠. 그래서 저는 매년 학생들의 관심사를 따라 가르칩니다. 저는 일정하게 정해져서 움직이지 않는 계획을 따르는 데 익숙하지 않습니다."

　교육과정 계획에 대해 유연하게 접근한다는 점을 고려해 볼 때, 마그다는 각 학기에 정해지는 생성적 주제에 따라 교육과정을 만들어 낸다는 생각에 상당히 개방적이었다. 그러나 마그다는 교육과정 구조의 초기 변화가 자기 학생들에게 잘 맞지 않는다는 점을 알아챘다. 그녀는 인터 프로젝트 시스템이 실행되자 학생들의 첫 번째 반응은 일종의 저항이었다고 기억했다. 마그다에 따르면, 학생들은 "무슨 일이 일어나고 있는지 몰랐죠. 아이들은 교과를 가르쳐 달라고 요구했는데, 아마 아무런 교과 내용도 수업시간에 배우지 않는다고 생각한 듯해요. 그들이 말하려는 것은, '모든 것이 좋아요. 그런데 수업은 언제 시작해요?'"였다. 그런데 시간이 흐르자, 그녀 반의 학생들은 새로운 방식으로 공부하려는 목적을 제대로 알게 되었다고 한다. 학생들은 프로젝트를 이해하기 시작했고, 결과적으로 마그다의 추정에 따르면, 프로젝트에서 제안한 내용들을 완전히 받아들이게 되었다. 마그다는 자기 학생들의 태도 변화에 대해 이렇게 설명했다.

　　이전에는 모든 것이 자신들에게 틀에 박히고 깔끔하게 제공되었다고 인식하게 되었다는 사실은 학생들에게 일종의 안전에 대한 잘못된 감각을 제공해 주었습니다. 이들은 암기하고 대답해야 할 구체적인 뭔가를 부여받았던 거죠. 지금은 (프로젝트로 인해) 연구를 해야 하고, 뭔가 탐색하고 찾아내야 합니다. 뭔가에 대해 자신의 의견을 개발해야 하죠. 여기에서 학생들은 불안함을 느낍니다. 그래서 학생들은 늘 도전받고 대답을 요구받는다고 느끼게 됩니다. 학생들은 반응해야만 합니다. 수업은 이제 더 이상 편안한 것도, 자신들에게 전달, 제공되는 완결된 결과물도 아닙니다. 학생들은 자신만의 대답을 찾아내야만 합니다. 결과적으로 학생들은 이 프로젝트를 아주 좋아하게 되었어요.

마그다에게는 인터 프로젝트가 학생들에게 던져 준 도전을 결국 받아들이고 또 그 속에서 즐거움을 느끼게 되었다는 점과 함께, 인터 프로젝트가 하빕학교에서 상대적으로 성공한 것은 프로젝트의 원칙 중 집단 작업이라는 것이 잘 들어맞았던 교사들 간의 확고한 동지애가 이미 학교에 있었다는 사실과 관련되어 있다. "이 학교 교사들 사이의 동료애는 아주 강합니다. 특히 2사이클(중급학년)에서 우리에게는 교사 공동체라고 할 만한 것이 있어요. 인터 프로젝트가 우리 사이에 이미 존재하는 정신을 강화시킨 거예요."

교사-학생 관계 또한 아주 중요하게 개선되었다. 교사와 학생 사이의 전통적인 거리는 대화라는 방법론과 학생 현실에 대한 지속적인 문제삼기의 결과로 줄어들었다. 프로젝트의 시작과 함께 교사가 학생의 현실적 문제들을 교실로 가지고 들어왔기 때문이다. 마그다는 프로젝트가 시작되면서 교사들의 교육 실천, 특별히 학생에 대한 교사 인식에 나타난 변화에 대해 이렇게 논평했다.

전통적인 교육 접근을 취하는 교사들은 학생들에게 '너는 저기 있고, 나는 여기 있어. 나는 네가 존경하고 순종해야 하는 최고 존엄이야'라고 말합니다. 그러나 (인터 프로젝트에서 제안하고 있는) 개념을 이해하고 있는 교사들은 학생의 담화를 가지고 공부해야 하기 때문에 학생 스스로 내놓고 이야기할 수 있는 자유로운 공간을 만들어 줘야 합니다. 이건 단지 당신이 하는 예비 조사연구만이 아님니다. 이 연구는 매일매일 이 학교에서 일어나야 하는 것이고, 학습자료로 공부하고 이 과정에서 교실 전체를 바꾸어 내기 위해 학생들이 말하는 것을 항상 분석해야 합니다. 여전히 저항하는 교사들이 있죠. 그러나 다수는 그렇지 않습니다. 적어도 이 학교에서만큼은요.

마지막으로, 마그다는 특정한 학교에서 인터 프로젝트가 성공적으로 실행되기 위한 핵심적인 역할을 교수법 코디네이터CP가 해야 한다고 했다. 자기가 느끼기에 하빕학교는 정말 훌륭한 교수법 코디네이터가 있어 프로젝트를 이론적으로 충분히 이해할 수 있었고, 프로젝트 실행에서 교직원들을 안내할 수 있었다는 점이 행운이라고 말했다. "만약 교수법 코디네이터가 이 과정을 온전히 이해할 만한 능력이 되지 않았다면, 아무 일도 일어나지 않았을 거예요. 교사들은 그저 길을 잃었다는 느낌에 젖었을 겁니다. 여기 우리 학교에서는 그렇지 않았던 거죠."

마그다는 흥미롭게도 학교 행정실장 및 지원 인력과 같은 학교 행정직원들의 지원이 부족했다고 말했다. 이들의 소극적인 태도는 하빕학교에서 프로젝트를 수행하는 데 가장 큰 저항이자 걸림돌이었다. 이들은 프로젝트 내에서 교사들이 수행하려는 교육 프로젝트의 타당성에 대해 이해하지 못했다. 마그다는 이런 행정직원들의 반대가 관료주의적 정신 상태 때문이라고 보았다. "그들은 우리가 교실에서 취하는 융통성이라든가 학생들이 이 프로젝트에서 누려야만 하는 자유에 대해 이해하지 못합니다. 그들은 우리에게 '우리는 열심히 일하는데 당신들은 좋은 시절을 보내고 있네요'라고 말합니다. 즉, 우리는 별로 하는 일 없이 돈을 번다는 뜻입니다." 이런 반대의 결과로, 행정직원들은 교사들에게 징벌적 통제를 가하곤 했다. 예를 들어, "우리가 (출근 시간에) 1분이라도 늦으면, 점수를 깎는 거죠." 이런 상황은 교장이 교사들은 프로젝트 실행에 투입하는 시간에 대해 보수가 지급된다는 점을 확인해 주는 방식으로 개입해야 하는 상황이 될 때까지 악화되었다.

지자체 교육 시스템 전체로 프로젝트를 빠르게 확장하게 되면서 NAE 인력이 제공해 줄 수 있는 기술적 지원이 충분하지 못했다. 마그다는 프로젝트에 대해 원칙적으로 공감하고 새로운 교육과정을 실행하려 노력하는 다른 많은 교사들과 마찬가지로 이 상황에 대해 크게 한탄했다. 이 문제를 제기하기 위해, 마그다는 NAE에 교사가 학습자료에 접근할 수 있고, 기술 지원(예를 들어 수업자료, 비디오 등)을 직접 받을 수 있는 중앙부서central unit를 두어야 한다고 제안했다.

지자체 학교에서 상파울루시 PT 정부의 단점으로 인식된 이런저런 면들에 대해 마그다는 이렇게 말했다.

그들은 전부 좋은 의도가 있는 사람들이에요. 정말 훌륭한 능력을 지닌 사람들이죠. 그러나 모든 학교의 필요를 채워 주기에는 그 수가 너무 적어요. 교육청의 일은 이제 막 시작된 과정이잖아요? 만약 시간이 계속된다는 전제하에서요. … 우리는 이런 기회가 계속되기를 바랍니다. 그리고 지금 정부의 변화를 보고 있어요. … 저는 엄청 두렵습니다. PT 후보가 이긴다면 분명 이 프로젝트를 계속 이어 가겠지요. 하지만 다른 정당의 후보가 이긴다면 혹시 독재 정당 소속 후보가 이긴다면 혹은 이전 군부정권과 연계된 후보가 이긴다면, 그래서 또 다른 지위를 얻게 된다면 그 사람들은 지금의 이런 개방적인 상태를 용납하지 않을 거예요. 그 사람들은, 교사가 교실에 머물러 가르치도록 정해진 것을 가르쳐야 한다고 믿는 시스템에 속해 있습니다. (이런 입장에서 보자면) 사람들은 비판적일 필요가 없습니다. 단지 순종하기만 하면 되죠.

1992년 말, 정권 교체로 인한 위협에도 불구하고, 마그다는 인터 프로젝트가 자신과 다른 교사들의 교사 역할에 대한 인식을 근본적으로 바꾸었다는 믿음을 강하게 보여 주었다. 마그다는 미래를 향한 인터 프로젝트의 본질적인 요소가 지닌 끈질김에 대해 긍정적인 관점을 피력했다.

저는 프로젝트에 있던 교사들이 다른 전망을 갖고 있기 때문에 이 프로젝트가 사라지리란 점에 동의하지 않아요. 교사들은 변화했고, 우리는 나름대로 자유를 갖게 되었죠. 자유의 맛을 본 사람이라면 누구나 과거의 행태로 돌아가기를 원치 않을 겁니다. 이 프로젝트가 위, 즉 교육청에서 아래로 시행된 것이기는 하지만, 정책에 변화가 있었죠. 교실에서 우리가 똑같은 정신상태를 갖고 있지는 않습니다. 우리가 가르치는 수업의 유형 또한 같지 않아요. 그래서 저는 작은 씨앗이 남아 있다는 식으로 생각합니다. (이 씨앗에서 계속 진화하겠죠.) 새로운 종류의 수업이, 학생들을 대하고 학생의 문제를 견뎌 내는 새로운 방식이 말입니다.

프란시스코Francisco

하빕학교에서 인터 프로젝트에 가장 열성적으로 참여하는 교사들 가운데 4학년 담당 교사인 프란시스코가 있다. 그는 현대 브라질 사회에서 소위 "전위적 교사"라 불릴 만한 사례의 전형이다. 그는 가난한 지역사회에서 나고 자랐으며 지금도 그곳에서 가르치고 있다. 그는 교육자이자 동시에 자기가 속한 지역사회의 권리를 수호하는 정치 운동가라고 자신의 역할을 규정한다. 하빕학교에서 주간반 수업이 끝나면 MOVA(프레이리 교육청에서 시작된 문해교육운동) 프로그램으로 만들어진 야간 성인 문해교육에 적극적으로 참여한다는 사실이 그가 얼마나 전투적인 교육가인지 잘 보여 준다.

24세의 프란시스코는 남편이자 두 아이의 아버지로 상파울루 남부 변두리에 살면서 그 지역에서 일하고 있다. 그의 얼굴은 젊지만 피곤해 보인다. 그의 얼굴에는 빈민촌에서 태어났음에도 학교 교사가 되기 위한 그의 일상과 하루하루의 전투가 얼마나 힘든지가 드러났다. 성장하는 동안의 고초가 어떠했는지 그는 솔직하게 말했다. "제게는 엄마가 없었어요. 제가 3살 때 집을 나가셨죠. 그 이후 여러 명의 계모가 있었어요. 거의 쓰러질 듯한 작은 판잣집에 살았죠. 길가의 상점 바닥에서 먹을 음식을 구하곤 했어요. (가난하게 자라면서) 저는 무엇보다 사람들을 사랑하는 법을 배웠죠. 그 사람의 사회적 지위에 상관없이 그 사람들 자체만으로 사랑하는 법을 말입니다. 그 사람들이 제게 무엇을 가져다주는지에 따라 사랑하는 것이 아니라요. 우리 모두는 가치 있는 존재입니다. 성장하는 법을 배우기 위해 당신은 교육을 통해 자신의 가치를 발견해야만 합니다."

결과적으로, 프란시스코의 학생들은 그를 무척 존경했다. 좀 더 좋은 학교와 도시, 그리고 삶을 함께 만들기 위한 더 큰 차원의 싸움에서 동료라는 생각으로 아이들을 온전히 평등하게 존중해 주었기 때문이다. 적대적인 조건에도 불구하고 교육받은 사람이 되려는 그의 투쟁은 정치-교육적 비전에서 흔적을 남길 만한 효과를 가져왔다.

저는 제 학생들과 같은 현실 속에서 살아요. 여기 이곳 변두리 지역에서 말이죠. 저는 대학을 다니지 못했습니다. 이 나라의 많은 이들이 대학에 입학하기 어렵게 하는 터무니없이 비싼 학비 때문에요. 저는 2년 전 교사교육magisterio을 마쳤고 앞으로 법학이나 교육학을 더 공부할 계획이에요. 하지만 대학에 입학하는 것은 정말 힘든 일이에요. 하루 종일 일해야 하거든요. 고등학교 다닐 때도 아침에는 수업을 듣고 오후에는 온종일 은행에서 일했어요. 저는 물이 나오지 않는 집에 살아서 집에 가서도 물 한잔을 마시기 힘들었죠. 그래도 다음 날을 위해 학교 숙제를 해야 했어요. 이게 제가 학생들을 더 잘 이해하는 이유입니다. 이 경험으로 인해 저는 대부분의 학생이 학교에서 실패하는 이유를 찾게 됩니다. 학교에서의 실패는 학생들의 생활 환경과 관련되어 있어요. 먹을 음식이 없거나 돌봐 줄 사람이 없는 상황, 엄마가 없거나 아빠가 없는 경우처럼요. 더 나쁜 것은, 학교에서 학생들이 구경꾼으로 존재한다는 겁니다. 자기 삶과는 별 상관없는 정보를 받아들이면서 말이죠.

프란시스코가 하벱학교에 왔을 때, 인터 프로젝트는 이미 시작되었다. 그런데 그는 이전에 대체 교사로 일하던 다른 학교에서 인터 프로젝트의 초기 단계를 목격했었다. 그는 즉시 인터 프로젝트가 브라질 사회에서 교육의 변혁적 역할에 대한 자신의 신념과 잘 들어맞는다는 것을 발견했다. "저는 도시 변두리 지역의 자식이에요. 공립학교 출신이고요. 제 삶에 대해 말하고 있는 것을 어떻게 받아들이지 않을 수 있겠어요?"

놀랄 것도 없이, 프란시스코는 학생들을 지역 현실에서 멀어지게 하겠다는 인터 프로젝트의 약속에 동의했다. 특히 상파울루와 같은 도시의 가난한 노동계층이 사는 지역 아이들을 가르칠 때는 더 그렇다. "학생들이 미셔나리아Missionaria 또는 미리암Miriam(하벱학교 인근의 가난한 두 지역)에 산다면 프랑스 파리에 대해 이야기하는 것이 별 의미가 없죠. 이 아이들은 심지어 산투아마루Santo Amaro(지역 도심 상업지구 이름)조차 모릅니다." 그는 학생을 학습과정의 "적극적인 주체"로 보았고, 교사의 역할이 학생들의 의식화를 위한 촉매라고 보았다. 그의 이런 인식은 인터 프로젝트의 교육적 관점과 일치했다. 따라서 그는 "교사가 교실에 구체적으로 존재하는 것을 활용하는 데 창의적이어야만 한다. 교사는 학생들의 언어, 민중들의 언어를 사용해야만 한다"고 믿었다.

프란시스코의 말은 인터 프로젝트가 교실에서 배양해 내고자 했던 대화적 상호관계의 특성과 목적이라는 면에서 특별한 위치를 차지한다. 동시에 그는 해방적 교사는, 왜 가난한 학생들이 제대로 배울 수 없는지에 대해 변명거리를 만들고 둘러대서는 안 된다고 주장했다. 대신, 교사는 학생들이 자기 환경을 변화하려는 욕구를 일깨우기 위해 삶의 여건을 이해하도록 도와야 한다고 주장했다. 그는 직설적인 방식으로 다음과 같은 점을 상세히 설명했다. "교사는 학생들에게 '자, 봐, 너는 이거, 저거를 가지면 안 돼. 그래서 너는 할 수 없는 거야.' 상황은 그 반대죠. 왜냐하면 학생은 자신의 능력을 보여 줄 수 있는 것(자료)을 갖고 있지 않기 때문이에요. 학생은 이 과정을 반대로 해야 합니다."

프란시스코의 눈에, 의식화를 위한 교육이라는 인터 프로젝트의 목표는 생성적 주제라는 프레이리의 원칙을 끌어들여 달성되는 것이었다. 그에게 생성적 주제는 지역사회를 위해 끌어내져야 하는 문제였다. 그러나 생성적 주제는 거기서 멈추어서는 안 되었다. 교사의 역할은 생성적 주제에 체화되어 있는 지역사회의 중요한 상황을 문제삼기 하는 것이었다. 예를 들어, 생성적 주제가 "폭력"(1992년 하빕학교에서 프로젝트가 진행되는 과정에서 선정한 생성적 주제)이라면 교사는 다음과 같은 연이은 "중요한 질문"을 중심으로 자신의 교육과정을 구성해야 한다. "나는 어떤 종류의 폭력에 대해 말하고 있는가?" "나는 어떻게 폭력을 행사하는가?" "폭력이 지역사회와 개인을 겁박하게 하는 요인에는 무엇이 있는가?" "폭력이라는 문제 뒤에 숨은 다른 가치가 있는가, 그것은 무엇인가?" 그는 이렇게 말했다. "단지 문제를 바라보는 것만으로는 충분하지 않아요. 교사는 원인을 보아야 합니다. 이 과정을 변혁하기 위해 무엇이 이루어져야 하는지 볼 수 있어야 합니다. 그래서 생성적 주제는 변화를 위한 도전인 셈이죠." 분명히, 프란시스코는 (다학제적 교육과정의 축으로서) 생성적 주제의 교육적 사용을 집단적 의식화와 변혁적 행동을 통해 사회문제를 제기하기 위한 정치적 책무와 직접 관련지었다. 이런 입장에서, 학교는 사회정의와 비판적 시민성을 위한 투쟁에서 근본적 요소가 된다. 그의 말을 통해서 살펴보자.

> 이것이, 제가 학교 일이란 게 4개의 벽 안에서 하는 일로 제한될 수 없다고 말하는 이유입니다. 왜냐하면 당신이 4개의 벽에 둘러싸이는 순간부터 당신은 학생들로부터 소외되기 때문입니다. 학생들이 사는 집 근처 거리에서 일어나는 일에 대해 아무것도 이해하지 못한다면 학생들에게 읽을 책을 나눠 준들 무슨 소용이 있겠어요? 그래서 아이들의 일상생활의 경험에서 출발할 때만 우리는 비판적 시민을 기를 수 있고 시민성의 권리에 대한 생각을 가르칠 수 있습니다.

인터 프로젝트에서 그가 경험한 것들이 그의 교육적 실천에 어떤 영향을 끼쳤는지를 묻자 그는 단호하게 말했다. 프란시스코는 인터 프로젝트 내에서 활동하는 "교사는 사회가 원하는 방향으로 역사에 접근하지 않습니다. 늘 그래 왔듯 사회가 결정한 방식대로 하지 않습니다. 교사는 교사-연구자가 됩니다. 교사는, 학생들에게 교과서에 쓰여 있는 역사는 역사를 소외시키고 있다고, 역사에 기록된 사람들과 다른 역사적 인물 또한 있다고, 그들의 역사는 우리 역사에서 어이없이 지워져 보이지 않는다고 말할 수 있는 수단과 계략을 찾는 겁니다"라고 했다. 따라서 그는 (PT가 집권한 상파울루시 교육청이 그러했듯) 변혁적 교실 내에서 고려되어야 할 필요가 있는 "공식적" 담론 바깥의 역사와 지식이 존재한다는 점을 잘 알았고, 타당한 지식을 구성한다는 통상적인 접근에 의문을 제기했다.

게다가 프란시스코는 하빕학교의 다른 교사들과 마찬가지로 인터 프로젝트를 수행하면서 그 결과로 교사들 간의 상호작용이 강화되었다고 말했다. 그는 동시에, 인터 프로젝트는 학교교육 프로그램에 지역사회의 참여를 촉진하려는 목표를 제대로 실현하지 못했다고, 단적으로 말해 실패했다고 지적했다. 프란시스코는 이런 실패의 이유가 인터 프로젝트와 함께 도입된 집단 회의에서 학교 교직원 내의 통일성이 증가되었기 때문이라고 일갈했다. "교사들은 이제 특정한 시간을 정해 함께 앉아 특정 사안에 대해 토론하고 분석하고 검토합니다. 이전에 교사 혼자 하던 일들이 갑자기 교사 모두의 일이 된 거죠." 민중적 공립학교를 세우려는 운동을 둘러싸고 지역사회를 자극하려는 더욱 큰 책무가 작동되어야 하는 상황이었지만, 프란시스코는 인터 프로젝트가 이 과정을 시작할 수 있는 필요한 토대를 제공하리라고 믿었다. "우리는 단계를 밟았습니다. 우리가 아직 (지역사회와) 합일을 이루지 못했기 때문에 이런 합일을 효과적으로 이룰 수 없다고 말해서는 안 됩니다. … 이는 점진적 과정이에요. 우리는 수년에 걸친 전통주의에 둘러싸여 있기 때문이죠." 따라서 인터 프로젝트는 교사가 자신의 일과 학교의 역할에 관한 인식의 틀을 바꾸는 첫 단계를 의미하는 것일 뿐만 아니라, 지역사회의 학교에 대한 전통적 인식을 흔들어 놓는 것이었다.

프란시스코는, 비판적이고 참여적인 시민교육을 지향하는 민중적 공립학교를 설립하려는 PT와 PT의 프로젝트를 적극 지지한다고 당당하게 말한 몇 안 되는 면담자였다. 많은 교사가 PT 교육청과 연결된 프로젝트는 본질적으로 특정 정치적 성향에 기울어 있고 궁극적으로 그리 바람직하지 않다며 프로젝트의 의도를 의심했다. 프란시스코는 이런 교사들과 달리 PT와의 연계가 오히려 교육과정개혁 프로그램의 타당성을 담보한다고 보았다. 그는 자신의 입장을 열정적으로 설명했다. "PT(the PT, 상파울루시 PT 정부를 의미하는 듯–옮긴이 주)는 노동자의 정부입니다. 이는 이전의 지자체 정부와 PT가 어떻게 다른지 보여 주죠. PT는 정말 아름다운 역사를 가진 정당이에요. 수년에 걸친 투쟁과 정복의 역사였습니다. 이게 제가 PT의 별이 그려진 티셔츠를 입는 이유이고, 뭔가 좋고 유익한 것이라면 우리는 그것을 표명해야 한다고 믿기 때문입니다."(그는 PT의 휘장을 언급했다. 흰색 바탕에 빨간 별이 그려져 있고 PT라는 글자가 있다.[4] 이 로고는 1992년 10월 시장 선거 캠페인에서 많이 볼 수 있었다.) 지자체 학교에서 PT를 지지하는 사람들과 마찬가지로 프란시스코는 PT가 선거에서 지게 되면 분명히 인터 프로젝트 또한 지속되지 못할 것이라고 생각했다.

요약: 프로젝트의 파급효과

1992년까지 하빕학교에서 인터 프로젝트가 진행되는 2년 동안 학교를 다녔던 7학년 학생들은 프로젝트가 상대적으로 성공했다고 회상하며, 학생들의 비판적 의식을 높이려는 목적을 달성했다고 평가했다. 이 학생들은 브라질 사회와 경제적 여건에 대해 자신들이 어떻게 이해하고 있는지, 인터 프로젝트가 학교 지식을 학생들의 현실과 연결 짓도록 어떻게 도왔는지를 아주 명확하게 설명했다. 집단 작업과 대화적 교류라는 프로젝트의 원리에 대해서도 잘 이해하고 있었고, 자신들이 배운 것과 배웠던 방법에 끼친 효과에 대해서 상당히 만족했다. 학생들은 이런 말들을 쏟아 냈다. "우리는 인터 프로젝트와 더불어 더 많이 배울 수 있었어요.", "우리가 배운 것은 우리 머릿속에 여전히 남아 있어요.", "우리가 배운 것은 우리 생활과 관련이 깊어요." 또한 학생들은 교실이 어떻게 바뀌었는지 구체적인 사례를 제시할 수 있었다. 예를 들어, 한 학생은 영어 시간에 랩송을 번역하고 브라질과 미국 사이의 문화적 유대가 강하다는 점에 대해, 그리고 이것이 "문화적 제국주의"의 영향이었다는 점에 대해 토론했다. 그 학생은, "우리를 보세요. 모두가 청바지를 입고

---

4. (옮긴이 주) 최근에는 빨간색 바탕의 흰 별 디자인이 더 많이 사용되고 있다.

테니스화를 신고 있잖아요. 우리 모두가 미국 사람처럼 보인다고요." 이런 의견 표명이 그다지 새로운 것은 아니지만, 이 학생들의 눈에는 인터 프로젝트라는 교육적-정치적 우산 아래 교실에서 수행된 비판적 대화의 경험으로 자신들이 다시 태어난 듯 보였다. 좀 더 중요하다고 여겨지는 지점은, 학생들에게 이상적인 학교는 어떤 것이냐는 질문을 했을 때, 학생들은 PT가 집권한 상파울루시 교육청이 내세운 더욱 광범위한 목표, 즉 비판적 의식을 진작시키고 지역사회에 헌신하는 민중적 공립학교라고 답변했다. 일반적으로, 이런 모토는 모두가 연합하고, 다 함께 일하고 공부하는 곳, 경쟁하지 않고 더 나은 미래를 만들어 가기 위해 연대하는 곳으로서의 학교라는 유토피아를 투사하고 있다.

하법학교는 1994년 후속 현장연구를 위해 우리가 방문했던 학교 중한 곳이다. 결과적으로 정권이 교체되었음에도 불구하고 여전히 남아 있는 프로젝트의 요소들을 분석하면 인터 프로젝트의 파급효과를 아주구체적인 용어로 말할 수 있다. 여기서 다시 강조되어야 할 것은, 1989년 이전에 하법학교 교사였던 몇몇 NAE-6 직원이 1992년 선거 이후 다시 학교로 돌아왔다는 점이다. 이는 분명히 이전 정부, 즉 PT 교육개혁을 위한 전문적 식견과 열정이 그들과 함께 학교에 오게 되었음을 의미한다. 이어지는 장면은 한 그룹의 교사들이 참여한 회의에서 생성적 주제를 만들어 내는 모습을 기술한 것으로, PT 선거 패배 이후 2년이 지난 시점의 일이었다.

학교 실재에 대한 집단 분석

9명의 교사(여교사 7명, 남교사 2명)로 구성된 작은 그룹이 토론하고 있다. 종종 열띤 논쟁이 벌어지기도 한다. 이들은 지역사회 주민들과의 연이은 면담에서 얻은 자료에 대해 논의하고 있다. 공책에 쓰인 내용을 큰 소리로 읽으면서 회의 참석자들은 주민들의 다양한 이야기를 공유하고 이 이야기들을 다 함께 코드화한다. 예를 들어, 주변 지역의 청년들로부터 전해 들은 동네 상황은 이렇다. "(이곳에서 살아가는) 요령은 마약상이나 범죄자들과 부딪치지 않는 거예요." 지역 청년들의 이런 표현은 "안전" 범주에 속하는 말이다. 다른 범주에는 "건강", "위생", "주택", "여가", "교통", "학교교육", "사회관계" 등이 있다. 일단 데이터가 범주화되면, 이 팀은 지역사회 담론에 상응하는 파편적 말들을 커다란 서로 다른 범주표 안에 구성해 넣는다.

중요한 상황을 결정하기 위해 집단으로 활동하는 그룹의 두 번째 회의 때는 데이터를 내보인다. 이 회의에서 교사들은 지역사회에서 들었던 이야기들 가운데 서로 모순적인 성격의 말들에 대해 토론한다. 한 교사는 "동네가 조용하다"고 했던 사람이 바로 다음에 어떻게 "동네에 사는 것이 무섭다"고 할 수 있는지를 지적한다. 다른 교사들은 회의 자리에서 특정한 항목의 범주에 대해 질문한다. 그룹의 한 교사는 "언덕에 사는 사람들(동네에서도 좀 더 가난한 사람들이 모여 사는 지역을 가리킨다)이 모든 것을 망쳤다"는 말이 '안전'이나 '사회관계'란 범주 아래 놓여야 하는 것 아닌지에 대해 질문한다. 즉, 이 말은 언덕에 사는 더 가난한 사람들에 대한 차별적인 태도를 보여 주는 게 아닌가? 혹은 이 말이 한 지역사회에서 퍼져 나오는 범죄 행위에 대해 이치에 맞는 방식으로 관심사를 표현하는 것인가?

인근 지역 주민의 교훈적이면서도 간결한 표현, "신과 악마의 동거"라는 말에 대해, (이전에 NAE 인터팀원이었던) 한 교사는 "이 말은 정말 중요합니다"라고 하면서, 이는 법을 잘 준수하는 모범 시민이면서 동시에 범죄자들과 공존할 수밖에 없고 나름대로는 이 범죄자들을 존중해야만 하는 지역 주민들에게 어떻게 생존할 것인지에 관한 전략을 잘 표현해 준다고 했다. "사람은 매우 중요하죠." 집단 분석의 이런 상호작용적이고 역동적인 과정의 결과로, 한 뭉치의 중요한 상황이 정리되었고 교육과정 구성을 위한 생성적 주제를 무엇으로 할 것인지에 대해 교사들 사이에 합의가 이루어졌다.

PT의 교육과정개혁의 성과를 평가절하하고 결국 이를 멈추게 하려는 새로운 교육청의 노력에도 불구하고, 교사들의 인터 프로젝트에의 헌신은 열성적인 의지를 보이며 계속해서 생성적 주제를 도출하기 위한 실재 연구ER를 수행하고 다학제적 교육과정을 디자인해 냈다. 교사들의 헌신은 중요하다. 하지만 이런 헌신적 모습은 다른 교사들의 미적지근한 인상 때문에 제대로 빛을 보지 못했다.

예를 들어, 1994년 후속 면담에서 프란시스코는 PT 개혁에 참여한 경험의 성공과 한계를 돌아보면서 이전보다 더 비판적이었다. 다른 교사들과 마찬가지로, 그는 JTI 기구˚와 학년단계제가 PT 집권 마지막 수개월 동안 프로젝트의 진전을 가로막은 두 가지 요인이었다고 말했다. 또한 프로젝트의 이론적 난해함이 궁극적으로 프로젝트의 미래에 먹구름을 씌웠다고 생각했다. "프로젝트 제안이 그리 명료하게 정리되지 않았어요. 많은 것들이 이론적인 수준에 머물러 있었죠. 저는 늘 그것들이 실천되고 있다고 느낄 수 없었어요. 교사들은 종종 이 이론이 교실에서 어떻게 유용한 것이 될 수 있는지 몰랐어요. (이 점에서) NAE에게 일종의 원죄가 있다고 봐요. 그들은 이 일을 좀 다른 방식으로 해야만 했어요. 빙 둘러앉아 이론에 대해 논의하기보다는, 좀 더 구체적인 방법을 제공해 줬어야만 했어요." 여전히 프란시스코는 인터 프로젝트가 긍정적인 영향을 끼쳤다고 생각한다. "프로젝트는 교사들을 연구자로 바꿨어요. … 하려고만 하면 교사는 교육계획 과정에 적극적으로 참여할 수 있습니다. 교육청은 교사를 일종의 전문가로, 의무와 함께 권리를 지닌 전문가로 간주했어요. (결과적으로) 교사는 자신이 전문가라는 것을 발견하게 된 거죠. 아이들 보는 유모가 아니라요."

이런 부정적인 평가에도 불구하고, 프란시스코는 다음과 같은 말로 결론을 짓는다. "인터 프로젝트는 교사로서 제가 가진 갈망을 실천에 옮길 수 있도록 환경을 제공해 주었어요. 저는 나 자신을 단지 한 명의 교사 정도라고 생각하지 않습니다. 나 자신을 학생들 곁에 서 있는 사람으로 늘 봐 왔습니다. 단지 학생들에게 지식을 전달하지 않고, 학생들이 생생한 실천의 성찰에 참여하도록 합니다. 제가 그렇게 하듯이요." 프란시스코는 인터 프로젝트에 대한 경험을 떠올리면서, 여전히 프로젝트에 강한 신념을 피력했다. 교육은 변혁적 도구라는 신념 말이다. "교사로서, 저는 정치적으로 비치는 것이 싫습니다. 저는 PT 사람이 아니에요. 당과 공식적으로 아무런 관련이 없어요. 그러나 PT에서 내놓은 몇몇 제안들에 대해 열렬히 지지합니다. 저는 공립학교가 사회를 바꾸기 위한 공간이어야 한다고 믿습니다."

PT가 집권한 상파울루시 교육청 집권 기간 및 선거 패배 이후에 하빕학교 직원들이 한 일을 놓고 보면, 이들의 민주적 사회변혁을 위한 헌신은 너무도 강렬했다. 적어도 핵심 그룹에 속한 교사들은 그 정도가 더 높았다. 하빕학교에서 구체적인 활동 사례로 제시된 교사들은 각자 민중적 공립학교와의 연대를 다른 방식으로 표현하기는 했지만, 이들은 프레이리가 묘사했던[10] "책임 있는" 교사가 어떤 모습인지 잘 보여 준다. 즉, 이들은 자신의 정치적 지향에 대해 분명한 입장을 가지고 이런 지향과 자신의 교육적 실천 사이의 일관성을 성찰하는 방식으로 일했다.

사례 3
프라신하스학교: 지역사회 프로젝트로서 교육과정 재정립

프라신하스학교Pracinhas da Forças Expedicionarias Brasileiras School, FEB는 첫해에 시범학교로 선정되지 않았음에도 학교가 위치한 지역에서는 처음으로 인터 프로젝트에 참여한 학교였다. 여러 면에서 프라신하스학교는 아주 이상적인 조건에서 인터 프로젝트를 수행했다. 등록 학생은 상대적으로 적었는데, 주간반과 야간반 학생 수는 각각 300명 미만이었고, 교사와 관리자는 각각 10명과 3명(교수법 코디네이터 2명 포함) 정도였다. 학교 주변 지역은 노동계층과 빈곤층 거주지였지만, 거주민들은 나름대로 안정적인 생활을 유지했다. 학교 직원들은 인터 프로젝트 이전에 이미 이와 유사한 교육개혁을 실험해 본 적이 있었다. 그럼에도 인터 프로젝트를 통한 교육과정 재정립을 위한 이 학교공동체의 경험은 이전 학교 사례에서 논의되었던 문제들을 다시 강조해 보여 준다. 프라신하스학교가 맞닥뜨린 가장 중요한 이슈는 진정한 지역사회 공간을 만들어 내는 것, 즉 인터 프로젝트 수행에 목소리 큰 학부모들의 저항을 어떻게 극복할 것인지, 이 프로젝트에 학생들의 참여를 어떻게 진작시킬 것인지에 관한 문제였다. 바로 이 학교, 프라신하스학교는 인터 프로젝트에서 제공된 도구로 이런 문제들을 모범적인 방식으로 해결해 갔다.

프라신하스학교: 개관

프라신하스학교는 자르딤Jardim das Flores(꽃의 정원이란 뜻)이라는 이 지역에서 잘 알려진 동네에 자리 잡고 있다. 이 동네는 캄푸림푸Campo limpo라고 알려진 상파울루시 남서부의 좀 더 큰 지역에 위치한다. 캄푸림푸에 관한 공식적 자료를 찾아볼 수는 있지만, 이 데이터가 곧 자르딤의 상황을 정확하게 반영하지는 않는다. 학교에서 포괄적으로 수행한 실재연구 때문에 학교공동체에 관한 어느 정도 상세한 프로파일을 운 좋게 확인하고 학교에 대한 개략적인 정보를 얻을 수 있었다. 역사적으로 이곳은 도시가 팽창하면서 편입된 지역으로 도시의 변두리이면서 초기에는 무단거주민들이 살던 곳이었다. 오래 버틸 만큼 튼튼한 건물과 인프라가 점차 많아졌다. 요즘 이 지역사회는 나름대로 안정된 거주지역이 되어 있다. 거주자들은 일반적으로 온전한 자가 주택에서 살았다. 수쓰무학교와 달리, 프라신하스학교의 지역사회에서는 공공 서비스가 완벽하게 이루어졌다. 대부분의 길은 포장되어 있었다. 길가에 가로등이 설치된 곳이 드물었고 여기저기 고쳐야 할 곳이 많기는 했지만, 모든 집에는 상하수도 및 전력 공급이 이루어졌다. 이 지역에 사는 사람들은 대개 준기능공으로 상파울루시 남부 공단 지역의 여러 공장에 다녔다. 대부분의 여성들도 직장에 다녔다. 매니큐어 숍이라든가, 가정부, 빵 파는 일과 같이 비공식적인 노동 활동에 참여하는 것으로 가정 살림살이에 보탬이 되려는 것이 여성 경제활동의 이유였다. 이 동네 사람들의 평균 가계 수입은 1990년 기준 최저임금의 3~6배 정도 되었다. 이들이 사는 지역 때문에 이곳 가정들이 노동계층으로 분류되기는 했지만, 수입 기준으로 보면 중산층이나 중상층 수준을 향하고 있었다. 이런 가계 형편의 상대적 안정성에도 불구하고 주민들의 교육은 상당히 낮은 수준에 머물렀다. 특히 여성들은 더 그랬다.

이 지역에는 근방에 과라피랑가댐Guarapiranga Dam에서 조성하고 시에서 관리하는 공원이 있었다. 그런데 이곳 주민이나 학생들은 안전 문제 때문에 대체로 이 공원을 사용하지는 않는다고 했다. 그리고 학교 근방 반경 10킬로미터 내에 작은 병원과 파출소가 하나씩 있지만 동시에, 이 지역은 상대적으로 고립되어 있다. 이 지역을 통과하는 큰 거리는 과라피랑가대로Avenida Guarapiranga 하나뿐이었는데, 이 길은 자르딤을 상파울루의 다른 지역과 연결했다. 대로라고 해도 교통 혼잡이 생길 만큼 그리 북적대지는 않았다.

우리의 자르딤 방문은 위에서 묘사한 바와 같다. 자르딤에 가기 위한 버스 정류장은 버스 도로 이전의 마지막 정류장이다. 버스가 이 정거장을 지나 대로에 들어서면 거대하고 위험한 무단거주지구를 가로질러 쏜살같이 달려 나간다. 과라피랑가대로를 따라 작은 자동차 정비소들이 늘어서 있는데, 꽃의 정원이란 뜻의 자르딤 지역과는 역설적으로 영어울리지 않는 장면이다. 버스 정류장에서 프라신하스학교까지 걷는 것은 상당히 고생스럽다. 학교까지 10블록 정도의 길은 가파른 언덕을 오르내려야 하는데 울퉁불퉁하고 웅덩이 파진 포장도로 때문에 오히려 걷기가 더 힘들었다. 그럼에도 이곳을 천천히 걸어가야만 주변 집들을 좀더 잘 볼 수 있다. 집들은 대개 조그맣다. 어떤 집은 형형색색의 꽃 화분으로 장식되어 있고, 위협적으로 짖어 대는 개들이 있기도 하다. 어떤 집은 작은 가게를 차려 놓고 신선한 달걀을 늘어 놓거나 치즈빵pão de queijo을 팔기도 한다. 짓다 만 두 개의 다층 건물이 낮은 건물 라인 가운데 우뚝 솟아 있는데, 분명히 최근의 경제불황 때문에 건축 회사가 망해 생긴 일일 것이다.

프라신하스학교는 주택가 사이에 아늑하게 자리 잡고 있다. 밝은색 계열의 파란색 정문은 관심을 보이는 방문객을 환영하는 듯하다. 학교 터에는 학교 건물과 도보로 연결된 좀 더 작은 건물이 하나 더 있다. 그리고 운동장과 경쟁이라도 하듯 수풀이 우거진 공터가 있다. 프라신하스학교는 이전 교육청에서 1989년 지어 준 새 건물이다. 학교 건물은 학교 행정실과 매점 및 강당과 마주 보고 있는 빈 공간, 그리고 식당 부엌, 작은 교사 휴게실과 교실들로 구성되어 있다. 교실과 미디어센터는 모두 2층에 있다. 각 교실의 전등은 상대적으로 상태가 좋았는데, 학교 외벽에 줄 맞춰 있는 창문으로 자연 채광이 들어왔다. 도서관은 아주 잘 사용되고 있는데, 이상하리만치 시설이 잘 꾸며져 있다. 책도 많고, 과학실습장비도 훌륭하게 갖추어져 있고, TV, VCR 등도 있다. 박수 쳐 줄만한 외양과 상대적으로 풍부한(다른 어떤 학교에서도 이 같은 비싼 과학실습장비를 보지 못했다) 시설을 갖추고 있음에도 불구하고, 프라신하스학교는 다른 학교와 별반 다르지 않은 모습을 보였다. 학교 건물은 담갈색 콘크리트 벽으로 둘러싸였으며, 수도꼭지의 물은 새고, 바닥 나무판자는 조각조각 쪼개지고, 책상과 걸상은 부서져 있었다.

프라신하스학교의 인터 프로젝트 역사

프라신하스학교의 직원들은 뭔가 이기주의적인 톤으로 자신들이 새로운 아이디어에 늘 개방적이라고 말한다. 물론 이 학교는 개교한 지 상대적으로 얼마 되지 않았다. 이 연구를 시작했을 때 프라신하스학교는 개교한 지 겨우 4년밖에 안 되었다. 따라서 어떤 엄격한 역사적 패턴을 찾아낼 수는 없었다. 이 학교가 설립되었을 때, 학교는 경력 많고 지식이 출중하며 아주 유명한 사람을 교장으로 모셨다. 실비아 타라란 교장Silvia Tarraran이 그 주인공이다. 1980년대 초 귀욤나모데멜로Guiomar Namo de Mello[11]라고 코바스Covas 정권하에서 교육부장관을 역임한 아주 잘 알려진 교육가와 긴밀히 일하며 가까이 지냈던 경력의 인물이었다. 교사전문성과 협력은 멜로 교육부장관이 이끄는 교육부에서 가장 핵심적인 정책 주제였다. 따라서 타라란 교장은 교직원을 완전히 새롭게 조직하는 상황에서 좀 더 협력적이고 혁신적인 직업 환경을 만드는 데 헌신할 만한 교사들을 충원하려고 갖은 애를 다 썼다. 교사 선발과 배치에 나름대로 성공적이기는 했지만, 프라신하스학교 교직원들은 자신들의 주된 관심사가 주로 "순전히 교수법적인"데 있었다고 인정했다. 즉, 자기가 담당한 교실에 대해서만 관심이 있었던 것이다.

좀 더 협력적이고 통합적인 교육과정을 개발하려는 타라란 교장의 노력은 뒤늦게 나타났는데, 1991-1992학년도에 인터 프로젝트가 시작되면서 대폭 강화되었다. 처음에는 지역 내 교육지원청 기관인 NAE-5에서 파견된 대표들이 교직원들에게 프로젝트를 소개했다. 교직원들은 교육청의 개혁 방안에 대해 상당히 호의적인 태도를 보였다고 회상했다. 이들은 인터 프로젝트에 참여하면서 프로젝트가 제공하는 행정적인 지원, 자원 제공, 기술적인 지원을 통해 과거에 실험했던 협력적 작업을 계속할 수 있으리라고 생각했다. 게다가 프로젝트의 정치적 지향이 분명하다는 점이 교직원들의 인터 프로젝트 참여의 부가적인 동기로 작용했다. 한 교사는 이렇게 술회했다. "PT의 인터 프로젝트 전에, 우리는 주정부에서 빨간 공책을 하나씩 받았어요. 거기에는 무엇을 가르치고, 언제, 어떻게 가르쳐야 할 것인지에 대해 쓰여 있었습니다. 이는 국가종합졸업시험vestibular을 직접 준비하도록 하는 프로그램의 일환이었는데, 그 공책 속 내용은 그 어떤 사람도 절대 완수할 수 없을 만큼 광범위하고 포괄적이었습니다. 여기 브라질에서의 교육은 객관적인 지식의 힘을 둘러싼 게임입니다. 여기서 학생은 완전히 종속되어 있고, 지배 계층의 프로젝트 내에 완전히 매몰되어 있습니다."

인터 프로젝트에의 참여는 프라신하스학교의 많은 교사에게 기존의 주류 프로젝트를 수행할 필요가 없다는 구실을 제공했다. 이들이 받아온 훈련과 직업적 경험 때문에 교사들은 "순전히 교수법적인" 관심사에 몰두해 있기는 했지만, 이들의 관심사는 인터 프로젝트의 도입과 함께 극적으로 바뀌어 협력, 다학제성, 지식의 객관성, 교실 교사의 중립성 등의 교육적 이슈를 포괄했다. 교사가 작성한 노트에 기초해 볼 때, 열정의 수준은 교사에 따라 다양했지만 모든 교사가 프로젝트에 참여하기로 뜻을 모았다.

이런 개관적인 상황에 기초해, 우리는 프라신하스학교의 교사들이 프로젝트에 참여했던 2년 동안 인터 프로젝트를 작동했던 방식에 대해 간략하게 기술할 수 있을 것이다. 다음에는 프로젝트 과정에서의 ER-OC-AC 국면을 기술하고 더불어 교사들의 지속적인 전문성개발 회의를 살펴볼 것이다.

회의들

프라신하스학교에서는 연구에 참여한 다른 학교들과 달리, 인터 프로젝트와 그에 따른 교사학습공동체가 기존의 협력적 학교문화와 잘 조화되었다. 이런 문화의 씨앗은 학교장에 의해 뿌려졌는데, 이 씨앗은 협력적 노력을 점차 자신들의 직업적 실천에 유익한 요소로 보기 시작한 교사들에 의해 키워졌다. 인터 프로젝트가 도입되기까지 교사들의 협력적 노력은 단편적인 모습을 보였다. 프로젝트 이전에는 모든 교사가 적어도 두 학교에서 일하고 있었다. 따라서 프라신하스학교에서 주야간 교대 시간 전후로 회의를 위해 별도의 시간을 내는 것은 거의 불가능했다. 이들의 교육과정은 이미 지자체와 주정부의 지침에 따라 거의 정해진 일정을 따르는 상황이었는데, 실제로 통합적 수업에 대해 논의하거나 특정한 수업 혹은 활동을 연장하는 문제에 대해 논의하기 어려웠다. 대신, 협력은 교수법에 관한 논의에 주로 초점이 맞추어졌는데, 그나마 이런 논의도 어쩌다 열렸다. 예를 들어, 이런 교수법에 관한 생각거리는 타라란 교장이 나누어 주는 논문에서 얻거나 교사 중 누군가 소개하는 것이었다. (학교의 몇몇 교사는 대학원에 다니고 있었고, 거의 대부분의 교사는 교육혁신이 진행 중인 주정부 관리 학교에서 가르치고 있었다.) 이럴 경우, 교사들은 아침에 커피를 마시면서 논문 내용에 대해 의견을 나누기 위해 좀 일찍 출근해야 했다. 이들의 주간반 수업이 7시에 시작했기 때문에 이보다 이른 시간에 출근하는 일은 상당한 희생이 아닐 수 없었다. 혹은 새로운 이론과 교육 실천에 대한 논의 자리를 만들고자 금요일 저녁 바비큐 식사와 곁들여 회의를 했다.

　처음에는 교장과 몇몇 관심 있는 교사들이 진지하게 이런 협력과 혁신을 추진하고자 했지만, 협력과 혁신에 관한 업무 규정을 학교 제도로 정착하지 못하게 하는 구조적인 장애 요인이 있었다. 이런 교사들에게 인터 프로젝트는 자신들의 노력에 대해 최소한 보상을 제공해 주는 든든한 기회가 되었는데, 이전에 이런 일을 봉사로 여긴다거나 임시변통으로 처리했던 것과는 상당히 다른 접근이었다.

이런 역사를 기억한다면, 프라신하스학교에서의 생산적인 교사학습공동체와 통합적 일일 회의(예를 들어, JTI)의 질은 더 쉽게 설명된다. 프라신하스학교의 교직원들을 구별하게 하는 전문성개발 시간의 특징이 몇 개 있다. 우선 회의는 토론, 대화, 계획을 위한 교사들의 시간으로 존중되었다. 교장과 교수법 코디네이터는 회의에 간혹 참석하기는 했지만, 이들의 참여는 교사들과 동등한 입장에서 이루어졌다. 모든 의견은 존중되었고 교장이 있다고 해서 토론의 본질이 바뀌지는 않았다. 게다가, 월요일부터 목요일까지 오전 11시 15분~오후 1시 사이에 열리는 회의는 정확하게 시작되고 토론은 초점에 맞춰 상당히 빠르게 진행되었다. 한교사는 이렇게 회상한다. "저 또한, 이런 집단이 모이는 시간에 뭘 해야 좋을지 모르는 교사들이 있다고 생각해요. 그래서 그 사람들은 이 시간을 미루기도 합니다. 그러나 이들은 이런 시간을 어떻게 사용하는지 혹은 자신이 뭔가를 해야 하는지 모르는 거죠. 이들에게는 주제가 없어요. 뭔가 생산적인 일을 하는 데 관심이 없는 겁니다. 이 시간은 우리에게 정말 중요해요. 우리는 정말 많은 정보와 생각(의견)을 주고받습니다."

둘째, 회의 주제는 핵심적인 교수/학습 문제가 늘 중심에 놓였다. 생성적 주제나 지식 활용 국면을 위한 활동을 만들어 내는데 (교육과정의) 특정 단위를 개발하기 전 단계의 수업계획, 수업 개발, 활동 조직, 제공품 및 일정 구별, 적절한 학습자료 및 지주(토대) 찾아내기 등이 회의의 주요 내용을 구성한다. 생성적 주제를 둘러싼 다양한 단위가 진행되는 동안, 회의는 좀 더 민주적인 교실을 만드는 데 방해가 되는 주제, 과학 시간 대 지리시간에 구성주의적 수업에 나타나는 문제, 혹은 학생들이 생성적 주제에 대한 이해를 발전시키는 문제에 대한 성찰 등의 주제를 포함한 대화 형식으로 진행된다.

셋째, 한 명의 교사만이 프로젝트 아이디어에 관심을 갖고 연구 문헌을 검토할 수 있을 만한 역량을 갖추었다. 좀 더 이론적인 것에 관한 논의는 교사 두 명이 주로 주도했는데, 한 사람은 대학원 과정을 마쳤고 다른 한 사람은 주정부가 추진하는 혁신적인 학교개혁에 참여하고 있었다. 다른 교사들은 동료 교사들이 들여오는 새로운 의견에 기꺼이 참여하려고 했다. 게다가, 몇몇 회의에서 PT가 집권한 상파울루시 교육청이 다학제 교육과정의 특징, 구성주의의 이론적 뿌리, 평가 이슈, 비판적 시민성의 개념 등과 같은 내용에 대해 발간한 문건을 둘러싸고 토론이 진행되었다.

마지막으로, 교사들에게는 안전지대가 있었다. 교사들은 그 속에서 실질적인 이슈에 대해 논의하고, 자신들의 의견을 가감 없이 표명하며, 서로에 대해 동의하지 않는다고 말하는가 하면 일반적으로 주제에 대한 꼼꼼한 이해 발달을 위해 나름대로 업무 균형을 찾았다. 한 교사의 진술대로, "이 과정은 정말 흥미로웠어요. 처음에는 별 진전이 없었어요. 사람들은 여기저기에서 작은 일들만 공유하려고 했죠. 기본적으로 사람들은 여전히 폐쇄적이었어요. 이때 우리에게 일종의 대결 상황, 지금까지 우리가 지켜 온 조화로움을 깨는 일이 생겼어요. 그 일 이후, 상황은 물 흐르듯 진행되기 시작했고, 모든 방어적 장치들이 일소되어 버렸어요. 제가 원하는 것이 무엇이건 저는 그다지 신경 쓰지 않게 되었어요. 제 생각에 이런 일은 인터 프로젝트 때문에 생겼어요."

이런 대화적 역동성은 몇몇 발전적 상황이 가능하게 해 주었다. 우선, 교사들은 인터 프로젝트(일반적으로 PT 교육청)에 의해 증진된 교육적이고 정치적인 견해를 통해 자신들의 교육과 훈련이 토대한 이데올로기로부터 급진적으로 이탈했다. 그렇다고 프라신하스학교의 교사 중 누구도 PT의 활동가는 아니었다. 따라서 인터 프로젝트에 깔린 원칙을 이해하는 것은 각 교사에게 자신들이 지금껏 소중하게 지켜 온 교육에 대한 전제와 그 과정에서의 역할에 맞서고 더불어 자신들의 전문적 지식의 한계를 털어놓도록 이끌었다. 한 교사는 인터 프로젝트의 요구와 관련하여 자신의 훈련과 경험을 이렇게 비판적으로 제시했다.

　저에게, 대학에서 수학을 공부하는 것은 정말 엄격한 것이었어요. 수학을 배운다고 할 때, 우리는 숫자에 가서 닿는 특정한 순서를 따라서만 배웠어요. 그렇다고 어떤 연산 속에 감추어진 공식, 즉 수학적으로 사고하는 법을 배우지는 않았어요. 오로지 하나의 맞는 답, 그 답을 끌어내는 단 하나의 방법만 있었죠. 그래서 정말로 제 대학 공부는 저를 작게 만들었어요. 오늘날까지, 저는 스스로 뭔가를 구성해 보려고 노력합니다. 이것이 제게는 좀 더 의미 있고 엄격한 수학적 전통에서 단절하도록 이끕니다.

유사한 경험을 프라신하스학교의 다른 교사들의 진술에서도 볼 수 있다. 그러나 지식의 부족이 일종의 학습 기회라고 여겨지는 환경에서 교사들의 훈련과 지식의 한계가 드러났기 때문에, 교사훈련이 부족하다는 발견은 곧 교사들이 노력해야 한다는 의미로 해석되었고, 의견이 분분한 상황은 존중되었으며 각각의 참여자는 활발한 교사로서 그룹 활동을 계속하도록 지지받는다고 느꼈다. 또한 이런 역동성은 교사가 자신의 안전함을 느끼는 정도에서 각 그룹의 교사들에게서 지원과 함께 피드백이라는 혜택을 받으면서 위험을 감수하도록 했다. 게다가 토론과 논쟁이란 게 교사들에게는 개념적으로도 인간관계 면에서도 모두 난해한 상태에서, 그룹의 각 교사는 토론과 논쟁을 통해서만 자신들의 교육 철학과 실천적 이해를 강화시키는 방식으로 전문성과 개인적 신념에 대해 성찰(성찰에 이은 확신 혹은 거부)할 수 있다고 느꼈다. 마지막으로 이런 지속적인 경험은 교육적으로 긍정적이고 교실 중심적인 엄청난 그룹 통일감과 유대감을 만들어 주었다. 한 교사가 진술하고 있듯, "… 분명히 조금씩 배우고 있어요. 여기서 우리는 하나의 그룹을 이루고 있고 우리 모두는 서로 도와 한 곳에서 다른 곳으로 전진하게 합니다. 뭔가 하는 일에 관심 없는 교사들이 있을 때는, 무슨 이유 때문이든 간에, 그들 또한 배제되지 않고 계속 포함될 수 있게 합니다. 그리고 좀 더 많은 관심을 기울이는 사람들은 다른 사람들 또한 궁극적으로 참여하게 몰아댑니다".

교육과정 개발과 교실 수업

프라신하스학교는 1991년 1월 인터 프로젝트에 참여했다. 교사들은 다루려는 주제로 "수의 진화"라든가 "사회 형태로서의 공화국"을 논의하면서 어떤 "주제"를 다뤄야 할지 고민하기는 했지만, 이런 논의 결과가 실행되지는 않았다. 인터 프로젝트가 제공한 구조적 지원과 기술적 보조는 이들의 교육과정 계획을 훨씬 더 견고하게 만들어 주었다. 또한 프로젝트의 정치적 특성은 분명히 이들의 노력을 재정립하도록 했다. 인터 프로젝트가 시작된 이래, 이들의 주제는 실재연구ER의 기초적이고 정치적인 특징을 잘 반영하고 있었다. 이들은 실재연구를 진행할 때, "일/고용: 일을 하는 것이 삶을 증진하는가?" 혹은 "인간과 지구: 살아남을 수 있을까?"와 같은 주제에 초점을 맞추었다.

실재연구를 진행하면서 교사들은 주변 지역사회를 철저히 조사했다. 교사들은 학부모와 학생을 면담하고 지역 상인들에게 설문조사를 실시하는가 하면, 동네 편의시설과 서비스 항목을 작성했다. 예를 들어, 파출소라든가 보건소 등. 그리고 교회 및 사립 혹은 주립 학교, 영유아 보육시설들을 방문하고 이들 학교에 관한 정보를 수집했다. 데이터를 수집하면서 교사들은 다음과 같은 이슈들을 검토했다. 인근 지역의 역사, 학교 개선을 가로막는 장애물, (교회, 학교, 정치기구 등과 같이) 지역에 봉사하는 다양한 기관들, 지역사회 내의 취업 기회, 주민들의 일반적인 교육 수준 등.

이런 데이터를 긁어모으면서 교사들은 이 데이터를 조직하고 중요한 상황을 도출해 내려고 애썼다. 이렇게 해서 제안된 중요한 상황은 이 지역 거주민들이 경험하게 되는 물 문제부터 노숙인 문제 및 경제, 사회, 지리적 고립 문제에 이르기까지 광범위했다. 교사들은 이에 대해 별도의 생각지도를 만들었다. 지도 작성 연습을 통해 교사들은 각각의 중요한 상황에서 부족한 영역이 있는지, 추가로 탐색해야 할 영역이 있는지를 검토하게 해 주고, 그래서 부가적인 교육과정 개발이 어떻게 진행되는지의 양상을 시각적으로 보여 주었다. 예를 들어, "물 문제"라는 중요한 상황은 이 주제를 통해 파생되는 정말 다양한 부가적인 주제들을 불러들였다. 물 관리, 지역의 하수 체계가 미치는 범위, 과라피랑가 저수지의 다양한 활용법, 물 순환 등의 주제. 거주민들이 느끼는 고립감은 브라질의 경제발전 모델, 도시 내 서비스 제공 방식, 이를 위한 정치적 과정(상파울루시의 이해관계자 및 유권자 분석 등)과 같이 추가로 탐색해야 할 주제를 만들어 냈다.

다양하면서도 중요한 분석을 진행하고 이 결과를 지도로 작성하는 과정은 여러 회의에서 진행되었고, 여러 장의 전지에 기록되었다. 일단 중요한 상황이 확인되고 상세하게 토론하고 나면, 교사는 매 학기별 주요 주제를 개발하기 위해 각각의 중요 상황에 대한 교차 분석 과정을 시작한다. 물론 교사들의 결정에 따라 한 학기가 아니라 좀 더 긴 과정으로 진행할 수도 있다. 연구 기간 동안 개발된 생성적 주제들은, "인간과 지구-살아남을 수 있겠는가?"였다. 이런 특수한 주제에서 시작해, 각 교사는 이 주제를 제기하기 위해 자신의 교과목 영역에 맞는 교육과정을 개발했다. [표 6-1]는 여러 교과에서 온 교사들이 생성적 주제를 중심으로 통합하고 있는 정말 다양한 개념과 기술을 잘 보여 주는데, 과학과 역사의 두드러진 내용 영역에서 (5학년, 6학년 각각) 작업한 두 명의 교사 활동을 상세하게 살펴보는 게 도움이 될 것이다.

5학년 과학 수업의 초점은 오염에 관한 것이었다. 특별히 이 지역의 가장 큰 문제로 대두되고 있는 대기오염과 물 오염 문제에 관한 것이었다. 오염에 관심을 집중함으로써 이에 관한 광범위한 주제를 탐구할 수 있었는데, 각각은 핵심적인 교과 내용 영역과 관련되어 있었다. 여기에는 물 순환, 기본 위생, 수질오염 및 대기오염을 일으키는 다양한 원인, 수질 및 대기오염이 건강에 미치는 영향, 과학과 관련된 모든 생물 쇠퇴

[표 6-1] 생성적 주제: 인간과 지구-살아남을 수 있을까?

교과	실재 연구 (학생 활동 포함)	지식 구성 (핵심 내용, 개념, 쟁점 확인)	지식 적용 (프로젝트 및 과제)
예술	• 미술: 콜라주, 그리기, 모델링 • 음악 활동 • 풍경에 대한 이해: 자연 및 인공	• 근대예술활동주간 • 실재를 문제삼기 위한 도구로 민요 활용	• 미술/음악/시 창작/드라마 활동
역사	• 설문조사 • 면담 • 토론	• 산업/계급투쟁/생활표준/오염/차별/식민화/인권	• 에세이/그룹 활동
국어	• 포스터 만들기, 게시판 및 홍보 전단지 만들기 • 신문 제작	• 강의/작문 활동/언어 분석/홍보물 및 소비 양태 분석	• 그룹 활동
과학	• 토론 • 면담 • 그룹 토론	• 환경/재활용/오염/기본 위생/자연보호/인체 및 출산/신체 및 정신건강/영양	• 상호 관련된 쟁점에 대해 그룹 활동 및 작문
수학	• 설문조사 • 토론	• 생활비/기본 산술/화폐체계/비율/분수	• 생활비, 인플레이션, 가정 수입 자료에 대한 시각 자료 작성 • 보고서 작성
지리	• 면담 • 토론 • 리포트 작성하기 • 지도 제작	• 사회집단/사회계층/실업/폭력/사회적 공간-물리적 공간/이주 및 인구폭발	• 지도 제작/지역 도시화에 대한 그룹 활동
체육	• 설문조사 • 면담 • 토론	• 신체에 대한 감각/여가 시간	• 좋은 습관에 대한 제시

출처: Pracinhas da FEB Primary School, 1992; Pia Lindquist Wong, 1994.

과정 등. 폭발적인 도시화와 오염 간의 관계는 역사, 지리 혹은 수학 수업에 적합했다. 그리고 학생 및 기타(공장 노동자 및 자동차 운전자 등)이 취할 수 있는 개입 활동을 만드는 것은 인문 교과 및 역사를 포함한 몇몇 교과에서 다룰 수 있었다.

학생들은 이런 개념을 중심으로 아주 다양한 활동을 전개했다. 교실 토론은 물과 대기오염에 초점을 두고 진행되었는데, 학생들은 이 주제에 익숙했다. 눈이 따끔거리는 증상과 눈 충혈은 아이들에게 흔하게 나타나는 문제였기 때문이다. 늘 고장 난 상태의 하수 시스템 또한 동네의 물 문제 중 하나였고 학생들은 어디서 흘러오는 것인지는 모르는 오물로 뒤덮인 물웅덩이와 시궁창으로 인한 불편에 대해 격렬하게 불만을 표출했다. 이런 토론을 통해 학생들은 그룹을 만들어 혹은 교사의 지도를 받아 위에서 기술한 문제들을 탐험하는 다양한 프로젝트를 만들었다. 교사는 강의, 독서, 실험 활동을 활용해 학생들의 탐구를 구조화했다.

이후 학교 전체가 참여하는 자원재활용 프로젝트를 만든 것은 이 같은 공부 단위에서 정점에 해당하는 활동이었다. 여기에 참여하는 학생과 교사는 퇴비 저장통을 만들었다. 학생들은 관련된 내용을 벽보로 붙이거나 다른 반 학생과 교사들, 특히 식당 부엌에서 일하는 분들께 자원재활용에 대해서, 그리고 퇴비 저장통에 젖은 쓰레기를 넣지 말 것을 당부하는 등 교내 캠페인을 개시했다.

6학년 역사 수업시간에 학생들은 사회정치사상의 궤적을 훑고 시스템을 구성해 보면서 생성적 주제를 중심으로 공부했다. 학생들은 "삶의 질"(예를 들어, 물질적 필요, 사회적 지원 시스템, 가족과 지역사회 연계, 직업적 관련성, 환경 요인, 기타 등)에 관한 생각, 혹은 이것이 파생시키는 개념에 대해 논의하면서 탐구 활동을 진행했다. "삶의 질"을 조화롭게 유지하거나 혹 투쟁하는 개별 시민의 역할에 관한 대화가 이런 토론에서 제기되었다. 저널, 잡지, 신문 및 기타 다른 출판물들을 참고하면서 학생들은 다양한 시민 그룹들이 "삶의 질"을 다르게 정의하고 있다는 점, 그리고 이들의 성별, 사회계층이 서로 다른 "삶의 질"에 대한 정의와 관련된다는 점을 구별하려고 노력했다. 각 반은 이런 이슈들을 주제로 열리는 공식적인 토론에 참여하였고 자신들이 바라보는 "삶의 질"을 대변하는 다양한 이미지로 콜라주를 만들어 보았다.

이 학급은 "삶의 질"이란 은유를 확장해 시민성 개념을 역사적으로 살펴보고, 브라질 역사에서 시민들이 "삶의 질"을 개선하기 위해 어떻게 투쟁하고 또 조직을 만들어 왔는지 살펴보았다. 이렇게 과거를 돌아보는 경험을 통해 학생들은 시민성의 개념, 시민들이 역사 속에서 조직해 왔던 방식, 과거의 승리가 학생과 이들 가족의 현실적 상황에 제공할 수 있는 배움거리를 살펴볼 수 있었다. 이런 관찰은 개별 학생들이 작성하는 에세이에 담겨 보관되었는데, 학생들은 친구들과 의견을 교환하고, 같은 반 친구들로부터 얻은 제안과 논평을 이용해 다시 글을 썼다.

일반적으로 프라신하스학교에서 수업은 프로젝트의 교육적 이상이라고 정한 방향으로 움직여 갔다. 교실마다 차이가 있기는 했지만, 우리 연구자들은 학생 모두가 예외 없이 각 교실에서 특정한 날 그룹으로 모여 공부하고 있음을 발견했다. 이것은 국어 시간에도 그러했고, 역사와 지리 시간에도 마찬가지였다. 그룹 모임은 역사, 과학, 국어와 같은 시간에 생성적 주제와 어떤 방식의 관련을 지닌 이슈로 개발된 장기적 프로젝트에 초점을 맞추었다. 학생들이 쓴 글을 빠르게 검토해 보니, 그 글에 사용된 자료들의 범위가 엄청나게 넓었다. 학생이 만든 설문조사와 언론매체의 글들도 여기에 포함되어 있었다. 교사의 창의성은 교실 수업에서 분명하게 눈에 띄었다. 교사는 자주 자신의 독립 연구를 수행했고, 학생들에게 데이터, 관련된 연구 요약, 논문 등을 제공했다.

학생 중심 교실의 이 같은 특징들은 상대적으로 교사 정체성이 강한 사람에게는 여전히 뭔가 불편한 듯 보였다. 이런 교사는 시간상 일정한 분량의 강의를 이어 갔고 논쟁과 토론을 지배하곤 했다. 물론 관련된 정보를 나누어 주기는 했지만, 이런 식의 자료 공유가 단절적이거나 가끔은 학생의 참여를 무디게 만들었다.

"이상적인" 구성주의적 수업과 비교해 보면, 프라신하스학교의 수업은 여전히 교사 중심적 요소가 두드러지게 나타났다. 그럼에도 프라신하스학교에서 벌어지는 교육의 변화에서 몇 가지 중요한 특징을 알아챌 수 있다. 학교의 거의 모든 교사는 수업에서 협력적 학습, 광범위한 학습자료 활용, 프로젝트 중심 활동, 생성적 주제 활용 등을 다양한 방식으로 실행했다.

프라신하스학교 교사들은 연령대, 교사 경력 면에서 다양하다. 대체로 교사들은 교직 경력이 길지 않았다. 연령대는 20대 후반에서 50대 중반까지 다양했지만 중간 정도 경력의 교사들이 고작 6년쯤이었다. 교사 그룹의 반은 이 학교에서 정년이 보장되어 계속 가르칠 수 있는 사람들이었고, 이 중 한 명만 자기 교과와 관련된 대학원을 다니고 있었다. 다른 교사들은 지역 대학에서 제공하는 정기 연수과정을 활용해야 했다. (한 명을 제외하고) 대부분의 교사에게 프라신하스학교는 고용이란 측면에서 가장 중요한 장소가 아닐 수 없다. 부분적이기는 하지만, 인터 프로젝트에서 제공하는 부가적인 금전적 보상이 이런 상황을 가능하게 했다. 교사 중 두 명은 다른 학교에서 가르치는 일을 그만두었다. 나머지 교사들은 다른 학교에서 파트타임으로 가르치고 있다. 즉, 이들은 프라신하스학교에서의 수업 전후로 일정한 스케줄에 따라 다른 학교로 옮겨 가 교사로 일했다. 물론 이런 부업은 일주일에 3일을 넘지 못하도록 되어 있다.

프라신하스학교에서 교사와의 토론은 프로젝트를 떠받치고 있는 철학의 의미와 개념을 종합적으로 이해하는 것이었다. 회의 동안, 한 그룹이 내놓은 프로젝트의 개념은 다음과 같다.

인터 프로젝트는 학생의 관심사에 기초해 특정한 주제에 다다르는 배움의 과정입니다. 우리는 교사 그룹과 이 주제를 가지고 작업하게 되죠. … 이 생성적 주제는 학생에게서 나오고 또 교사에게서 나옵니다. 여러분은 이 생성적 주제에서 가르치는 교과 영역 자체를 "발견하게" 됩니다. 우리는 이 주제를 다 함께 만들어 가는 겁니다. … 우리 모두가 정확하게 같은 것에 대해 가르치는 것이 아니라, 이 주제가 각 교과목에서 공부할 수 있는 문제, 주제를 발생시킵니다. 이때, 여러분은 소위 이런 이슈와 함께 나타나는 다양한 내용 영역을 개발합니다. 학생들이 이슈 혹은 문제를 이해하고 해결하는 데 참여하도록 하는 실질적이고 가시적인 방법을 보여 주면서 말이죠. 그러나 우리는 "오늘 이런저런 방식으로 정의되는 개념이 우리에게 필요해지는 때가 되면 비로소 그 개념을 이해하고 이것에 대해 가르칠 수 있을 겁니다"라는 식의 정적인 방법을 사용하지 않습니다. 아닙니다. 어떤 이슈가 발생하거나 혹 어떤 기회가 생기게 되면 당신은 그것에 대해 가르치게 됩니다. 당신은 학생들에게 이미 존재하는 어떤 것에 대해 가르칩니다. 이것이 인터 프로젝트가 학생들에게 뭔가 시각적이고 분명해지게 되는 이유입니다. 우리는 학생들이 즉각적으로 이해할 수 있을 만한 것을 가르칩니다. 왜냐하면 이것이 그들이 살아가는 것이고, 학생들이 매일 대면해야 하는 문제이기 때문이죠.

다른 교사는 이에 더해 이렇게 말한다.

지난 4년 동안 우리가 가졌던 뭔가 만들어 낼 수 있는 자유에 더해, 교육청은 비판적이고 분석적인 학생, 시민성을 지닌 학생, 책임감 있는 시민을 만들어 내는 데 관심을 기울였습니다. 이것은 정말 큰 진전이었어요. 이전에는, 학생이 학교에 와서 수업을 귀담아듣습니다. 어쩌면 (수업 내용에) 동의할 수도 그렇지 않을 수도 있죠. 그러나 수업 내용에 대해 그 어떤 토론도 없었습니다. 교사로서 당신은 당신이 가르치는 것에 대해 학생의 의견이 어떤지 알 수도 없고, 알려고도 하지 않았습니다. 뭔가에 대해 학생들의 의견을 발전시키도록 돕지도 않았죠. 우리는 엘리트 문화가 중요한 것처럼 민중 문화 또한 가치 있는 것이라는 생각에 대해서도 토론한 적이 없습니다. 이것은 정말로 중요한 진전이었습니다. 학생뿐만 아니라 교사와 학부모, 그리고 이들의 학교생활에의 참여에서 모두 큰 진전이었습니다. 학생들은 지금 학교 안에서 자신들만의 공간을 갖게 되었습니다.

이런 토론과 다른 것들을 통해서, 프라신하스학교의 교사들이 인터 프로젝트의 주요 신념(교의)을 든든히 이해하게 되었다는 점은 분명하다. 전체적으로 이 학교에서 교사들이 추진하는 프로젝트는 PT가 집권한 상파울루시 교육청이 내세운 이상과 완전히 맞물리지 않는 방식으로 진행되었는데, 특정 요소를 다른 것보다 더 내세우고 강조하는 양상을 띠었다. 예를 들어, 생성적 주제를 둘러싼 교육과정의 통합적 성격은 프라신하스학교의 각 교실에서 분명하게 제시되었고, 교과 간 연계와 관련성을 만드는 것은 교사 회의에 자주 등장하는 안건이었다. 유사하게, 수업과 프로젝트의 실질적 적용은 학교 전체적인 노력(예를 들어, 식당 부엌 직원들까지 참여시키는 퇴비 만들기 혹은 자원재활용 캠페인처럼)을 통하든지 혹은 교실 단위의 노력(예를 들어, 교실에서의 투표 안내 등과 같이)을 통하든지 교사들의 계획에 엄청난 시간이 투입되었다. 동시에, 교육과정에서 나름대로 진전이 있었던 것에 비해 수업은 변화가 상대적으로 가장 느리게 나타나는 듯했다. 받아쓰기와 표준화시험이 프로젝트 기반 과제로 교체되고 대부분의 수업이 학생들의 그룹 활동을 포괄하는 것으로 바뀌었음에도 불구하고, 교사의 일방적인 강의는 수업에서 상당한 시간을 차지했고 학생들은 이 강의를 주목해서 들어야 했다. 학생들에게 내주는 대부분의 과제는 실제 문제 해결에 토대해 있었던 반면, 대부분의 교실에서 비판적 시민을 양성하는 것은 좀 더 암묵적인 차원의 노력으로 인지되는 듯했다. 그리고 민중 지식을 진지하게 받아들여 활용하는 것은 잘해야 간헐적인 수준에 그쳤다. 다시 생각해 보면, 시민으로서 학생의 미래 삶을 연결하는 내용은 역사 수업과 간혹 과학 수업에서, 사회의 특정한 부분 혹은 민주적 사회 프로젝트 등에서만 등장했었다.

　프라신하스학교 교사들이 인터 프로젝트를 수용하고 궁극적으로 이 요소들을 실천에 옮기는 방식을 지켜보면 프로젝트 요소 간에 차별적인 강조가 나타나는 양상을 이해할 수 있는 흥미로운 통찰력을 발견할 수 있다. 우선, 이들의 프로젝트에 대한 이론적 이해는 나름대로 탄탄했다. 다음에서 이야기하겠지만, 이런 높은 이해 수준은 학교 JTI 시간 동안 열심히 참여했기 때문이다. 이 시간에 교사들은 PT가 집권한 상파울루시 교육청 자료들을 읽고 이에 관해 논의하는 것이 회의의 당연한 내용이었다. 게다가, 프로젝트의 기본적인 개념과 교사 대부분의 의견 사이에 분명하게 철학적인 일치가 있었다. 이는 교사들의 동기를 촉진시키면서, 경험적 실천과 이런 경험의 성찰을 통해 프로젝트가 이들에게 합당하게 받아들여지도록 이끌었다. 이들의 프락시스에서 기인하는 성과라면, 교사들이 프로젝트를 지역사회 이슈에 대해 비판적인 눈으로 확인하는 과정으로 이해했고, 이를 통해 통합적이고 다학제적인 교육과정을 개발하려 했다. 둘째, 교사들은 이 프로젝트를 학생들의 일상적 삶의 실재를 더 잘 이해할 수 있도록 하는 수단으로 여겼다. 셋째, 교사들은 이런 통합적이고 다학제적인 교육과정을 비판적 인식과 시민성을 위한 프로젝트로, 넷째, 수업 실제와 교실 위계의 변혁으로 이해했다.

그러나 교사들이 자신의 눈으로 보게 되는 변화를 교실 활동, 다른 동료들과의 관계, 지역사회와의 관련성 속에 틀 지었다는 점이 더 중요하다. 즉, 인터 프로젝트는 프라신하스학교에서 교사들에게 학생 및 학교 인근 지역사회와 진실되고 의미 있는 연결을 가질 기회를 제공해 주었다. 이들은 분명히 학생 삶과 밀접한 관련성이 있는 교육과정을 사용할 기회를 가치롭게 여겼다. 앞서 언급한 바와 같이, 지역사회 이슈 및 관심사를 교육과정이 통합하는 것으로 인해 학생들은 학교 공부에 더 적극적으로 참여하고 개입했으며 결과적으로 가르침의 보상이 더 컸다. 한 교사는 이렇게 회상했다. "우리가 하는 모든 것과 학생들이 하는 모든 것은 진짜로 실천되고 있어요. 이 말은 학생들이 실제로 뭔가 한다는 말이고 그 결과와 의미를 학생들이 실제 볼 수 있다는 말입니다. 이런 방식으로, 프로젝트는 정말 가치 있는 것입니다."

또한 교육과정 개발에서 정말 높은 수준의 참여적 과정은 교사들이 좀 더 높은 효능감을 지니도록 했다. 높아진 효능감은 여러 수준에 영향을 끼쳤다. 교사들은 자신이 가르치는 교과 내용에 대해 더욱 자신감을 갖게 되고, 다른 내용 영역에 대한 인식 및 이해도가 높아졌으며, 창의적인 수업 아이디어를 발견해 내는가 하면, 학생들의 잠재력을 찾아내려 애썼다. 한 교사는 높아진 효능감에 대해 다음과 같이 기술했다.

우리가 창출해 내는 가능성. 이전에 우리는 다뤄야 할 특정한 내용을 갖고 있었어요. 위에서 시키는 것들이었죠. 우리는 교실에 들어가서는 문을 닫고, 그 내용을 하나하나 가르칩니다. 아이들이 이것들을 따라오면 아이들은 배울 것이고, 따라오지 못하면 배우지 못하는 거죠. 그리고 나서 우리는 시험을 치르죠. 숙제 검사도 하고요. 그런데 지금은 좀 더 자발적인 것을 만들어 낼 기회가 주어졌어요. 좀 더 즐겁게 공부할 수 있는 방법을 만들고 있습니다. 물론 모든 것을 조정하고 조율하는 것은 상당히 어렵습니다. 모든 사람이 하나의 문제를 같은 방식으로 보고 이에 대한 해결책에 동의하게 하는 것은 정말 어렵죠. 그리고 이런 전체 과정을 진행하는 시간과 장소를 찾아내는 것도 쉽지 않습니다. 우리가 지금껏 일을 계속해 오면서 이것저것 나름대로 배운 것들이 많습니다. 아이디어를 얻게 되었고, 좀 더 창의적이 되었으며, 상황을 다양한 방식으로 보게 되었어요. 언젠가 실행 가능한 선택지라거나 의견으로 여기지 않았던 것들을 이 과정에서 하나의 선택지로, 좋은 의견으로 받아들이게도 된 겁니다.

다른 교사는 좀 더 구체적인 용어로 자신의 프로젝트에 대한 평가를 전달한다.

인터 프로젝트 이전의 우리 모습과 지금 인터 프로젝트를 진행하고 있는 우리의 관계에 대해 세 가지 포인트로 이야기하려고 합니다. 첫째, 공부할 수 있는 기회와 이런 노력을 기울이는 것에 대한 금전적 보상, 둘째, 우리는 수업에 다양한 자료들을 활용하는 방법을 배웠어요. 이전에 우리는 칠판 백묵을 아주 많이 썼어요. 지금은 수업시간과 시험 준비에 정말 다양한 자료들을 모두 사용하고 있어요. 셋째, 다른 교과 영역 및 이 영역에서 동료 교사들이 하는 일에 대해 집단 회의에서 배울 기회를 얻습니다. 어떤 내용을 이들이 가르치는지, 또 어떻게 가르치는지 등에 대해서 말이죠.

교실 수업에서의 중요한 변화와 더불어, 교사들은 교사로 활동하는 자신들의 방식에 의미심장한 변화가 있다고 강조했다. 앞서 논의한 바와 같이, 주로 집단 회의 시간의 제공을 통해 인터 프로젝트는 교사들에게 대화, 의견 교환, 문제해결 및 관심사 공유 등을 위한 중요한 시간과 공간을 제공해 주었다. 프라신하스학교에서 이 시간은 정말 중요하게 여겨졌고 생산적이었다. 물론 그 시간에 도전이 될 만한 문제가 없었던 것은 아니었다. 그러나 이 교사들에게 대화, 기획 노력, 토론, 심지어 의견 불일치 등은 교사 개인 및 그룹 모두에게 크게 공헌했다. 한 교사는 개인적 혜택이 어떠했는지 다음과 같이 들려주었다. "우리가 가진 가장 중요한 것 중 하나는 각자의 관점을 내놓고 이야기할 기회가 있었다는 점이에요. 우리에게는 규칙과 시간표가 있었지만 자기 관점에 따라 의견을 주장할 수 있었습니다. 진전을 만들어 내려고 노력하면서 말이죠." 프라신하스학교뿐만 아니라 브라질의 군부독재 정권 아래서 성장해 온 많은 교사에게, 이런 대화적 민주주의는 대중적 삶의 영역에서 전혀 익숙하지 않았다. 따라서 이들이 민주적으로 교류하는 이런 형태의 경험은 민주사회에서 새로운 시민을 길러 내는 교사로서 자신의 역할을 준비하도록 했다.

교사 그룹들의 혜택은 이전에도 강조되었는데, 주로 재능 및 도덕적 지원과 동지애를 발견하는 것과 관련되어 있다. 이는 교사 그룹이 자신의 직업에서 고립감을 덜 느끼도록 하고, 전체 지역사회에 긍정적인 영향을 끼치고 기여하게 하는 협력적 노력을 도왔다.

지자체 선거 전날, 프라신하스학교 교사들은 결과에 대해 걱정이 많았지만, 결연했다. PT의 패배가 자신들이 새롭게 갈고닦은 기술을 빼앗아 갈 것이라 두려워했음에도 불구하고 이들은 드디어 자신들이 적합한 방식으로 가르치고 있다고 느꼈다. 동시에, 이들의 결의는 굳건해 보였다. 몇몇 교사들은 실제로 이런 선언을 내놓기도 했다.

저는 PT 지지자가 아닙니다. 하지만 이 정부는 정말 훌륭했습니다. 이들은 우리를 정말 지원해 주었어요. 파울로 프레이리는 실현할 만한 비전을 갖고 있었죠. 이들은 지속해서 효과를 발휘할 수 있는 뭔가를 했어요. 교육청은 집단적 일과 회의에 진정으로 참여해 온 학교들에게 이런 식으로 계속 지원을 해 주었어요. 이 학교들은 다시 전통적인 방식으로 돌아갈 수 없을 겁니다. 교육청은 우리에게 더 많은 급료를 제공해 주었죠. 여전히 이게 충분한지는 모르겠지만, 의미심장한 수준으로 높아진 것은 분명합니다. 주정부 학교에서 일하는 교사들 급료의 적어도 두 배는 될걸요. 이번 교육청처럼 교육에 이 정도의 관심을 기울인 적은 없습니다. 우리는 이번 선거에서 말루프Maluf가 승리하리란 생각에 걱정이 앞섭니다. 이로 인해 우리 일이 아주 복잡해질 것이기 때문이에요. 하지만 그가 이긴다고 하더라도, 그는 우리가 여기서 해 온 방식을 변화시키지는 못할 겁니다.

교사들의 프로젝트에 대한 칭찬과 이 프로젝트 결과 자신들이 성장했다는 사실에 더해, 교사들은 프로젝트를 실행하면서 맞부딪친 문제들에 대해 강조했다. 교육지원청의 정책, 학생 태도, 지역사회의 반응 등이 이런 결과를 가져온 요인으로 지목되었다. 그 어떤 중요한 변혁적 과정과 마찬가지로, 인터 프로젝트는 장애물과 도전적인 문제들을 동반하고 있다. 프라신하스학교에서 기록할 만한 것이라면 도전적인 문제가 해결되는 방식이었다. 대부분의 문제들은 단순히 시스템적인 것이어서 프로젝트에 참여하는 모든 학교 또한 당면했던 것이었다. 다시 말하건대, 이 학교에서는 이런 문제를 해결하기 위해 실용적인 접근을 택했고, 프로젝트 전체 철학과 일관된 성을 유지하고자 했다. 민주적 과정, 성찰, 정교화, 행위, 성찰이 핵심 요소로 작동하는 프레이리의 프락시스를 사용하는 것 등을 통해서 말이다.

프라신하스학교 교사들이 제기하는 도전적 문제의 유형에는 세 가지 범주가 있다. (1) 학생 태도와 적응, (2) 학부모 태도와 적응, (3) 교육지원청 정책. 처음 두 문제는 해결을 위해 지역적 차원의 전략이 필요하다. 마지막 문제는 교육 시스템 전체의 일부로 좀 더 거시적인 차원의 문제였다. 이를 위해서는 대안이라고 할 만한 것이 그리 많지 않다.

인터 프로젝트와 이것의 목표에 대한 적응 및 이해의 과정에 대해 교사들이 인식했던 바와 같이, 이들은 학생들에게서도 유사한 패턴을 관찰하게 되었다. 자주, 정책은 교사가 조율하고 실행하려는 활동과 행위의 다양한 유성에 대해 엄격하게 만들어지고 그리하라고 주문한다. 정책은 학생들의 대응에 대해 예측해 주는 것이 거의 없고 또 학생들의 저항 및 교사들의 행동에 대응하지 않는 사건들에 대해 말해 주지 않았다. 구성주의적 학습이론이나 해방적 교수법에 토대해 만들어진 수업 모델에서도 교수법과 교육과정의 급진적인 이동에 학생들이 앞으로 어떻게 대응할 것인지에 대해 논의하는 부분은 찾아볼 수 없다. 이 두 접근은 학생의 인지적이고 문화적인 보완과 기여가 교육과정 구성의 시점에서 핵심적이라고 말하고 있지만 말이다. 예를 들어 좀 더 참여적인 학생, 비판적인 시민 등과 같은 최종 결과물이 무엇인지 알 수는 있지만, 드러난 과정에서 이것이 어떻게 만들어지는지에 대해서는 자세하게 알려 주지 않는다. 프라신하스학교 교사들이 발견한 것은, 학생들의 경험이 인터 프로젝트에서 분명히 몇몇 단계를 거쳐 진전된다는 점이었다. 이들은 다음과 같은 방식으로 학생들의 참여 유도를 기술하고 있다.

저는 학생들의 관심이 적은 것은 부분적으로 이 프로젝트가 시작한 지 얼마 되지 않았기 때문이라고 생각합니다. 지난해 학생들은 정말 열정적이었는데, 이 프로젝트가 완전히 새로운 것이고 아주 다른 것이었기 때문입니다. 특별히 자유가 많이 주어졌고 결과적으로 그만큼 더 자유롭다고 느꼈기 때문이었죠. 그러나 지금은 이런 자유를 한번 경험해 본 상황에서 이 자유로움을 당연한 것으로 여깁니다. 좀 더 느슨해진 거죠. 저는 학생들이 다시금 이 프로젝트의 아이디어를 좀 더 진지하게 받아들이게 되리라 믿습니다만… 이건 그 과정의 일부입니다. 지금 당장, 학생들은 이 자유를 사용하는 방법과 함께 그 한계를 시험해 보고 있는 거죠.

우리 학생들도 학년단계제 아이디어에 익숙해지려고 노력하고 있어요. 하지만 아이들은, 학년이란 게 더 이상 가장 중요한 것이 아니라는 점, (문법) 가정법을 강제로 배우지 않아도 된다고 천천히 깨닫고 있습니다. 무엇보다도 자신들을 실패하게 만드는 학년 진급의 위협이 더는 없거든요. 그러나 다른 방식으로 생각해 보면, 학생들은 이후에 배울 사항들을 이해하기 위해 우선 가정법을 알아야만 하죠. 이런 이유로, 학생들은 자신에게 마음을 집중시키고 가정법에 대해 배워야 합니다. 더불어, 학생들이 이를 배우지 않는다면 마찬가지로 잃게 되는 것이 있다는 점도 이해하기 시작하는 거죠.

따라서 교사가 프로젝트에 참여하기 위해 먼저 적응해야 하는 문제에 더해, 학생들 또한 학생 상호 간의 관계, 교사와의 관계, 학교와 학교의 중요성에 대해 성찰하고 다시 개념화해야만 했다. 학교에서 학생들의 일상적 경험은 인터 프로젝트 때문에 그 경험의 내용과 형식이 모두 바뀌었다. 수학, 과학, 역사, 지리, 인문 교과와 같이 핵심적인 교과들을 여전히 가르치기는 했지만, 핵심적인 개념은 더욱 매력적으로 다가왔다. 왜냐하면 개인적이고 지역사회적인 이슈들과 관련되어 그런 개념을 탐색했기 때문이다. 게다가 교육과정의 범위와 절차는 전통적인 학교 형식에 따르기보다는 인터 프로젝트의 세 국면에 따라 결정되었기 때문에, 학생들의 학습과정은 단순히 지식을 학습한다기보다는 좀 더 진실된 이해와 숙달의 과정이 되었다. 교육과정의 다학제적 성격은 각 교과에서 발견되는 전략과 개념을 사용하는 유사한 이슈에 접근하도록 했다. 따라서 학생들의 이런 이슈에 대한 이해가 깊어지고 문제해결력의 폭이 넓어졌다.

또한 학생이 서로 협력해 공부하고 토론하며 프로젝트를 만들어 내는 좀 더 학생 중심적 교실로의 전환은 학생들을 시끌벅적한 상황으로 이끌었다. 이로 인해 교사와 교과서가 제시하는 정보를 흡수하던 전통적이고 역사적인 학교에서 완전히 떠나도록 했다. 많은 학생이 좀 더 사회적이고 해방적인 (혹은 그렇게 보이는) 교실이 제공하는 기회를 좋아하기는 했지만, 모든 학생이 처음부터 이런 역동성에 참여한 것은 아니다. 궁극적으로 학생이 더 많이 참여해야 했지만, 학생 중심 교실로의 전환은 역사적으로 해 왔던 수업보다 학생들을 훨씬 낮은 수준의 수동적인 역할에 머무르게 했다. 이렇게 새롭고 더욱 활발한 역할에 참여함으로써 어떤 학생들은 학교를 좀 더 도전적인 장소라고 인식했다. 한 교사가 기억하는 바를 들어 보자.

학생들도 처음에는 아주 힘들어했어요. 처음에는 이 프로젝트를 선뜻 받아들이지 못하고 이 변화에 대해 열정을 보이지도 않았습니다. 물론 지금 그렇다는 이야기는 아니고요. 이런 어려움에는, 자신들의 약점이 드러날까 두려워하는 마음, 뭔가 자신이 모르는 것, 잘 알지 못하는 뭔가 새로운 것에 대한 두려움이 있었던 거죠.

프로젝트에 대한 학생들의 반응을 이렇게 평가하는 것은 다른 학교에서 수행된 연구에서 한 교사가 했던 말에서도 확인된다. 학부모들 또한 프로젝트에 대한 걱정과 꺼림을 표현했다. 전통적인 "배움"의 상징이 사라지는 것, 즉 (외워야 할) 단어 목록이라든가 수학 연습지가 제공되지 않는 것으로 인해 많은 학부모가 두려워했다. 새로운 '프로젝트'가 뭐든 간에 자기 자녀가 적절한 방식으로 배우지 못하리라고 걱정했을 것이다. 학부모가 다학제적인 주제 교육과정과 교수법이란 개념 주위를 빙빙 돌기만 했다는 것이 또 다른 염려였다. 한 교사가 설명하고 있듯, "모든 교과 영역을 통합하는 일반 주제라는 아이디어가 학부모들에게 잘못 이해된 것이죠. 다른 교과의 교사들이 서로 가르칠 내용을 베낀다거나 어떤 교사도 아는 것이 없다는 식으로 이해했던 겁니다." 결국, 학부모는 학교위원회를 통해 할 수 있었던 새로운 거버넌스와 의사결정 기회에 완전히 참여하기를 주저했다. 학부모들에게 이런 역할은 전혀 익숙하지 않았고, 학교생활에 참여하라는 새로운 초대 이면에 어떤 의도가 있는 것은 아닌지 의심의 눈초리를 보냈다.

프리신하스학교에서, 교직원들은 학교 인근의 가족 및 주민들과 새로운 관계를 형성하기 위해 독특한 전략을 개발해 냈다. 이런 전략이 만들어진 이유는 교사들이 프라신하스학교를 지역사회학교로 전환되게끔 진실되게 헌신했고, 교사들이 인터 프로젝트를 정말로 좋아했기 때문이다. 교직원은 몇 차례에 걸쳐 학부모와 지역사회 주민들을 저녁 시간 혹은 수업이 없는 토요일에 학교로 초청했다. 교사들은 초청 모임에 참석한 학부모들에게 프로젝트의 기본 요소와 프로젝트에 깔린 철학을 설명해 주었고, 이 프로젝트에 참여해 학생들이 만든 작품도 보여 주었다. 더 중요한 내용이 있는데, 교사들이 소규모 공부거리를 준비해서 이들에게 구성주의적이고 다학제적인 접근으로 공동수업을 진행했다. 수업을 요약하고 이후 토론이 진행되는 동안 교사와 참석자들은 다학제적 접근과 좀 더 익숙한 전통적 접근 사이에 어떤 차이가 있는지에 대해 논의하고 확인했다. 이런 성찰적 방식을 통해, 학부모들은 "새로운" 수업 방법에 대한 이해를 심화시켰고 이 프로젝트에 대해 약간 더 맘을 놓게 되었다. 특히 학부모들은 이런 방식의 배움이 지닌 힘을 직접 경험해 볼 수 있었다. 이런 모임의 결과, 프라신하스학교 교실 활동에 대한 학부모의 지지와 관심이 높아졌고, 더 많은 학부모가 학교 자원봉사활동이나 학교위원회 참여 등의 다양한 학교 기능에 참여하는 데 관심을 보이게 되었다.

교사들이 자주 논의했던 마지막 도전적인 문제가 있었는데, 이는 일반적으로 교육지원청의 정책 결정 및 교육정책과 관련된 것이었다. PT가 집권하고 4년 중 2년 차에 들어서면서, 교육청은 몇 가지 새로운 정책을 내놓았다. 그런데 교사들의 눈에 이런 정책들은 자신들이 인터 프로젝트에 관여하는 시간을 줄어들게 하는 것들이었다. 교사들은 다른 프로젝트의 교육적 가치에 대해서는 칭찬을 하면서도, 교육청의 정책 간 통합성이 결여되어 있다고 느꼈다. 결과적으로 이런 통합성의 결여는 교사들의 감정을 다양한 방향으로 잡아끌었다. 새로운 프로젝트 가운데, 제네시스 프로젝트Projeto Gênese(학교교육과정에 컴퓨터를 도입하게 하는 프로젝트)가 있었다. 학생들은 이 프로젝트를 정말 좋아했고 교사들도 발전된 기술에 놀라움을 금치 못했다. 하지만 이 프로젝트를 진행하는 학교는 제네시스 관련 모임과 회의를 정해진 날짜, 정해진 시간에 가져야 했다. 프라신하스학교 교사들은 이렇게 결정된 스케줄이 자신들의 자율성을 침해하고 필요에 따라 만나는 인터 프로섹트의 스케줄을 방해한다고 여겼다. 게다가 예산상의 문제 때문에, 교육청은 어떤 교사가 인터 프로젝트를 위한 집단 회의에 참여하는 것으로 전체 보상을 받을 수 있는지에 관한 기준을 일부 조정했다. 앞서 이야기한 바와 같이, 프로젝트의 2년 차에는 정년이 보장된 교사들에게만 회의에 참여하는 조건으로 보상이 주어졌다.[12] 프라신하스학교의 교사 셋이 결과적으로 보상을 받을 수 없게 되었다. 이 세 명은 다른 학교에서 정년이 보장된 교사이기 때문이었다. 그렇다고 해서 이들의 인터 프로젝트 회의에 대한 헌신이 풀 죽어 사그라든 것은 아니지만, 이들의 회의 참석은 전년도보다 훨씬 더 큰 희생을 감수해야 했고, 이들이 계속해서 참여할 것인지 전망은 그리 밝지 않았다.

요약

분명히 프라신하스학교는 뭔가 특별한 환경을 보여 준다. 우선, 설립된 지 얼마 되지 않았기 때문에 학교의 외형적 모습은 상당히 좋은 조건을 갖추었고, 따라서 관리자, 교사, 학생, 학부모 모두 학교의 교육 프로그램에 전심을 다해 노력을 기울였다. 둘째, 프라신하스학교는 상대적으로 작았다. 4부제로 진행되는 다른 학교와 달리, 프라신하스학교는 3부제로 운영되며, 한 단위 학생들은 대략 300명 정도였다. 셋째, 타라란 교장은 인터 프로젝트가 도입되기 전에 이미 교사들 사이에 협력적 문화를 만들려고 노력했다. 넷째, 대부분의 교사는 인터 프로젝트를 향한 철학적 성향에 호의적인 태도를 보였다. 따라서 초기의 협력 수준이 상대적으로 높았다.

이런 독특한 특성을 지닌 프라신하스학교는 프로젝트 실행에서 칭찬하지 않을 수 없는 모범적 사례가 되고 있다. 이런 긍정적인 특징을 보였다고 해서 나름대로 좋은 수행, 즉 교사가 자신들이 즐길 수 있는 생산적인 회의체계를 만들 수 있었다거나, 각 교사가 (프로젝트에서 갈채를 보내는) 구성주의적이고 대화적이며 의식을 고양시키는 많은 원칙을 돌아볼 수 있도록 자신의 수업을 변화시킬 수 있었다는 말은 아니다. 이곳 교사들이 할 수 있었던 것은 이 프로젝트에 대한 감사와 함께 헌신을 쏟았다는 점이다. 그러나 프라신하스학교가 이 프로젝트에 참여하면서 보인 가장 큰 특징은 아마도 지역사회가 적극적으로 참여했다는 점이다. 이 프로젝트에서 보인 지역사회의 존재감은 다양한 방식으로 나타났다. 우선, 대부분의 교실에서 이루어진 학생들의 공부는 지역사회에의 적용이 어느 정도 포함되어 있다. 내용이 자원재활용 캠페인이었든, 언어에 대한 외국의 영향이 어떤지 지켜보도록 한 가정 내 대화 관찰(국어 숙제)이었든, 혹은 노동 쟁의에 관한 보도를 다룬 신문을 모니터링하도록 한 것이었든, 학생들은 사려 깊고 분석적인 방식으로 주변 세계에 개입하고 관여할 기회를 많이 가졌다. 둘째, 학교 내에 일종의 공동체의식이 강하게 자리 잡고 있었다. 교사들은 결합된 전문가 공동체를 형성했고 교사와 학생들은 구성주의적 관계성을 즐겼다. 이 연구의 대상 학교 중 드물게, 프라신하스학교에서는 우리 연구진이 관찰했던 3주 동안 학교 단위 행사가 두 개나 열렸다. 교사와 학생들은 점심시간 혹은 방과 후에 자주 만나 프로젝트에 관해 논의하거나, 주어진 과제를 확인하는 시간을 가졌다. 셋째, 학교와 학생 가족을 포함한 인근 지역사회와의 결합이 강했다. 학부모들은 프라신하스학교에서 일어나고 있는 교육과정과 교육과정 재정립 운동을 이해했고 지지했다. 교사들은 학부모들의 소망을 존중했고 자녀들의 교육 경험에 학부모가 참여할 기회를 만들었다. 이런 방식으로, 프라신하스학교에서의 인터 프로젝트는 진정으로 지역사회의 일부가 되었다.

사례 4
마노엘학교: 갈등과 논쟁

마노엘학교Manoel de Paiva School는 전환 과정 중인 학교였다. 이 과정에서 몇몇 감당하기 어려운 모순적 상황이 다양한 형태로 나타났다. 이 학교의 교사들은 대체로 중산층 및 상류층에 속해 있었다. 따라서 이들에게 뿌리 깊게 배어 있는 신념 및 가치로 인해 마노엘학교 교사들은 노동계층 및 민중계층 자녀들의 의식을 고양하기 위한 개혁을 신실하고 정열적으로 수행하는 것이 정말 어려웠다. 이 학교는 역사적으로 지자체 학교들 가운데 나름대로 학업성취도가 높다고 알려져 있었는데, 한마디로 베테랑 교사들이 배정되기를 소망하는 학교였다. 이들에게 수업을 급진적으로 바꾸라는 요구는 아주 큰 도전거리였다. 마지막으로, 학교 주변 이웃과 학생들의 가족은 최근 브라질 경제사의 일면을 보여 준다. 많은 학생이 겉보기에 중산층 가정의 생활을 영위하고 있었지만, 이들의 중산층 가정의 모습은 하루가 다르게 바뀌어 불안하고 빈곤한 상황으로 점점 미끄러져 들어갔다.

마노엘학교: 개관

마노엘학교는 NAE-1 학군에 있다. 이 학군은 상파울루시의 중심 지역을 관장하고 있는데, 따라서 전체 9개의 NAE 중 6개의 NAE와 경계를 공유한다. 이 지역은 상파울루시에서 인구가 가장 밀집한 곳으로 거의 200만 명이 거주하고 있다. 이들은 빈곤층(최저임금의 0~8배 수준)에서 대체로 중산층(최저임금의 8~30배 수준)까지 폭넓게 나타난다. 도시 대부분의 인구보다 훨씬 높은 수입을 올리는 부류(최저임금의 30배 이상 수준)의 거주민도 일부 지역에 살고 있었다. 지리적으로 이 학교는 빌라마리아나Vila Mariana 지역에 위치한다. 1987년 이 지역 거주민의 20% 정도는 저소득층으로 분류되었고 모든 주택에는 상하수도가 설치, 공급되었다. 거주민의 100%가 초등학교를 마쳤다.[13] 학교 주변의 동네를 지나다 보면 아주 잘 조성된 정원이 있는 중간 크기 혹은 대형 주택을 발견할 수 있다. 동시에, 마노엘학교는 빌라마리아나 지역 바깥 경계에 있는데, 한쪽은 깔끔한 중산층 주택 지역과 맞붙어 있는가 하면, 다른 인근 지역은 모텔(브라질에서 모텔은 호텔과 아주 다른데, 객실을 주로 시간 단위로 대여한다), 대형 할인매장, 수많은 소형 타일공장, 자동차정비소 등이 자리 잡고 있다. 학교에서 한 블록 정도 떨어진 곳에는 중앙 간선도로가 있고 이 간선도로의 다른 쪽에는 큰 무단거주지구가 있다.

두 개의 아주 구별되는 현실의 겉모습에 더해, 학교 학생들과 교사들 사이에는 내적 긴장과 모순이 있었다. 언젠가, 학교는 주로 학교 인근 주민들에게 교육을 제공하고 수준 높은 공립학교로서의 명성을 누렸다. 그런데 공립학교가 쇠퇴하면서 점차 지역 거주민들은 자녀들을 사립학교에 보내려고 애쓰기 시작했다. 상파울루시 공교육의 이런 전반적인 궁핍과 더불어, 마노엘학교도 결국 주로 노동계층 및 빈곤 가정의 자녀들을 위한 학교로 변모해 갔다. 그런데 이 연구가 시작되기 7~8년 전에 학교로 돌아오는 인근 지역 아이들 수가 증가하면서 학교 인구가 다시 늘어났다. 브라질에 경제위기가 찾아오면서 많은 중산층 가정이 자녀들을 사립학교에 보낼 만한 형편이 되지 않자 어쩔 수 없이 공립학교로 돌아온 것이다. 결과적으로 마노엘학교는 학생에게나 교사에게나 똑같이 사회적 계층이 지배적인, 그러나 아주 혼란스러운 이슈로 작동하는 학교였다. 많은 학생이 중산층 삶의 기준을 내재화하고 있었지만, 자기 가정의 재정 형편이 급격히 몰락하고 있음을 잘 알았다. 어떤 학생들은 절망적일 만큼 가난했고, 다른 부유한 아이들 사이에 섞여 있었다. 학교 교사들에게, 학생 인구가 보여 주는 이런 이중적인 상황은 지속적인 문제거리였다.

교육지원청의 뒤섞인/비일관된 메시지들이 교사들의 이런 혼란힘을 가중시켰다. 이 학교 교사들은 교육지원청의 인사 정책에 따라 상대적으로 높은 직급으로 인정받았다. 이로 인해 첫째, 학교 등록 학생 수가 수년에 걸쳐 계속 줄어들었음에도 학업적으로 우수한 학교라는 명성 속에 교사들의 자의식과 우월함이 대단했다. 유사하게, 기관의 기억이라는 것이 선택적이어서 이 학교에 오래 근무한 교사들은 여전히 마노엘학교를 중산층 배경의 학생들이 뛰어난 능력을 발휘하는 학교로 인지하고 있었다. 좀 더 최근 자료에 의하면 그렇지 않다는 것이 드러나는데도 말이다. 둘째, 학교가 자리 잡은 위치가 이 학교의 지위를 나타내 주었다. 학교가 도심 한가운데 위치한다는 것이 오랜 기간의 학교 이력에서 큰 이점으로 작동했는데, 즉, 사람들은 마노엘학교가 입지상 더 좋은 교육을 제공한다고 받아들였다. 교육지원청으로부터 전달되는 이런 유형의 메시지는 인터 프로젝트로 내세워진 급격한 개혁 요구와 전혀 다른 내용, 아니 대조적인 메시지로 보였다. 마노엘학교의 교사들은 이런 다중적인 메시지와 씨름해야 했고, 교실에서 효과적인 수업을 전개하면서 아주 절망스러워하거나 좌절감을 느낄 수밖에 없었다.

앞으로 기술할 마노엘학교의 인터 프로젝트 실행은 이런 긴장과 모순 때문에 발생하는 모습에 맞서는 것이었다.

마노엘학교의 인터 프로젝트 역사

마노엘학교 교직원들은 인터 프로젝트가 도입되던 초기부터 이 정책에 대해 알고 있었다. 이 학교에서 꽤 오랫동안 교수법 코디네이터CP로 일해 온 교사는 프로젝트를 형성하고 기술적인 지원을 제공해 달라는 교육지원청의 요청을 받아 학교를 떠나 있었다. 교사들에 따르면, 교수법 코디네이터가 학교 교사들에게 프로젝트 개발에 관해 많은 정보를 제공했고, 프로젝트에 참여하도록 적극 지원해 주었다. 심지어 프로젝트를 본격적으로 시작하기 전인 시범 단계 기간에도 말이다.

교사들의 프로젝트 참여가 정확하게 어떤 방식으로 이루어지면 좋겠는지에 대해 의견이 갈렸다. 일부 교사들은 학교 교사가 자발적이고 적절한 정보에 따라 결정을 내렸다고 생각했다. 의사결정 과정을 재구성하는 동안, 당시 교수법 코디네이터는 교사들에게 다음 사항을 상기시켰다. "우리가 첫 번째 프로젝트 제안을 받아들이지 않았다는 점을 잘 기억하세요. 대신, 우리는 인터 프로젝트에 참여하고 있는 다른 학교들을 관찰하기만 했죠." 다른 몇몇 교사는 인터 프로젝트를 교육청이 자신들에게 강요했다고 기억했다. 여전히 몇몇 교사들은 여러 요인이 복합적으로 작용해 결정이 이루어졌다고 느꼈다. NAE-1 및 교육지원청 직원에게서 받는 미묘한 압력과 일부 교사들의 관심 및 호기심에 의해서 말이다. 특히 교육지원청 직원들은 학교와의 근접성 때문에 학교를 자주 방문했는데, DOT(교육청 기술지원국 사무실)이 빌라마리아나에 있기 때문이었다.

그럼에도 이 학교 교사들은 다른 학교 교사들보다 훨씬 솔직한 태도를 보여 주었다. 분명히 교사 전부는 아니지만 상당히 많은 교사들이 교사 회의 시간에 금전적인 부가적 보상이 프로젝트의 가장 매력적인 면이라고 말했다. 앞에서 이 학교의 모순이라고 기술한 것을 다시 떠올려 보자. 마노엘학교에서 벌어진 인터 프로젝트 참여 결정을 둘러싼 논란은 분명히 학교가 통합된 비전 없이 행동에 나선 사례에 속한다. 즉, 교사들은 프로젝트 참여 결정이 프로젝트 본연의 가치와 목표가 아닌 일시적 충동과 다른 힘에 대응한 것이었다고 기억했다.

회의들

이 학교는 아주 독특하면서도 비효과적인 회의 일정을 잡고 이에 따랐다. 학교가 인터 프로젝트에 참여한다고 할 때 여러 측면이 있을 텐데, 학교 회의와 전문성개발연수는 프로젝트에 대한 관심, 열정, 헌신과 같이 뭔가 좀 더 보여 줄 만한 지표보다는 그냥 시키는 대로 하는 경향을 보였다. 다른 학교 교사들이 휘청거릴 만큼 빠듯한 회의 일정을 갖고 움직였던 것과는 달리, 마노엘학교의 교사들은 월요일 오후에 6시간 동안 회의를 했다. JTI가 요구하는 10시간 회의 모양새를 갖추기 위해, 교사들은 남은 4시간을 각자 알아서 회의를 구성하라고 했다. 5명의 교사로 이루어진 작은 그룹은 별도의 회의를 했다. 월요일 회의는 1시에 시작해 7시까지 계속되었다. 회의 참석 교사들은 들쭉날쭉했고 이렇게 긴 시간 동안 이루어지는 회의 장소를 교사들이 들락날락했다. 이 회의는 교수법 코디네이터가 진행했는데, 이 코디네이터가 3시 혹은 4시까지 학교에 도착하는 경우가 너무도 많았다. 결국 이 회의에는 진행자가 없었다고 봐야 하는데, 미리 회의 안건을 결정하고 이를 논의하는 소통 체계가 없어 보였다. 따라서 교수법 코디네이터가 도착할 때까지 교사들은 자리에 앉아 사담을 나누었다. 이들의 대화는 주로 학생들의 끔찍할 정도의 행동과 태도에 관한 것이 대부분이었다.

마노엘학교에서 현장연구를 진행하는 6개월 동안 회의 활동이 인터 프로젝트와 관련된 주제에 초점을 맞춘 경우가 단 두 차례밖에 없었다.[14] 한번은, 두 명의 과학 교사가 동물에 관한 내용으로 일반 수업 강좌를 개발했다. 이들은 회의실 한편에서 함께 작업했는데, 일상적인 대화에 몰두해 있는 다른 교사들은 대체로 이런 활동에 신경 쓰지 않았다. 다른 또 한 번의 회의에서는 한 그룹의 교사들이 NAE의 요청에 따라 인터 프로젝트에 참여한 자신들에 대해 자체 평가를 하고자 공동 활동을 벌였다. 교수법 코디네이터는 일련의 질문을 던지고 교사들이 대답과 함께 대화에 참여할 수 있도록 이끌었다. 두 번째 경우는 이전보다 더 실질적으로 보이기는 했지만, 이전 회의가 진행되는 과정에서의 문제가 별다르지 않게 목격되었다.

교사들은 대화를 지속하지 못했다. 일단 토론이 시작되면 교사들은 빠른 속도로 감정적인 논쟁에 휘말려 들어갔다. 교사들 사이의 대화를 둘러싼 난처한 상황이 이어지는 데는 두 가지 이유가 있었다. 하나는, 교사들이 표출하는 소진과 프로젝트에 대한 무관심이었다. 교사들은 교육과정 개발이나 NAE에서 요구하는 것에 초점을 둔 추가적인 일에 대해 자주 불평을 늘어놓았다. 하루 종일 교실에서 수업을 마친 이후 작업하기에 너무 무리한 요구라는 것이 이들의 주장이었다. 극단적으로 저항감을 보이는 경우(심지어 이런 이야기는 좀 더 일상적인 대화를 나누는 시간에도 발견되었는데)도 관찰되었는데, 교사가 토론이나 그룹 활동 참여에 보이는 일종의 거부감은 사실 시민적 담론, 생산적인 담론에 참여하는 능력이 결여되어 나타난 것이었다. 이런 대립적 상황은 전체 교사 간의 상호작용에서 자주 나타났는데, 평범한 이슈로 보이는 문제에 대해서 너무도 자주 감정이 격해져서 대결 상황으로 갈라져 싸웠다. 따라서 교사들은 대화의 기회가 생기는 것을 피했는데, 이미 전에 감정적으로 흘러갔던 수많은 상황과 그로 인한 분열적 논쟁 때문이었다.

이런 역사 때문에, 회의가 진행되는 동안 "교사들의 이야기"는 아주 "안전한" 주제에 머무르는 경향이 강했다. 주로 주말 계획, 장난이 심한 아이들에 대한 이야기, 백화점 세일, 교사들이 얼마나 피로감을 느끼는지 등의 주제. 교수법 코디네이터, NAE 직원, 그리고 교직원 중 일부 교사가 제대로 된 리더십을 보여 주지 못하면서, 마노엘학교의 대화 수준은 상당히 침체되었고 교사들 사이의 일반적인 목적에 대한 지향이나 집단적 행동은 거의 존재하지 않았다. 이런 상황은 생성적 주제, 교실 수업의 변력, 교사-학생 간의 관계 및 동료 교사 간의 관계를 새롭게 정립하고 학교교육과정을 개발해 내야 하는 과제에 대한 영향이 지대했다.

교육과정 개발 및 교실 수업

대부분의 교사와 교수법 코디네이터는 학교에서 수행하는 실재연구 ER가 정말 가치 있는 일이라고 입을 모았다. 이 연구가 실시되기 전에 교사들은 자신들이 진짜 중산층의 삶을 지도하고 있다고 믿었다. 많은 학생이 중산층 정도는 되어야 사용할 만한 물품을 갖고 있었기 때문이다. 학생들은 나이키 운동화를 신고, 치아교정기를 했으며, 가끔 워크맨 등을 갖고 다녔다. 그래서 교사들은 당연히 학생 대부분이 부모와 함께 거주하고 있고, 적어도 부모 중 한 명은 소득이 높은 전문직에 종사하며, 학생들이 집에서 교육과 공부의 중요성에 대해 잔소리를 들으며 잘 지도받고 있다고 여겼다. 실재연구를 수행하면서, 교사들은 이런 가정이 완전히 잘못된 것임을 알고 충격을 받았다. 이들이 발견한 것은, 학생 다수가 주변의 무단거주지구에 살고 다른 학생들 또한 한 가구가 살기에도 형편없는 판잣집에서 두세 가구가 함께 살고 있는 현실이다. 몇몇 학생은 좀 더 중산층다운 환경에서 살고 있기는 했지만, 이런 환경은 교사들이 그려 왔던 그림과 완전히 달랐다. 우선, 큰 문제 없이 중산층 가정에서 나고 자란 학생들의 가정은 최근 국가의 경제위기 상황에서 경제적 어려움을 겪고 있었다. 둘째, 학생들이 비록 중산층에 속해 물질적 어려움이 없다고 해도, 교사가 생각하기에 이런 물질적 안락함에 따르는 다른 요소들(슈퍼비전, 학교 가치의 강요, 교육에의 강조 및 풍부함 등)이 빠져 있었다.

실재연구ER를 통해 마노엘학교의 교사들은 학생들의 현실적 삶을 진지하게 들여다볼 수 있었다. 그런데 교사들이 기대했던 것과 완전히 다른 점은 비단 실재만이 아니었다. 대체로 중산층 및 중상류층의 삶에 대해서도 완전히 대조적인 현실을 발견하게 되었다. 이런 새로운 인식을 바탕으로, 교사들은 생성적 주제를 하나 잡았다. "사회적 인식." 지역사회의 사회적이고 물리적인 환경에 대한 탐색, 시민성, 시민 생활과 관련된 이슈들이 이 주제에 포함되었다.

그러나 교사와의 대화 및 교실 참관을 통해 본 바에 따르면 분명히 교수법 코디네이터와 프로젝트에 적극적으로 헌신하는 몇몇 교사들만이 이 주제와 관련된 방식으로 교육과정을 가르치거나 활용했다. 결과적으로 마노엘학교에서 개발되고 실행된 전반적인 교육과정 계획은 존재하지 않았다.

마노엘학교에서의 교실 수업은 전통적이고 권위적인 수업 방식에서부터 쌍방향적이고 학생 중심적인 방식까지 다양했다. 전자가 후자의 경우보다 훨씬 더 많기는 했다. 전통적인 수업이 이루어지는 교실에서 교사들은 강의를 하거나 칠판에 판서를 할 때 학생들에게 조용히 하라고 다그쳤다. 학생들은 교과서 내용을 홀로 공부했고 교사가 내주는 문제지를 풀어야 했다. 학생들은 좀 더 혁신적인 수업이 이루어지는 교실에서 교사에게 개념에 대한 의견이나 설명을 듣고 싶어 했다. 그룹 단위로 실험을 하기도 했고, TV 프로그램이라든가 신문, 혹은 교사가 입수한 기타 자료 등 다양한 학습자료들을 수업에 활용했다. 전통적인 수업이 이루어지는 교실에서 교사들은 다음과 같은 말을 학생들에게 훈계하듯 자주 내뱉었다. "이 정보는 너희들이 꼭 알아야 해." 좀 더 혁신적인 수업이 이루어지는 교실에서 교사들은 이런 식의 발언을 하는 경향이 있었다. "너희는 개인이자 시민으로서 이 정보를 이해하고 훌륭한 판단을 내리는 데 활용하는 게 중요해."

일부 교실에서 생성적 주제와 민주적 교실 수업의 요소를 적극적으로 통합하는 모습이 보였다. 6학년 사회과 수업에서 학생들은 권력관계가 역사를 거치며 변화되어 온 방식을 차트에 그려 넣는 장기 프로젝트를 진행했다. 주로 노동의 역사에 초점을 두고 학생들은 노동과 자본이 시간 속에서 어떤 변화를 거쳐 왔는지 탐색했다. 이를 통해 학생들은 봉건제, 노예제, 근대 자본주의의 등장에 대해 배울 수 있었다. 이 수업의 담당 교사는 최종 프로젝트를 만들어 낼 때 학생들이 조언한 여러 유형의 정보 및 자료를 바탕으로 포트폴리오를 개발했다. 담당 교사는 자료를 활용해 이러한 관련성 속의 인간적 차원을 제공해 준다는 점을 강조했다. 결과적으로 많은 학생이 노예 일기를 참고하고, 산업화 초기 공장 조건에 관한 소설을 읽고, 최근의 노동관계, 파업, 협상에 관한 뉴스를 일간 신문에서 찾아보았다. 학생들의 학습은 그룹 단위로 이루어지기는 했지만, 나름대로 독립적으로 이루어졌으며 교사로부터 큰 지시를 받지 않았다. 학생들은 자기 프로젝트에 대단한 관심을 보였고, 교실 수업시간의 대부분을 이 프로젝트 작업을 진행하는 데 적극적으로 참여했다.

또 다른 5학년 과학 시간에 교사는 생성적 주제와 과학 실험을 통합하겠다는 꽤 야심 찬 계획을 세웠다. 과학 교사는 학생들과 자연계(자연 순환)와 관련된 일련의 실험을 했다. 학생들은 진흙과 퇴비를 가지고 실험을 전개했고, 물 순환 및 액화와 관련된 실험도 했다. 실험 기자재가 충분하지 않아 어쩔 수 없이 많은 수의 학생이 그룹을 이뤄 실험하기는 했지만, 학생들은 침착하게 협조했고 진지하게 관찰에 임했다. 교사는 핵심 개념을 촉진하는 넓은 범위의 "일상적" 상황을 활용하는 데 창의적이었다. 학생들은 "물 일기"를 계속 작성했는데, 학생들은 여기에 학교, 가정, 그리고 인근 지역에서 얼마만큼의 물을 매일 사용하는지 기록했다. 학생들은 물 처리 시설도 견학했다. 이 교사는 실험실에서의 실험과 생성적 주제와 관련된 탐구에서 더 큰 문제 사이의 관련성을 끌어내고자 소크라테스식 질문법을 아주 능숙하게 구사했다.

교실 수업에 프로젝트의 원리를 온전히 적용하는 교사는 세 명 정도에 그쳤다. 여기에 프로젝트에서 강조하는 학생 중심 교수법에 대해 편안하게 이야기하는 교사는 두 명이었다. 이들은 자기 수업에 학생 중심 교수법의 일부 측면을 통합했다. 그렇지만 서서히 자신들의 "권위주의적 방식"으로 돌아갔다. 이 두 교사 모두 학교에서 정한 생성적 주제를 반영한 교육과정을 사용하지 않았지만, 이들은 학생이 그룹 단위로 활동하게 한다거나 학생들이 자율적으로 디자인한 프로젝트를 추진하게 하는 등의 의미심장한 변화를 보이기도 했다. 문학과 사회과를 담당하는 이 교사들의 교실에서 학생들은 각자의 현대적인 생활 이슈들을 다루었다. 이때, 교사는 수업 이해를 돕는 자료를 제공해 주었다. 이들 교실의 학생은 자신의 의견을 개진하고 다른 학생과 소통하는데 다른 교실보다 더 자유로운 상황이었지만, 교사는 교실의 역동과 토론을 능숙하게 통제했다. 학생들이 완전히 다른 길로 빠지거나 자기 의견만을 내세우지 못하게 하는 방식으로 말이다. 결과적으로 이 두 명의 교사는 자신의 의견과 생각이 교실에서 우세하다는 점을 제대로 보여 주었다. 학생들이 교사 의견에 동의하지 않을 경우에, 교사와 다른 그 학생의 견해는 제대로 인정받지 못했고 이에 대응해 반대 의견을 강력하게 제기할 기회를 얻지 못했다. 따라서 교사의 감성적인 태도에 권위주의가 그다지 강하게 나타나지는 않았지만, 학생들의 사고 과정을 통제하는 데에서는 아주 강하게 드러났다.

전통적인 교수법의 또 다른 예는 특별히 국어와 수학 수업에서 잘 나타났다. 수업 내용은 교과서 및 관련 복사물에 기반했다. 문법 규칙과 계산 공식을 암기하는 것이 학습의 주 활동이었다. 이런 교과 내용을 생성적 주제에 연결하거나 학생과 관련된 혹은 학생이 관심을 보일 만한 다른 방식으로 공부하려는 시도는 전혀 없었다. 학생은 침묵 속에서 혼자 공부했고, 학생 간 경쟁은 암묵적이고 명시적으로 강요되었다. 이런 교사들의 수업을 참관해 본 결과, 똑같은 수업계획이 연이은 다른 교실 수업에서도 시행되었다. 얼마나 많은 학생이 숙제를 제출했는지, 학생들이 숙제를 이해한 비중은 얼마나 되는지, 교과 내용과 관련해 학생들이 제기하는 질문은 어떤 것이 있는지에 대한 고려 하나 없이 말이다.

좀 더 마음을 괴롭히는 몇몇 사례가 있었는데, 이런 수업을 담당하는 교사들은 실제로 학생들에게 눈에 띌 만큼의 적대적인 태도를 보이기도 했다. 한 교실에서, "모범" 학생이 교실의 한쪽에 앉아 있고, 다른 쪽에는 "불량" 학생들이 앉아 있었다. 교사는 이런 자리 배치에 대해 관찰자에게 학생들이 주의집중을 더 잘한다고 말했다. 다른 교실에서, 말썽을 피운 학생들은 교실 앞 쓰레기통 옆에 서 있어야 했다. 이에 대해 교사는 이 학생들의 행동은 너무 "쓰레기 같아서" 쓰레기통 옆에 서 있는 것보다 쓰레기통 안에 들어가는 것이 맞는다고 말했다. 3학년 교실에서는 과체중인 남자아이가 자원해서 칠판에 답을 적지 않았다고 혼나고 있었다. 교사는 그 아이에게, 수업시간에 더 많이 참여하게 되면 아마도 몸무게가 줄어들 것이라고 말했다.

교실 수업은 일반적으로 가르침이라는 모든 측면에서 가장 바꾸기 어려운 것으로 간주되곤 하는데, 마노엘학교에서의 참여관찰을 통해 인터 프로젝트의 파급효과가 극히 미미하다는 것을 확인했다. 15개 학급 중에 단 5개 교실에서만 프로젝트에서 핵심적으로 제시한 교수법 전략을 사용하고 있었다. 교직원 내에서의 다른 일상적 긴장과 마찬가지로, 학생 중심 교실을 인터 프로젝트 탓이라고 여기는 교사들과 그렇지 않다고 생각하는 교사들 사이에 확연한 대조가 나타났다. 각 집단은 자신들의 생각이 가장 효과적인 교수법(혹은 적어도 "학생들이 필요로 하는 것")이라고 생각하는 경향이 있었다. 그리고 두 집단 모두 교실에서 하는 일, 실제 작동하는 것, 어떤 문제가 있는지 등에 대해 상호 간 대화하려는 그 어떤 진지한 노력도 포기한 지 오래되었다. 실제로, 전통적인 학교의 고립적 특징이 마노엘 학교에서 이어지고 있었다.

인터 프로젝트에 대한 교사 평가

마노엘학교에서 광범위하게 프로젝트 실행이 이루어졌고 프로젝트에 반대하는 세력이 있었음에도 불구하고, 교사들은 인터 프로젝트에 대한 평가에 상당히 우호적이었다. 물론 이들의 칭찬은 프로젝트 자체가 아닌 주로 PT가 집권한 상파울루시 교육청으로 향했다. 교사들은 대체로 교육청이 교사의 직업적 지위를 증진시키고 자신들의 근무 조건을 향상시켰다는 점을 인정했다. "이 교육청은 교사가 알고 있고 학생들이 알고 있는 가치를 진짜 실행했어요." 한 교사가 진술하자, 다른 교사도 동의하며 이렇게 덧붙였다. "이 교육청은 우리에게 충분한 공간을 제공해 주었고 이런 행동이 상당히 생산적이라는 게 밝혀졌죠. NAE는 우리가 뭔가 배우고 만들어 낼 수 있는 공간이었습니다. 상파울루시 전체를 아우르는 컨퍼런스와 강좌, 그리고 관련 행사들이 있었어요." 다른 교사는 교사의 성장에 대해 다음과 같은 생각을 전해 주었다. "우리가 가르치는 교과 영역에서 우리 스스로의 비전을 만들어 낼 수 있게 되었어요. 우리도 배운 거죠."

또한 교사들은 NAE 및 교육청과 만들어 낸 새로운 관계를 소중하게 여겼다. 이들은 이전 교육청과의 관계와 비교할 때 실제와 절차에서 상당히 다르다고 느꼈다. 이에 대해 한 교사는 이렇게 말한다. "다른 것들이 우리에게 강요되고, 우리가 이를 받아들이지 않았던 때가 많았어요. 이게 나름대로 긍정적인 측면이 있는데, 우리가 비판적이고 합리적인 능력을 개발하고, 우리에게 무엇이 중요한지 이해하고, 우리 스스로의 선택을 발견하도록 도왔기 때문이에요. 뿐만 아니라 비판하고 저항하는 기회를 얻은 것 자체가 우리에게 큰 혜택이었죠." 역설적으로, 학생들은 비판적인 시민역량을 갖출 기회가 거의 없었지만, 마노엘학교의 교사들은 PT가 집권한 상파울루시 교육청과의 상호작용의 결과로 이런 비판적 시민성이 성장했다고 인식하고 있었다.

더욱이, PT가 집권한 상파울루시 교육청이 추진한 교육개혁의 결과로 경험하게 된 직업적 성장의 측면을 인정하는 것에 더해, 교사들은 인터 프로젝트 자체에서 생겨난 직접적인 혜택이 있다고 언급했다. 이 혜택은 학생 간, 학생-교사 간 관계의 변화와 연계되어 있다. 몇몇 교사는, 프로젝트가 만들어 낸 변화의 결과로 학생의 학습이 향상되었다고 느꼈다. 한 교사는 이 점에 대해 이렇게 주장한다. "학교가 좀 더 좋게 바뀌었어요. … 제 생각에, 학생들이 더욱 많이 배울 수 있게 된 거죠. 물론 교사마다 사정은 좀 다르겠지만요. 다양한 교과 영역이 항상 연결되어 있었고, 지식을 형성해 내는 지식을 갖고 있었어요." 몇몇 교사도 학생들이 좀 더 편안해 보였으며 학교 공부에 좀 더 많이 참여하고 있다고 했다. 한 교사가 기술한 바에 따르면, "우리도 이 프로젝트를 통해 학생들을 더 잘 알게 되었어요. 그리고 학생들은 학교에서 좀 더 눈에 띄는 요소가 되었습니다."

몇몇 교사는 학생-교사 관계의 중요한 변화를 언급하면서 실재연구 ER가 지닌 가치를 높게 평가했다. 즉, ER이 학생들의 삶과 관심사에 대해 좀 더 잘 이해할 수 있도록 했다는 점에서 중요했다는 것이다. 한 교사는 다른 교사가 느낀 프로젝트의 온건한 지원을 종합, 정리하면서 이렇게 말했다. "사실, 저는 교사가 학생들의 현실에 대해 더 잘 알아야만 한다는 생각에 동의해요. 그리고 교육과정이 이런 학생들의 현실적 삶을 더욱 많이 반영해야 한다는 점에 대해서도 동의합니다." 인터 프로젝트에 적당히 적극적인 다른 교사는 좀 더 설득적인 방법으로, 학생-교사 관계성의 증진에 대한 이런 관점을 자신의 경험에 근거해 이렇게 진술했다.

이번 교육청은 좀 더 실질적이고 명확히 할 수 있는 방법을 통해 우리가 가르치는 학생이 누군지 알 수 있는 기회를 주었어요. 학생들이 어떻게 느끼고 있는지, 이들이 무슨 생각을 하는지, 어떻게 생각하는지, 어떻게 공부하는지, 이들에게 중요한 것이 무엇인지 알 수 있는 기회 말이죠. 이를 통해 한층 더 자연스럽고 즐거운 관계를 형성할 수 있었습니다. 저는 이런 종류의 일이 이전에는 없었다고 생각합니다. 심지어 COVAS 정권 기간에도 그랬죠.

이런 평가가 인터 프로젝트의 긍정적인 측면에 대해 상당히 많은 것을 제시해 주기는 하지만, 학교 내에서 상대적으로 적은 수의 그룹에 속한 교사들이 하는 말이었고 프로젝트에 대해 많은 교사가 목소리를 내는 문제와 이슈로 인해 빛을 보지 못했다. 게다가, 교실 수업을 참관해 본 바에 따르면 이 교사들이 진술하는 학생들의 긍정적인 측면들과는 반대되는 현상들이 나타났다.

더욱이, 프로젝트에 대해서는 나름대로 긍정적인 태도를 보였던 것과 달리, 교사들이 인터 프로젝트와 프로젝트의 주요 목표, 교실 수업에의 함의가 갖는 철학적 기본 토대에 대해 이해하고 있는 정도는 너무 들쭉 날쭉했다. 교수법 코디네이터와의 토론을 통해, 그녀가 프로젝트에 대해 아주 잘 이해하고 있다는 점을 알게 되었다. 이론적으로 그렇고 실질적인 적용에서도. 아주 적은 수의 교사 그룹, 아마도 전체 18명의 교사 중 3명만이 프로젝트의 이런 철학적이고 이론적인 이해를 공유하고 있었다. 그중 한 명은 최근 상파울루가톨릭대학교The Pontifical Catholic University, São Paulo에서 대학원 과정을 마쳤다. 프레이리와 교육청의 핵심 지도자들이 이 학교에서 교수로 봉직했다. 그러나 교사 대부분은 프로젝트를 떠받치고 있는 핵심 아이디어와 교실 수업 및 교육과정 개발이 지향하는 주요 목표에 대해 심각하고 본질적인 혼동 상태에 빠져 있었다.

연구진은 그룹 토의 시간에 교사들에게 프로젝트의 철학적 토대와 이 토대가 학교현장에서 어떻게 작동되는지에 대해 잘 모르는, 알고 싶어 하는 사람에게 인터 프로젝트를 설명해 보도록 요청했다. (위에서 언급한 바와 같이 프로젝트에 대해 잘 이해하고 있는 세 명의 교사를 포함해) 학교의 모든 교사가 학교 미디어 전문가를 지목해 이 질문에 대해 답하라고 말했다. 교사들은 분명 이 미니어 전문가의 프로젝드에 대힌 지식과 일에 대해 존경하고 있었다. 게다가 그녀와 그녀 반 학생들은 같은 해 초에 개최된 상파울루시 전체에 걸쳐 열린 컨퍼런스에서 학교를 대표했었다. 이런 강한 추인에도 불구하고, 프로젝트에 대한 그녀의 설명은 눈살이 찌푸려질 정도로 혼란스러웠고, 교육과정에서 다학제성의 특성과 목표에 대해 교육청이 내세웠던 비전의 가장 기본적인 요소조차 제대로 건드리지 못했다. 그녀는 이렇게 말했다.

인터 프로젝트는 과거로의 귀환에 발판을 두고 있습니다. 그때는 다양한 교과 영역들이 서로 분리되거나 구분되어 있지 않았었죠. 모든 교과 영역을 한꺼번에, 그리고 동시에 가르쳤습니다. 그런데 시간이 흐르면서 교과 영역이 점점 분리되기 시작했고, 가장 미세한 영역에서조차 전문적인 식견을 가진 전문가 생겨났습니다. 이런 지식의 구성 체계가 학생들에게 전달되어 왔습니다. 서로 분리된 단위로 다양한 교과 영역들을 학생들이 배우게 된 겁니다. 그래서 이 인터 프로젝트에서 우리가 하려는 것은 과거로 돌아가는 겁니다. 그리스에서 했던 것처럼, 가르침을 통합하는 겁니다. 만약 제가 동물과 서식지에 대해 말하고자 한다면, 저는 과학을 다루는 겁니다. 그러나 제가 이들이 어디에서 발견될 수 있는지에 대해 이야기한다면 저는 지리 교과의 지식을 가르치는 겁니다. 제가 동물의 크기를 재고자 한다면 저는 수학을 하고 있는 것이고요. 그래서 이런 방식으로 우리는 다양한 교과 영역을 실제로 연결 지을 수 있고, 이런 것들이 학생들의 머리에 함께 들어가게 되는 거죠. 이게 기본적인 인터 프로젝트의 개념입니다.

아주 특징적이게도, 이 학교의 교사들은 각자 훈련받은 학문적 관점에 따라 인터 프로젝트에 대한 이해를 전개시켜 왔고, 이로써 프로젝트를 정치적으로 가치중립적인 위치에 두고자 했다. 즉, 프로젝트(의 핵심적인 요소들을 없앤 채)를 가장 기본적인 교육과정 기능으로 만든 것이다. 몇몇 교사가 가끔 "좀 덜 권위적"이 되도록 한다거나 학생들의 현실을 공부에 통합하려 한다는 노력에 대해 이야기하기는 했지만, 대부분의 교사가 보여 준 행동과 대화는 인터 프로젝트가 교과 내용 간 연계성을 실질적으로 강화하는 문제라고 확인하는 듯했다. 프로젝트는 수업에 대한 좀 더 광범위한 함의나 정치적 의미가 완전히 빠져 있었다.

이전에도 언급한 바와 같이, 마노엘학교에서의 참여관찰을 통해, 인터 프로젝트에 참여하고 있는 학교를 위해 PT가 집권한 상파울루시 교육 청이 내다본 교육과정 및 수업 실천은 상대적으로 최소 수준의 이행에 그쳤다. 프로젝트의 개발 부진은 인터 프로젝트를 수행하면서 교사들이 맞닥뜨리게 된 도전적 문제에 불만족했기 때문이었다. 이런 문제들에는 실재연구 결과에 대한 해석을 둘러싼 합의 부재, 새로운 교과 영역 지침 을 이해하는 데에서의 어려움, 새로운 교실 권위관계에서 발생하는 문 제, 학부모 및 학생과의 갈등 등이 있었다.

교사들의 논평에서 볼 수 있듯, 많은 교사는 실재연구를 자신이 가르 치는 학생과 그들의 삶에 대해 상당한 통찰력을 얻을 수 있도록 해 준 꽤 가치 있는 활동이었다고 보는 듯했다. 많지는 않지만 나름대로 자기 주장이 강한 교사들은 이런 실재연구에서 얻은 정보를 끈질기게 무시했 고 계속 자신들의 학생이 완전히 중산층 배경을 가진 것으로 여겼다. 이 문제는 다음의 두 교사에게 특히 민감한 이슈였다. 이들은 끊임없이 "버 릇없는" 아이들의 비위를 맞추고 싶지 않다며 불평을 늘어놓았다. 아래 두 교사 간의 논쟁은 월요일마다 열리는 회합 시간에 볼 수 있는 전형적 인 모습이었다.

교사1: 이 아이들이 진짜 가난해졌다면 매일 학교에 아이들을 등 교시키러 오가는 멋진 차량 행렬은 도대체 뭔가요? 내 말은, 몇몇 학생들은 나도 살 수 없는 외제 테니스화와 옷을 입고 있다고요. 그리고 이 학교 인근의 집들을 보면, 엄청 좋고 크잖아요. 제 생각 에 이런 가족들은 돈이 많은 게 틀림없어요. 학부모들은 학교에 대 해 별 상관을 하지 않는다고요.

교사2: 자, 봐요, 자동차는 사회적 지위의 상징이에요. 하지만 이게 학생들의 가정생활에 대해 그 이상으로 우리에게 말해 주는 것은 없어요. 몇몇 학생들이 중상류 계층 가정 배경인 것은 사실이에요. 맞습니다. 그러나 대부분은 중저소득 계층에 속한 아이들입니다. 당신 학급에 외제 테니스화를 신고 있는 학생이 있을지는 모르겠지만, 당신은 아이들의 집을 찾아가 빈민가 공동주택가 깊숙이 살고 있는 모습을 확인해 봐야 합니다. 사실, 생활 환경은 너무 나빠서 아이 엄마들은 교사인 당신이 집을 방문하는 것을 원치 않을 겁니다. 그들 가족이 어떻게 사는지 보여 주기 싫은 거예요. 하지만 이런 생활 여건이 사립학교에서 이 학교로 전학 온 아이들의 현실입니다. 이게 사실이에요. 이 학생들이 사립학교에 다닐 때도 이들의 생활 여건은 다르지 않았습니다.

학생의 사회계층과 지위 문제에 대해 지속적으로 문제를 제기하는 것은 단 두 명의 교사였지만, 위와 같은 논쟁(유사한 다른 경우를 포함해)은 인터 프로젝트의 결과로 이 교사들 앞에 놓인 훨씬 더 큰 문제들을 보여 주는 대표적 사례였다. 이는 중산층에서 서서히 노동계층 혹은 민중계층으로 미끄러져 내려온 가정에 둘러싸인 학교가 사회 전체가 어떻게 변화하고 있는지를 상징적으로 보여 주었다. 경제위기가 브라질 중산층을 압박하고도 꽤 오랜 시간이 지났는데 마노엘학교의 교사들은 놀랍도록 고립되어, 중산층 학교에서 가르친다는 표면적 겉치레를 즐길 수 있었다. 모범적인 학생들의 행동, 학부모들의 지원, 비교적 높은 사회적 지위와 함께 말이다. 이런 사실이 가져다주는 실재와 사회적 지위, 태도, 궁극적으로 교육과정 및 교수법에서 어쩔 수 없이 일어나는 변화와 맞닥뜨리는 것은 모든 교사에게 너무도 큰 난관이었다. 몇몇 교사에게는 도저히 극복해 낼 수 없는 일이었다.

마노엘학교의 교사 대부분은 학생들의 삶에 대해 얻게 된 새로운 정보를 통해 태도를 변화시킬 수 있었다. 그렇다고 교사 대부분이 새로운 현실에 대응해 자신의 수업을 바꾸었다는 뜻은 아니지만, 이들은 학생을 좀 더 다른 시각에서 보게 되었다. 덜 판단하고 더 동정적인 태도를 통해서 말이다.

그러나 PT가 집권한 상파울루시 교육청이 제안된 교과 영역의 비전을 수용하는 데 필요한 인지적 변화가 더 큰 문제였다. 몇몇 교사들, 특히 수학, 문학, 미술을 가르치는 교사들은 교과 영역을 재개념화한다는 것에 대해 아주 심각한 문제라고 반대의 목소리를 높였다. 한 교사는 이렇게 비판했다. "제 교과(미술)는 전통적으로 고전 영역에 속해 있습니다. 이 점에서 저는 아주 엄격하게 훈련받았죠. 특정한 방식에 따라 학생들이 반드시 배워야 하는 것이 있단 말이죠. 지지하고 떠받치고 있어야 할 표준이란 게 있는 겁니다. 바르보사Barbosa(상파울루 미술관 관장이자 PT가 집권한 상파울루시 교육청 자문관)가 생각하는 바는 미술에 대한 새로운 방향을 제시하는 것으로, 간단히 말해 말도 안 되는 끔찍한 일입니다. 정말로 고전적이고 아름다운 것을 대중화하려는 것에 지나지 않습니다."

이 교사의 비판은 가슴 깊이 자리 잡은 갈등이 어떤 것인지 보여 주는 것으로, 인터 프로젝트와 관련해 마노엘학교의 여러 교사가 경험하는 바를 대변하고 있다. 이들은 특정한 교과 영역을 재개념화한다는 것이 교과 내용 지식에 토대한 자신들의 지식과 이 지식을 가르치는 방식을 위협한다고 느꼈다. 이들은 새로운 교과 영역의 비전을 각 교사의 교과 영역이 좀 더 증대된 개념적 이해라고 보지 않았고, 오히려 자신들의 교과 영역이 마땅히 받아야 할 이해가 부정되었다고 인식했다. 이런 부정은 PT가 집권한 상파울루시 교육청이 '공부가 아닌 것 같은 내용', 즉 민주적 지식과 기술에 가치를 부여하려 시도하면서 더욱 악화되었다. 이에 대해 모든 교사가 위에서 인용했던 교사들처럼 불협화음을 만들어 낸 것은 아니지만, 이 문제로 학생의 사회경제적 지위에 대해 목소리를 높였던 이전의 불평 불만하던 자들이 다시 나서게 되었다. 게다가 인터 프로젝트의 다학제적 특징은 각 교과 영역의 중요성을 깎아내린다거나 단일한 특성을 무너뜨리는 것처럼 보였다. 따라서 이 교사들은 인터 프로젝트에 포함된 이런저런 요소로 인해 직업적 안정성이 상당한 정도로 흔들린다고 생각했다.

교육청이 학생 중심적인 교실과 모든 학교급의 거버넌스를 민주화하겠다는 의제를 밀어붙이는 듯하자 이들의 불편해하고 불안정한 감정이 복합적으로 뒤섞였다. 이 학교의 교사들에게 교실의 권위와 통제는 대체적으로 움직이지 않고 조용한 태도를 보이는 방식으로 학생들로부터의 존경과 복종을 강요하는 능력의 징표였다. 인터 프로젝트는 교사에 대한 존경을 줄여야 한다고 하지 않았음에도, 많은 교사가 교실 권위를 위협하고 줄이는 것으로 해석하는 협력적 학습, 토론, 논쟁, 대화를 옹호했다. 마노엘학교의 한 교사는 상파울루시 지자체 학교 전체에 만연한 교사들의 불평을 되풀이하면서 이렇게 말했다. "이 교육청은 학생들에게 너무 많은 자유를 허용하고 있어요. 학생들이 교실에서 더 많이 말하고, 자기 의견을 떠벌이도록 허락하고 있다고요. 학생들에게는 교사에 대한 존경도, 교실에서 교사의 통제에 대한 존중도 더는 없어요."

교사들은 자신들이 학교 민주화에 관한 수사적 표현이라고 여기는 것에 대해서도 문제를 지적했다. 한편으로, 교사들은 자신들에게 좀 더 자율적이고 의사결정 권한을 부여해 주는 환경에 고마워했다. 이는 자발적으로 프로젝트에 참여하겠다고 결정한 것에서 잘 드러난다. 그러나 다른 한편, 교사들은 민주주의보다 오히려 무정부주의, 즉 이 또한 전통적인 역할과 권위를 경시하도록 하는 결과를 가져오는 상황이 좀 더 낫다고 느꼈다. 마찬가지로, 교사들은 학교 민주화와 학교-교육지원청의 관계는 기이하게도 선택적이라고 느꼈다. 한 교사가 아주 냉소적인 태도로 이렇게 논평했다. "교육지원청 장학사들은 이곳으로 춤추듯 들어와서는 더 이상 위계는 없다고 말합니다. 하지만, 가만히 보세요, 저들이 지금 어디에 있는지요, 그리고 우리는 어디에 있는지 말이에요. 그들은 학생들에게 너무 많은 권한을 부여했어요. 지금, 학생들이 장학사에게 말하고 싶어 한다면 그냥 전화를 걸어 말하면 되는 거예요. 이거 너무 민주주의가 많은 게 아닌가요?"

교사의 권위에 관한 걱정거리는 교사/학부모 관계에까지 확장되었다. 교사들이 높은 수준의 갈등을 학교 내에서 그리고 학부모와의 사이에서 내보이는 것은 이런 무대였다. 우선 학교 내에서, 교사들은 학부모 참여(학교위원회 등) 기회가 높아진 것에 분노를 표하는가 하면 이들의 참여를 어떻게 안내해야 할지 기준을 몰라 우왕좌왕했다. 한 교사의 불평을 들어 보자. "이 학부모 중 누구도 교사가 아니에요. 하지만 그들은 학교에 와서는 우리에게 가르치는 방법에 대해 말하죠." 또 다른 교류에서, 교사들은 학부모의 학교 참여에 대해 서로 다른 이상을 놓고 논쟁을 벌였다. 한 교사 그룹은 좀 더 전문성 있고 교육받은 학부모들만 학교 거버넌스에 참여해야 한다고 느꼈다. 이런 자격을 갖추지 못한 학부모들은 학교 관련 이슈를 제대로 이해하지 못할 것이고 부수적이고 별로 중요하지 않은 결정에 매달릴 것이라고 보았다. 많은 교사가 이런 시각을 엘리트적이라면서 반대했다. 그리고 학생의 복리에 대한 큰 관심이 학부모가 학교위원회에 참여하도록 하는 최선의 제안이라고 느꼈다. 다시 한번 이야기하지만, 이들은 인터 프로젝트로 표면화된 사회계층적 정체성과 그로 인한 갈등과의 투쟁을 노골적으로 드러냈다.

학부모와의 표면적 갈등은 점점 더 강렬해지고 악화되었다. 학교위원회 모임은 감정적으로 소진되고 학교-지역사회 관계를 해치게 되는 격화된 논쟁의 장이 되어 갔다. 학부모들의 언어에는 비난조의 말이 담겼고, 교사들의 직업적 효능감에 무감각했다. 회의가 진행되는 동안 남자 학부모 한 사람이, 자기 자녀가 학교를 "지겨워"한다고 하며 교사들이 교실 수업을 좀 더 매력적으로 만들 수 없는지 불평의 소리를 높였다. 교사들은 화를 내며 대응했는데, 학부모들은 자녀들과 관련된 모든 일을 간호사, 심리학자, 상담가와 같은 자신들에게 맡겨둔 것이라고 말했다. 실제 가르치는 일과 관련해 자신들이 할 수 있는 일이 별로 없는 상황이라면서 말이다. 교사들의 견해를 들어 보면, 학부모들은 교육의 가치에 대해 자녀들에게 좀 더 강한 영감을 주어야 할 필요가 있었다. 교사들은, 학부모가 학생들의 숙제를 감독하거나 TV 시청을 제한하거나 학교 공부의 중요성을 좀 더 강조한다면 모든 문제가 해결될 것이라고 느꼈다.

흥미롭게도, 양자의 입장은 두 개의 아주 구분되는 이슈를 만들어 냈다. 한편으로, 학부모들은 학교에서 제공되는 교육과정이 학생들의 관심을 끌어들이지 못한다고 지적했다. 분명히 이 점은, 교육과정이 학생들의 삶에 좀 더 적합해야 한다던 PT가 집권한 상파울루시 교육청으로부터 이미 들었고, 실재연구ER를 통해 학생들의 현실에 대한 지금까지의 이해가 실재와 다르다는 것을 자기 눈으로 확인한 교사들은 신경을 곤두세웠다. 이 교사들은 교육과정을 좀 더 매력적이고 또 흥미롭게 만들기 위해 변화란 게 필요하다고 보았지만, 모두가 맘 편하게 추구할 방법을 발견하지는 못했다. 학부모들이 이런 요구를 반복하게 하는 일은 교사들에게 일종의 모욕으로 다가왔다.

다른 한편으로 교사들은, 학부모의 문제 제기에 별로 대응하지 않으면서도, 학부모가 자녀들을 준비시키고 또 지원하는 것과 관련해 긴장감을 불러일으켰다. 교사들은 학생들이 학교에 시간 맞춰 도착하도록 하고, 만족할 만큼 숙제를 해 오며, 일반적으로 학교생활을 존중하고 또 참여하도록 일부 학부모의 더 많은 주의가 필요하다고 요청했다. 학부모의 요구에 교사들이 반응하던 것과 유사하게, 온종일 노동을 하면서도 평상시의 가정경제를 유지하기가 더 어려워진 상황에서 생활 수준을 유지하려 애쓰는 학부모들에게 이러한 요구는 절망감을 안겨 주었다. 따라서 교사나 학부모 모두 상대방의 관점을 인정하고 받아들이지 못했고, 양자 모두 같은 문제를 해결하려 근본적으로 애쓰고 있다는 점을 이해하지 못했다.

마지막으로, 마노엘학교의 교사들은 인터 프로젝트 수행에 학생들이 주요 문제거리를 만들고 있다고 느꼈다. 학생들의 비행은 교직원 회의실에서 이루어지는 대화의 가장 일반적인 주제였다. 이 연구에 참여했던 다른 학교와 비교해 볼 때, 마노엘학교의 학생들은 비교적 모범적으로 행동했고 예의를 잘 차렸는데도 불구하고 말이다. 아이들 간의 싸움은 극히 드물었고 교실은 이상할 정도로 고요했으며 주야간 반의 교체도 부드럽고 별일 없이 이루어졌다. 그럼에도 교사들은 학생들의 행동과 태도가 자신들의 직업이 직면한 어려움을 복합적으로 만들고 있다고 느꼈다. 다시 말하지만, 이들은 이런 상황을 교사가 학교교육에 중요하고 핵심적이라고 보는 것과 학생이 학교에서 보내는 시간 동안 바라는 것 사이에 일치하지 않는 것 때문이라고 탓했다. 한 교사는 이런 분석을 내놓았다.

제 생각에, 학생들은 공부에 그다지 관심이 없어 보입니다. 학생들은 친구들과 놀기 위해서, 그리고 지적 자극보다는 학교에서 얻을 수 있는 사회적 측면 때문에 학교에 옵니다. 대부분의 학생들은 공부하는 것과 별 상관이 없는 것을 찾아다닙니다. 모두가 이에 동의하는지는 모르겠어요. 그렇지만 교사가 아무리 다양한 학습자료를 사용해도, 학생들을 공부하게 할 수 없어요. 공부할 내용, 목표가 아이들이 원하는 것이 아니기 때문입니다. 그래서 우리는 교사로서 꽤 큰 상실감을 느끼고 전도된 상황을 자주 경험합니다. 교육자로서 우리가 가진 가치 간에 충돌이 있어요. 왜냐하면 우리가 간직한 학생에 대한 상은 부모의 수입이나 이들의 삶 등을 통해 알게된 것이기 때문이죠. 우리가 ER을 통해 본 학생의 다양한 사회적 요인에 기초한 이상이 있긴 하지만, 이는 우리의 이상이 아닙니다. 이런 것들을 알고 또 우리의 기대를 이에 맞춰 조정하게 되면서 우리는 학생 대부분이 학업적으로 성취할 수 있도록 하는 데 실패했습니다.

이 교사는, 이런 상황에 대해 자신들이 지닌 잠재적 관점과 이때 자신들의 경험 및 감정을 고려하는 학생의 시각을 좀 더 객관적이고 분석적으로 제시하고 있다. 다른 교사들은 이보다 훨씬 덜 우호적이다. 꽤 많은 경우에, 교사들은 학생에 대해 상당히 거친 말들을 쏟아 냈다. "그애는 시체야, 누가 걔를 묻어 버리는 것을 잊은 모양이야." "걔를 고기 분쇄기에 머리부터 집어넣었으면 좋겠어." 서너 명의 예외적인 교사를 제외하고, 마노엘학교의 교사들은 자기 학생들에 대한 경멸과 비호감을 공공연히 드러냈다. 분명히 이들의 태도는 학생들이 학교에 불러들였을 법한 부정적인 것 혹은 공부에 대한 무관심이 혼합된 것이었다.

요약

마노엘학교에서 이루어진 인터 프로젝트 수행의 모든 요소는 갈등과 논쟁으로 점철되었다. 내부적으로 교사 그룹 간 대결적인 관계로 인해 갈등이 나타났고, 외부적으로는 교사-학부모 사이의 적대적이고 팽팽한 관계에서 갈등이 표출되었다. 기본적인 프로젝트의 신조가 많은 교사에게 개별적이고 직업적인 차원에서 갈등을 만들어 냈는데, 이들은 인터 프로젝트에서 제안하는 신념 및 가치를 자신의 신념과 가치에 통합해 내려고 애썼다. 프로젝트가 진행되는 핵심적인 절차, 예를 들어 실재연구는 몇몇 교사들에게 긴장감을 주었는데, 이들은 너무나 분명한 데이터를 가지고도 학생들의 삶이 직면한 현실을 수용할 수 없었다.

그런데 마노엘학교에서 가장 기본적인 갈등은 사회계층과 관련된 것처럼 보인다. 노동계층에 헌신하기 위한 공립학교를 만들자고 목표를 세운 PT가 집권한 상파울루시 교육청의 좌파적 정치 의제와 압도적으로 중류 계층적 지위, 보수적인 이념적 입장, 학교에서 교사가 지녀야 하는 전통적 교수법 접근 사이에 큰 긴장이 있었던 것이다. 교사들은 학교의 영예로웠던 시기에 대해 향수를 느꼈다. 그때는 중산층 학부모들이 숙제 검사도 해 주고 교육의 가치에 대해 자녀들에게 잘 지도하면서 교실 수업을 지원해 주었다. 그러다가 학교의 고객을 노동계층 및 가난한 가정의 아이들로 바꿔 버린 브라질 경제위기라는 황량한 현실에 부딪히고만 것이다. 이런 갈등과 긴장에 직면해 인터 프로젝트를 온전히 실행하는 일은, 전체적으로 이런 베테랑 교사들이 더 이상 소유하고 있지도 않고 이념적으로도 직업적으로 결코 발달시키고 싶어 하지 않는 "교육 투쟁정신"의 한 차원을 요구하는 것이었다. 결과적으로 프로젝트를 수행하는 교사들의 노력은 정지되었고 아주 자잘한 사례들만을 성과로 남기게 되는 수준에 그쳤다.

결론

인터 프로젝트를 수행한 학교에 관한, 그리고 이 학교들에서 경험한 교사들의 목소리에 관한 사례 연구는 모두 아주 특별한 이 교육개혁의 노력을 둘러싸고 벌어진 난관, 성공, 실패를 강조해 보여 주고 있다. 교사 및 교수법 코디네이터가 인터 프로젝트 경험의 결과로 일어났다고 인식한 변화는 [표 6-2]에 요약, 정리해 놓았다.

[표 6-2] 인터 프로젝트가 가져온 변화들: 교사와 교수법 코디네이터의 관점을 중심으로

이전	이후
• 교실에 고립되어 있는 교사 - 다른 교사와의 접촉이 거의 없음 - 다양한 교과 간 융합이 잘 이뤄지지 않음 • 교육과정 계획 및 학습자료를 위해 주로 교과서에 의존하게 됨 • 주어진 교육과정 - 학생 실생활과 동떨어진 내용 • 수동적 학습자로서의 학생 - 개별적으로 공부함 - 기존 내용을 베끼고 단순 암기하는가 하면 암기한 교과 내용을 회상해 내는 것을 공부의 주 활동으로 여김 - 교사가 학생에게 지식을 전달하게 됨 • 학교와 교육청 간에 위계적이고 권위주의적인 관계가 설정되어 있음 - 교육청의 엄격한 장학 역할 수행 - 정책 형성 및 이행의 하향식 과정 유지	• 협력적으로 일하는 교사 - 의견을 교환함 - 다양한 교과를 넘나들며 내용의 통합을 꾀함 • 새롭고 다양한 교육과정 내용 및 학습자료를 탐색 • 학생의 경험에 근거한 교육과정 구성 • 활발한 학습자로서의 학생 - 협력적 활동으로서의 공부 - 좀 더 창의적이기를 권장받음 - 토론, 논쟁, 대화의 동기 부여 - 지식 구성을 위한 교사-학생 간의 협력적 활동 • 학교와 교육청 간의 민주화 - 학교와 교육청 간의 개방된 의사소통 채널 - 프로그램 개발에서 단위학교의 자율성이 더 크게 보장됨

이 프로젝트에 참여한 학교들에는 아주 도전적이고 대담한 목표가 주어졌다. 이 학교들은 교사의 실천을 급박하게 변화시킬 것을, 그리고 교육과정 내용과 개발을 재정립하라고 요구받았다. 권위주의와 위계화된 전통에 경도되어 있는 사회적 맥락 내에서 학생-교사, 교사 동료 간, 학교와 지역사회 간의 관계를 민주적 방식으로 재개념화할 것이 기대되었다. 이들은 브라질 사회에서 가혹한 부정의가 재생산되는 상황에서 순응해 왔던 자신들의 태도에 맞서고 자신들의 일과 헌신을 재개념화하기 위해 이런 대항을 이용하라고 강요되었다. 마지막으로, 교사들은 진정으로 해방적인 교육 경험과 실험에 동참하라고 초대받았다. 비록 이 과정은 해방적임과 동시에 위험하고 두려워할 만한 것이기도 했다.

전술한 사례 연구들은 인터 프로젝트가 다양한 학교문화와 개인적 특성, 삶의 경험에 관련시키는 방식을 보여 주고 있다. 수쓰무학교의 사

레에서는 역량을 쌓아 가면서 지속적인 교육지원청의 지원을 받아 독립적으로 인터 프로젝트를 수행해 가려는 노력을 공유했다. 하법학교에서는 합의와 공통의 토대를 찾아 나가려는 과정에서 교사들 사이의 대결적인 상황을 관찰하기는 했지만, 동시에 프로젝트에 관한 개별적인 이해와 헌신을 명료히 하려는 생산적인 방식도 관찰할 수 있었다. 프라신하스학교에서는 이전 경험의 이점, 적은 규모의 교사진, 안정적인 지역사회라는 요소가 프로젝트가 성공적으로 추진될 수 있도록 했으며, 심지어 PT가 집권한 상파울루시 교육청에서 원래 가졌던 의도를, 특히 학부모의 연대를 강화시켰다. 이와는 확연히 대조적인 모습으로, 마노엘학교의 사례는 프로젝트 수행이 거의 성과를 거두지 못하게 된 이론적, 이념적, 현실적 장애 요소들을 보여 주었다.

이런 광범위한 범위의 사례 속에서, (PT 정부의 가장 중요한 성취 가운데 하나라고 볼 수 있는) 인터 프로젝트에 참여하는 교사들의 목소리를 듣는 것이 교사와 학생에 의한 집단 작업을 지지하고 곧 진작시키는 것임이 점점 더 분명해졌다. 분명히, PT가 집권한 상파울루시 교육청의 상징적 특징은, 교사가 민중 계층에 기반한 학생들을 가르치는 기초적 이슈들에 대해 서로 대화하는 데 참여한다는 일관된 사실에 있었다. 교사는 다음과 같은 프레이리의 질문에 대답하기를 더 이상 피할 수 없다. "우리 교사는 무엇을 가르치는가?" 그리고 "우리는 왜, 누구를 위해 가르치는가?"

이런 대화가 아주 중요한 성과로 찬양받아야 하지만, 3년이라는 짧은 집권 기한을 포함해 무수한 장애 요인을 고려할 때 PT가 집권한 상파울루시 교육청의 노력은 민중적 공립학교를 창출해 내려는 변혁적 과정의 첫발을 뗀 것에 불과했다. 중요한 많은 질문이 제기되고 또 인식되고 있지만 여전히 많은 문제가 대답하기 어려운 채로 남아 있다. 인터 프로젝트를 온전히 이해하고 프로젝트가 내세운 아이디어를 교육 실제에 실천해 내도록 적용하기 위한 교사들의 눈물겨운 노력은 이처럼 해결되지 않은, 여전히 실현해야 할 과제 중 하나다. 예를 들어, 수쓰무학교가 시범학교로 NAE 인터 프로젝트 팀에 의해 전적으로 지원받는 상황에서 인터 프로젝트가 출발하면서 생성된 교육과정 계획과, PT 정부 집권 이후 1년이 지나 교사들끼리 다학제적 교육과정을 수립해 보려고 안간힘을 쓰는 상황에서 생성된 교육과정 계획을 비교해 보면 인터 프로젝트의 이론과 실천 사이의 간격을 잘 볼 수 있다. 우리는 이런 사례 연구를 통해, PT 정부와 인터 프로젝트 자체의 특징을 만들어 낼 수 있었던 요인들에 더해, 인터 프로젝트 실행의 장애물이 상파울루시 지자체의 학교 시스템의 구조적이고 조직적인 요소와 관련되어 있음을 지적했다. 이 점들은 이 책의 마지막 장인 7장에서 좀 더 상세하게 다룰 것이다.

1. Delizoicov and Zanetic, "A proposta de interdisciplinaridade e o seu impacto no ensino municipal de 1° grau", in Nídia Nacib Pontuschka (org.), *Ousadia no Diálogo: Interdisciplinaridade na escola pública* (São Paulo: Loyola, 1993), p. 10.
2. Ibid., p. 11.
3. John Lofland and Lyn H. Lofland, *Analyzing Social Settings: A Guide to Qualitative Observation and Analysis* (Belmont, CA: Wadsworth Publishing Company, 1984); James P. Spradley, *The Ethnographic Interviewing* (Fort Worth: Holt, Rinehart and Winston, Inc., 1979).
4. SME-SP, *Diretrizes e Prioridades para 1992: Ano 4. Series 1*—Construindo a Educação Pública Popular (January, 1992), pp. 22-23.
5. 실제로 콜로르(Fernando Collor de Mello) 대통령의 탄핵은 브라질 국내뿐만 아니라 국제사회에서도 대단히 역사적인 사건으로 기록되었다. 콜로르는 라틴아메리카 지역의 민주공화국에서 군사정변 없이 자리에서 물러나게 된 첫 번째 대통령이었다. 브라질에서는 1980년 군사정변이 더 이상 일어나지 않게 되면서 점차 합리적 기관으로 탈바꿈해 나가는 여전히 삐걱대는 민주정체의 강화를 의미했다. 따라서 당연한 수순처럼 인터 프로젝트에 참여하고 있는 많은 학교에서 "대통령 탄핵"이라는 주제, 그리고 "민주주의", "사회정의", "시민성" 등 탄핵과 관련된 주제들을 생성적 주제로 채택했다. 예를 들어, NAE-4에서 교육청의 교육개혁에 저항하고 있던 한 학교 교사는, 자신이 가르치는 6학년 역사 수업 시간에 PT 시정부 문화국(Secretariat of Culture)에서 편찬한 "Patria Amada Esquartejada (Beloved Dismembered Country)"라는 제목의 포스터 시리즈를 분석하고 해석해서 집단적 글쓰기를 하도록 협력 작업을 실시했다. 이 포스터 시리즈는 브라질 역사상 발생한 사회적 부정의 문제를 묘사한 것들로 학생들은 부당한 처사에 대한 브라질인의 분노의 유산을 역사저 대통령 콜로르의 탄핵과 연결 지었다.
6. 중급 학년을 담당하는 교사는 하나의 과목만을 가르치게 되어 한 부제 동안 해야 할 5시간을 다 하지 않는 경우가 많다. 이럴 경우 다른 몇몇 학교에서 교사를 하기도 한다. 결과적으로 중급 단계의 많은 교사가 한 부제가 진행되는 학교에서 학교 시작과 끝을 다 지키지 않게 되며, 따라서 학교 수업이 시작되기 전 혹은 끝난 뒤로 일정이 잡힌 교사 회의에 참여하기 어렵게 된다.
7. Paulo Freire, Educação na Cidade (1991), Op. Cit.
8. Shor, Ira. *Empowering Education: Critical Teaching for Social Change* (Chicago: Chicago University Press, 1992), p. 114.

9. 일일통합교사회의(JTI, Jornada de Tempo Integral)는 상파울루시 공립학교에 대해 PT가 실현한 일종의 제도적 승리를 보여 주는 사례로, 인터 프로젝트에 참여하든 그렇지 않든 모든 교사(교사 자격이 없는 강사 제외, 제도 도입 단계에서는 프로젝트에 참여하는 이들에게만 해당)에게 수업 준비를 위한 일에 최대 10시간 수업에 준하는 보조비를 제공한다.

10. Paulo Freire, *Politics and Education* (Los Angeles: UCLA Latin American Center, in press; São Paulo: Editora Cortez, 1995).

11. 멜로(Guiomar Namo de Mello)는 브라질 민주운동당(PMDB, Brazilian Democratic Movement Party) 소속 코바스(Mário Covas) 시장에 의해 교육감으로 임명되어 1983~1985년 시기에 상파울루시 교육청을 이끌었다. 멜로 교육감의 공을 인정하는 입장에서 그의 치적을 이렇게 정리한다. "멜로 교육청은, 교육과정개혁을 통해 상파울루시 학교체제에서 노동계층 출신 학생들을 효과적으로 가르치기 위해 교사들의 기술적 역량을 향상시켰고, 체계화된 지식에 바탕해 교육과정 운영을 성공적으로 운영했다." 다음을 참조할 것. Guiomar Namo de Mello, *Democracia Social e Educação: teses para discussão* (São Paulo: Cortez; Autores Associados, 1990).

12. 브라질 교육체제에서 정년이 보장되는 교사는 한 학교에 한 명뿐이다. 정년이 보장된 교사가 다른 학교를 선택해 옮겨 갈 수 있기는 하지만, 정년보장권이 자동으로 함께 옮겨 가는 것은 아니다. 물론 모든 교사는 해당 학교에서 정년보장을 받는 것을 우선적으로 고려한다.

13. Rolnik, Raquel, Lucio Kowarik, and Nadia Somelch, São Paulo: Crise e Mudança (São Paulo: Secretaria Municipal de Planejamento, 1990).

14. 이 학교에서의 교사 회의 시간이 유별났기 때문에 2주 동안 거의 매일, 그리고 그 후에는 6개월 동안 매주 월요일 학교현장을 방문하게 되었다.

제7장

결론

이 책에서 우리는 지식, 민중교육, 교육과정, 교사, 상파울루시 교육정책의 정치학이 상호작용하는 모습을 그려 보여 주고자 했다. 동시에, 우리는 PT가 집권한 상파울루시 교육청이 지원하고 증진하고자 했던 국가(이 연구의 경우 지자체 정부를 차지하고 있는 사회주의 정당)와 사회운동의 관련성을 탐색하고자 했다. 마지막으로, 우리는 인터 프로젝트 교육과정개혁 경험에서 진화해 온 학교의 실재와 교사들의 의식을 가까이 들여다보았다. 거창한 결론과 주장을 피하면서도, 이 복잡한 과정과 교육적 변화에 대한 우리의 분석은 여러 학술 영역에서 지속적인 논쟁거리를 제공해 주고 더불어 프레이리의 교육 사상이 학교에 제도화되는데 좀 더 적절한 문제와 가능성이 있을 수 있는지에 대해 귀중한 교훈을 제공하고 있다. 여기에 더해, 우리는 구체적으로는 청소년 및 성인을 대상으로 하는 문해교육 등 비형식교육의 영역에서 사회운동과 민중적 국가가 맺는 관계의 특징에 대해, 비록 짧기는 하지만 논의하고자 했다.

우리는 도입부에서, 프레이리 리더십하의 교육청 업무에 관련해 질문 다섯 개를 제시했다. 이를 간단히 다시 상기해 본다면, 우리는 다음 질문들을 던졌다. (1) 교육청의 교육개혁 노력의 결과로 상파울루시 공립학교에서 어떤 지식이 생산되었는가? 그리고 이 지식 생산 과정이 비판적이고 적극적인 시민을 형성해 내도록 했는가? (2) 교육개혁은 프로젝트에 참여한 교사들의 직업적 업무 여건과 삶을 어떤 방식으로 바꾸었는가? 교사의 직업, 동료, 학생들에 대한 생각이 바뀌었는가? 여기에 더해, 교사가 갖는 다양한 교육 행위자들(동료, 학생, 가족 등)과의 업무적 관계성이 변혁되었는가? 다양한 의사결정 과정 및 기구(학교위원회 등)가 학교 의사결정 및 행정의 민주화를 어느 정도로 가능하게 했는가? (4) 교수학습은 어떤 방식으로 바뀌었는가? 이러한 변화는 교수학습을 어떤 방식으로 개선했는가? 그리고 마지막으로 (5) PT가 집권한 상파울루시 교육청의 교육개혁은 교육에 대한 대중의 의식을 고양시켰는가? 그리고 민중적 공립학교라는 개념은 궁극적으로 정당하게 받아들여졌는가?

우리가 수집한 데이터 및 분석이 주로 이런 급진적인 교육개혁을 핵심적으로 이행하는 주체로서 교사의 경험에 맞추어져 있었기 때문에, 이전 장들에서는 교사의 관점, 교수법의 혁신 및 제한, 교실에서의 학습과정, 교사의 문화 및 실천에서의 전반적인 변혁 등을 이해하는 데 초점을 두었다. 핵심 주제와 약간 맞닿는 방식으로, 우리는 이 교육개혁의 궁극적인 성과(예를 들어, 비판적이고 적극적인 시민의 양성) 및 공립학교에 대한 대중의 이해와 지지가 변했는지 등과 관련된 이슈도 다루었다.

우리는 마지막 결론 부분을 다음 세 가지로 구분해 다룰 것이다. 첫 부분에서는 프레이리 교육청이 상파울루시 공립학교와 이곳의 헌신적인 교사와 늘 함께 있는 노동계층 및 빈곤계층 학생들에게 지속적인 유산으로 남겨 놓은 중요하고 구체적인 여건이 무엇인지 확인할 것이다. 두 번째 부분에서는 공립학교, 공립학교 교사, 교육과정 내용 및 학생들의 경험이 변화되는 방식에 대해 자세히 분석할 것이다. 이를 통해, 우리는 공립학교 맥락에서 프레이리의 사상에 근거한 정책 제안이 만들어지고 실천되는 과정에서 당면하는 복잡성, 모호함, 도전 문제에 대해 우리가 배운 중요한 교훈들을 제시할 것이다. 마지막 세 번째 부분에서는 국가와 사회운동 간의 관계성에 대해 지속적으로 이루어지고 있는 탐색을 다시 되새겨 볼 것이다. 이를 통해 향후 연구를 위한 몇 가지 주요한 질문을 제시해 볼 수 있을 것이다.

구체적인 교수/학습 환경의 변화

일단 프레이리 교육청에서 만들어 낸 긍정적인 변화 및 제도 도입을 보여 주는 직접적이고 통계적인 근거에 대해 개괄해 보자. 학생이 학교에 계속 남아 있는 비중 및 교사들의 업무 환경 영역에 관한 것들을 중심으로 살펴보고자 한다.

통계 데이터에 따르면 학생들의 학교 재학률은 지속적으로 높아지고 있었다. 초등학교 1학년에서 8학년까지 학교 재학률은 1989년 79.46%에서 1990년 81.3%, 1991년에는 87.7%까지 늘어났다. 이런 증가 양상은 1980년대에 가장 높은 비율로, 1985년 가장 높았던 77.81%보다 높다. 학교 등록률은 인구 증가로 계속 높아지고 있었고 PT 정부는 이전의 보수 포퓰리즘 정당 출신인 자니우 쿠아드루스Janio Quadros 정부(1986~1988)에서 넘겨받은 등록 결손을 해결했다. 쿠아드루스 정부 말이 되면 초등학교 1학년 등록자 수가 42만 1,526명으로 떨어졌는데 이는 마리우 코바스Mário Covas 정부(1983~1985)[1] 말기의 등록사 수 42만 3,360명과 유사한 수치였다. 프레이리 교육청 아래에서, 1992년 말까지 등록자가 5만 801명이 늘었는데, 따라서 전체 등록 학생 수가 71만 348명으로 증가했다. 이 12%의 증가분은 7~14세 학령기 아동 수의 증가와 대략 맞아떨어진다. 같은 시기 이들의 수가 12.5% 증가했기 때문이다. 이 목표에 도달하기 위해, 프레이리 교육청은 지자체 소속 학교의 77%에 해당하는 학교에 4시간을 1부제로 하는 4부제 수업을 할 수 있도록 학교 학생 수용력을 늘렸다.[2] 1991년 프레이리가 물러날 즈음에 이르러, 프레이리는 학생 잔존율이 "1988년과 비교해 1만 5,420명의 학생들이 증가한 것은 대단한 성공이 아닐 수 없다. 이들은 아예 학교에 등록하지 않았었거나 학교를 다녔더라도 중도에 그만둘 아이들이었을 수 있다. 즉, 이 숫자는 학교에서 쫓아냈을 학생들의 수를 의미한다"라고 결론지었다.[3]

PT 정부는 구체적인 수업 여건을 향상하고, 이와 관련된 교사의 근무 환경 및 급여를 개선하기 위해 큰 노력을 기울였다. 그리고 교사들의 만족도 개선과 삶의 여건이 증진되는 것으로 인해 교육의 질 향상을 꾀하고자 했다. 노동자당 정부가 들어선 두 번째 해에 교사의 명목상 임금은 자그마치 2,605%가 높아졌다. 이는 당시 인플레이션 비중인 1,173%를 감안하더라도 상당히 높은 수준의 인상이었다. 정부에 따르면 교사들의 실질 임금은 1989년에만 112.5%가 높아졌다고 발표했다. 1992년, 저녁 7시 이후에 수업을 담당하는 야간 담당 전일제 교사에게는 여기에 더해 30% 더 증가된 임금 인상이 있었다.[4]

[표 3-1]은 프레이리 교육청이 전통적으로 소외되고 경시되었던 지역, 특히 도심 빈곤 지역에 투자한 상황을 보여 준다. 평균적인 임금 인상으로 이 지역의 교사들에게 접근하기보다, PT 정부는 특징적으로 가난과 사투를 벌이고 있는 학생 및 지역사회의 교사들이 계속해 헌신할 수 있도록 새로운 급여체계를 만들었다. 따라서 시 입장에서 "그다지 좋지 않은" 지역(판자촌 혹은 도심 중앙 지역 등)에서 근무하는 교사들은 별도의 추가 급여 항목이 있었는데, 기본 급여에서 최대 50%까지 더 받는 지역의 교사도 있었다. 이런 방식으로, 교육의 질을 향상하는 데 필요하다고 여겨지는 수준의 전일제 교사 수를 증가시키면서, 새로운 급여체계는 파트타임 교사들보다 전일제 교사들에게 더 높은 급여를 제공하도록 체계화되었다. 여기에는 야간 수업을 담당하는 전일제 교사가 포함되는데,

이들의 숫자는 낮 시간 동안 수업을 담당하는 전일제 교사에 비해 덜 증가했다.

따라서 PT 지자체 정부가 집권하는 동안 상파울루시 지자체법령 Estatuto do Magisterio Municipal 기준 내에서 교사의 근무 환경은 지속적으로 향상되었고, 실질 급여 수준도 높아졌다. 지자체 교육 체계에서 일하는 교사들은 주정부 교육 체계에서 일하는 교사들보다 현저하게 높은 수준의 급여를 받게 되었고 특히 저녁에 수업하는 교사들은 여기에 더해 더 높은 임금을 받았다. 게다가, 누구나 일하고 싶어 하는 학교 환경인 핵심 지역에서 일하는 교사들은 그렇지 않고 경계선이나 혹은 주변부의 소외된 지역에서 일하는 교사들보다 상대적으로 낮은 임금을 받았다. 급여체계에 이런 차이를 두는 것은 분명히 시 차원에서 가난한 지역사회의 학교에 최고 수준의 교사를 끌어들이려는 시도였다. 그러나 국제적 기준에서 보자면, 교사의 급여 수준은 부족하기 짝이 없었다. 일주일에 20시간 수업하는 것으로 계약한 EM-12 범주의 파트타임 교사 중 가장 높은 급여 수준은 겨우 월 364.75달러였다.

교육과정과 교사: 변혁과 저항

이 책 전반에 걸쳐 우리가 일관되게 주장해 왔듯, 교사들은 교육정의 교육개혁에 관심을 집중했다. 자신들의 근무 여건을 향상시키고, 교사훈련 조직 및 JTI와 같은 법제화 움직임 등을 통해 자신들의 직업적 전문성 향상에 정부가 기울이는 노력에 대해서도 관심을 보였다. 뿐만 아니라 학교에서 정부의 핵심적인 정책적 노력에 이 교사들이 주요한 요소를 구성하고 있었다. 교사는 교육청의 이론적 원리를 해석하고 인터 프로젝트를 가지고 자신들의 교육과정을 개선해 내야 했다. 이론을 실천과 연결해야 하는 보편적인 문제와 함께, 인터 프로젝트를 수행하겠다고 한 교사들은 자신들의 교육 사명에 비추어 프로젝트를 해체하고 재구성해 내기 위한 다양한 범위의 방법을 보였다.

프로젝트의 의미와 목적, 방법 혹은 목표에 대해 보이는 산발적인 해석은 교육개혁을 대하는 이들의 경험에서만 특별하게 나타나는 현상이 아니다. 그러나 이 경우, 프로젝트 자체에 대한 디자인이 대화적 성찰과 참여적 행동이라는 원칙에 입각해 만들어졌다는 점에서, 인터 프로젝트의 목표와 이에 적용되는 방법, 제안되는 프로젝트 내용에 대한 다양한 해석이 훨씬 수월하게 만들어지도록 했다. 실제로, 교육청은 교사들에게, 노동계층 지역의 지자체 학교를 급진적으로 변혁하려는 정치적 의제를 수행하도록 형성된 뚜렷이 구별되는 일련의 프로젝트 세트를 딱 맞게 제공하지 않았다. 대신 인터 프로젝트는, 교직원들이 집단적 노력을 통해 소위 민중적 공립학교를 만들어 내기 위해 따르기를 바라는 일반적인 원칙을 개괄한 폭넓은 범주만 제시했다.

프레이리 교육청은 인터 프로젝트로 인해 엄청난 도전적 문제들에 직면해야 했다. 1960~1970년대 풀뿌리 사회운동을 전개한 정치적으로 급진적인 지도자들에 의해 비형식교육 영역에서 대체적으로 진화해 온 해방적 프락시스로서 교육의 철학적 원리에 입각한 교육개혁을 수행하면서 말이다. 1990년대 상파울루 지자체 공교육 체제의 제도적 환경에서 의식화를 교육하자는 프레이리의 제안이 담긴 급진적 요소들은 이데올로기적인 저항과 방법론적 문제에 어쩔 수 없이 부딪히게 되었다. 이런 상황에 가장 적절하다 싶을 만한 문제들이 프로젝트 수행 과정에서 일어났고, 그 문제들은 아마 다음과 같이 요약될 수 있을 것이다.

프로젝트 개발을 방해하는 것으로 교사와 교육청 직원들에 의해 가장 빈번하게 제기되었던 요인들에는 다음과 같은 것들이 있었다.

- 지자체 학교 시스템의 규모가 너무 크다.
- 학교 내 정규 교사와 전입 교사 간의 배정이 일정하지 않았다. 신규 교사 및 경험이 적은 교사들은 주로 주변부 가난한 지역 학교에 배정되는 경향이 있었고, 자기 방식의 교수법을 고수하려는 경험 많고 잘 가르치는 교사들은 좀 더 환경이 좋은 학교에 배정되는 경향이 있었다.
- NAE와 CONAE 지원에서 행정 지원 경험이 부족하다.
- 프로젝트 디자인의 모호성 및 다양한 NAE 및 해당 NAE 소속 학교들의 프로젝트에 대한 해석이 다르고 일관되지 않았다.
- 교육개혁을 개발하고 수행하는 데 너무 기간이 짧았다(4년).
- 민주적 정부의 특성상 학교 자율성을 강조하고, NAE 및 교육청과의 협력을 공고히 하며, 그리고 프로젝트 장학의 필요성이 대두되었지만, 이들 사이에 갈등이 촉발되었다.
- 프로젝트가 안고 있는 이론적 복잡성에 관련해 교사들이 이해하고 실천하는 데 필요한 전문적 준비가 부족했다.
- 교사들이 PT의 이데올로기적 토대와 정책 목표에 정치적인 반대 입장에 서서 프로젝트에 저항했다.

우리는 이하에서 위에서 기술한 내용에 대해 좀 더 깊게 살펴볼 것이다.

우선, 교육개혁을 훼방하는 사람들이 주장하듯 PT의 교육개혁이 지향하는 뚜렷한 정치적 지향은 학교 교사들 간의 초정파적 연합을 이루는 데 장애가 되었다. 교육청 직원들은 좌파적 이데올로기적 입장이 프로젝트의 필수조건은 아니지만, 이를 수행하는 데는 인터 프로젝트가 교사들을 위해 만든 전문가적 도전을 위해 일종의 분명한 "이상주의, 자원주의, 욕구와 필요"가 요구된다고 주장했다.

CONAE 직원의 다음 말을 들어 보자.

　이 프로젝트 제안을 이행하기 위해, 교사가 반드시 좌파적 입장을 취해야 한다거나, 이를 수행하는 사람이 반드시 좌파에 소속되어야 하는 것은 아닙니다. 그러나 이 일에는 일련의 다음과 같은 가치를 갖는 것이 필요합니다. 예를 들어, 어떤 교사가 '내가 가르치는 학생들 중 일부는 공부할 수 있는데 다른 학생들은 그렇지 못한 상황을 대했을 때, 이는 그 학생의 문제이거나 혹 그 학생의 가족에서 발생한 문제'라는 관점을 갖고 있다면, 그 교사는 이 프로젝트를 제대로 수행하기 어려울 겁니다. 따라서 사람이 좌파적 이념을 분명히 나타낼 필요는 없지만, 교육, 지식, 학생 및 사회, 그리고 삶 전반에 관한 일반적 상황에 대해 특정한 관점을 가져야 합니다. 그래야 (프로젝트가 함의하고 있는) 성장에 자신을 개방해 열어 놓을 수 있을 겁니다. 실제, 여기 이 정부에서 일하는 우리 모두가 이 점에 대해 모두 명확한 생각을 지니고 있지 않습니다. 함께 일을 하면서 (이 프로젝트)를 만들어 가고 있고 전문가적 성장에 열린 마음을 가져야 합니다. 우리 학교 시스템에서 흔히 볼 수 있듯 단지 공무원이라고 불리는 방식으로 행동하고, 교실에 들어가 자신에게 주어진 4시간 수업을 때우고, 교실을 떠나는, 그러고는 자신이 한 일에 대해서는 아무런 책임을 지지 않으면서 학생과 가족들의 능력을 비난하는 교사들은 이 프로젝트를 가지고 일하고 또 그 속에서 성장하는 데 어려움을 겪게 되는 거죠.

　이런저런 요소를 고려해 볼 때, (프레이리를 이어 교육감이 된) 코르텔라Cortella 교육감은, 프로젝트에 실제로 참여한 교사 중 단 40%만이 프로젝트의 방법론에 충실하려고 노력했고, 20%의 교사는 PT에 대한 정치적 입장이 다르다는 이유로 프로젝트의 타당성에 대해 전혀 확신하지 못했으며, 나머지 40%의 교사는 이 두 입장 사이의 중간에 위치했다고 보았다.[5]

　교육청 수준에서조차, 정당의 지침을 전달하는 당원은 거의 없었다. 다수가 PT의 교육 프로그램에 대해 필수적으로 지지하는 입장이기는 했지만, 다른 정당들에 내심 기운 사람들이 많았다. 그럼에도 불구하고, 교육청이나 교육지원청 수준에서 (1992년 시장으로 당선된 우파 정당의 파울로 말루프Paulo Maluf를 지지하는) 말루피스타Malufista(말루프 지지자)를 찾아내기는 쉽지 않았다. 그러나 학교 수준에 내려가면 (Malufista라 불릴 만한) 이런 개인들은 적지 않았다. 이에 따라, 교과 영역 전문가로 조정팀에 참여하는 인사 문제의 기준은 소속 정당 여부가 아니라 전문적 식견의 수준이 어떠한지, 인터 프로젝트에 대한 조정(코디네이션)이 수반하게 될 격렬한 작업에 헌신할 능력이 있는지였다. CONAE팀을 이끄는 초중등교육국의 국장은 능력 있는 그룹원들을 모집하는 것이 얼마나 어려운 일인지 토로했다. 즉, 많은 이들이 이 프로젝트 조정 업무가 불러들이는 일이 어렵다는 점을 잘 알고 있었고, 따라서 프로젝트에서 나름 지도자적인 역할을 할 기회를 거절했다.

　따라서 교사 및 교육청 직원들은 단지 정치적인 기반에 있어 프로젝트에 강한 거부감을 보이는 것을 넘어 프로젝트 개발에 저항하는 여러 다양한 요소들을 계속해서 문제 제기했다. 가장 중요한 이슈 중 하나는 지자체의 학교교육 체계가 너무 크다는 문제였다. 여기에 프로젝트의 야심만만함이 더해진 것이다. 페르남부쿠Marta Pernambuco는 프로젝트가 "상파울루시 교육체제 및 브라질 전체 교육 역사에서 전에 없이" 대규모로 수행되었다고 했다. 상파울루시 전체 학교의 2/3에 해당하는 학교를 대상으로 이루어졌다.[6] 이런 광범위한 정책 실행은 한편으로는 긍정적인, 다른 한편으로는 부정적인 결과를 가져왔다.

우선, (교육청의) 정책 의도는 단위학교 수준에서 교육과정개혁을 위한 운동을 만드는 것이었지만, 상파울루시 PT 정부는 근무 여건 향상이라든가 물적-기술적 자원에 대한 지원 확대를 요구해 온 교사들의 아우성에 즉각적으로 대응할 수 없다고 생각했다. 실제로, 학교 단위에서 교육과정개혁운동을 만들어 내려는 정부의 목표를 실현한다는 목표에도 불구하고, 초기 시범학교 실험을 넘어 지자체 학교 시스템 전체적으로 프로젝트를 빠르게 확대함으로써 (논리적으로) 나중에 프로젝트를 수행하겠다고 선택한 학교를 지원하는 교육청의 역량이 산발적으로 나뉘어 약화되었다. 교육청 수준의 직원들은 프로젝트에 참여하는 학교 수가 점차 늘어나면서 자신들에게 쏟아져 들어오는 요구에 압도될 수밖에 없었다.

이 문제는 또 다른 문제에 관련되어 있었다. 한편으로 NAE와 CONAE 직원들의 행정 경험이 일반적으로 부족하다는 점과 함께, 다른 한편으로, 이론적으로 복잡한 프로젝트를 이해하고 이를 실천으로 옮기는 데 교사들이 전문적으로 준비되어 있지 않았다. 따라서 NAE 지원 없이 프로젝트를 온전히 수행할 수 없는 교사들은 NAE 직원들로부터 자신들에게 필요한 기술적 지원을 전혀 받지 못하는 것에 대한 절망감을 지속적으로 개진했다. 이미 NAE 직원들은 광범위한 책임으로 인해 과도한 부담에 시달리고 있는데도 말이다. 게다가, 프로젝트를 진행하는 데 요구되는 일의 강도에 비해 자신들이 받게 되는 금전적 보상(10 JTI 시수를 추가로 받고 있음에도)이 그리 크지 않다는 점을 고려해 볼 때 과도한 업무 부담은 교사들이 프로젝트에 참여하는 데 부정적인 영향을 미쳤다.

NAE 직원들의 불평은, 많은 교사가 가르칠 수 있게 교육과정이 준비되어 자기들 손에 전달되기를 바란다는 점이었다. 이는 프로젝트가 지녔던 원칙에 위배되는 것이었다. 그러나 동료와 함께 이런 창의적인 역할을 떠안아 수행하는 데 익숙하지 않은 교사들에게, 일련의 교육과정 자료가 없다는 점은 별로 호감이 가지 않는 문제였고, 따라서 프로젝트에 대해 절망하고 환멸감을 느끼게 했다. NAE 소속 프로젝트 팀원이었던 한 직원은 이런 상황에 자신이 가졌던 절망감을 이렇게 표현했다.

> (NAE에서 일하는) 우리는 모든 프로젝트 학교들을 다 돌볼 수 없어요. 프로젝트 팀을 자문하는 우리에게 그 학교에서 무엇을 바라는지 알고 있고, 그들은 자문 위원 중 누군가에게 뭐라도 물어볼 수 있지요. 그런데 각 학교/교사들은 교실 수업에 당장 갖다 쓸 수 있는 것을 전달해 주기 바랍니다. "자, 당신이 담당 교실에 들어갈 거고, 이거, 저거를 하세요"라는 식으로 준비된 것 말입니다. 당신이 만약 자문관 중 한 명이라면, 이런 상황에 접하면 미칠 지경이 됩니다. 수업에 도움을 달라는 40여 명의 교사를 어떻게 다 도울 수 있겠어요? 불가능합니다. 자문관으로서 당신은 그 교사들이 수업하는 학생의 실재에 대해, 그 학생들이 살고 있는 지역사회 및 학교 주변의 동네에 대해 잘 모릅니다. 자문관 입장에서 이 모든 것에 대해 익숙하고 잘 안다는 것은 불가능합니다. 그런데 이런 요청을 접하는 것이 우리가 늘 해야 하는 일이었습니다.

교육청 직원에 의하면, 이 문제는 자신들이 진작시키려 애쓰는 민주적 원칙과 좀 더 조율된 프로젝트 장학을 위한 필요 사이에 지속적으로 남아 있는 갈등(예를 들어, 학교 자율성 대 책무성 및 장학)을 암시하는 것이기도 했다. 이런 갈등은 교육청 수준의 여러 논쟁에 자주 등장하는 주제였다. NAE 및 교육청 수준에서 프로젝트를 이끌고 있는 리더들은 프로젝트가 교사나 학교에 강제로 도입되거나 채택하라고 강요해서는 안 된다는 사실을 지속적으로 주장했다. 이는 학교교육과정이 위로부터 학교로 강제로 전달되는 미리 정해진 패키지가 되어서는 안 된다는 아이디어에 기반해 있었다. 전통적으로 교육과정이 그러해 왔던 것과는 정반대였다. 하지만 교육과정은 학교 내에서 생성되어 지속적으로 진화하고 집단적으로 구성되는 결과물이어야 했다. 그러나 많은 교사들, 특히 교육적이거나 정치적인 신념이 아닌 동료 압박 때문에 프로젝트에 참여하겠다고 선택했던 교사들의 경우 종국에는, 완전히 PT의 선동으로 학교 내에서 정치적-교육적 운동이란 측면에서 교육과정개혁을 진행하는 것에 분노를 터트렸다.

프로젝트에 대한 교사들의 저항이 지속적으로 제기되는 또 다른 요인은, 지자체 학교 시스템에 기존 교사와 신입 교사들의 배치가 고르지 않다는 문제였다. CONAE 직원은 (마노엘학교처럼) 교사들의 전출입 비중이 아주 낮은 좀 더 매력적이고 도심 한가운데 위치한 학교에서 인터 프로젝트에 대한 교사들의 저항이 더 컸다고 설명했다. 이런 학교들의 교사는 자기 방식을 더 고수할 수 있었고 프로젝트가 수반하는 총체적 변화를 채택하는 데 소극적이었다. "내가 지난 20여 년 동안 해 오지도 않은 일을 왜 바꿔야 하죠? 지금까지 별일 없이 잘되고 있는데 말이죠." 교사들은 이렇게 힐난할 거였다. 교사들의 전출입 비중이 높은 도시 주변부 지역 학교에 새로 교직에 들어선 교사들이 대거 배치된 상황은 프로젝트로 인해 발생하는 변화에 학교가 좀 더 개방적이도록 했다.

게다가 PT 개혁안에 본질적으로 내재되어 있는 모호함이 다양한 NAE 및 학교에서 인터 프로젝트에 대한 해석이 (제6장에서 묘사한 네 학교의 사례에서 보듯) 엄청난 범위로 다양하고 또 단절적으로 되는 데 영향을 미쳤다. 아주 구체적인 교육과정개혁안보다 좀 더 거창한 다학제적 프로젝트Inter Project는 무엇보다 학교에서 교육과정 계획에 총체적 접근을 급진적으로 재고하게 하려는 시도였다. 이런 새로운 접근은 단일한 교육과정 모델에 천착한 것이 아니라, 오히려 지역적 관심사에 부응하게 하는 생각거리를 확산하게 하고 참여하는 교사들의 창의성에 의해 형성되는 것이었다. 1991년 CONAE(교육청의 프로젝트 코디네이션 팀) 집회에서, 프로젝트를 지속적으로 괴롭히는 모호함에 대한 논쟁이 계속되었다. 한 위원은 교사들과 좀 더 효과적으로 소통할 수 있도록 프로젝트의 기본 구조를 만들기 위해 다음과 같은 강경한 청원을 내놓기도 했다.

우리는 인터 프로젝트의 개념화가 갖는 심각한 문제에 대해 잠시 멈춰 돌아봐야 합니다. "교사들의 저항이 너무 심하기 때문이야"라는 말로는 충분하지 않습니다. 왜냐하면 이 교사들은 이런 일을 감당하도록 훈련받지 않았기 때문이에요. 물론 우리도 그렇지 않고요. 우리의 기술적 지원이 너무 느슨한 것 아닌지 생각해 봐야 합니다. 우리는 프로젝트를 전체적으로 조정하는 데 아주 일반화된 접근 방식도 갖고 있지 않아요. 그리고 각 교과 영역은 같은 방식으로 개발되고 있지도 않고요. NAE에서 일하는 인터 프로젝트 팀은 아주 다양한 지점에 대해 매 순간 질문을 받고 있습니다. … 저는 우리에게 좀 더 정밀한 뭔가가 필요하다고 느낍니다. 우리는 여전히 이 점에서 너무 느슨하게 개념화된 채로 있고, 이 프로젝트에 들어와 있는 학교들은 좀 더 분명한 지침을 요구하기 시작합니다. 처음에 우리는 이들이 저항한다고, 이 프로젝트에 참여하기 원치 않는다고 이야기할 수 있었지만, 지금은 더 이상 그럴 수 없다고 봅니다. 이 문제에 대해, 그리고 이 문제를 어떻게 해결할지 당장 논의해야만 합니다.

프로젝트에서 이런 개방성은 교사들에게 일련의 실질적인 문제를 불러왔다. 예를 들어, 가르쳐야만 하는 개념과 인지적 능력의 순서를 정하는 일의 어려움 같은 것 말이다. 이는 인터 프로젝트 개발을 지속하도록 하는 데 가장 큰 걸림돌이 되었다. 일단 일련의 활동들은 생성적 주제 중심으로 조직화되면, 교사뿐만 아니라 NAE팀 멤버들조차도 해당 학년의 학생들에게 서로 다른 기능이 연속적이고 또 일관될 수 있도록 하는 교육과정을 구성하는 방법을 놓고 어찌할 바를 모르는 난처한 상황에 처하게 된다.

이 문제를 제기하면서, 코르텔라 교육감은 이런 교수법에 교사들이 더 잘 준비될 수 있도록 하는 데 필요한 것을 프로젝트의 가장 핵심 문제로 확인했다. 그는 다음과 같이 강조했다. "(인터 프로젝트는) 지식 생산을 연결하는 다양한 요소들의 광범위한 기초 지식을 요구한다. … 여기에는 과학사 지식도 포함된다." 코르텔라 교육감은 브라질의 교사들은 지식이 구획되어 있는 대학에서 훈련받았고, 이로써 교사들이 다양한 지식의 요소들 사이에 소통되는 지점을 인식하는 게 어렵다고 지적하고 있다. 그는 또 브라질의 교수법적 사고에 내재되어 지속되는 실증주의적 이상이 교사들이 프레이리의 교육과정개혁을 온전히 이해하고 또 채택하는 데 어려움을 느끼도록 한다고 지적했다.[7] 따라서 토레스 Torres는 지식에 대한 프레이리의 접근을 전통적이고 주류적인 실증주의적 패러다임에 정반대되는 패러다임으로 규정한다. 이 점에 대해 토레스는 다른 글에서 이렇게 주장하고 있다. "프레이리에게 지식은 사회적 구성이다. 지식은 담론 생산 과정을 구성하는데, 정보나 지식의 축적된 덩어리를 구성하는 최종 산물이 아니다. 지식을 반대의 변증법이라고 보는 프레이리의 이해는 근본적으로 전통적 이상주의자나 실증주의적 인식론과 반목하고 있다."[8]

결과적으로, (프로젝트에 개입하고 있는 많은 교사들이 지적하듯) 인터 프로젝트 교육과정 기획 과정에서 발생하는 주요한 문제점 중 하나는 단 하나의 생성적 주제 중심으로 모든 교과 영역을 통합하는 것이었다.

교사와 심지어 NAE 직원들조차 해당 학년의 학생들에게 서로 다른 기능이 연속적이고 또 일관될 수 있도록 하는 교육과정을 구성하는 방법을 놓고 어찌할 바를 몰랐다. 역사 및 지리 교과는 종종 전체 교육과정이 주어진 시설을 빙빙 돌도록 하는 일종의 중심축이 되곤 했다. 이를 통해 교사들은 사회적 실재로부터 도출된 생성적 주제를 이 영역에서 가르치게 되는 전통적인 내용과 기능으로 연결할 수 있었다. 따라서 프로그램을 기획하는 OC 단계에서 모든 교과목을 위해 통합하는 개념의 적절성이란 측면에서 문제가 생겼다. 교육과정 기획팀은 특정 교과목에서 개념적으로 중요하다고 여겨지는 것이 다른 교과목에는 그다지 큰 적합성을 찾기 어렵다는 점도 발견했다. 즉, 영어와 국어(포르투갈어) 교과에 적합한 것이 과학에는 관련되지 않을 수 있다. 역사와 지리, 수학을 좀 더 쉽게 통합할 수 있을지는 몰라도 말이다. NAE-6팀의 한 직원은 이렇게 지적했다. "NAE 인터팀원들에게 어렵다면, 한번 생각해 보세요. 교사들에게는 얼마나 더 어려울지…."

CONAE에서 일하는 수학 교과 전문가는 다음과 같은 질문을 던지면서 이 문제를 부각시키고 있다. "전통적으로 해 오던 설명을 하지 않으면서 어떻게 수학을 가르칠 수 있겠어요? … 가장 중요한 수학 교과 내용을 다학제적 제안을 통해 가르칠 수 있을까요? 매일의 일상생활에서 생성된 상황에서 시작하는 "이차 방정식"을 어떻게 가르칠 수 있죠? 교사는 늘 실생활 상황에서 가르침을 시작해야 하나요? 제가 "평균"이나 "중간값" 개념을 차용하는 사회적 그룹의 일반적 특성을 알고 싶다면, 그러면서도 확률이 5학년 과정에서 가르치는 수학적 주제가 아니라면, 교사로서 무엇을 할 수 있을까요? 그리고 인수분해는요? 제가 인수분해 기술과 방법에 대한 연습을 제공하기 위해 생성적 주제 내에서 이루어지는 토론을 방해해야만 하나요?"[9] 흥미롭게도, 인터 프로젝트 기획팀의 핵심에서 일하고 있는 대학 소속 전문가가 표명하는 아주 실질적인 불확실성은 학교에서 교사들이 아우성치는 관심사 및 회의와 정확하게 일치했다.

분명하게, 교사들은 생성적 주제의 역할이 모든 교과 내용을 하나의 단일한 주제로 제한하는 게 아니라는 점, 오히려 지역사회가 당면한 특정한 문제를 중심으로 여러 교과 영역들 간의 상호 관련성을 세우는 것이라는 점, 이런 방식으로 지역사회의 즉각적인 실재에서 시작해 사회의 거시적 차원에서 좀 더 멀리 떨어진 상황에 대한 분석과 이해로 나아가도록 하는 출발점으로 작용하게 한다는 점을 잘 이해하지 못했다. 이 점에서 많은 교사가 생성적 주제가 교실의 수업 내용을 불행(지역사회의 가난한 여건 등)에 대해 이야기하는 식으로 축소시키는 것과 똑같다는 잘못된 인식을 하고 있었다. 실제로, 몇몇 교사는 생성적 주제가 학교교육의 첫 사이클(1~3학년)의 학생들을 위한 교육과정을 기획하는 데 부적절하다고 주장했다.

프로젝트에 대한 이런 피상적인 이해는 이와 유사한 또 다른 문제를 만들어 냈다. 몇몇 학교의 교사들은 교실 수업에 대중문화나 현재 이슈에 대한 토론을 들이려는 시도를 "인터 프로젝트를 하는 것"이라고 여겼다. 인터 프로젝트에서의 교육과정 진행에 관한 미숙한 개념적 이해를 교사와의 대화 및 교실 참여관찰에서도 계속해 볼 수 있었다. 파편적으로 "인터 프로젝트를 한다"는 접근은 단지 학생들에게 사실로 된 글을 받아 적게 하는 데 반대하는 것으로 칠판에 질문을 적어 놓는 것으로 구성된다거나, 국어 시간의 수업 내용으로 대중가요의 가사를 활용할 수 있다는 것 등의 이해가 포함된다. 이런 방식으로 "인터 프로젝트를 한다"는 것은 교육과정에 기초한 생성적 주제로 작업하는 것을 반드시 필요로 하지는 않았다. 프로젝트에 대한 이런 단순화되고 가감된 개념이해 속에서, 이 말, 즉 "인터 프로젝트를 한다"는 것은 교육과정에 전통적인 교육과정 내용으로 인식되어 온 것과 구별되는 요소를 포함시키는 것과 같은 말이 되었다. 따라서 "내용을 선택할 때 '뭐든 다 괜찮다'는 접근이 채택되었고, 이로써 많은 NAE팀 멤버들이 인터 프로젝트가 채택되었을 많은 학교의 교실에서 취하는 프로젝트 개발 방법에 환멸감을 갖게" 되었다.

요약하자면, 프로젝트를 조율하는 교육청 직원들이 맞대면하게 되는 핵심 문제는, 학생들에게 전달될(되어야 하는) 근본적 교과 내용을 구성하는 것에 대한 교사들의 기존 이해 방식을 조정해 중재하는 일의 어려움, 그리고 프로젝트가 교육과정에서 대표되는 모든 교과 영역을 학생들에게 중요성을 지닌 생성적 주제로 연결하는 데 실패한 것에서 기인했다. 이론과 실천 사이의 이 같은 지속되는 갈등의 결과로, 프로젝트에 참여하는 교사들은 자신들이 느끼기에 생성적 주제를 통한 다학제적 교육과정에서 전혀 제시되지 않는 기술을 포괄하기 위해서 위에 인용했던 기본적 공부를 제공해 주는 실천에 빠져 이론을 내팽개치곤 했다. 역설적으로, (상파울루시 PT 정부 관점에서 보자면) 긍정적인 방향의 프로젝트 진화에 가장 주요한 장애물은 정확하게 인터 프로젝트의 교육과정 구성 원칙을 이처럼 단순화해서 해석하고 또 파편적으로 적용하려는 것이었다. 또한 학교 교직원들에 의해 프로젝트 실행에 불일치와 비일관성이 나타남으로써, 인터 프로젝트가 만들어 낸 '질 떨어진' 교육과정으로 보이는 것과 대조적으로 선통적인 교과 내용을 규칙적으로 전달하는 것이 상파울루시 아이들을 가르치는 데 가장 '적절하고' 효과적인 접근이라고 끈질긴 신념을 보이는 사람들의 절망감이 한층 더 커졌다. 교사의 인식 및 해석과 프로젝트의 의도 사이에 상존하는 이런 갈등에 대응해, 코르텔라 교육감은 다음과 같이 언급했다.

학교에서의 지식은 이중적인 목적을 가집니다. 하나는, 지식의 역할은 사람들에게 실재를 이해하도록 하는 게 아니라, 자신들이 실재에 대해 이해하고 있는 것에 토대해 그 실재를 변화할 힘을 갖게 한다는 것입니다. 이것이 바로, 다학제성이 그 자체로 목적이 되지 않고 일종의 도구가 된다고 하는 이유입니다. 다학제적 접근이 학교가 존재하는 이유이기 때문에 이를 채택한다고 해서는 안 됩니다. 학교는 다학제적인 방식으로 존재하지 않습니다. 학교는 아주 단단한 과학적 지식의 기초와 강한 비판적 시민성을 지닌 학생들을 길러 내기 위해 존재합니다. 이것이 진보적 교육의 핵심 목표입니다.[10]

동시에, 인터 프로젝트는 많은 교사들의 직업적 정체성이 변화하도록 만든 계기가 되었다. 이 프로젝트를 통해 교사들은 자신과 학생을 단순한 전달자나 혹은 수용자가 아닌 지식 구성에 적극적으로 참여하는 사람이라고 보게 되었다. 이를 CONAE에서 일했던 교과 전문가의 말을 빌려 표현하면 다음과 같다. "우리는 학생들을 향하는 태도에서 아주 급진적인 변화를 보인 몇몇 교사를 볼 수 있었습니다. 그들은 평소 늘 구조화된 방식으로 지식을 전달해 왔습니다. 그런데 갑자기 이 교사들이 그 구조가 해체되는 것을 경험하게 되었고, 단지 교과지식 내용을 전달하는 이 권위주의적 방법이 교육하는 것과 아무 상관이 없음을 깨닫게 된 거죠. 이들은 비로소 학생들의 목소리에 귀를 기울여야 한다는 것, 학생들 또한 교실에 자기 지식을 갖고 들어온다는 것을 알게 된 겁니다." 교육개혁의 핵심적인 이론 전문가이자 활동가였던 페르남부쿠 또한, 교사들 사이에 교육청의 교육과정개혁 프로젝트에서 중심적 요소로 대화를 위한 좀 더 많은 기회를 만들어 냈다고 지적했다.

우리에게 개념적으로 잘 정리된 프로젝트는 없었지만 그 과정을 시작했다는 점은 너무도 분명합니다. 누구에게도 이 문제가 해결되지는 않았죠. 우리는 좀 포괄적인 지침을 만들었지만, 많은 것들이 여전히 만들어지는 과정 중에 있었습니다. 이렇게 계속되는 과정에서, 그리고 발생하고 있는 사회운동에서 가장 중요한 것은 인터 프로젝트가 수행되도록 하는 기제(메커니즘)을 만들어 내는 것이었습니다. 그래서 교사의 집단적 시간horário coletivo이 생긴 거죠. 이는 학년별·교과별로 조직된 교사 모임이고, 전체적으로 움직이는 학교는 교과 내용에 초점을 맞춘 모임보다 비판적이었습니다. 일단 이런 토대가 만들어지고 나면, 조금씩 천천히 나머지 것들을 만들어 갈 수 있습니다. … 이는 학교들을 이끌어 내 조직하고 이 개혁 과정을 계속하도록 하는 확장의 과정을 통해 보증되는 거였죠.[11]

코르텔라 교육감에 의하면, 파울로 프레이리는 인터 프로젝트에 교사들의 자발적 참여를 이끌기 위해 필요한 민주적 동력을 만들어 내는 데 핵심적인 역할을 했다. 교육청 임기를 시작하면서 프레이리는 컨퍼런스에 참석한 3만 4,000명의 교사들에게 연설했다. 교육감으로 재임하는 동안, 그는 지속적으로 지자체 학교를 순회 방문했고 해당 학교의 관리자 및 교사들과 대화를 나눴다. 교육감이 직접 교사들에게 가닿으려는 모습은 지자체 학교 시스템의 조직에서 권력관계를 변화시키려는 교육청의 전체 프로젝트를 상징하는 것이었다. 코르텔라 교육감은 학교 민주화라는 단순한 수사법을 넘어서려는 상파울루시 PT 정부의 책무에 대해 다시금 강조했다. "우리는 말을 통한 제스처뿐만 아니라 민주적 삶의 질과 시민성 회복을 향상시키는 구체적인 행동을 통한 제스처를 보여 줘야 합니다. … 이전에는 교사들의 목소리가 전혀 들리지 않았지만, 이 정부에서는 의사소통의 민주화를 위해 애써 왔습니다."[12]

일단 소통 체계가 열리게 되면, 다음 국면은 프로젝트의 특정한 교육적 측면을 제기하는 일이 된다. 프로젝트의 첫 번째 국면에서, 이들은 프로젝트 실행과 지자체 학교 내 행위자들 간의 의사소통 민주화를 위한 기제(메커니즘)을 만드는 데 주된 노력을 기울였다. 프로젝트를 떠받치고 있는 이론이라든가 이 이론의 실천에 관한 구체적인 교사들의 훈련에는 이보다 적은 관심을 기울였다. 두 번째 국면에서는, 앞서의 내용을 강조하는 것과 동시에 좀 더 구조화된 기술적 지원을 제공하는 방향에 초점을 두고자 했다. 즉, 학교에서 만들어지는 자료 및 실천들이 수집, 검토, 확산될 수 있도록 했다. 단, 이런 것들이 적절하다는 전제하에 말이다.

연구를 수행하면서, 우리는 정책 기획과 정책 실행의 광범위한 스펙트럼 양극단에 속한 행위자들의 목소리를 직접 들었다. 우리가 만나 이야기를 들은 대다수의 교사는 상파울루시 PT 정부의 가장 뛰어난 특징으로 최초로 자신들의 직업 생활에서 자기 목소리를 낼 기회가 부여되었다는 점을 강조했다. 사례 연구에서 들은 이들의 진술은 이런 기회의 중요성을 강조하는 것이었다. 이와 같은 노력은 1991년과 1992년 교육청이 개최한 지자체 교육에 관한 두 번의 대회에서 잘 나타났다. 두 번의 행사(1991년 행사는 지자체 교육체제에서 역사상 처음 있는 일이었다)에는 수천 명의 상파울루시 교육가(관리자 및 교사)들이 자신들이 수행해야 하는 교육개혁의 방향에 대해 토론하고 인터 프로젝트, 학교위원회, 교사학습공동체 및 상파울루시 PT 정부하에서 최전선에 놓인 교육 프로그램에 관한 경험을 공유하고자 모였다.

국가, 교육정책, 사회운동

여기에서 우리는 국가가 정치경제적 힘과 교육 프로젝트 사이에 투쟁과 경쟁의 장이 된다고 가정했었다. 물론, 지자체 교육개혁, 사회운동의 역할, 브라질 정책 형성의 갈등과 모순 간의 관계에 대해 좀 더 많은 연구가 필요하다. 그러나 새로운 교육정책의 참여적 성격을 제한하는 방식으로 이들 간의 긴장이 존재하고 있음을 볼 수 있었다. 사회적 전환이 일어나는 상황에서 이런 정책의 모순을 부각시키면서 말이다.[13] PT의 분절화된 이데올로기적 성격이 이런 갈등을 일으킨 한 요소라고 할 수 있다. 5개의 주요한 주류 정파를 포함해 자그마치 15개의 정파들이 구분되어 있었기 때문이다. (기독교기초공동체를 떠받치고 있는) 해방신학과 트로츠키주의와 같이 서로 다른 이데올로기들이 정당 내에서 표출되었다. 이런 차이로 인해 교육정책의 불일치, 특별히 브라질 좌파 내의 불일치가 나타났다. 브라질 좌파의 경우, 문화적 전달로 전통적인 공교육을 옹호하는 사람들에 대항해 민중적 공교육에 관한 개혁안을 옹호하는 사람들이 싸우게 했다.[14]

여전히 정말 많은 정치적 질문들이 제기될 수 있다. 전통적인 사회민주적 관점에서 옹호되는 교육개혁안과 PT에 의해 옹호된 별개의 교육개혁안이 어떤 정치적이고 교육적인 차이를 보이는가? 브라질과 같이 경제적으로 종속된 개발 국가, 특히 빠르게 변화하는 세계라는 맥락과 라틴아메리카 전체적으로 신자유주의적 정부가 확산되는 가운데 민주적 사회주의(와 민중 참여에 의해 세워진 시스템)의 가능성과 한계는 무엇인가?[15]

두 번째 이슈는 과정으로서의 민주주의와 방법으로서의 민주주의 사이의 관련성이다. 브라질 사회에서 고객주의clientelist, 세습주의patrimonialist적 풍토, 그리고 공적 영역에서의 부정부패를 줄이면서 균형과 견제를 창출해 냄으로써 브라질의 절차적 민주주의를 강압적으로 만들어 낼 필요가 있는지에 대해 논란이 있을 수 있다. 여기서 딜레마는 어떻게 절차적 민주주의를 구현해 낼 것인가이다. 한편으로 경제적 민주화의 전망을 강화하는 실질적인 경제개혁 및 정치개혁을 추구하면

서 말이다.[16]

더 나아가, 공공 정책과 사회운동 사이에 선언된 절합이 달성되었는가? 이 질문은 또 다른 질문으로 이어지게 하는데, 예를 들어, 어떤 국가 및 민주주의가 건설되고 있는가? 혹은 민중적 공립교육에서 어떤 교육이 궁극적으로 나타날 것인가? PT가 집권한 상파울루시 교육청은 바로 이 질문을 중심에 두고 학교에서 교육과정 재정립을 위한 운동을 만들고 비문해 문제를 제기하는 기존의 사회운동의 영향력을 증진하려는 노력을 통해 도시 전체의 교육가, 학습자 및 지역사회 구성원들 간의 강렬하고 역동적이며 가끔은 갈등을 유발시키는 대화에 착수했다.

마일스Angela Miles는 사회운동이 새로운 교육과 잘 맞는 토대를 제공해 주었다고 주장한다. 그녀는 사회운동을 교수학습으로 묘사하고 있는데, 이것이 "반엘리트주의적 공동체 과정에서 형평성의 정신과 완전한 인간 잠재성의 실현을 북돋고, 학생들에게 불평등을 영속화시키는 구조와 실천을 이해하고 또 이에 맞서도록 하게 하는 기능, 자원, 지적 도구를 제공해 주며, 직업 훈련, 개인적 자각 및 임파워먼트, 그리고 사회적 행위를 통합하도록 해 주고, 지식 생산의 세계와 일상생활 간의 분리에 도전하도록 하며, 실제 세계의 문제에 다학제적 접근을 통해 학문에 따른 교과 내용의 인위적 구분을 거부하도록 하고, 학습자를 지식의 창조자로 인식함으로써 지식 독점을 해체하도록 한다".[17] 사회 변혁을 위한 어떤 의제라도 상파울루시 교육개혁이 국가와 사회운동 간의 협력에 기초해 교육의 접근성과 질이라는 측면에서 공교육을 개선하도록 해 주었는지 질문해야 한다. 동시에, 우리는 젠더, 계층, 인종에 입각해 벌어지는 학교 및 사회적 차별을 극복하기 위해 정말 엄중한 노력이 기울여졌는지도 따져 봐야 한다.[18] 이와 같은 정도로 중요한 것이 있는데, 사회운동과 국가 간의 협력에 기초한 새로운 교육정책이 실제 있기는 했는지도 질문해야 한다. 정치적으로 실현 가능하고, 기술적으로 유능하며 윤리적으로 건전한 교육정책 말이다.

　기술적으로 유능하고 정치적으로 실현 가능한 개혁들의 경우, 정치경제적 민주주의에서 보편적인 사회정의 및 공정성이라는 신념을 떠받치고 있는 윤리적인 원칙과 자주 갈등을 빚는다. 다른 경우, 민주적 연민에 토대해 정치적으로 실현 가능한 개혁 프로젝트는 대체로 기술적인 전문성이 결여되어 있어, 결국 정책 실패를 경험하게 된다. 마지막으로, 특정한 역사적 상황에서 기술적으로 유능하고 윤리적으로 건전한 민주주의적 프로젝트가 제안되지만 정치적으로 실현 가능하지 않은 방식으로 발생하기도 한다.

　프레이리는 이론적 저작에서, 독자들을 향해 이런 긴장 관계가 늘 존재한다는 점을 강조하고 또 충고했다. 그는 이런 긴장이 민주적 실천을 위한 안전장치라고 여겼는데, 그 이유는 이런 시각이 협력적이고 참여적인 민주적 동맹을 쌓아 가는 데 필요하기 때문이었다. 정책결정자의 자리에 있던 프레이리는 분명히 정치적 지형, 기술적 능력, 그리고 윤리적 관점이 교육개혁에 임하는 어떤 노력 속에도 아주 깊숙이 서로 결합되어 있다는 점을 잘 알고 있었다.[19] 30년이 넘는 기간을 거치며, 그는 교육이란 절대 가치중립적이지 않으며, 교육의 정치적 성격은 교육가나 교육정책가의 주체적 입장에서 독립적이지 않다고 끈질기게 주장했다.

　별로 놀랄 것도 없이, 우리기 이 책에서 주장하고 또 사례로 보여 주려고 했듯이 프레이리 교육청은 민중 공동체의 교육적 필요에 부응하는 사회운동을 열정적으로, 그리고 서서히 만들어 가는 것을 지향했다. 도시 전체의 691개 학교에서 똑같이 복제될 수 있도록 조율된 교육과정 세트를 냉엄하고 또 효과적으로 개발해 내기보다 말이다. 교육청에서 이런 다중적 측면을 지닌 운동을 추진하는 데 관련된 동력은 PT 교육가 일부의 의식이었다. 이들은 상파울루시 아이들의 교육 현실과 이 지역의 학교에서 가르치고 있는 교사들의 교육적 태도에 영향을 미치기 위해 자신들의 노력을 투입할 수 있는 시간이 단 4년밖에 없다는 것을 알고 있었다. (사회)운동은 전통적인 평가assessment and evaluation 방법이 거짓이라고 전한다. 그러나 평가 및 성찰의 순간에 마리아 사울Ana Maria Saúl(DOT의 책임자)은 PT 교육청 시기에 교사들의 정치적 동원 전략으로 인해 일부 교사들이 가졌던 기대에 대해 다음과 같은 관찰을 할 수 있었다. "이건 아주 좋은 거예요. 우리는 이걸 기대하지 않았어요. 우리가 알기로 그들은 좀 더 많은 지원이 필요합니다. 그리고 우리는 필요한 조건을 제공해 주고 있죠. (동원을 위한 우리 노력이) 미래 교육청에 압력을 가할 수 있는 교사 조직화를 위한 기제(메커니즘)로 작동하기를 상상했는데, 실제로 이 일이 이번 교육청 집권 시기에 일어나기 시작한 거죠. 학교 자체가 교육청에 뭔가 요구를 하기 시작했습니다."[20] 이는 정확하게 PT가 의도한 것으로, 장기적으로 교사들이 지자체 학교 시스템에서 지속적인 변화 메커니즘을 세우기 위해 계속 싸우도록 하는 일종의 운동을 만들어 낸다는 개념에 근거해 있다.

여전히, 정치-교육적 의제와 당면한 많은 장애물을 진전시키는 데 PT가 가진 시간이란 게 제한된 상황이었지만, 인터 프로젝트는 의심할 여지 없이 획기적인 교육개혁을 표상한다. 이 프로젝트의 뿌리가 전 지구적이고 거대한 도심 교육체제의 개혁 맥락에 확산된 프레이리 이론에 기반한 해방적 교육 경험의 풍부한 전통에 있다는 사실은, 상파울루시의 교육과정개혁운동에 엄청나게 중요하고 감히 닿을 수 없을 정도의 결과를 만들어 냈다. 코르텔라, 프레이리, 에룬디나가 1992년 선언했듯, "우리들, 즉 교육가, 학부모, 학생, 교육청 직원 등이 살아 낸 이 경험은 이 나라에 근본적인 사실을 말해 주고 있습니다. 양질의 공교육이 가능하다는 사실 말입니다."[21] 이들은 이어서 이렇게 말했다.

우리는 지난 4년간의 역사에 대해 당신께 상기시켜 드리고 싶습니다. 이 시기는 역사를 부정해 왔던 이 나라에서 꼭 필요한 과정이었습니다. 어떤 이들은 자신들의 역사적 과정을 지배의 형식이란 사실로 제쳐 두고는 자신들의 사상을 정치적 홍보 기술을 이용해 확산, 소수의 사람들에게나 필요한 생각을 수백만의 사람들이 믿도록 합니다. 가혹한 우리의 현실을 변화시키는 것은 속빈 구호나 마법적인 혹은 가부장적인 형태로 제시되는 것이 아니라는 신념이 있습니다. 상파울루시와 이 나라 나머지 다른 지역에서 생활 여건과 시민성을 변혁하려는 과정에는 주민의 입장에서 개입하고 의사결정할 수 있는 권력을 그 지도 원칙 가운데 하나로서 포함시키는 정치적 의지, 진지함 그리고 프로젝트가 필요합니다. 생각하고, 정교화하며, 결정하는 권한을 공유하기 위해서는 정보의 체계적 사회화와 민주주의에 내재해 있는 긴장 및 모순과 공존하고 이를 경험할 수 있는 능력을 갖춰야 합니다. 참여를 본질적인 전제조건으로 갖고 있는 그 어떤 과정의 풍부함과 어려움을 전체주의가 득세하여 없애 버리게 될 때 이런 일은 절대 일어나지 않습니다.[22]

이 점에서, PT는 상파울루 전체 지자체 학교에 인터 프로젝트를 실시하도록 진작시킴으로써 브라질의 새로운 교육 정치학을 위한 발판을 마련했다. 이 정치학은 학생과 이들이 살아가는 지역사회의 사회경제적, 문화적, 정치적 실재에 대해 말하는 해방적 교육 패러다임과 교육과정 개발에의 새로운 집단적 접근의 이론적인 토대와 실천적 경험을 개발하려는 것이다. 이 발판을 토대로, 상파울루 지자체 학교(와 브라질 전체의 지자체들)들은 민중적 공립학교의 특정한 개념화를 만들고, 학교(학생, 지역사회)의 실재를 조사·연구하며, 학생에게 더 적합한 학습 상황과 교사들이 직업적 전문성을 더 많이 개발할 수 있는 기회를 창출하기 시작했다. 실제로 상파울루시 PT 정부 집권이 끝나고 2년이 지난 뒤, 우리가 후속 연구를 위해 1994년 방문했을 때, 다시 찾았던 학교들은 인터 프로젝트를 통한 교육개혁 기간에 도입된 집단적 교육과정 기획의 요소들을 계속 차용해 쓰고 있었으며, 심지어 1996년 후반에 NAE-6 소속의 한 학교는 "조사/연구와 생성적 주제"[23]를 시행하고 있었다. 게다가, 포르투알레그레Porto Alegre에서 앙그라두스헤이스Angra dos Reis에 이르기까지 크고 작은 PT의 지자체가 민중적 공교육의 각자 버전을 만들어 내는 방식으로 상파울루시 경험의 발자취를 이어 가고 있다. 그리고 생성적 주제를 통한 다학제적 교육과정의 모델을 만들어 내려고 애쓰고 있다.

그러나 여기서, 이 경험에 대한 프레이리 자신의 평가를 들어 보는 게 적절할 것이다.[24]

제가 상파울루시의 교육감으로 재직할 당시에 우리의 정치적 꿈과 우리가 꿈꿔 온 유토피아와 일관된, 진지하게 고려해 볼 만한 정부(교육청)를 만들고자 무척 애썼습니다. 그렇게 될 거였어요. 우리에게는 학교 이슈에 민중들의 참여가 소극적이라는 문제가 있었고, 동료들과 저는 아주 처음부터 시작해야 했습니다. 즉, 행정개혁을 실현해 교육청이 전혀 다른 방식으로 일할 수 있도록 시작한 거죠. 오로지 권위주의적 권력만이 실행 가능하게 하는 행정 구조 속에서, 학교 자율성을 옹호하고 공립학교이면서 또한 민중 계층에 속해 있다고 인식하는 민주적 정부를 만들어 내는 것은 불가능했습니다. 교육감에서 교육청 각 국장들에게, 이 국장들에서 각 과의 과장들에게 지시가 내려지고 이 지시는 학교에까지 전달되었습니다. 학교에서는 학교 관리자가 이 모든 지시를 모아서 수위, 식당 요리사, 교사 및 학생들의 입을 막고 조용하게 합니다. 물론, 어디에나 예외는 있죠. 이런 예외가 없다면 변화를 만들어 내는 일은 훨씬 더 어려울 겁니다.

우리 앞에 펼쳐진 브라질 민주주의와 이 사회의 독재 전통이 대면하고 있는 문제를 감안해 볼 때, 학교에 가장 높은 우선순위가 부여되어야 합니다. 이와 반대로, 학생과 교사가 목소리를 낼 수 있는 권리를 인식할 권력을 민주화하고, 학교장의 개인적 권한을 감소시키고, 학교위원회와 함께 새로운 권력의 사례를 만들어 낼 필요가 있습니다. 이는 숙의적인 것으로 단지 전문가들의 자문으로 해결될 일이 아닙니다. 이를 통해 학부모들은 처음부터 자기 자녀들의 학교 운명을 결정하는 데 진정한 역할을 했습니다. 게다가, 학교를 자신들의 것으로 가지면서 그 학교의 정책 결정에 스스로를 동등하게 참여시키도록 하는 진정한 지역 학교를 만들고 싶었습니다. 그러자니 교육청을 민주화하고 의사결정을 분권화하는 것이 필요했습니다. 교육청의 권력을 제한할 통치 구조를 발족하는 것이 필요했습니다. 이론에 관한 담론만 주장하는 전통적인 휴일 강좌를 극복함으로써 직원 훈련과 개발을 위한 정책을 재정립할 필요가 있었습니다. 실천에 대해 토론하는 실천이지만 이다음에는 교사들이 논의된 그 이론을 실행에 직접 옮기리라 기대하면서 말이죠. 이 이런 과정은 이론과 실천 사이의 변증법적 합일을 영위하는 효과적인 형식을 통해 개발된 것이 아니었습니다. 제가 분명히 하고 싶은 것은 학생, 교사, 학부모, 지역사회에서 더욱 커다란 민주적 참여를 보였다는 점입니다. 이런 공립학교들은 자체로 민중적 공간으로 탈바꿈하려고 했고, 따라서 변화에 대해 준비되고 분권화되어 있으며, 정부 차원의 행동을 신속하고 효율적으로 촉진해 낼 수 있도록 구조를 가볍게 해 달라고 요구했습니다. 그런데 우리가 유산으로 물려받은 것은 중앙에 집중된 권력을 가진 정말 무거운 구조였어요. 문제에 대한 해결은 즉각 이루어지기를 바라는데, 이런 구조에서는 한 부서에서 다른 부서로 해결 방안이 기어가고 있었던 겁니다. 한쪽 끝에서 다른 쪽 끝으로, 다시 또 다른 곳으로 움직이는 뭔가를 기다리면서 말이죠. 이런 것들은 독재자와 엘리트주의자들에게 봉사하고, 그에 더해 식민지적 형태를 떠올리게 하는 전통적 정부였던 겁니다. 이런 구조의 변혁 없이는, 지역사회 혹은 민중적 참여는 생각도 할 수 없었습니다. 민주주의는 민주화하는 구조를 요구합니다. 공화국의 명령에 시민사회의 참여적 존재를 억누르는 그런 구조 말고요. 이게 우리가 한 일입니다. 저는 아무리 작지만 제가 가진 권력을 위해 교육감으로 있으려 했습니다만, 이런 이유로, 저는 다른 사람들과 효과적으로 일할 수 있었고 또 의사결정을 내릴 수 있었습니다.[25]

브라질 및 다른 국가에서 사회운동과 지자체 정부가 기술적으로 유능하고, 윤리적으로 건전하며, 정치적으로 실현 가능한 교육정책을 만들고 또 유지하는 것은 엄청난 도전임이 분명하다. 특별히 파울로 프레이리의 기본적 교의를 따라 자신이 무엇을, 누구를 위해 하고 있는지, 필수적으로 무엇에 또 누구에 맞서고 있는지 계속해서 질문하는 상파울루시의 교육가, 정책결정자, 사회운동가들에게는 너무나 맞는 이야기이다.

■ 주석

1. Fernando Rossetti, "Prefeitura de SP em exame: Erundina reduz o déficit educacional", *Folha de São Paulo* (January 3, 1992), p. 1-D. Data are from "Asessoria Técnica de Planejamento/Centro de Informática", Secretaria Municipal de Educação, Evolução de Matricular por Modalidade de Ensino, 1980-1991, unpublished computer printout, June 22, 1991, p. 1.
2. 야간학교(저녁부제)에 다니는 학생들은 주로 이전에 중도탈락했지만 다시 학교 교육을 받겠다고 등록한 학생으로 저녁 시간을 택한 경우다. 낮에는 노동해야 한 다거나, 또래보다 나이 많은 경우, 아예 성인 학습자들인 경우가 대부분이다. 저 녁 시간에 학교를 다니는 학생들은 주간에 다니는 학생들보다 통상적으로 위신 이 낮다고 간주된다.
3. "Uma conquista do trabalho coletivo", Diario Oficial do Municipio, São Paulo 36, no. 47 (March 13, 1991), p. 3.
4. 상파울루시 PT 정부의 1991년 예산 내역을 보면, 교육에 10.6%가 할당되어 있 다. 코르텔라 교육감은 조심스럽게 교사 급여의 상승이 교육의 질 개선과 정확하 게 일치한다고 보기 어렵다고 말했다. 그러나 연구 결과를 거론하며 교사들의 급 여 수준이 낮고 근무 여건이 형편없는 상황에서 교육 성과는 부정적이라고 언급 했다. 다음 자료를 참고할 것. Cortella, "Aqui não inaguramos paredes", *Folha Dirigida/Nacional* (December 24-30, 1991), p. l.d.
5. Interview with Secretary Cortella (October 1992).
6. Interview with Marta Pernambuco (October 1992).
7. Interview with Secretary Mário Sergio Cortella (October 16, 1992).
8. Carlos A. Torres, *The Politics of Nonformal Education in Latin America* (New York: Praeger, 1990) p. 8.
9. Maria do Carmo D. Mendoça (mimeograph), 1994.
10. Interview, 1992.
11. Interview with Marta Pernambuco, (October 1992).
12. Interview with Mário Sergio Cortella (October 1992).
13. 사회 전환 과정에서 교육이 어떤 역할을 하는지 검토하기 위해서는 다음 자료 를 참조할 것. Carnoy and Samoff, eds., *Education and Social Transition in the Third World* (Princeton, NJ: Princeton University Press, 1990).
14. Moacir Gadotti, *Uma só escola para todos: Caminhos da autonomia escolar* (Petrópolis: Vozes, 1990), pp. 165-183; José Tamarit, "El dilema de la educación popular: Entre la utopía y la resignación", *Revista Argentina de Educación*, 8, no. 13 (1990), pp. 7-45.

15. 라틴아메리카 지역에서의 신자유주의 정부들이 어떤 교육정책을 펼쳤는지 검토하기 위해서는 다음 자료를 참조할 것. Morales-Gómez and Carlos Alberto Torres, eds., *Education, Policy, and Social Change: Experiences from Latin America* (Westport, CT, and London: Praeger, 1992).

16. 민주적인 사회에서 분권화의 포스트모던적 개념과 권력의 분열은 종속 자본주의에서 실질적 민주주의 방법론에 많은 분석적 과제를 제기해 주고 있다.

17. Angela Miles, "Women's Challenge to Adult Education" (Ontario Institute for Studies in Education, Toronto, May 1989, mimeographed), p. 3.

18. 상파울루시 문해교육에서 젠더의 역할에 대해 자연주의적으로 분석한 연구는 다음을 참조할 것. Nelly Peñaloza Stromquist, "The Intersection of Gender and Social Marginality in Adult Literacy: Becoming Literate in São Paulo" (School of Education, University of Southern California, February 1992, mimeographed).

19. 다음 문헌 참조할 것. Paulo Freire and Iván Illich, *Diálogo Paulo Freire e Iván Illich* (Buenos Aires: Editorial Búsqueda-Celadec, 1975).

20. Interview with Ana Maria Saúl (October 1992).

21. *Diário Oficial* (October 15, 1992).

22. Ibid.

23. (포르투갈 원어) "tirou o tema gerador." 이 말은 학교가 실재에 대한 주제연구를 수행하고 해당 학기 교육과정을 위한 생성적 주제를 정한다는 의미이다. 이 정보는 1996년 4월 현장의 정보 전달자와 전화 통화를 통해 알게 된 내용이다.

24. 오카디즈와 웡의 연구를 위해 고용된 현지 정보 전달자는 전직 NAE 인터팀의 활동가로, 1992년부터 (PT가 집권하고 있던 지자체인) 포르투알레그리(Porto Alegre)와 앙그라두스헤이스(Angra dos Reis)의 교육청에서 자문관으로 일했다. 이 두 교육청은 당시 상파울루시 인터 프로젝트 경험에 기반한 교육과정개혁을 추진하고 있었다. 오카디즈는 1995년 앙그라두스헤이스 교육청 소속 초등학교와 행정부서를 방문하면서 이런 교육과정개혁의 첫 출발 과정을 관찰할 수 있었다.

25. Paulo Freire, *Politics and Education* (Los Angeles: UCLA Latin American Center, in press).

박해받는 2022년 파울로 프레이리

보우소나루Jair Bolsonaro는 2018년 말 브라질의 대통령으로 당선되었고 2019년 1월 대통령에 취임했다. 전직 군 장성 출신인 그는 보수적인 정파의 사회자유당Social Liberal Party 소속으로 정권을 잡았다. 2022년 브라질연방공화국의 대통령 선거가 치러지는 만큼 보수적인, 더 정확하게 이야기하면 우파 포퓰리즘을 앞세운 보우소나루의 연임이 가능할지는 두고 볼 일이다. 흥미롭게도 노동자당Workers Party 출신 전임 대통령인 룰라Luiz Inácio Lula da Silva의 피선거권이 회복되면서 현 대통령에 대한 평가와 지난 8년(2003~2011년) 동안 보여 준 룰라의 정치적 리더십에 대한 평가가 함께 이뤄질 전망이다. 이 둘의 정치적 지형과 지지가 극적일 정도로 다르다는 점에서 향후 4년을 이어 갈 대통령에 누가 당선되는지가 브라질연방공화국의 미래를 내다보게 할 것이다.

나는 이 글을 통해 브라질 대통령 선거에 대해 이야기하려는 게 아니고, 이에 대해 아는 것도 많지 않다. 이 지면을 통해 하려는 이야기의 핵심은 따로 있다. 한 나라의 대통령인 보우소나루가 나서서 파울로 프레이리를 브라질 사회의 공공의 적으로 지목하고 있음을 이야기하려 한다. 현 대통령이자 브라질 사회의 우파 세력을 대표하는 보우소나루는

2019년 임기를 시작하면서 문화전쟁을 선포하고, 반드시 극복해야 할 적대적 인물로 프레이리를 콕 짚었다. 그는 선거 연설을 하면서 지지자들 앞에서 "브라질 교육 시스템에서 프레이리의 철학을 숙청하겠다"라거나 "교육부에 화염방사기를 갖고 들어가 파울로 프레이리의 흔적을 없애 버리겠다"라고 호언장담했다.

이것은 단지 대통령 혼자만의 생각이 아니었다. 여당 소속 상원의원인 호르디Carlos Jordy는 2012년 브라질 정부가 파울로 프레이리를 '교육의 아버지Patron of Education'라 지정한 칭호를 박탈해 성 조셉Saint Joseph of Anchieta에게 넘기겠다며 법안을 제출했다. 그는 법안을 제출하면서 "비고츠키, 피아제, 프레이리로 대표되는 사상의 영향을 받아 브라질에 도입된 사회구성주의적 방법 때문에 교육이 쇠퇴하고 있다. 이런 모든 사회적 장치들이 문화적 마르크시즘을 구현하고 있다"라고 설명했다. 다행이라고 해야 할지 모르겠지만, 이 법안은 아직 의회에서 통과되지 않았다.

교육부 자문위원으로 참여하고 있는 또 다른 친정부 인사인 코스타 교수Ricardo da Costa, Federal University of Espírito Santo in Vitória는 프레이리를 브라질 교육 문제의 핵심으로 꼽고 있다. "내 소견을 말하자면, 브라질 교육이 쇠망하는 것은 다 프레이리 때문이다. 그의 사상이란 것을 보면 학교에서 학생의 문화적 맥락을 거창한 것으로 대우한다. 그는 마치 학생의 문화적 맥락이 교사들의 지식과 동등하게 중요한 것처럼 말한다. 그 결과로 감정이 교육적 지식보다 더 강조되는 상황이 발생한다"라고 그는 한탄했다.

보우소나루 대통령의 스승이라 자처하는 철학자 카르발루Ovalo de Carvalho는 프레이리를 "껍데기만 지식인인 전사pseudo-intellectual militant"로 부르면서 프레이리가 "교육을 분파적 세뇌 수준으로 깎아내리는 온갖 술수를 다 쓴다"라고 비판했다. 프레이리를 둘러싼 이러한 상황은

"비당파적 학교운동School Without Party Movement"이라는 우파의 정치운동에서 정점을 이루고 있다. 이 운동을 시작하고 지휘하고 있는 나기브 Miguel Nagib는 프레이리를 "세뇌시키기의 아버지"라고 하면서 좌파 사상을 퍼뜨리는 게 의심되는 교사는 동영상 찍어 보내라고 학생들을 부추기고 있다. 이 운동에 참여하는 사람들은 보우소나루 정부에서 "좌파 세뇌 작업"이 "정치 중립적인 교육"으로 전환되기를 기대하며 압력을 가하고 있다.

그런데 흥미롭게도 프레이리와 그의 사상을 둘러싼 브라질 내의 정치적 소동은 법원에서 제동이 걸렸다. 리우데자네이루 소재 연방법원은 전국인권운동National Movement for Human Rights의 고발을 받아들여, 2021년 9월 국가 법률로 지정된 브라질 "교육의 아버지"인 프레이리의 위신을 공격하는 일은 법에 저촉되며, "프레이리의 존엄을 해치는 그 어떤 행위institutional act라도 벌금(50,000브라질레알, 한화로 대략 1,200~1,300만 원)에 처해질 것"임을 판시했다.

1997년 작고한 프레이리에게 "교육의 아버지"라는 법률적 호칭을 부여하리만큼 브라질에서 고귀한 인물로 대우한 게 2012년인데, 2018년부터 현재까지 벌어지고 있는 프레이리에 대한 박해는 쉽게 이해되지 않는다. 그러나 프레이리와 그의 사상에 대한 브라질 사회의 반응은 애초 브라질 사회 바깥의 진보적 지식인과 비판교육학의 환호와는 아주 달랐다. 어느 사회에서나 그렇듯, 국가 권력과 정치적 이념에 반하는 혹은 이를 지지하지 않는 반체제적 이상은 배척당하고 또 박해받기 마련이다. 프레이리만 그런 것은 아니란 말이다.

브라질에서 새삼스레 프레이리를 이렇게 반체제적 사상으로 대하는 이유가 있다. 하지만 브라질 교육체제의 중요한 특질 몇 가지를 먼저 이해해야만 작금의 브라질 정치권에서 벌어지고 있는 프레이리 관련 논란을 이해할 수 있을 것이다.

브라질과 브라질 교육

브라질은 인구 2억 명이 넘고 거대한 아마존의 열대우림 지역을 가진 대국이다. 영토는 남한 넓이의 75배를 웃돈다. 브라질은 인구와 자원을 바탕으로 세계 12위의 경제 규모(2016년 기준)를 자랑하고 있다. 흔히 브릭스(BRICS, 브라질, 러시아, 인도, 중국, 남아공)라 불리는 부상하는 경제 대국의 하나로 자리 잡고 있으며 라틴아메리카뿐만 아니라 전 세계적으로 경제 사회적인 변화가 거세게 일고 있는 곳이다. 브라질은 브릭스 이외에도 여러 국제사회의 지도적 위치(G20, MERCOSUL, 이베로아메리카연합기구, 포르투갈어권국가연합 등)에서 주도적인 역할을 담당하고 있다.

1500년 포르투갈의 식민지로 포고된 이래 영국의 점령을 거치며 브라질은 1825년 공식적인 독립왕국으로 인정받았고, 1889년에 왕정이 무너지고 공화정이 들어섰다. 두 차례의 세계대전을 거치면서 브라질의 정치체제는 상당히 불안정한 양상을 보인다. 대부분의 정권은 군사 쿠데타를 통해 전복되고 다시 들어서고를 되풀이하는데, 이런 정치적 불안정은 1985년 민정이 들어서기까지 이어진다. 이후에는 이 책에도 등장하는 콜로르(1989~1992) 대통령을 비롯해 카르도주(1994~2002), 룰라(2002~2010), 루세프(2010~2016), 테메르(2016~2019), 보우소나루(2019~현재)로 이어져 왔다. 그러나 룰라를 비롯한 후임 대통령들이 부패 혐의로 탄핵되어 물러나거나 수감되는 등 브라질 정치지형은 군사정부의 강압적인 상황 이후 여전히 불안정한 모습을 이어 가고 있다. 우파 포퓰리즘을 내세운 보우소나루의 당선은 이전 노동자당의 정치가 부패로 점철되면서 자연스레 등장한 모양새를 띠고 있다. 이런 정치적 지형을 주도한 세력이 검찰과 군부라고 분석하기도 한다.

브라질은 다양한 인종과 문화가 존재하는 다중 국가의 모습을 보인다. 자연환경이 담고 있는 생물다양성을 넘어 브라질 사회의 문화적 다양성은 전 지구적 특징을 보여 주는 듯하다. 단일국가로 비치기는 하지만 브라질은 연방공화국으로 각 주 및 대도시 중심의 지방자치제가 일찍부터 자리 잡았다. 26개의 주, 1개의 연방자치구역, 5,570개의 지자체로 구성된 연방은 다섯 가지 원칙(자치권, 시민성, 인간 존엄, 노동의 가치와 기업의 자유, 정치적 다수성)을 토대로 연합국을 구성하고 있다. 앞서 이야기한 남한 넓이의 75배를 웃도는 이 거대한 브라질 연방은 대략 5개 지역(북부, 북동부, 중서부, 남동부, 남부)으로 구분되는데, 이는 지리적 위치에 따른 것이지만, 사회경제문화적 그리고 정치적 권력의 차이가 이 지역 구분에 고스란히 반영되어 있다.

브라질의 교육 시스템은 헌법이 규정하는 기본적 교육 기회를 제공하도록 되어 있지만, 교육적 기회는 각 지자체의 능력과 제도적 실천에 따라 서로 다른 양적·질적 수준을 보인다.

파울로 프레이리가 성인문해교육의 사상가로 불리는 만큼 브라질의 문해율이 궁금할 수밖에 없는데, 브라질 문해율은 91~93%(15세 이상, 2019년 기준) 정도다. 하지만 이는 지역적 차이를 고려해 판단해야 한다. 북부 및 북동부 지역의 비문해율이 14%에 달하는 데 반해 남부 및 남동부 지역의 비문해율은 3.3%에 그친다. 이런 차이는 곧 교육에 대한 공적 자원의 투자 및 교육환경에 대한 지원에서도 고스란히 반복된다. 교육 기회의 차이는 문화적 지형의 차이에도 반영되어 나타나는데, 인종(백인 47.7%, 혼혈 43.1%, 흑인 7.6% 등) 간 차이, 종교(가톨릭 65%, 개신교 22% 등) 집단 간 차이, 도농(도시 인구 85%) 간 차이, 포르투갈어 구사 능력에 따른 차이 등이 그렇다.

현재 브라질 교육 시스템은 9-3-4 학제인데, 기초교육 9년, 중등교육 3년, 고등교육 4년으로 구성되어 있다. 기초교육은 대체로 두 단계로 구분되어 학교가 운영된다. 초등학교(1-5)와 중학교(6-9)로 구분된다. 우리와 비교해 보면 초등학교가 1년이 적고 중학교 단계에서 1년이 많지만 전체 기초교육의 기간은 같다. 이 두 학교의 운영 방식은 우리와 비슷한데, 초등학교는 1교사 담임제로, 중학교는 교과교사 체제로 운영된다. 사립학교의 비중은 대략 1/5 정도로 기초교육 단계의 사립학교 비중이 중등학교 사립학교 비중보다 약간 높다. 아래 표에서 볼 수 있듯, 가정의 소득분위별 배경에 따라 공립학교와 사립학교의 진학 유형은 상당히 다르게 나타난다.

학생의 가정 배경에 따른 학교급별 공사립학교 취학 현황(2020)

가계소득 분위 (상위)	취학 전 교육		기초교육		중등교육	
	공립	사립	공립	사립	공립	사립
20% 이하	36.4%	8.5%	40.7%	7.2%	30.0%	5.3%
20~40%	27.7%	14.7%	28.3%	13.7%	28.7%	9.8%
40~60%	19.1%	15.7%	17.1%	16.4%	21.0%	14.3%
60~80%	12.4%	22.6%	10.4%	22.6%	14.6%	23.9%
80% 이상	4.4%	38.5%	3.5%	40.0%	5.6%	46.7%

출처: "Brazilian Education System" Table 1.3., OECD(2020). https://www.oecd-ilibrary.org/sites/c61f9bfb-en/index.html?itemId=/content/component/c61f9bfb-en 참조

이 책과 관련해 한 가지 더 설명할 브라질 교육 시스템의 특징이 있다. 위에서 브라질 연방공화국은 주정부와 각 지자체의 행정이 분권화되어 있다고 했는데, 교육 시스템에서도 이런 분권적 체제는 상당히 구분되어 진행되고 있다. 중앙집중적인 체제를 유지하고 있는 한국 사람들의 눈에는 이상하게 보일 법한 모습이 아닐 수 없다.

중앙정부라 할 수 있는 연방의 교육부Ministry of Education, MEC가 있고, 교육부는 국가교육위원회National Education Council, CNE와의 연계 속에서 교육정책을 추진한다. 교육부장관Secretary이 이끄는 교육부의 교육정책은 다양한 교육기금을 토대로 하고 있다. 26개의 주정부 산하에

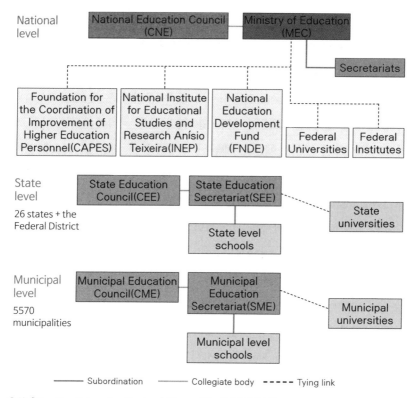

도 교육부가 있다. 역시 주정부의 교육부State Education Secretariat, SEE는 주교육위원회State Education Council, CEE와의 연계 속에서 주정부 산하의 교육 시스템을 관장, 운영한다. 이 주정부 산하 교육 시스템에는 연방정부에 속한 대학 및 연방교육기관은 포함되지 않으며, 지자체 소속 학교 및 대학도 포함되지 않는다. 따라서 5,570여 개의 지자체는 자체의 교육 시스템을 유지하고 있으며, 지자체 교육청Municipal Education Secretariat, SME은 지자체 교육위원회Municipal Education Council, CME와의 연계 속에서 지자체 소속 학교 및 대학을 관장, 운영하는 데 책임을 진다. 각 정부 단위는 다른 수준의 정부에 속한 교육 시스템에 관여하지 않으며 책임

지지 않는다.

이 책을 통해 이런 교육자치체의 시스템에 따라 교사 선발 및 배치, 이들에 대한 책무성의 차이가 나타남을 알 수 있다. 교사 개인은 주정부 소속 공립학교state school와 지자체 소속 공립학교municipal school와 각각 절반씩 계약해 가르치는 일을 할 수도 있다. 지자체에서는 이런 계약 조건을 가진 교사들에게는 계약된 비중만큼만 해당 교사에게 책무성을 묻게 되며, 지자체 혹은 주정부 학교와 관련된 일에 교사를 선발, 배치하는 경우 해당 시스템에 온전히 계약된 교사 인력으로 한정 지을 권한을 갖는다. 사실 지자체가 활성화되면 이럴 수 있으리라고 생각할 수 있겠지만, 각 정부의 예산 및 교육 지원 정도에 차이가 있는 경우 동일 지역의 공립학교라 하더라도 학교 환경의 차이, 교육과정의 차이, 교사 수준의 차이, 등록하는 학생의 가정 배경 등이 상당히 다를 개연성이 높아진다. 상파울루처럼 인구 1,200만 명의 대도시 지자체의 경우라면 해당 지역 내에 주립 학교와 지자체 학교가 공존하는 상황에서 이런 차이가 나타나게 된다. 파울로 프레이리는 브라질에서 가장 큰 지자체인 상파울루시 교육청의 수장을 맡아 이 일을 진행했었다.

브라질 교육 문제에 대한 진단과 해법

프레이리 사후 그를 둘러싼 정치적 공방은 쉽게 가시지 않는다. 그에게 부여된 브라질 "교육의 아버지" 칭호를 다른 인물에게 넘기는 것으로 '프레이리에 대한 숙청' 문제는 끝나지 않을 것이다. 이는 프레이리라는 인물에 대한 평가를 넘어 그가 구성하고 대중화한 비판적 교육사상에 대한 논란이기 때문이다. 애꿎게 듀이, 비고츠키, 피아제도 덩달아 브라질 보수주의 교육계의 숙청 대상에 올라 있는 모양새다. 교육사상에 대한 숙청 논쟁은 2015년 OECD에서 시작한 PISA 결과가 발표된 이후 불거졌다. PISA 2003-2012년까지의 결과를 보면 브라질은, 특히 수학 분야에서 평균 이상의 성과를 보였다. 그러나 2015년 PISA 결과에서 브라질은 비교된 국가들 중 최하위에 머물렀고, 2018년 평가에서도 최하위를 벗어나기는 했지만 평균에 한참 못 미치는 성취도를 나타냈다. 사실 2003-2012년까지의 결과에서 선전했다는 평가를 브라질의 일반적인 성과로 돌리기에는 어려운 점이 있다. 일정한 수준이 안 되는 학생들을 다음 단계의 학년으로 진학시키지 않는 낙제 시스템으로 인해, 실제 PISA 평가에 참여한 학생들의 성취도가 동일 연령의 브라질 학생들의 평균적인 성과라고 볼 수 없기 때문이다. 어찌 되었건 최근의 PISA 결과는 중남미의 주변 국가들(멕시코, 아르헨티나, 우루과이)과 비교해 봐도 낮은 수준이다. 브라질 우파들은 브라질의 학력 수준이 PISA를 통해 나타나듯 형편없다고 인식하고, 그 원인을 찾았다. 흥미롭게 그 원인은 파울로 프레이리였다. 파울로 프레이리를 비롯한 진보적 교육사상이 브라질 학교교육의 지식 습득, 학력 향상, 글로벌 경쟁력을 가로막고 있다는 말이다.

브라질 교육의 문제가 프레이리에게서 기인한다는 진단이 적확하냐는 것은 차치하고, 브라질 교육의 지금 상황을 잠시 살펴보자. 역사상 브라질 교육 시스템의 변화를 가져왔던 중요한 계기를 꼽자면 1934년의 신헌법을 들 수 있다. 브라질 역사상 처음으로 연방정부가 모든 국민의 기초교육에 대한 책임을 질 것을 천명하고 있기 때문이다. 물론 신헌법 제정 이후 교육 시스템이 국민 모두를 위한 교육 기회를 확보하지도 않았고 당시의 브라질 정부는 그럴 능력도 되지 않았다. 당시의 교육 시스템은 여전히 백인 중산층을 위한 교육체제였고, 교육과정 및 운영 방식은 유럽을 아주 많이 닮았었다. 2000년이 되어서야 기초교육을 받는 학생 비중이 90%대로 높아졌고 중등교육을 받는 학생 비중은 1980년 50%

대비 80%대로 높아졌다. 정확한 비중을 이야기하기 어려운 이유가 있다. 2018년도 자료에 따르면 대략 7~14세의 93%가 취학해 있는 상황이라고 논의하지만 2000년 초에 발간된 자료에는 취학률이 96.7%라고 나타나 있다. 뭐가 맞는지는 잘 모르겠다. 이런 상황은 영유아 및 중등교육 단계에서도 마찬가지로 나타난다. 여하튼 7~14세를 기준으로 한다고 해도 아직 학교에 다니지 않거나 등록해 있지 않은 아동이 3,000만 명에 이른다. 고등교육의 경우에는 18~24세 기준 등록 학생 수의 비중은 17.4%(2018년 기준)로 대략 2,400만 명 정도다. 이는 주변의 아르헨티나(18%), 멕시코(23%), 칠레(30%)에 비해 낮은 수준이다. 기초교육 단계의 학교에서 학생들은 하루 4시간 수업을 받는 것으로 그치고, 이렇다 할 교육의 질이 확보되지 않는 환경에 놓인 학생들의 학습 친화적인 정책은 정치적 수사에 그치는 경우가 허다하다. 그러고 보면 브라질 교육이 당면한 문제는 특정 사상가의 영향을 거론하고 탓할 처지가 아닐 만큼 다중적이다.

우선 브라질 교육체제의 특징인 분권적 교육 시스템이 가져오는 비효율성을 들 수 있다. 연방정부-주정부-지자체의 유기적 협력이 잘 이뤄지지 않는다. 이런 비협력적 분권 체제는 연방헌법이 규정한 교육기본권을 실현할 수 있는 공동의 행동을 전혀 강조하지도 않고, 그렇다고 이를 위한 재정 지원에도 소극적인 태도를 갖게 한다.

(이 결과로) 둘째, 브라질 교육은 다양한 격차가 만성적으로 유지, 존속하는 시스템이다. 학교급을 막론하고 매월 등록금을 납부(국제학교는 대략 3,000~5,000레알(75만~125만 원)/월, 일반 사립학교는 대략 1,000레알(25만 원 정도)/월)해야 하는 사립학교는 공립학교(주립 학교 및 지자체 학교)보다 더 수준 높은 교수학습을 보장한다는 신념이 강하고, 실제 학습 환경 및 상급학교 진학률, 학생들의 학업성취도에서 상당한 격차를 보이고 있다. 인종 간, 종교집단 간, 그리고 도농 및 지역 간 격차는

점점 커지고 있다.

셋째, 정부의 예산 지원은 GDP 기준 5.5%로 한국(4.6%)보다 높은 수준으로 연방-주-지자체가 각각 28.6%, 31.7%, 37.2%를 담당하고 있다. 이런 이유로 지자체의 재정 운용 능력에 따라 지자체 학교에 대한 지원의 차이가 나타날 수밖에 없다.

넷째, 교사들에 대한 처우가 열악하고 교사교육 및 훈련체제가 정비되어 있지 않다. 최근의 이슈는 교사들의 임금을 국가 차원에서 보전해 줄 수 있는 법안을 마련하는 문제로 각각의 지자체 단위에서 고용, 관리하는 교사의 질적 수준 향상과 관련되어 있다.

브라질 교육의 문제를 다루고 있는 여러 가지 논의를 찾아봐도 브라질 우파가 왜 프레이리를 브라질 교육 문제의 장본인이라고 했는지 찾을 길이 없다. 즉, 브라질 교육 문제는 특정 정치적 이념이 학교에서 작동하기 때문이라기보다는 1934년 도입된 교육의 기본권에 대한 헌법 조항을 실현하려는 정부의 정치적 지도력이 부족하고, 이를 구현하기 위한 재정 지원이 제대로 이뤄지지 않고 있기 때문이다. 사회집단 간 교육격차가 크게 유지되는 것에 대해 눈감은 채, 어쩌면 이를 공식적으로든 비공식적으로든 유지, 존속하는 방식으로 브라질 사회의 사회경제문화적 집단 간 사회, 정치, 문화적 계층의 재생산이 용이하게 이뤄지고 있을 것이다. 브라질의 교육 문제가 해결되지 않는 이유는 여기에 있다.

2019년 1월 임기를 시작한 보우소나루 정부는 브라질 교육의 구조적 차원을 건드릴 생각이 없어 보인다. 오히려 브라질 교육의 구조적 문제를 개선하려는 지금까지의 노력을 되돌리려 시도해 왔다. 대통령 임기를 시작하는 초기부터 이런 현상은 두드러지게 나타났다. 가장 먼저 공공분야 예산을 대폭 삭감(2021년 기준 2조 원)하는 조치를 취했는데, 교육분야는 가장 크게 타격을 받았다. 행정 운용의 효율성을 제고하고 교육

의 질을 높인다며 현 정부는 신자유주의적 개혁 방안을 도입하면서 초
중등학교 및 고등교육의 민영화 방안을 추진하고 있다. 심지어 학교를
군사훈련 식의 훈육적인 방식으로 운영할 것이며, 애국적인 교육과정을
반영하고 있다. 기존 학교체제를 민간-군대학교civilian-military schools로
바꾸는 것도 고려한다. 무엇보다 보우소나루 정부에서 가장 큰 타격을
입고 있는 것은 연방정부의 지원을 받는 고등교육기관이다. 이들 대학은
인종우대정책affirmative action에 따라 계층, 지역, 인종별 입학정원을 배
정하고 사회적 배려 차원의 교육 기회를 제공해 왔는데, 이를 폐지하기
로 했다. 또한 '취업에 도움이 안 되는' 인문계열 학과를 없애고 이들에
대한 연구 지원을 삭감하는 조치를 내렸다. 따라서 기존의 브라질의 교
육 문제라고 여겨지던 학교 바깥 아동에 대한 포용적 조치나 예산 배분
증가, 혹은 교육격차를 줄이기 위한 행정적 지원과는 전혀 다른 방식의
정책을 교육개혁으로 전개하고 있다. 오죽했으면 이를 두고 브라질에서
는 '교육에 대한 전쟁', '이성에 대한 전쟁a war against reason'이라고 한탄
하겠는가?

브라질 사회와 파울로 프레이리

브라질 우파는 왜 파울로 프레이리를 불러내 그를 숙청하겠다고 나서
는 것일까? 1964년 군부 쿠데타로 들어선 굴라르Gulart 정권에 의해 감
금, 영구 추방된 신체적 박해를 넘어 2020년대 들어 프레이리에 대한 부
관참시가 이뤄지는 상황을 어떻게 봐야 하는가? 그 해답이 바로 이 책
속에 있다.

프레이리가 1989년 상파울루시 교육청의 교육감으로 임명된 이래 상
파울루시 공립학교는 전에 없던 교육개혁 실험을 진행했다. 프레이리는

4년 임기 중 2년을 조금 넘긴 1991년 초에 교육감직을 사임한다. 그의 나이 70살이었고, 작고하기 6년 전이었다. 대학원에서 수학하는 동안 그와 함께 활동했던 분들과 이야기할 기회가 있을 때 질문했었다. 왜 4년을 다 채우지 않고 중간에 그만두었느냐고. 대답은 그다지 신통치 않았다. 이런저런 이유가 있었을 테지만, 신체적 건강 문제와 정신적인 소진이 가장 컸다고 들었다. 어찌 되었건 그가 교육감직을 그만두었다고 그가 추진해 왔던 교육개혁이 그대로 멈춘 것은 아니었다. 그를 도와 함께 일하던 코르텔라Mário Sergio Cortella가 이어서 교육감 임기를 채웠다. 그가 교육감직에 있었건, 그를 이은 코르텔라가 교육감직에 있었건 1989~1992년의 상파울루시 교육청이 추진한 교육개혁은 교육제도의 역사에서 비판적 교육학이 사상과 이론의 틀을 벗어나 교육현장에서 실험되고 성과와 한계라는 측면에서 평가받았던 흥미로운 사건이었다. 이를 단지 '교육개혁 실험'이라고 명명한 이유는 1992년 지자체 선거로 노동자당이 패배하고 교육청의 교육감이 바뀌면서 이 개혁의 동력이 멈췄기 때문이다.

역사적으로 진보적 교육을 실험했던 사례가 또 있기는 하다. 존 듀이가 시카고대학교에 설립하고 운영했던 실험학교University of Chicago Laboratory Schools(1896~현재). 하지만 프레이리 교육청의 교육개혁 실험은 존 듀이의 실험학교와는 달라도 아주 많이 다르다. 지금도 존재하는 시카고대학교의 실험학교는 말 그대로 그의 사상을 실험하기 위해 조건 지어진 환경 속에서 진행되었다. 연구를 위해 가설을 세우고 그 가설을 검증하는 차원에서 대학 실험실에서 이루어지는 실험처럼 말이다. 이 학교에 다닌 아이들의 삶을 두고 실험이란 말을 쓰는 것이 '어불성설'인 듯하지만, 듀이와 듀이의 진보적 교육을 지지하는 사람들에게 이 학교의 환경은 말 그대로 대학 실험실의 연구임이 분명했다. 주변의 다른 학교들과 환경이 아주 달랐기 때문이다. 따라서 듀이의 진보주의 교육 실험은 단절을 통한 새로운 교육을 선보이는 것이었다.

그런데 프레이리 교육청의 교육개혁 '실험'은 그 자체로 '교육개혁'이었다. 이 '개혁'은 현실적인 여러 문제를 고스란히 담고 있는 기존 학교체제 위에서 그 학교체제를 운영하는 동일한 사람들과 함께 교육의 변화를 꾀하고자 했다. 어디에서도 단절을 찾기 어려웠고, 연속된 학교교육의 실천과 학교교육의 주체들은 같은 마음, 같은 지향을 도모하는 동지적 태도를 보이지 않았다. 즉, 프레이리 교육청의 교육개혁은 개혁을 도모하려는 소수의 선도적 그룹들과 이를 따르는 일부 구성원들이 그렇지 않은 대부분의 교육 주체들과 어울려 빚어낸 프로젝트였다.

이 책에서 잘 살펴볼 수 있듯 프레이리 교육청의 교육개혁은 교육사상에 근거한 방법론에 따른 것이었다. 민중적 공교육이란 개념, 이에 따른 민중적 공립학교 만들기가 그것이다. 이를 내걸고 프레이리 교육청이 한 일은 다음과 같다.

가장 먼저 교육환경 개선에 나섰다. "교육감 임기를 시작하는 시점에 총 691개의 지자체 학교 중 654개의 학교가 물리적으로 열악한 상황에 있었으며 그중 400개의 학교는 그 정도가 아주 심각했다. 3만 5,000개의 학생 책걸상이 부족한 상황이었고, 시급히 보수해야 할 학교 건물에 대해 제대로 손을 쓰지 못했다. 교육청의 재원 부족으로 수리에 필요한 자금을 지불하지 못했기 때문이다. 임기가 시작하고 11개월 동안, 공적 자금은 26개 학교를 수리하는 데 쓰였으며 20개 학교에서 건물 개축이 이루어졌다. 이전 교육청에서 짓기 시작한 10개의 신설 학교 건물이 완성되었으며 9개의 신설 학교가 건축되고 있었다. 여기에 더해 500명분의 책걸상이 제공되었고 6,274명분의 책걸상이 수리되었다."본문 p. 95

둘째, 교육개혁을 위한 관료체제를 정비했다. 교육청 관료들의 권한을 줄이고 단위학교의 권한을 늘렸다. 여기에는 학교위원회의 기능을 정비하고 새롭게 해 학교를 구성하고 실질적으로 학교를 운영하는 주체들의 학교 운영 참여를 동기화했다.

셋째, 교사들의 급여체계를 변화시켜 교사 급여를 높였다. 브라질 교사들에 대한 대우는 상당히 열악했다. "국제적 기준에서 보자면, 교사의 급여 수준은 부족하기 짝이 없었다. 일주일에 20시간 수업하는 것으로 계약한 EM-12 범주의 파트타임 교사 중 가장 높은 급여 수준은 겨우 월 364.75달러였다".본문 p. 365 이런 상황에서 프레이리 교육청은 "구체적인 수업 여건을 향상하고, 이와 관련된 교사의 근무 환경 및 급여를 개선하기 위해 큰 노력을 기울였다. 그리고 교사들의 만족도 개선과 삶의 여건이 증진되는 것으로 인해 교육의 질 향상을 꾀하고자 했다. 노동자당 정부가 들어선 두 번째 해에 교사의 명목상 임금은 자그마치 2,605%가 높아졌다. 이는 당시 인플레이션 비중인 1,173%를 감안하더라도 상당히 높은 수준의 인상이었다. 정부에 따르면 교사들의 실질 임금은 1989년에만 112.5%가 높아졌다고 발표했다. 1992년, 저녁 7시 이후에 수업을 담당하는 야간 담당 전일제 교사에게는 여기에 더해 30% 더 증가된 임금 인상이 있었다".본문 p. 364

넷째, 늘어나는 학생의 수용 능력을 키우기 위해 시스템을 유연하게 운영했다. "프레이리 교육청 아래에서, 1992년 말까지 등록자가 5만 801명 늘었는데, 따라서 전체 등록 학생 수가 71만 348명으로 증가했다. 이 12%의 증가분은 7~14세 학령기 아동 수의 증가와 대략 맞아떨어진다. 같은 시기 이들의 수가 12.5% 증가했기 때문이다. 이 목표에 도달하기 위해, 프레이리 교육청은 지자체 소속 학교의 77%에 해당하는 학교에 4시간을 1부제로 하는 4부제 수업을 할 수 있도록 학교 학생 수용력을 늘렸다. 1991년 프레이리가 물러날 즈음에 이르러, 학생 잔존율이 '1988년과 비교해 1만 5,420명의 학생이 증가한 것은 대단한 성공이 아닐 수 없다. …'라고 결론지었다".본문 p. 363

다섯째, 학교의 교실 내 교수학습 과정, 즉 교육의 전 과정을 변혁하기 위해 노력했다. 인터 프로젝트로 명명된 교육과정 변혁 정책은 교실 내 실질적 교수학습 상황에서 교사-학생의 관계 재설정, 학습 소재로서의 지식 재개념화, 배움을 통한 학교-지역사회의 연계성 강화, 학생의 삶과 인식에 토대한 배움의 단계 제시, 교과 간 통합적이고 융합적인 교수학습 방법 개발 등으로 특징지어진다. 다학제적이고 민주적인 교육과정 개발이란 목표를 내세우고 문제삼기-생성적 주제 탐색-실재연구-지식 구성-지식의 활용/평가 등의 과정을 거쳐 교사는 학생들과 더불어 지식의 집단적 창안과 평가의 구조를 마련했다. 프레이리 사상뿐만 아니라 아동발달론과 사회적 구성주의적 방법이 결합된 교육과정 구성의 방법론적 계기는 학교교육이 아동의 삶과 유리되거나, 지역사회와 동떨어진 마치 섬과도 같은 지식 유통의 장이 아니라 지식 창출과 지식 순환의 장임을 되새겨 주었다.

이런 단위학교에서의 교육 실천은 큰 변화를 가져왔다. 그 성과를 이야기하는 이 책은 이 '실험'적 교육개혁의 여정이 성공 혹은 실패라는 이분법적 결과를 내리기보다는 왜 그렇고 그런 정도의 성과에 그치게 되었는지에 더 많은 설명을 할애하고 있다. 자세한 사항은 앞에 나온 결론 부분을 참고하면 될 것이다. 적어도 4년간의 교육개혁 실험이 가져온 변화는 프레이리의 1964년 성인문해교육 실천이 가져온 변화에 비견된다.

2021년 프레이리 탄생 100주년을 맞아 공개된 다큐멘터리 영화 〈A is for Angicos〉Catherine Murphy, 2021를 보면, 40일간의 해방적 문해교육법을 통해 안지코스 지역의 비문해자가 증가했는데, 선거등록자 수가 400명 늘었다. '뭐 400명 정도를 가지고⋯' 이렇게 이야기할 사람이 있는지 모르겠는데, 당시 안지코스 지역의 선거인단 등록자 수는 800여 명 정도였다. 400여 명이 늘어 1,200명이 되는 상황에서 뒤에 등록한

400명의 선거인단은 지역 정치지형을 바꿔 놓을 수 있는 막강한 힘을 갖고 있었다.

바로 이 점이 보수적인 브라질 우파 정치인들이 보기에 위험한 일이 었다. 군사 쿠데타를 일으킨 다음 날 수도 인근 지역도 아닌 페르남부쿠 주의 안지코스 지역에서 문해교육을 하던 프레이리를 감금한 이유는 그의 교육적 방법론이, 그의 교육적 개입이, 그의 교육에 참여하는 민중의 의식화가 자신들의 정파에 위험한 일로 보였기 때문이었다. 프레이리 교육청이 시도한 4년간의 교육개혁은 내용상 별것 없어 보일지는 모르지만, 학교 교실에서 학교 주변의 '가난', '쓰레기', '교통문제', '정치인들의 부패', '학생들의 문화', '계층', '불평등' 등의 주제를 다루고 논의함으로써 학교교육이 학생 및 학부모들의 의식적 깨우침을 불러왔다. 안타까운 것은 이런 실험적 교육개혁 시도가 단 4년으로 마무리되었다는 점이다.

프레이리 교육청은 교육개혁을 위한 시간이 4년밖에 안 된다는 점을 잘 알고 있었다. 교육감 직위가 정치적 지형에 직접적으로 영향을 받는 상황에서 다음 선거에서 노동자당이 또 이길 가능성이 크지 않다고 본 것이다. 안타깝게도 이 예측은 들어맞았고, 1992년 교육청에는 보수적 정파가 지명한 교육감이 들어섰다. 아니나 다를까, 그는 4년 동안 진행된 프레이리 교육개혁의 흔적을 지우는 일에 착수했다. 교사들에게 지급했던 추가 임금을 없앴고, 학제 개편 또한 없던 일로 만들었다. 인터 프로젝트에 투입되었던 인력들은 다시 학교로 돌아갔고, 인터 프로젝트에서 시행된 다양한 교수학습 방법에 대한 지원은 끊었다.

한국의 혁신교육운동, 다음 과제는?

4년간의 교육개혁의 그림자가 채 이울기도 전에 그림자조차 감춰 아예 그런 일이 없었던 것처럼 하려는 모양새. 이 그림, 익숙하지 않은가? 어디서 많이 본 듯한 장면이 스쳐 지나가지 않는가? 대한민국의 교육 개혁은 어떤 모습으로 비칠까? 1995년 교육개혁이란 이름으로 천명된 5·31 개혁안은 이후 교육에 글로벌 경쟁력을 위한 시장 적응 체제를 만들어 냈고, 여러 차례 정부가 바뀌면서도 큰 기조에서는 변화가 없었다. 이런 중앙정부 차원의 거시적 정책구조에 균열을 내고자 학교 교실에서의 변화를 도모하려는 교사들의 실천, 학생들의 저항, 학부모-지역 운동이 결합해 혁신교육운동을 이끌어 왔다. 혁신교육은 하나의 운동으로 시민사회의 마을교육공동체운동으로 확산되어 왔다. 한 가지 흥미로운 점은 아래로부터의 교육운동이 교육자치체의 정치적 성향과 맞물려 확산세가 컸다는 점이다. 마치 겉모양만을 보면 프레이리 교육청이 교육개혁 '실험'을 전개하듯 위로부터의 교육개혁이 이뤄진 양태다. 그래서 1995년 교육개혁체제가 보수 우파가 지휘한 위로부터의 신자유주의적 개혁이라면 2009년 이후 시작된 혁신학교-마을교육공동체운동은 진보적 교육감이 들어선 시도 교육청의 위로부터의 대안적 교육개혁 '실험'이라 여겨진다. 이에 대한 평가는 잠시 접어 두겠다.

강조하고 싶은 것은 2009년 시작된 한국 사회의 학교교육 기반 혁신적인 개혁 논의를 이미 20년도 전에 브라질 상파울루시에서 '실험'적으로 실시했다는 점이다. 프레이리 교육청이 수행한 4년간의 실험 내용은 오늘 대한민국 사회의 다양한 교육혁신의 모습을 고스란히 담고 있다. 교수학습 과정에 대한 성찰, 어떻게 하면 잘 가르치는 교사가 될 것인가? 학생들은 어떤 상황에서 더 잘 배우는가? 아이들이 행복한 교실의 배움을 어떻게 만들어 갈 것인가? 학교는 이 아이들을 위해 어떤 공동체가 되어야 하고, 어떤 방식의 인간관계가 만들어지는 것이 타당한가? 학교 바깥의 구조적 체제가 주는 답답함을 학교 안에서는 어떻게 유연하고 서로 포용적인 문화로 바꿔 낼 것인가? 등등. 초기 혁신학교의 수많은 질문에 대한 답변들은 이후 진보 교육감이 당선된 교육청에서의 정책적 학교체제 혁신 지원으로 이어졌고, 종국에는 학교-마을을 연계하는 교육 공간의 확대로 이어졌다. 흥미롭게 최근 화두는 교육과정 개편이다. 지역 기반 교육과정, 지역 교육과정, 마을 교육과정, 마을 주도 교육과정 등. 그런데 상파울루시의 프레이리 교육청은 이러한 혁신적 실험과 실천을 1989~1992년에 실시하고 이에 대한 성과까지 논의되었다.

이 책의 가치는 단지 특정 정치적 교육개혁 의제가 어떠했고, 그 성과가 무엇인지 되짚는 차원을 넘어선다. 교육개혁은 '교육다운 교육'을 위한 변화의 몸부림을 체계적으로 내세운 교육 의제와 실현의 노력을 가리키는 말이다. 그러나 누가 교육개혁을 내세우고, 또 그 교육개혁의 내용이 무엇인지, 교육개혁을 실현할 주체로 누가 세워지는지, 그 성과는 어떻게 평가되어야 하는지에 따라 교육개혁은 돌아볼 필요 없는 말장난인 경우도 있고, 혹은 교육개혁이라고 이름 붙였지만 반교육적인 모습으로 교육다운 교육을 후퇴시키는 퇴보적 움직임도 있다.

프레이리의 이름으로 내던져진 상파울루시의 교육개혁은 어떠한가? 적어도 분명한 한 가지는 프레이리 교육청은 교육개혁이란 이름으로 교실에서의 교사-학생들의 '진짜 배움'이 어떠해야 하는지에 관심을 기울였다는 점에서 적절했다고 생각한다. 또한 학생들의 삶과 유리되지 않은 배움을 지향하고 도모하려 했다는 점에서 진정성 있는 접근이었다고 생각한다. 한 가지 더, 이 일에 가장 앞서 일을 해야 하는 교사를 평가의 대상이 아니라 지지하고 지원해야 하는 동지로 여겼고, 이들과 함께 이 개혁을 실현하려고 했다는 점에서 탁월했다.

안타깝게 프레이리 교육청의 교육개혁 '실험'은 미완의 프로젝트였다. 어쩌면 모든 교육적 변화를 도모하는 노력은 그 완성을 이야기하기 어려운 미완의 실천인지 모르겠다. 브라질 "교육의 아버지" 칭호를 박탈하겠다는 브라질 우파의 가련한 시도를 보며 프레이리 연구소의 연구원 파딜라Padilha는 이렇게 답하고 있다.

"프레이리의 사상은 한 번도 공식적인 교육과정으로 만들어져 반영된 적이 없었다. 그는 학교에 지역사회가 적극 참여해야 한다고 주장했지만 그 어떤 관료, 교육기관도 이런 일이 일어나기를 바라며 지지한 적이 없다. 대학 사회의 많은 학자들이 프레이리를 칭찬하고 떠받든다고 하지만, 많은 대학과 그 안에서 일하는 교수들 또한 프레이리 책을 학생들에게 읽히기조차 거부해 왔다. 흥미롭게도 그를 비판하는 사람들이 많지만, 그들은 프레이리 책을 제대로 읽지 않았을뿐더러 도대체 그가 왜 그렇게 추앙받는지조차 모른다. 그를 그토록 미워하는 이유는 그가 노동자당을 만들고 노동자당의 이름으로 교육감직을 수행했기 때문이다."

2022년 6월, 곧 지방선거가 다가온다. 대한민국의 교육에 어떤 변화의 바람이 불지는 모르겠다. 한 가지 바라는 바가 있다. 교육개혁이라는 이름으로 터무니없는 말만 무성하지 않기를, 교육개혁이란 이름으로 반교육적 행태가 지금까지의 아래로부터의 배움의 싹을 짓밟지 않기를… 결국 다음 세대를 이어 갈 우리 아이들의 숨소리가 웃음과 호기심으로 늘 생동감 넘칠 수 있도록 학교 교실을 되살려 낼 교육개혁의 '실험'이 이어지기를….

2022년 5월
관악산 자락에서 유성상 씀

참된 삶과 교육에 관한
생각 줍기